PILGERSTÄTTEN IN EUROPA

Humbert Fink

Auf Pilgerstraßen durch Europa

Ein Engel fliegt über den Kontinent

List Verlag München

Umschlagentwurf: Design Team, München
Umschlagbild: Mont-Saint-Michel
(Foto Martzik, Laenderpress, Düsseldorf)

ISBN 3-471-77522-6

Satz: K. Wenschow, München.
Druck und Bindearbeit: May + Co., Darmstadt.

Inhalt

Für Ulrike Elsinger

Anstelle eines Vorworts: Rom

Früher einmal, als es noch keine Autobahnen gab, die Italien durchquerten, als die Landstraßen der riesigen Halbinsel gerade ausreichten, daß man der Nachbarstadt einen Besuch abstattete, früher einmal, vor zwanzig, dreißig Jahren, als die Welt noch etwas geheimnisvoller oder abenteuerlicher war, weil man gezwungen war, alle Geschichten und Dinge, die einem unter die Augen kamen, genauer als heute zu betrachten, kam man, wenn man sich zum Beispiel von der Toskana aus auf den Weg nach Rom machte, stets über die Via Aurelia in die Ewige Stadt. Einer meiner nachhaltigsten Eindrücke dabei war die langsame Fahrt zwischen den rostbraunen Mauern, die auf antiken oder mittelalterlichen Fundamenten stehen und sich wie Schnüre entlang der Villa Pamphili und über den Gianicolo zogen, bis man dann völlig unvermutet – und doch längst schon ungeduldig darauf wartend – die schimmernde Kuppel des Petersdoms über den Dächern sah, als sei das, was einem so nachdrücklich ins Aug' sprang, ein prallgefüllter Ballon oder ein silbriger Vollmond, der verheißungsvoll über Rom schwebt.

Erinnerungen, die ich an diese verlorene Zeit habe: Geruch nach Thymian, auch nach Minze, manchmal der Ginster gelb und dick über den eingesunkenen Gräbern der Etrusker am Stadtrand von Rom. Die Luft ist staubig und wirkt milchig, wenn die Sonne wie ein Adler über das Häusermeer fliegt, das man erst im letzten Augenblick erkennt. Und immer die unvermeidlichen Händler an der Einfahrt, dort, wo die Via Aurelia Antica von der neuen Via Aurelia, der Staatsstraße Nummer 1, abzweigt und in atemberaubenden Windungen hinabfällt ins uralte Gemäuer einer Stadt, die mir in meiner Kindheit, in meiner Jugend als der Inbegriff aller Geheimnisse der Welt und aller Möglichkeiten eines menschlichen Lebens erschien. Mein Vater lebte damals abwechselnd in Neapel und Salerno, aber seine Mutter, meine Großmutter väterlicherseits also, residierte im toskanischen Pisa – die Art, wie sie dort ihr Leben eingerichtet hatte, besaß tatsächlich etwas Residenzhaftes, Gebieterisches –, und diese Großmutter, die im hohen Alter gelähmt war oder es zumindest zu sein vorgab, weil sie aus Verdruß, Protest oder vielleicht auch nur aus

Langeweile nichts mehr mit den Menschen zu tun haben wollte, diese nach Moschus duftende, scheinbar strenge Frau mit den wachen warmherzigen Augen, die mich wahrscheinlich mit derselben scheuen Zurückhaltung liebte, wie ich sie fürchtete ... sie schickte mich, so oft es ging, so oft ihre drängenden Briefe oder telefonischen Anrufe es erreichten, nach Rom. Dann kam ich, begleitet von der Amme Angelina und ihrem Mann, dem ehemaligen Carabinieriwachtmeister und nunmehrigem Chauffeur meines Vaters, die beide fast schon zur Familie gehörten, über die Via Appia Antica in die Stadt, kam in einem klapprigen und lärmenden Autobus, den man in Neapel an der Porta Capuana besteigen mußte und der mit quälender Langsamkeit die ehemals berüchtigten Pontinischen Sümpfe durchquerte. Wenn ich aber ohnedies in Pisa war, mich bei meiner Großmutter aufhielt, die mich auf eine sehr eigenwillige Weise zu erziehen oder eigentlich nach ihrem Geschmack zu bilden versuchte, dann rollte ich in einem anderen alten, klapprigen und lärmenden Autobus über die Via Aurelia Antica herein in das verwirrende Häusermeer, das wie eine Woge aus Dunst, Lärm, Hitze und Erwartung über mir zusammenschlug.

War ich deshalb schon ein Pilger? Nur weil ich der Leidenschaft einer alten und klugen Frau gehorchte, für die Gott unendlich viel mehr war als nur eine Chiffre, die alles oder nichts bedeuten kann? Ich erinnere mich nicht mehr genau an alle meine Aufenthalte in Rom, aber ich weiß, daß ich viele Stunden in dunklen und erfreulich kühlen Kirchen verbrachte, daß ich auf Zehenspitzen durch Kirchenschiffe wanderte, von denen ich erst viel später begriff, daß sie von außerordentlicher Bedeutung für die Religion waren, der ich gedankenlos angehörte, die etwas so Selbstverständliches war, daß ich in den ersten dreißig Jahren meines Lebens kaum dazu kam, mich damit ernsthaft zu beschäftigen oder wenigstens einmal darüber nachzudenken ... Aber war ich deshalb schon ein Pilger? Viele Jahre später, als meine Eitelkeit groß genug war, als ich mich selber schon ernst genug nahm, um zumindest einige meiner Gedanken auf ihre Wahrhaftigkeit hin zu überprüfen, da ahnte ich zum erstenmal, daß es ein ebenso langwieriger wie mühseliger Weg sein müßte vom bloßen Lippenbekenntnis bis zum selbstlosen Verschmelzen mit einem Mythos, der so unendlich viel von seinen Gläubigen fordert, daß man wahrscheinlich ein ganzes Leben braucht, um diesem Mythos gegenüber bedingungslosen Gehorsam und blinden Glauben zu empfinden. Ich gestehe offen ein, daß ich dieses Stadium bisher noch nicht erreicht habe. Gelegentlich überfällt mich eine Ahnung, daß ich ihm in meiner Kindheit am nächsten gekommen bin.

Dann kam die Zeit, in der ich mich gleichsam auf Schleichwegen nach Rom schwindeln mußte, weil ich für jede andere Möglichkeit zu wenig oder gar kein Geld besaß, meistens zu Fuß und gelegentlich als mitleidsvoll geduldeter Passagier auf einem Lastwagen oder, wie das damals noch üblich war, auf einem der dreirädrigen kleinen Lieferwagen, die wie Insekten über die schmalen Straßen schwirrten. Ich lebte da schon in Österreich, und jede Reise nach Italien war beinahe noch ein Abenteuer, dessen krönender und zugleich anstrengender Abschluß ein kühles Nachtlager auf den Marmorbänken einer menschenleeren Station der neapolitanischen Circumvesuviana oder unter den Kolonnaden auf dem Petersplatz war. Einmal hatte ich Glück und lief einem teilnahmsvollen römischen Journalisten über den Weg, der mich in seiner Wohnung draußen in der Nähe des Foro Italico schlafen ließ, was immerhin bedeutete, daß ich alle Quartiere Roms zwischen Villa Borghese und der Cittá del Vaticano ziemlich genau kennenlernte, während ich einige Zeit später, als ich wieder durch einen Zufall ins leerstehende Atelier eines Bildhauers in der Via Margutta eingeladen wurde, Roms Zentrum bis hinaus zur Porta von San Lorenzo und im Süden bis zur Porta von San Sebastiano erforschte, immer wieder erschöpft von den langen Fußmärschen und der brütenden schwülen Hitze, die mich häufiger in die Abgeschiedenheit kühler und dämmriger Kirchen trieb, als das vielleicht sonst für einen jungen Mann mit plötzlich aufkommenden agnostischen Ideen – oder was er dafür hielt – der Fall gewesen wäre.

Nein, als einen Pilger, der auf den gewohnten Spuren religiöser Motive wandelt, würde ich mich in dieser Phase meines Lebens nicht bezeichnen, auch wenn ich damals mehr aus Zufall als aus wahrer Eignung eine Vielzahl von Kirchen kennenlernte und in gewisser Hinsicht – da war die sommerlich entflammte Stadt, der schmerzende Asphalt, die Gluthitze – sogar schätzenlernte. Es gab eine Zeit – die ich freilich nur mühsam rekonstruieren kann – in der es mir tatsächlich möglich war, alle wichtigeren Kirchen Roms der Reihe nach aufzuzählen, ohne daß ich allerdings die jeweilige wahre Bedeutung einer jeden einzelnen Kirche auch nur andeutungsweise gewußt hätte. Baumeister und Baustile hatten mir, so scheint es, mehr zu sagen als religiöse Details. Das christliche Fundament, das in meiner Kindheit entstanden war, hatte wohl inzwischen nachdrückliche Sprünge und Risse erhalten. Jetzt galt mein Wissensdurst, meine unersättliche Neugier vor allem dem pathetischen Glauben oder Andenken an das römische Imperium, den verwirrenden Fabeln aus der Geschichte, deren Existenz durch Ruinen und Denkmäler von unvergleichlicher Schönheit bestätigt wurde, und es gab Tage, an denen ich bis zur körperlichen und geistigen Erschöpfung auf dem Palatin umherspazierte oder die legendäre Via Appia Antica abschritt, die zu jener Zeit gerade wieder einmal von den Prostituierten Roms erobert worden war, wovon ich aber herzlich wenig verstand.

Ich war kein Pilger. Ich war nie ein Pilger. Ich war nur wissensdurstig und einfältig genug, um meine Neugier mit allem und jedem zu befriedigen, was mir unter die Hände kam. Daraus resultierte ja auch der erstaunliche Umstand, daß ich verhältnismäßig viel und in aller Naiviät auch verhältnismäßig Wissenswertes über römische Kirchen wußte, ohne daß ich aber auch nur ein einziges Mal begriffen hätte, daß zwischen der Welt, aus der ich kam – einer Welt des Wissensdurstes, der unerhörten Begebenheiten, der atemberaubenden Geschichten – und dieser römischen Welt der Kirchen, Reliquien und christlichen Denkmäler ein ursächlicher Zusammenhang bestand. Ich war ein Neuling, ich war es nach Jahren noch, ich blieb es möglicherweise bis auf den heutigen Tag, ein unwissender Laie und Anfänger, der die Grundlagen seines Glaubens mit einer herrischen Geste unterstreicht, weil er sich einbildet, daß ihn das von seiner tiefen Verunsicherung befreit, und der im übrigen nicht einsehen will, daß alle oder doch die meisten Voraussetzungen für seinen Glauben in der Stadt zu suchen sind, die ich mit zunehmendem Alter als immer weniger anziehend finde, der ich aus dem Weg gehe und deren paradiesisches Bild, entstanden in glücklicheren Kindertagen, längst schon vergilbt und unansehnlich geworden ist.

Natürlich bildete ich mir das alles nur ein. Eine Stadt wie Rom wird nicht unansehnlich, nur weil ein einziges Augenpaar Unansehliches zu entdecken glaubt. Aber für mich persönlich besaß diese besondere Art von Ablehnung eine Gültigkeit, der ich mich nur schwer widersetzen konnte. Außerdem dachte ich gar nicht daran, mich gegen die innere Stimme aufzulehnen, die mir jahrelang eingeflüstert hatte, daß Rom nicht der richtige Platz sei für eine erschöpfende Beantwortung meiner Fragen. Es war eine nahezu totale Animosität, die mich beherrschte, die mich mit Haut und Haaren verschlungen hatte und gegen die ich keine vernünftige Handhabe fand, weil es mir überhaupt nicht in den Sinn kam, etwas gegen das Unbehagen zu unternehmen, das mich immer dann überfiel, wenn von Rom die Rede war. Manchmal überlegte ich mir erschrocken, ob es vielleicht etwas mit verletzter Eitelkeit zu tun haben könnte, daß ich allem Anschein nach Rom nicht so zu lieben imstande war, wie das eigentlich die Pflicht eines jeden Christen wäre. Und ich erinnerte mich mit einem Gefühl schamvoller Erleichterung an die Enttäuschung Luthers, als er in Rom weilte und gedemütigt, schockiert war von Verhältnissen und Zuständen, die aus dem eifrigen katholischen Mönch einen grimmigen Reformator machten. Aber dann mußte ich mir sagen, daß ich nicht Luther war und daß aus meinen eingebildeten oder tatsächlichen Demütigungen keine Reformation entstehen würde.

Dabei hatte ich mich längst schon auf die Suche nach einer allgemeingültigen Wahrheit gemacht, von der ich wußte, daß sie für mich existierte, von der ich immer nachhaltiger annahm, daß sie mit den Fragen der Religion oder eigentlich des Glaubens, des erschöpfenden Glaubenkönnens zusammenhängen mußte. Ich hatte begreifen gelernt, daß jede Quelle, in der ich meinen Wissensdurst zu löschen suchte, auf geheimnisvolle Weise mit dem Mythos in Verbindung stand, dem ich seit meiner Kindheit verzweifelt oder auch nur verunsichert nachlaufe. Und wenn ich auch weiß, daß ich kein Pilger in des Wortes signifikanter Bedeutung bin, so nehme ich doch für mich in Anspruch, etwas Pilgerhaftes, Pilgerähnliches zu betreiben, ein halbes Leben lang, viele schmerzhafte Erfahrungen und Enttäuschungen lang, und stets bereit, nach jeder neuen Niederlage wieder auf die Füße zu kommen und von neuem nach dem Schlüssel zu forschen, der die Schublade aufschließt, in der sich alle Antworten auf alle Fragen befinden.

Vielleicht fuhr ich deshalb zu Pfingsten 1980 wieder nach Rom, und zwar mit dem ausschließlichen Ziel, ausgerechnet im Petersdom eine nachdenkliche halbe Stunde zu verbringen. Dabei sprach alles gegen das aberwitzige Vorhaben. Der Reisetermin, die Plötzlichkeit, mit der ich mich dazu entschlossen hatte, mein permanentes Vorurteil gegen Rom. Ich wußte auch, daß die Pfingstmesse vom Papst zelebriert werden sollte und daß er sechshundert oder siebenhundert Kinder und Jugendliche am Vormittag des Pfingstsonntages im Petersdom firmen würde. Ich konnte mir also ausrechnen, welcher Andrang, welche wirbelnde Begeisterung, welcher Lärm mich erwartete, welche Fülle an Ablenkungen und fast exotischen Bildern und Eindrücken jedem Versuch einer Selbstfindung gegenüberstanden. Und trotzdem beharrte ich auf dieser Pfingstreise nach Rom. Und ließ mich, während in mir die Bilder von einsamen, weltvergessenen Pilgerstätten aufstiegen, von Kathedralen, in denen die Menge stumm den Segen empfängt, von kleinen dunklen Bauernkirchen auf windüberschwemmten Hügeln, wo sich die erschöpften Pilger verstohlen an den mitgebrachten Weinflaschen laben, von berühmten Wallfahrtsplätzen mit ihrer rührenden Betriebsamkeit oder eisigen Distanz ... und ließ mich durch nichts abbringen von meinem verrückten Plan, ausgerechnet an einem Pfingstsonntag im römischen Petersdom und inmitten einer applausfreudigen, heftig bewegten Menge von Pilgern, Römern und Touristen einen aufrichtigen, durch nichts abzulenkenden, durch nichts verschönten oder verfälschten Blick auf mein Inneres zu werfen. Vielleicht ist das wirklich die verzweifelte Suche nach der Seele, von der wir Christen überzeugt sind, daß sie jeder Mensch besitzt und die doch nur wenige wahrzunehmen bereit sind? Vielleicht bin ich nur noch nicht reif genug oder nicht genügend gedemütigt, um alle Eitelkeit abzulegen und meine Sehnsucht einzugestehen, dieses Etwas in mir, das ich als meine Seele bezeichne, endlich auf eine unmißverständliche Weise zu entdecken?

Es war eine Reise wie in einem Traum. Meine eigene Vergangenheit holte mich ein, als ich von der vierspurigen Umfahrungsstraße herunterkam auf die Via Aurelia und dann abbog in die Via Aurelia Antica. Wieder die Sonne wie roter Klatschmohn, wieder die hochaufbeladenen Karren der ambulanten Händler, wieder der eindringliche Duft nach Thymian und Minze und die rostbraunen Mauern auf uralten Fundamenten wie dicke Schnüre, wie Adern zu beiden Seiten der schmalen Straßen. Viele Hotels, an denen ich bei meiner Suche nach einem Quartier vorbeikam, waren von Pilgergruppen aus so gut wie allen Ländern der Erde hoffnungslos überfüllt: Schwarze, Asiaten, Amerikaner und natürlich die europäischen Pilger, unter denen vor allem die Deutschen mit ihrer Neigung zur Disziplin und dann auch noch die Polen mit ihrer leidenschaftlichen, stolzen Freude an ihrem Papst, den sie am nächsten Morgen zu Gesicht bekommen würden, besonders auffielen. Das Gefühl einer umfassenden Gemeinschaft war überall so groß, so stark, daß ich mich plötzlich erstaunt fragte, weshalb eigentlich immer wieder von einer Krise der Kirche und des Glaubens die Rede ist. Auf vielen Gesichtern sah man deutlich die gespannte Erwartung, die Freude am Kommenden, das der nächste Tag bringen würde. Es war eine allgemeine Fröhlichkeit spürbar, die den Eindruck einer Zusammengehörigkeit dieser Menschen noch vertiefte und sie mit ihren verschiedenen Sprachen und unterschiedlichen Gewohnheiten zumindest für einige Stunden zu einer festen Gemeinschaft formte.

Auch am nächsten Morgen, am Pfingstsonntag also, überall dasselbe Bild, jetzt noch verstärkt durch die Masse der farbenfrohen Pilgergruppen, die von überallher aus den dunsterfüllten Straßenschluchten kamen und wie Ameisen unter der höhersteigenden Sonne den riesigen Petersplatz bedeckten, zuerst sternförmig, dann immer entschiedener dem ersehnten Ziel entgegenströmend, dem weit geöffneten Portal des Petersdomes. Was für ein buchstabengetreues Abbild der zeitgenössischen Menschheit! Da bewegten sich neben den plumpen und lauten Amerikanern und einer großen Zahl Österreicher, von denen viele wohl zur Feier des Tages ihre Trachtenanzüge trugen, aber auch neben einer Schar Pfadfinder und vielen anderen Jugendlichen atemberaubend schöne Negerinnen in ihren vielfarbigen Nationaltrachten voll geschmeidiger Grazie durch die schiebende, stoßende, drängende Menge, hochgewachsene schlanke Frauen, deren natürliche Anmut so bezaubernd war, daß immer wieder einmal deutsche, angelsächsische oder auch italienische Pilger nahe daran waren, ihnen begeistert zu applaudieren. Da kämpften sich kleingewachsene Asiaten, darunter vor allem Philippinos, aber auch Japaner und eine kleine Gruppe indischer Touristen – oder waren es vielleicht doch auch Pilger – durch die verschiedenen Sperren, die man aus hölzernen Gittern errichtet hatte, um wohl auch hier auf dem allerchristlichsten Platz dieses Kontinentes zu demonstrieren, daß der Mensch vor dem Eintritt in den innersten Kreis der Religion zuerst einmal mit den Klassenschranken fertigwerden muß, zuerst einmal die sozialen und rassischen Unterschiede, ohne die wir allem Anschein nach noch immer nicht existieren können, ebenso geduldig wie gehorsam akzeptieren muß. Und so kam es dazu, daß sich dunkelhäutige Süditaliener, feierliche Spanier, Griechen, Jugoslawen und Nordafrikaner, die sichtlich alle eine weite und erschöpfende Reise hinter sich hatten, gemeinsam mit vielen Einzelgängern und zufälligen Besuchern – und das waren immerhin einige Tausend –, aber auch gemeinsam mit einer großen Delegation von prächtig herausgeputzten Zigeunern, die mit kreischenden Stimmen und hitzigen Bewegungen ihren Papst zu sehen forderten, gegen einige völlig überforderte Aufsichtsorgane ankämpften, die anfangs nur diejenigen Pilgergruppen durch die hölzernen Sperren ließen, die im Besitz einer braunen, grünen oder weißen Karte waren. Später resignierten die Bürokraten und ließen achselzuckend oder auch verdrossen alle Pilger und Touristen passieren.

Diese zähe, lautstarke und sich stets von neuem wiederholende Auseinandersetzung machte mich fast mutlos. Hier zerstörte bürokratisches Denken die Ansätze zu einer Gemeinschaft, wie sie in dieser selbstverständlichen Form ohnedies nur selten möglich ist. Soziale Gegensätze und hierarchische Gewohnheiten wurden plötzlich spürbar. Die Welt fiel für einige desillusionierende Augenblicke wieder in die Schranken und Grenzen zurück, die man in einer enthusiastischen Sekunde schon für immer aufgehoben wähnte. Und resignierend begriff ich, daß auch ein so populärer Papst wie Johannes Paul II. einer Ordnung unterworfen ist, die etwas Unpersönliches und Kaltes enthält, weil sie nicht den natürlichen menschlichen, sondern nur irgendwelchen verwaltungstechnischen Kategorien gehorcht.

Den Papst sah ich einige Zeit später bei seinem feierlichen Einzug in das Hauptschiff der Petrusbasilika. Sein Auftritt besaß etwas seltsam Berührendes, aber auch beinahe Hilfloses, wenn ich an den Tumult denke, der in dem Augenblick entstand, als der polnische Pontifex hinter dem großen hellgrauen oder lilafarbenen Leinwandtuch erschien, das den Zugang zum inneren Kreis des Vatikans und zu den Privaträumen des Papstes abschirmt und nun langsam zurückgezogen wurde, während die Prozession der Priester, Bischöfe und Kardinäle gemessenen Schrittes in den Mittelgang des Kirchenschiffes einbog. Ein Gewitter von Blitzlichtern ergoß sich über Johannes Paul II., Applaus prasselte auf ihn herab, laute Jubelrufe ertönten, während man von draußen das gewaltige Läuten der Glocken von St. Peter vernahm.

Ich befand mich in diesen Minuten vor einer Kapelle, die zum Andenken an Papst Benedikt XIV. errichtet wurde, also ziemlich nahe beim Haupteingang und doch so weit vom Schauplatz des eigentlichen Geschehens entfernt, daß ich nur deshalb etwas zu sehen bekam, weil ich das Glück habe, großgewachsen zu sein. Rings um mich standen römische Süditaliener und Sizilianer, das heißt, es waren zugewanderte Gastarbeiter aus dem tiefen Süden, die in der Millionenstadt Wurzeln zu schlagen suchten, alles kleingewachsene dunkelhäutige Menschen mit heftigen Bewegungen und jederzeit fähig und auch bereit zu großen Emotionen. Sie alle – wir zählten zur Gruppe der Unterprivilegierten, die keine Bevorzugung durch irgendeine Eintrittskarte oder irgendein bedeutendes Amt besaßen – standen zuerst ein wenig ratlos und dann enttäuscht hinter der Absperrung, die man auch im Dom aufgezogen hatte, um die verschiedenen Gruppen von Kartenbesitzern voneinander zu trennen, als seien es verschiedene soziale Klassen. Und weil die Bevorzugten nahe genug am Mittelgang waren, um vieles besser sehen zu können, nunmehr jubelnd, fotografierend und heftig applaudierend auf ihre Stühle stiegen, die man ihnen aufgestellt hatte, weil sie das Erscheinen des Papstes – der langsam und nach allen Seiten segnend und winkend das Spalier der fröhlich erregten Menge abschritt – aus einer noch größeren Nähe beobachten wollten und sich zu diesem Zweck auf ihren Stühlen reckten und streckten und eine fast undurchdringliche Mauer aus Menschenleibern bildeten, fielen wir, die hinter den Sperren und hinter dieser Menschenmauer standen, in eine Art melancholischer Anonymität zurück. Die Süditaliener rundum, diese kleinen zähen und vom Leben arg gebeutelten Menschen, die sich in Rom eine neue Existenz erhofften, waren wütend oder traurig, je nach Temperament, und einige

Kinder begannen zu weinen, weil sie überhaupt nichts sahen. Vorne standen die privilegierten Pilger auf ihren Stühlen und schrien sich die Kehlen heiser. Und nur am weiterwandernden Blitzlichtgewitter konnte man jetzt noch den Weg des Papstes verfolgen. Aber das alles sahen die Menschen nicht, in deren Mitte ich stand. Und wieder, wie schon einmal in diesen letzten Wochen und Monaten in Loreto, hob ich zuerst die Kinder der kalabresischen und sizilianischen Zuwanderer in die Höhe, wuchtete dann auch eine winziggewachsene uralte Greisin auf die Sperre hinauf, wo sie nun bewegungslos stand und auf den Pontifex blickte, während ich sie von hinten abstützte, und während sie wiederum einige Enkel oder Urenkel an den Händen hielt, die nun neben ihr dem Papst zujubelten. Es muß für einen unvorbereiteten Beobachter ein recht eigenartiger Anblick gewesen sein, zumal jetzt auch andere Pilger, die nicht im Besitz einer Eintrittskarte waren, auf die hölzerne Barriere stiegen, um den Papst und das Schauspiel, das rings um ihn inszeniert wurde, endlich miterleben zu können.

Wird man mich verstehen, wenn ich nun sage, daß an diesem Vormittag des Pfingstsonntages 1980 mein Kopf sich anfühlte, als ob er in einen riesigen Trichter gezwängt worden wäre, aus dem die widerstreitendsten Worte und Phrasen mit ungeheurem Lärm hervorquellen? Und wird man mich nicht verurteilen, wenn ich zögernd zugebe, daß sich in mir manches gegen diese Aufführung eines religiösen Schauspieles sträubte, gegen diese Art der Zurschaustellung, die mich fast an ein theatralisches Spektakel erinnerte?

Was war geschehen? Welche Gefühle, Instinkte, Meinungen, Vorurteile, Enttäuschungen brachen in mir jetzt so unvermittelt auf? Ich war nach Rom gefahren, wie man aus einer Laune heraus in eine Nachbargemeinde fährt, um einem flüchtigen Bekannten einen Besuch abzustatten. Aber es war keine Laune, die mich in diesen Dom, der über dem Grab des ersten Apostels errichtet wurde, gebracht hatte. Nein, es war keine Laune. Vielleicht Neugier darüber, wie mein Gefühl auf die Bereitschaft in mir reagieren würde, endlich auch einmal als Pilger aufzutreten? Oder ein Hilfeschrei, den ich mir nur deshalb nicht eingestand, weil ich diesen Ausdruck fürchte, weil niemand gerne seine Schwäche auf eine so pathetische und damit entlarvende Weise zugibt? Vielleicht die Sehnsucht nach Liebe und Wahrheit, weil ich viele Monate lang auf vielen Pilgerplätzen dieses Kontinents nicht immer die lebenswichtige Selbstsicherheit gewonnen hatte, die jemand empfindet, der sich der Liebe Gottes gewiß und der absoluten Wahrheit sicher sein kann? Nein, es war keine Laune, es war nicht der Funken eines oberflächlichen Gedankens, es war nicht einmal – was durchaus verständlich und verzeihlich gewesen wäre – touristische Neugier, die zentrale Stätte der Christenheit an einem hohen kirchlichen Feiertag zu betreten. Es war viel eher Schwäche oder Unsicherheit, es war das Verlangen nach einer Unterstützung, von der ich nicht wußte, wie sie aussehen sollte oder wie sie wirksam sein könnte, es war meine Hand, die ich ausstreckte, weil ich diese Unterstützung brauchte, weil es manchmal ungemein schwierig sein kann, glauben zu wollen, glauben zu dürfen, obwohl man noch nicht einmal bereit und imstande ist, an sich selbst zu glauben.

Es dauerte nur einige Minuten, in denen der Papst aus Polen den Mittelgang des Petersdomes entlangschritt, begleitet und zugedeckt von den grellen Blitzlichtern der pausenlos, gnadenlos fotografierenden Besucher. Eine unsichtbare Orgel dröhnte durch das Kirchenschiff. Der Jubel pflanzte sich wellenförmig fort, hinter den hölzernen Sperren rannten die Menschen lärmend, lachend, applaudierend auf gleicher Höhe mit dem Papst mit, während die Bevorzugten hartnäckig auf ihren Stühlen standen und die Hälse reckten. Wird man mich verstehen, wenn ich nun sage, daß ich einen winzigen Augenblick lang an Christus dachte? Und wird man mich nicht verurteilen, wenn ich zögernd zugebe, daß ich mir einbildete, einen Zipfel der Wahrheit in Händen zu halten? Daß ich ahnte, was die Wahrheit sein könnte? Und sie doch nicht festhalten konnte, weil zu viele Eindrücke und Gedanken auf mich einstürmten?

Mir fiel unvermittelt ein, was einmal ein spanischer Schriftsteller, angesiedelt am radikalen linken Flügel der sozialistischen Bewegung und unheilbar in diese zutiefst spanische Mentalität verstrickt, die aus Anarchismus, Antiklerikalismus und leidenschaftlicher Glaubensbereitschaft besteht ... was er über das Papsttum gesagt hatte. Es sei nichts weiter als das Gespenst eines verschwundenen römischen Imperiums. Ich hatte damals nichts darauf geantwortet. Immerhin war das in den römischen Ruinen Tarragonas gewesen, inmitten von Überresten also, durch die vor zweitausend Jahren ein gewisser Pontius Pilatus geschritten war, bevor er nach der anderen Seite des Mittelmeeres abkommandiert wurde. Aber mir ließ dieser schreckliche Satz keine Ruhe. Und Monate später entdeckte ich erstens seine tatsächliche Herkunft und zweitens seinen ganzen Inhalt. Es war der britische Philosoph Thomas Hobbes, der ihn erstmals gebrauchte. Und er sagte wörtlich: »Das Papsttum ist nichts anderes als das Gespenst des verschwundenen römischen Imperiums, das gekrönt auf dessen Grab sitzt.« – Und wenn es wirklich so wäre? Was spricht gegen die Wahrhaftigkeit und Bedeutung dieser Art von Nachfolge? Die Päpste residierten sechzehn Jahrhunderte lang im Lateranpalast, dann siebzig Jahre im französischen Avignon und seit 1877 im Vatikan. Das ergibt, auch wenn man diese Zeit in ihre korrekte geschichtliche Grundlage einteilt, einen überzeugenden Beweis für das Beharrungsvermögen der Kirche. Ebenfalls als einen Beweis für historische Standhaftigkeit möchte ich den Umstand bezeichnen, daß viele altrömische Namen auch für das junge Christentum verwendbar waren, so etwa der Legat, die Diözese, die Präfektur oder der Vikar. Und verehren wir an vielen uralten Kultstätten, an denen keltische, germanische, römische, griechische und asiatische Gottheiten angebetet wurden, heute nicht mit derselben Inbrunst, dem gleichen Eifer wie unsere Vorfahren Maria, die Heiligen und einen barmherzigen, gelegentlich schwerverständlichen und stets allgegenwärtigen christlichen Gott? Beweist das nicht, daß der Glaube etwas ist, das die Menschen immer begleitet, solange sie ihre mühsame Wanderung durch die eigene Geschichte nicht endgültig abgeschlossen haben? Und haben nicht alle Nationen und Rassen auch in jenen schrecklichen Augenblicken, die manchmal sogar Jahrzehnte andauerten, in denen sie die Religion als verwerflich ablehnten, irgendwann dann wieder diese Religion erleichtert akzeptiert? Wahrscheinlich kann man nur eine gewisse Spanne Zeit an einen Diktator oder an ein Parteiprogramm glauben.

Es gab einmal eine Zeit, in der man den Platz vor der alten Peterskirche, mit deren Bau noch unter Konstantin begonnen wurde, schlichtweg als das Paradies bezeichnete, was nichts daran änderte, daß man ihn im Jahre 1500 als Stierkampfarena verwendete. Es gab aber auch immer zwei Peterskirchen, wovon die Pilger und Besucher, die heute dem Papst zujubeln, vielleicht nur eine ungefähre Ahnung haben. Jedenfalls errichtete ein Bischof namens Anaclet um das Jahr 90 über der Stelle, da Petrus begraben worden war, eine kleine bescheidene Kapelle. Nicht ganz zweieinhalb Jahrhunderte später, also im Jahre 326, weihte dann Papst Sylvester die fünfschiffige Basilika ein, die unter Kaiser Konstantin entstanden war. Sie existierte elfhundert Jahre lang, war immer der Mittelpunkt aller religiösen, wissenschaftlichen und natürlich auch politischen Überlegungen dieses Abendlandes, das von einer Niederlage in die nächste taumelte und doch davon überzeugt war, unzerstörbar zu sein. Aber wer erinnert sich heute noch an die Überreste jener ersten Kapelle? Und wer, der gleichmütig oder ehrfurchtsvoll hinnimmt, daß Petrus unter dem Hochaltar des heutigen Petersdoms begraben liegt, denkt noch daran, was um das Jahr 90, als Anaclet dem Petrus ein vergleichsweise winziges Mausoleum schenkte, die Welt tatsächlich in Bewegung gehalten und damit verändert hatte?

Nein, ich finde es gar nicht so abwegig, wenn ein britischer Philosoph davon spricht, daß der Papst in gewisser Hinsicht die Nachfolge des römischen Imperiums angetreten habe. Und die Bemerkung vom Gespenst, das gekrönt auf dem Grab dieses Imperiums sitze? Nun, Philosophen und auch deren Werke geraten in Vergessenheit, aber die Päpste schreiten immer noch durch ein Spalier jubelnder Menschen und herrschen heute noch, indem sie über den Petersdom herrschen, über siebenhundert oder achthundert Millionen Menschen.

Auch diesmal zu Pfingsten in Rom, im Petersdom: Der Papst schritt grüßend, segnend, lächelnd, winkend dem Altar entgegen. Wie viele Märtyrer, wie viele Heilige hatten leben, leiden und sterben müssen, damit der fröhliche Applaus in St. Peter möglich wurde? Wie viele Hoffnungen, Ideen und Ideale hatten geopfert werden müssen, damit dieser uralte, doch stets von neuem faszinierende Auftritt möglich wurde? Mir flogen an diesem Morgen Bilder durch den Kopf, die mich quälten. Ich empfand Liebe, aber keinen Frieden. Ich dachte an die vielen Pilgerplätze, an denen ich gewesen war. Manchmal hatte mich der Friede eingeholt, ohne daß mir die Liebe oder wenigstens der Gehorsam des Glaubens zuteil geworden wäre. Und manchmal hatte ich das jubelnde Gefühl, daß Glaube, Liebe und Hoffnung in mir wuchsen, daß ich endlich befähigt sei, einzutreten in die Gemeinschaft der Christen, denen keine Skrupel mehr den Kopf verwirren und kein nachdenkliches Zögern die Lust am Glaubenkönnen nimmt.

Später am Nachmittag dieses Pfingstsonntags, unterwegs durch das dunkle, sanft gewellte Umbrien mit seinen unvergleichlichen Erinnerungen an einen Poverello namens Francesco, mit seinen immer noch wirksamen etruskischen Verhältnissen und dem Zeugnis eines einfachen, entbehrungsbereiten Lebens, später überlegte ich mir, daß ich gar kein Recht hätte, irgendeine andere als eine respektvolle, liebevolle, hochgestimmte Empfindung zu haben, wenn wenige Meter von mir entfernt ein Papst namens Johannes Paul II. langsam durch den Petersdom schreitet. War er nicht der wichtigste Mann in meiner geistigen Existenz? War das nicht die größte und berühmteste Kirche der Christenheit? Erhob sie sich nicht über dem verehrungswürdigen Grabmal des Apostels Petrus? War der Papst nicht der Stellvertreter Christi auf Erden? Bin ich denn kein gläubiger Christ, daß ich diese Summierung an Erhabenem und Unsterblichem nicht begreife oder schlichtweg akzeptiere? Warum störte mich der laute Applaus? Weshalb die gnadenlose Verunsicherung angesichts einer jubelnd entfesselten Menge? Schlafen die toten Päpste in ihren Grüften, die Heiligen und Märtyrer in ihren Reliquienschreinen weniger ruhig, wenn eine begeisterte Menschenmenge in frenetischen Jubel ausbricht? Muß alle Religion sich stets nur mit stummer Verzückung und andachtsvollem Schweigen begnügen?

Dann die Gegenfragen. Warum kein Applaus in der Krypta der Unterkirche von Assisi? Und kein Blitzlichtgewitter in der unterirdischen Grottenkirche auf dem Gargano, wo die Fußspur eines Engels die Menschen an ihre erschreckende Abhängigkeit vom Glauben erinnert? Was ist Religion eigentlich? Nur der Kampf ums Glaubenkönnen? Nur eine Art Rückversicherung für das Unausbleibliche? Nur die Liebe in uns, mit der wir niemals fertig werden?

Ich dachte an die Gesichter der Menschen, die am Morgen unter der rasch höhersteigenden Sonne über den Petersplatz – über das alte, längst vergessene Paradies des nachrömischen Zeitalters – zum Dom geeilt waren. Da war die Sehnsucht vieler Nonnen und die Dienstfertigkeit vieler Priester, die glatte, gleichgültige Neugier vieler Besucher und die kaum unterdrückte Nervosität, der schlecht verhohlene Eifer, die ungezügelte Erwartung auf den Gesichtern vieler Kinder. Welche Unterschiede man aus alledem doch ablesen konnte! Und während ich jetzt unterwegs nach Assisi war, erinnerte ich mich plötzlich, daß ich am Vormittag im Dom völlig darauf vergessen hatte, ein Kreuzzeichen zu schlagen oder meine Finger ins geweihte Wasser einzutauchen. Hatte ich zu stark applaudiert? Und den Hals gereckt, um den Pontifex zu sehen? Und dabei für ein paar Augenblicke lang vergessen, daß am Anfang meines Glaubens ein erbärmlich verkrümmter Leib von einem Holzkreuz hing?

Ich erinnerte mich an einen kurzen Absatz, den ich erst kürzlich in einer kirchlichen Druckschrift gelesen hatte: Ob Petrusgrab, Heiliger Rock, Lukasbilder oder Turiner Grabtuch, die katholische Kirche verlange von niemandem, daran zu glauben, andererseits habe die Kirche nie darüber einen Zweifel gelassen, daß es Wunder geben könne ... Aber welches Wunder, welches entscheidende Ereignis hilft dem nachdenklichen Christen auf die Sprünge, hebt ihn über alle Hürden hinweg, die sich seinem Glauben entgegenstellen? Hatte ich auf meinen Reisen zu den Pilgerstätten des Kontinents nicht auch immer das Elend unserer Zeit, das aus dem Elend der Vergangenheit kommt, mit Augen sehen müssen, die erfüllt waren vom Abglanz einer Kultur, die eigentlich unser Leben ausfüllen sollte? Waren die erschossenen Terroristen in Italien keine Christen? Und die Geheimpolizisten im polnischen Tschenstochau? Glaubten Andalusiens oder Kataloniens militante Separatisten nicht an Christus, der ihnen vor zweitausend Jahren schon erzählt hatte, sie müßten ihre Feinde lieben? Und hat uns der Wohlstand in Mitteleuropa bereits unempfindlich gemacht für jede Leidenschaft, die nicht nur aus dem Gefühl, sondern auch aus dem Intellekt kommt?

Auf alle Fragen gibt es eine Antwort. Die Schwierigkeit ist nur, daß man die richtige Antwort im rechten Augenblick erhält. Würde es genügen, wenn ich mich aufmachte, um die christlichen Pilgerplätze dieses Kontinents aufzusuchen? Oder hatte ich bloß noch nicht begriffen, daß die Bereitschaft zum Glaubenkönnen in dem Augenblick von uns Besitz ergreift, da das geweihte Taufwasser unsere Stirn benetzt? Es ist verhältnismäßig einfach, am Leben zu bleiben. Schwieriger wird es, wenn man diesem Leben einen Sinn geben will.

Tschenstochau

Einmal im Jahr besteigt eine Handvoll amerikanischer Juden, denen man eigentlich kaum ansieht, daß es orthodoxe Juden sind, in New York ein Flugzeug und fliegt damit nach Warschau. Dort wechselt die Reisegruppe zuerst den Flugplatz und kommt dann mit einer dieser ziemlich primitiven und doch rustikalen russischen Transportmaschinen, die den Linienverkehr zwischen Warschau und Krakau mühsam genug aufrechterhalten, in die alte polnische Königsstadt. Und von dem Augenblick an, da sie Krakauer Boden betreten, verwandeln sich diese amerikanischen Juden, deren Großeltern vielleicht in einem galizischen Getto gehaust hatten, in unbegreifliche und zugleich dämonische Geschöpfe. Denn in den nächsten achtundvierzig Stunden ihres Aufenthalts in Krakau und im polnischen Galizien scheinen sie nichts anderes mehr im Kopf zu haben als verschollene Gräber, eingesunkene Grabhügel, geschändete, überwachsene Friedhöfe, in denen irgendwelche Wunderrabbis liegen, mit denen sie, die Amerikaner, meistens weder verwandt noch verschwägert sind, von denen sie nur irgendwann einmal gehört haben, über Generationen hinweg, über Tausende von Meilen und die Kontinente hinweg, über tragische Familienchroniken und das kaum nacherzählbare Elend der polnischen Juden hinweg. Die amerikanischen Juden stehen dann stunden- und tagelang vor dem Grab eines solchen unbekannten Rabbi, beten in der alten jiddischen Art, schlagen sich die Hände vor den nickenden Kopf, nehmen auf befremdende, aber zweifellos suggestive Weise immer wieder von neuem Abschied von den vergessenen Toten, die sie nicht gekannt haben, über die sie nur Geschichten, die sich wie Märchen anhören, drüben in Amerika erzählt bekommen haben, verbringen Tag und Nacht auf einem Friedhof dicht unter der russischen Grenze oder irgendwo am Rand einer Birkenschonung, im Weichbild der kleinen verwahrlosten Städte und Dörfer, die hier aussehen wie aus einem anderen Jahrhundert und deren Namen kaum auszusprechen sind. Dann, nach diesen Stunden und Tagen der erschöpfenden Meditation, der uralten jiddischen Klage vor unbekannten Rabbigräbern, fliegen die orthodoxen Juden zurück. Sie verwandeln sich im Interhotel von

Krakau wieder in Amerikaner, bezahlen ihre Rechnungen und fliegen schweigend zurück, wie sie schweigend gekommen sind.

Ein Taxichauffeur aus Krakau machte mich eimal auf diese sonderbare Geschichte aufmerksam. Es war ein etwa fünfzigjähriger Mann, der im heute russischen Lemberg geboren, dann nach Sibirien verschleppt wurde, über China nach Europa flüchtete, in seine polnische Heimat, die jetzt von den Deutschen besetzt war, und nach abenteuerlichen Umwegen sogar nach Deutschland kam, das ihm trotz Hitler verhältnismäßig gut gefiel. Als der Zusammenbruch unvermeidlich war, ging der Mann nach Marokko und den USA, gelangte im Zuge einer allgemeinen Repatriierung wieder nach Galizien, wanderte noch einmal nach Amerika aus, das er bald verließ, um sich in Japan ansässig zu machen, was ihm allerdings nicht gelungen ist. Aber erst nach dem Tod seines Vaters, eines braven und eher unbedeutenden Komponisten und Professors an der Krakauer Musikschule, ließ er sich mit einem altmodischen Mercedeswagen und seiner jungen Frau endgültig in Krakau nieder. Eine Tochter, die die Frau in die Ehe mitgebracht hatte, habe in Wien ihr Glück gefunden. Er erzählte das so, als hätte er dazu keine eigene Meinung. Ich dachte an polnische Mädchen in westlichen Nachtlokalen und schwieg. Einmal erzählte er mir, wie er, nur weil er sich im richtigen Augenblick totstellen konnte, einem deutschen Exekutionskommando entgangen sei. Das sei in der Gegend von Auschwitz gewesen. Und da glaubte ich noch, daß auch er Jude sei, Jiddisches im Sinn habe und es nur verschweige, weil sonst seine Geschichte zu unwahrscheinlich würde oder weil er sich mit mir, dem ausdauernden Gast, den er durch Galizien und Polen führte, nicht überwerfen wollte. Aber dann, in Auschwitz, hörte ich ihn plötzlich Abfälliges über die Juden sagen. Abfälliges und Ordinäres, das eindeutig war. Und in Tschenstochau fiel er – wie es den Anschein hatte, aufrichtig ergriffen – vor dem Altar der Schwarzen Madonna in die Knie und drückte seine Lippen in einem scheinbar unbeobachteten Augenblick gegen den Saum des Altartuches, bevor er erschrocken zurückwich, sich kurz umblickte und dann mit gleichgültigem Gesicht die Kapelle wieder verließ. Einmal sagte er beiläufig, daß ein Mensch mit einem solchen Schicksal, wie er es habe erdulden müssen, entweder verrückt oder zum Heiligen würde. In Auschwitz zum Beispiel, das er allein schon durch seinen Beruf gut kannte, weil er immer wieder ausländische Gäste hinführte, zeigte er zornige Betroffenheit. Und sagte wohl auch, daß kein Unterschied feststellbar gewesen sei zwischen Stalin und Hitler. Nur die Juden verhöhnte er, gab ihnen alle Schuld am Elend, das er kennengelernt hatte, und nachdem wir einige Tage hindurch gemeinsam unterwegs gewesen waren, versuchte er einmal sogar, die amerikanischen Juden nachzuahmen, wie sie an den Gräbern vergessener Rabbis stehen und beten, stundenlang, tagelang, ohne einen Schluck Wasser oder ein Stück Brot, merkwürdig kostümierte Vogelscheuchen – sagte er –, die einem Furcht einflößen, wenn man ihren Fanatismus sieht, wenn man sie vor einem eingesunkenen Grabhügel kopfnickend, zähneknirschend und wie von Sinnen die nackte Erde besprechen sieht, als wollten sie Vergangenes beschwören und die Zeit zum Stillstand bringen.

Warum erzähle ich solche Geschichten? Warum kann ich zum Beispiel Auschwitz nicht vergessen und auch nicht Wadowice, das nur eine halbstündige Autofahrt von Auschwitz entfernt ist? Und nicht die schöne polnische Landschaft dazwischen, eine wohlgeordnete Landschaft mit hügeligem Charakter und einem frischen Grün, aus dem sich schon am frühen Vormittag der Nebel verflüchtigt, der aus den Flüssen und Sümpfen kriecht, warum kann ich dieses Grün nicht vergessen, das den Augen wohltut und sich dem blauen Himmel anpaßt, der leicht verhüllt, leicht dunstig von den Karpaten herunterfließt in die weite Ebene? Und warum kann ich meine Betroffenheit nicht vergessen, daß die Menschen hier immer noch ihre Volksfeste feiern, in einem Land, das der Tod erobert hat und in dem es Namen gibt wie Birkenau und Auschwitz, aber auch Wadowice und Tschenstochau? Hat es vielleicht damit etwas zu tun, daß ich alles nur mit meinen Augen sehe, mich nicht hineindenken kann in die Gefühle der Polen, die zwischen den Gräbern tanzen und vor ihrer eigenen Geschichte nicht mehr erschrecken?

Ich war nach Polen gekommen, um wieder einmal nach Tschenstochau zu gehen. Es war im August, ich kam aus Deutschland und war vorbereitet auf die vertrauten Idyllen der kleinen Holzhäuser mit schnatternden Gänsescharen davor, auf die alten Bilder mit Panjewagen, Birken am Horizont und überfüllten Kirchen. Ich näherte mich Tschenstochau mit seinem legendären »Weißen Hügel« – Jasna Gora – vom Süden her, aus Schlesien kommend und noch den Kohlenruß und den Geschmack des Reviers auf Haut und Zunge, ich roch jetzt aber auch Galizisches und Ruthenisches, schmeckte die Karpaten und sogar Slowakisches, entdeckte Weißrußland und diesen Rest von Ostpreußen, Pommern und Schlesien, diesen melancholischen Rest, der in anderer Form und unter anderen Namen überlebt hat, während ich immer wieder größere und kleinere Gruppen von Pilgern überholte, die unter einem Himmel aus aufgewirbeltem Staub, traurigem Gesang und dem Flattern ihrer Kirchenfahnen unterwegs waren zur Schwarzen Madonna von Tschenstochau. Und je mehr ich mich der heiligsten Stadt Polens näherte, um so dichter und größer wurden diese Pilgergruppen, die jetzt schon eine zusammenhängende Kolonne bildeten, die bis an den Horizont reichte. Es war zufällig der Gedenktag an Marias Himmelfahrt, der in Polen große Bedeutung besitzt, auch heute noch oder vielleicht gerade heute noch, und später erzählte man mir, daß an diesem Tag mindestens eine halbe Million Pilger nach Tschenstochau gekommen sei.

Ich zögerte, hielt knapp vor der Industriestadt an der Warthe, die ich von Besuchen in den letzten zwanzig Jahren gut kenne, sah die Silhouetten der neuen Wohnviertel, sah neue Fabrikschlote wie rostige Nadeln aus der flachen Ebene wachsen, und ich kehrte schließlich um, wandte mich ab, wollte nicht verführt werden durch feiertäglichen Pilgerzustrom, wollte nicht durch eine falsche Meinung beeindruckt werden von der Gläubigkeit der Polen, nur weil ein hoher katholischer Feiertag war, an dem Wallfahrt beinahe so etwas wie Pflicht ist und das Beten vor einem Gnadenbild, vor einer alten, geheimnisvollen und geschwärzten Ikone obligatorisch zu sein scheint. Ich wollte die Wahrheit des Alltags. Ich wollte Tschenstochau an einem völlig normalen Wochentag erleben.

Aber ich hätte mir meine naive Rücksichtnahme ersparen können! Einige Tage später war ich wieder in Tschenstochau, kam auf den Jasna Gora, sah das Kloster vor mir, das von weitem wie eine wuchtige Burg wirkt, wie ein Denkmal militanten Christentums und zugleich auch wie eine steingewordene Erinnerung an die polnische Geschichte. Der Platz davor war überfüllt. Es brodelte tausendfach, es wälzte, kämpfte sich eine Menge, die beinahe unübersehbar war und die ich auf mindestens fünfzigtausend und möglicherweise hunderttausend Menschen schätzte, unterhalb der Klostermauern dem überdachten Gang entgegen, dieser von Steingebäuden überwachsenen Furt in die Seligkeit, die hinaufführt zum Kloster und zum Gnadenbild der Schwarzen Madonna. Und es war doch, wie ich es gewünscht hatte, ein ganz normaler Wochentag. Ein dunstiger, schwüler Augustvormittag mit rasch wachsender Hitze. Auf der Herfahrt war ich an Fabriken vorbeigekommen, die gerade Schichtwechsel hatten. Das Heulen der Fabriksirenen gellte mir noch in den Ohren.

Ein normaler Wochentag also. Aber ich begriff: Wieder begann das verwirrende Spiel – wie sollte ich es sonst nennen? –, bei dem die abgegriffenen Klischees der Wahrheit entsprechen und das Unglaubliche plötzlich selbstverständlich wird. Wieder schlug die Glut einer Gläubigkeit – ich habe kein anderes Wort dafür – über mein Denken zusammen, über meine egoistischen und selbstbewußten Vorbehalte. Wieder verfiel ich, wie stets zuvor auf diesem Hügel, dem starken Gefühl, das von den Menschen selbst ausgeht, von ihrer fast leidenschaftlichen Bereitschaft zum Glauben, der man sich kaum entziehen kann, wenn man erst einmal das Klostergebäude betreten hat.

Manche Autoren sprechen in diesem Zusammenhang von Tradition und nationalem Bewußtsein, von den beiden Grundpfeilern polnischer Marienverehrung, die auf Jasna Gora wie sonst nirgends in einem Stück polnischer Erde verwurzelt seien. Aber ich weiß nicht, ob das wirklich zutrifft. Ich weigere mich, an eine vernünftige Erklärung zu glauben, die mit historisch bedeutsamen Jahreszahlen und mit nationalem Heldentum in Verbindung steht, ich weigere mich, daran zu glauben, weil ich mir nicht vorstellen kann, daß die Menschen, die zum Beispiel an diesem Augusttag in das Kloster und zur Schwarzen Madonna strömen, in differenzierter, sozusagen wissenschaftlicher Form Bescheid wissen über die Entstehungsgeschichte des Gnadenbildes und über die traditionellen Zusammenhänge, die zwischen dieser künstlerisch ziemlich wertlosen Ikone und den einzelnen Phasen eines polnischen Nationalismus oder eigentlich Nationalbewußtseins bestehen. Ich, dem Anschein nach aufgeklärt und gelegentlich skeptisch, ich, manchmal Launen unterworfen, die es mir schwerfallen lassen, in aller gebotenen Demut an etwas Irrationales, Übersinnliches zu glauben, an ein Stück bemalten Holzes oder an eine farbige Leinwand, die angeblich einen Zauber verströmt – ich verweigere in Tschenstochau jeder glatten Vernunft meine Zustimmung! Ich verweigere sie auch diesen orthodoxen Juden aus Amerika, wenn sie vor den Gräbern verschollener Rabbis stehen. Und auch dem Geruch nach Opfer und Nutzlosigkeit in Auschwitz. Und nur in Wadowice, im billig eingerichteten, sparsam möblierten Geburts- und Jugendzimmer des gegenwärtigen Papstes Johannes Paul II., das im ersten Stockwerk liegt, erreichbar über einen offenen Innengang, einsehbar vom Hof des Hauses, vorgezeigt durch einen Schullehrer, der noch ein oder zwei Jahre bis zu seiner Pensionierung in diesem Zimmer leben wird, bevor es von der Kirche zum Ruhme Papst Johannes Paul II. aufgekauft und in ein Museum umgewandelt werden wird, nur in diesem Wadowice also, etwa vierzig Kilometer südlich von Krakau und schon dicht unter den Karpaten, ist die Vernunft vorerst noch stärker als alles Irrationale, weil hier die Fakten noch nicht überlagert sind von einer Magie des Schmerzes. Denn ich ahne oder ich weiß, daß jeder Glaube auch Schmerz bereitet. Und daß jede Hoffnung sich durch diese Magie des Schmerzes hindurchkämpfen muß. Ich weiß, daß man den Menschen weder den Schmerz noch den Glauben gleichsam behördlich befehlen oder verbieten kann. Und deshalb werde ich immer betroffen sein, wenn ich nach Tschenstochau komme und sehe, spüre, schmecke, mit allen meinen Sinnen und Gedanken unaufhörlich empfinde, was das uralte Geheimnis des Glaubenkönnens ausmacht und woraus die Magie des Schmerzes besteht, eines sinnlich wahrnehmbaren Schmerzes, der mir die wichtigste Voraussetzung für jede Hoffnung zu sein scheint.

Was muß ich erzählen, damit die Bilder deutlich werden? Damit man mir glaubt, wenn ich sage, daß hier die Idyllen noch stimmen und nahezu alle Klischees noch der Wahrheit entsprechen?

Zuerst die Buden mit den üblichen Devotionalien, diese vielen kleinen Buden und primitiven Holzstände unterhalb des Klosters, oft nur ein wassergefüllter Kübel, darin Flaschen mit Limonaden und Bier schwimmen, oft nur eine hölzerne Stange oder Säule, daran Bilder des Papstes oder der

Heiligen aufgehängt sind. Oft aber auch nur der flinke Blick, der rasche Griff eines Mannes, der zuerst ein Abzeichen verkaufen und dann im Handumdrehen und wie nebenbei einen kleinen Taschendiebstahl riskieren will. Überall Menschen. Nonnen natürlich, Priester, Mönche natürlich, Gruppen junger Leute, immer Gesang und Musik auf Instrumenten, die man später wird weihen lassen wie das Brot, das Selchfleisch oder die Eier. Es ist ein Volksfest alten Schlages oder eigentlich altmodischer Gesinnung, was sich hier abspielt, noch unterhalb der Klostermauern, ein Fest der Menschen und Gefühle, das keines besonderen Anreizes von außen oder irgendwelcher elektronischer Apparate, Lautsprecher, Musikgruppen bedarf und das sich fortsetzt bis vor das Gnadenbild, das dicht umdrängt ist, belagert von zahllosen Gläubigen und ihren Gebeten und den Marienliedern, die wie eine schwere Wolke aus Stimmen und Tönen den verhältnismäßig engen Rahmen dieser Gnadenkapelle sprengt. Ein Volksfest: Die Beichtstühle sind ständig belagert, vor den Kiosken im Kloster drängen sich die Menschen, die einzelnen Seitenkapellen werden buchstäblich im Sturm genommen, das Hauptschiff der Klosterkirche ist überfüllt, Menschengruppen, Menschenschlangen überall, stündlich und an mehreren Plätzen zugleich, unter freiem Himmel im Vorhof zur Kirche und in der Sakristei, die rituellen Weihen von Brot und Fleisch, Messen werden bestellt und unaufhörlich gelesen, Brautpaare getraut, das ganze vielfältige Arsenal menschlicher Wünsche wird sozusagen auf schmalem Raum ausgebreitet und harrt einer Erfüllung, die tatsächlich etwas von einem Zauber besitzt. Man glaubt, man verschenkt sich an den Glauben, und dieses Gefühl versetzt die Seele, den Charakter, die Gedanken in einen seltsamen Zustand. Euphorie wäre nicht das richtige Wort dafür. Auch nicht Besinnlichkeit. Ich glaube, man kann diesen Zustand überhaupt nicht in Sprache umsetzen.

Empfinden die amerikanischen Juden etwas Ähnliches, wenn sie auf einem alten jüdischen Friedhof stehen und die Vergangenheit beschwören? Spüren die Überlebenden von Auschwitz die Magie des Schmerzes, aus der die Hoffnung wächst, auf eine ähnliche Weise?

Aber was ist es, das ich empfinde? Hier auf dem »Weißen Hügel« von Tschenstochau, wo mich vor allem einmal der Atem anweht, der aus tausend Mündern kommt, die beten?

Es klingt unglaubwürdig, wie ich es sage, unstatthaft sogar in einem Augenblick, da man sich davor hüten sollte, pathetische Worte auszusprechen. Aber wenn ich diese tausend Münder, die in einer fremden Sprache Fremdartiges murmeln, sprechen, singen, wenn ich sie mit dem Sog vergleiche, den ein Feuer erzeugt, wenn ich von diesem Sog als einer naturwissenschaftlichen Selbstverständlichkeit spreche, als einer physikalischen Normalsituation, die man akzeptieren muß, wenn sie einen mitreißt? Und wenn ich davon spreche, daß ich dem Sog folge, der mich hineinzieht in das dunkle Gewölbe der Kirche, in eine Sakristei, in eine Seitenkapelle, immer weiter hinein in die verschlungene Architektur dieser Klosterkirche und immer tiefer bis hin zum Mittelpunkt dieses Feuers, dem ich nicht widerstehen kann, bis in diese innerste und letzte Kapelle, in der ein feierlicher Lärm ist, ein Brausen, von dem man anfangs nicht glauben kann, daß es von menschlichen Stimmen herrührt, bis man die Münder sieht, bis man die Ekstasen sieht, die Weinkrämpfe und starren Blicke, die Knienden und Hingeworfenen, die mit ihrem Leib und mit ihren Händen auf dem Boden das Kreuzzeichen nachahmen, die Hochmütigen, die Singenden, die Jubelnden und auch die Versteinerten, denen sich die Magie des Schmerzes noch nicht eröffnet hat . . . Wenn man das sieht und den Sog spürt: die Menge Kopf an Kopf, darüber Hunderte, Tausende Votivgaben vom kostbaren Silberschmuck bis zur handgefertigten armseligen Krücke, naiv bemalte Holztafeln und Kunstdrucke, Medaillons, Puppen, Armbänder, Kerzen und immer wieder Erinnerungsstücke an das Elend der Krankheit, des unendlichen Siechtums, Erinnerungsstücke und Votivgaben, die aus den nachgedunkelten Wänden der Gnadenkapelle und der anderen Kapellen eine Galerie des Schmerzes und des Trostes gemacht haben; während man den Weihrauch schmeckt und zugleich unterscheiden kann, welches Publikum sich langsam vordrängt zur wundertätigen Madonna, wenn man die Gesichter der Kopftuchbäuerinnen sieht, wie sie sich unter einem strahlenden Licht öffnen, wie sie einen Zustand annehmen, dessen Beschreibung unglaubwürdig wäre, daneben Fabrikarbeiterinnen, Traktoristen, Bauern, Soldaten und Funktionäre, Männer in Lederjacken und in Anzügen, Menschen jeden Alters und jeder sozialen Herkunft, und fast alle besitzen sie den gleichen verklärten Blick, die gleiche leuchtende Feierlichkeit und dieses Glänzen, wenn sie den Kopf heben, diesen Widerschein einer metaphysischen Idee auf ihren Gesichtern, die zu beschreiben ich kaum imstande bin ... Was dann? Und wie kann man das in eine alltägliche Sprache übersetzen? Alles nur Einbildung? Und nicht ein Körnchen Wahrheit dabei, das dieses Schauspiel von jedem falschen Pathos befreit?

Was aber ist es, das ich selbst empfinde? Meinen Blick auf die Ikone gerichtet, die klein, unscheinbar und schwärzlich unter dem Gewicht pompösen Schmuckes zu ersticken droht. Meine Gedanken und Gefühle gegen das leidenschaftliche Gefühl gewendet, das rings um mich die Menschen in seinen Bann schlägt und das zuletzt, als immer wieder feierlicher Gesang durch die Kapelle dröhnt, auch meine Abwehr plötzlich durchbricht und eindringt in mich, verführerisch und süß, mich verunsichernd, bis ich die Augen niederschlage vor dem Gnadenbild, mich wehrlos und nackt fühle und zugleich begreife, daß jetzt erst alle Verführung von mir abfällt. Und wollte ich mich denn nicht verführen lassen? Drängte ich mich nicht bis zur Ikone vor, auf die ich dann nur einen schüchternen Blick warf? Wollte ich nicht dazugehören zu dieser Gemeinschaft, deren Atem ich schluckte und in deren Gebete ich einstimmte mit meinen eigenen Worten, in meiner eigenen Sprache?

Was ist es also, das ich empfinde? Heimweh nach etwas, das ich vielleicht vor langer Zeit verloren habe? Sehnsucht nach etwas Selbstverständlichem, dem ich mich verzweifelt verschließe? Die Menge stöhnt unter dem Gewicht des Glaubens, das auf ihr lastet. Die Priester zelebrieren pausenlos die Messe. Musik erfüllt die Gnadenkapelle. Das rußige Flackern und der Duft der Kerzen vermischen sich mit dem Gleißen und Glitzern kostbarer Votivgaben und des Altarschmuckes, verschmelzen zu einem fließenden Eindruck von luxuriöser Feierlichkeit, der zweifellos ungemein verführerisch ist. Gibt es möglicherweise nicht nur eine Magie des Schmerzes, sondern auch eine Magie des frommen Zeremoniells? Und ist der Glaube, wie er hier in Tschenstochau zum Ausdruck kommt, eine Art Echo aus einem vergangenen Zeitalter, als der Himmel noch unerforscht und die Grenze zwischen wahrem Glauben und Aberglauben noch schmal war?

Was für eine Antwort soll ich darauf geben? Ich bin nicht

mehr imstande, nur noch mit Vernunft und kritischer Intelligenz zu reagieren. Ich bin verunsichert. Ein Glaube, der so stark ist wie hier in Tschenstochau, versetzt nicht nur Berge, sondern läßt auch jede Skepsis fragwürdig werden.

Dabei wäre die Bildlegende, also gleichsam der historische Text zur Ikone der Schwarzen Madonna, mit ein paar vernünftigen Worten zu erzählen. Ihr Ursprung liegt im Dunkeln, aber das hat nichts Übernatürliches oder Mythisches zu bedeuten, sondern hängt einfach damit zusammen, daß aus dem 6. oder 7. Jahrhundert, wohin neueste wissenschaftliche Erkenntnisse die Entstehungsgeschichte dieses Bildes datieren, genaue Angaben fehlen. Das Alter der Ikone verliere sich in grauer Vorzeit, schreiben heute bereits einige Autoren und versichern, daß eine byzantinische Hand die Muttergottes mit dem Jesuskind im Arm gemalt habe. Geheimnisvoller, aber auch irritierender Mythos, der vom heiligen Lukas als dem Meister berichtet, der die Schwarze Madonna – die anfangs nicht dunkel oder schwarz war, sondern wie alle anderen geschwärzten Gnadenbilder erst im Verlauf der Jahrhunderte nachdunkelte unterm Ruß und Rauch der Kerzen – unter der Fügung himmlischer Inspiration gemalt haben soll.

Die meisten zeitgenössischen Kunsthistoriker, die sich mit dieser Geschichte beschäftigen, haben ziemlich übereinstimmend eine Biographie rekonstruiert, die Ende des 13. oder anfangs des 14. Jahrhunderts nachweisbar einsetzt, soweit es sich um das sichtbare Bildnis der Muttergottes handelt. Die Entstehung des Bildes soll auf eine italienische Malerschule zurückgehen. Natürlich gibt es auch heftige Gegenstimmen, die diese Annahme kategorisch ablehnen. Der byzantinische Strich wurde durch einen damals selbstverständlichen Traditionalismus erklärt. Diese an sich recht plausible Meinung ist in den letzten Jahren auf überraschende Weise erhärtet und allerdings auch erweitert worden, nachdem ebenso langwierige wie sorgfältige Untersuchungen ergeben haben, daß unter dem sichtbaren Gnadenbild, das seit Jahrhunderten die Massen anlockt, sich noch ein anderes Gemälde befindet, dessen Alter tatsächlich in die byzantinische Zeit des 6. Jahrhunderts zurückreicht, als solche Ikonen, ausgehend von Kleinasien, im damals noch byzantinisch beherrschten und beeinflußten Süditalien hergestellt wurden, wobei es etwa im nordöstlichen Kalabrien – unweit von Rossano, einer Hochburg byzantinischer Kunst – ein Kloster namens Patirion gab, das heute längst verfallen ist und freilich noch im Verfall zu beeindrucken vermag. Die Mönche dieses Klosters waren so erfolgreich in der Herstellung byzantinischer Ikonen, daß sie eine eigene kleine Handelsflotte – die Schiffe ankerten im kleinen Hafen von Rossano, dort, wo heute einheimische Initiative ein Hotel für Touristen errichtet hat – nach allen Häfen des Mittelmeeres entsenden konnten und einen gewinnbringenden Handel aufzogen mit der Vertreibung ihrer Ikonen. Wäre es also nicht vorstellbar, daß das Bild von Tschenstochau tatsächlich aus diesem – oder einem ähnlichen – Kloster kommt, das immerhin bis ins 10. Jahrhundert hinein hochberühmt war für die sorgfältige Arbeit seiner Mönche? Sie besaßen ja auch eine eigene Schreibwerkstätte, in der man wichtige religiöse und wissenschaftliche Schriften kopierte. Und sie waren nicht nur für ihre Kunst, sondern auch für ihre Geschicklichkeit berühmt, mit der sie ihre Produkte bis weit hinauf in den Norden und auch bis nach Rußland verkauften.

Außerdem ist noch etwas in diesem Zusammenhang überlegenswert. Was damals in der Bergwildnis Kalabriens entstand, war byzantinisch und verriet doch auch schon italienischen Geschmack, vereinigte also beide Merkmale, die heute noch das ältere, unsichtbare Bild unter der berühmten Schwarzen Madonna und selbstverständlich dieses selbst auszeichnen.

Das Alter der Ikone ist jedenfalls ehrwürdig genug, um daran manche Spekulation zu knüpfen. Und auch die verschiedenen Umstände, unter denen das Bild nach Polen kam – Rußland wurde als Ursprungsland genannt, Italien, aber auch Böhmen –, sind sonderbar bis mysteriös und erlauben manche waghalsige Deutung, die bis zur Legende reichen kann. Die offizielle Biographie spricht jedenfalls davon, daß im Jahre 1382 ein schlesischer Herzog namens Wladyslaw auf einem weithin sichtbaren Hügel in der Ebene, die von den Ausläufern der Karpaten mit einer großartigen Bewegung nach Norden fließt, ein Kloster bauen ließ, dem er die Ikone als kostbarstes Geschenk anvertraute. Dabei ist es eigentlich ziemlich belanglos, auf welche Weise dieser Herzog in den Besitz der Ikone gekommen war, denn eines zumindest darf als beweisbar angenommen werden: Zu diesem Zeitpunkt gab es mit einer an Sicherheit grenzenden Wahrscheinlichkeit noch keine Verehrung des Bildes und daher auch noch keine Wallfahrt des Volkes nach Tschenstochau. Man vermutet vielmehr, daß Herzog Wladyslaw, der ein Angehöriger des ehemaligen polnischen Königshauses der Piasten war, eine Geste setzen wollte, auftreten wollte als Klostergründer, was in jenen Jahrzehnten ja immer noch ein Ausdruck weltlicher Macht war, die sich religiöser Motive bediente. Wunder, Gebetserhörungen oder andere aufsehenerregende Zeichen, wie sie dann vom Ende des 14. Jahrhunderts an aus Tschenstochau berichtet werden, was wiederum erste Wallfahrten der gläubigen Landbevölkerung zur Folge hatte, waren anfangs nur willkommene Begleiterscheinungen für die selbstverständliche Symbiose von politischer und religiöser Herrschaft, die sich in solchen Klöstern manifestierte.

Aber dann ereigneten sich im Verlauf der Zeit doch einige sonderbare Geschichten, die das Volk weit über den jeweiligen Anlaß hinaus aufhorchen ließen. Es waren Augenblicke und Szenen, wie sie immer wieder vorkommen in der Biographie berühmter Klöster, Kirchen und Wallfahrtsorte und die hier vielleicht noch durch die Neigung des slawischen Charakters für eine Intensivierung der Mythen, für ein Hineinsteigern in das Besondere und Ungewöhnliche vertieft wurden. So zum Beispiel kam es 1430, also während der Zeit der unseligen Hussitenkriege, auch zu einem Überfall hussitischer Banden auf das damals bereits gutbefestigte Kloster auf dem »Weißen Hügel«. Die marodierenden Ketzer drangen bis ins Innere der Kirche vor, verwüsteten alles, was ihnen unter die Hände kam, plünderten, brandschatzten, mordeten. Und einer von ihnen, dessen Name verlorengegangen ist, hieb der Ikone sein Schwert quer übers hölzerne Antlitz. Eine klaffende Wunde blieb zurück.

Solche Dinge passieren im Verlauf der Geschichte. Im Bayerischen Wald etwa, wo gleichfalls die Hussiten wüteten, quoll Blut aus einer geschändeten Marienstatue. Daraus entstand dann die Wallfahrt nach Neukirchen bei Heilig Blut dicht unterhalb der heutigen Grenze gegen Böhmen. Anderswo erstarrte dem zuschlagenden Schänder der schon erhobene Schwertarm. Oder ein Zeichen, eine Vision ließ ihn im letzten Augenblick innehalten, bekehrte ihn zum wahren Glauben. Beweise dafür gibt es hinreichend in der abwechslungsreichen Biographie europäischer Wunder- und Gnadenstätten. Nur hier in Tschenstochau war es etwas anderes, geschah etwas, das bis heute eigentlich nicht restlos aufgeklärt werden konnte, weil zuviel wichtige Fragen damit zusammenhängen. Die schwerbeschädigte Ikone wurde nämlich sogleich nach dem Abzug der Hussiten renoviert, und zwar auf ausdrücklichen Befehl des damals regierenden Königs Wladyslaw Jagiello. Aber wie wurde sie renoviert? Und was geschah da in aller Eile und wohl auch in aller Heimlichkeit in diesen Tagen und Wochen, da möglicherweise die Mönche entdecken mußten, daß der hussitische Schwerthieb das Gemälde irreparabel getroffen hatte, bis dann das staunende Volk plötzlich doch eine neue und so gut wie unversehrte Muttergottes zu sehen bekam? Überpinselte einfach ein unbekannter Ikonenmaler, ein begabter Mönch vielleicht, das schwerbeschädigte Bild? Ahmte er das byzantinische Kunstwerk nach, so gut er es eben vermochte? Und schuf ein zweites Bildnis, das den Bauern, die zuerst nach Tschenstochau strömten, wie das geliebte Original erschien? Letzte wissenschaftliche Untersuchungen bestätigen diese Annahme, denn zweifellos befindet sich unter dem heute sichtbaren Porträt der »schwarzen« Madonna ein zweites, wesentlich älteres Bild.

Die Masse der Gläubigen hatte natürlich weder Zeit noch Geduld und erst recht nicht die intellektuelle Fähigkeit, sich sorgfältige Gedanken zu machen über die erstaunliche Unversehrtheit einer Ikone, von der man rundum in Polen wußte, daß sie durch einen hussitischen Schwertstreich entstellt worden war. Hatte es nicht vorher schon Wunder gegeben auf dem »Weißen Hügel«? War nicht seit dem geheimnisvollen Auftauchen dieses Gnadenbildes stets eine besondere Kraft davon ausgegangen? Und wallfahrte das Volk nicht schon seit längerer Zeit nach Tschenstochau und verrichtete dort seine Gebete, sprach seine demütigen Bitten aus, legte seine Nöte dar und wartete, hoffte auf eine Erfüllung seiner kleinen und großen Wünsche?

Was immer man sich jetzt vorzustellen versucht: Der Zustrom an Gläubigen stieg nach diesem hussitischen Schwertstreich auf unglaubliche Weise an. Denn neben dem Gefühl des Wunderbaren, der Gewißheit, daß man ein makelloses Gnadenbild zu sehen bekam, wo doch noch das ganze Land widerhallte von der Klage über die Schändung der Ikone, entwickelte sich jetzt erstmals auch ein Gefühl des nationalen Stolzes, der nationalen Zusammengehörigkeit. Nicht nur der spirituellen Seite des Glaubens war hier also ein Ziel entstanden, wohin man freudig pilgerte, sondern auch der eher weltliche, mehr der politischen Realität verpflichtete Teil des Glaubens entdeckte in der Madonna von Tschenstochau ein Symbol, dem man sich bald blindlings anvertraute in Zeiten der politischen Gefahr und der vaterländischen Not. Gewisse Ereignisse, die dem Hussiteneinfall von 1430 folgten, bestätigten diese neue Erfahrung nachdrücklich.

Da gab es zum Beispiel in der Zeit von November auf Dezember des Jahres 1655 eine Belagerung des Klosters durch die gefürchteten Schweden unter ihrem erfahrenen General Müller, ein militärisches Unternehmen also, dessen Ausgang in der Tat an ein Wunder grenzte. Denn schwedische Soldaten hatten sich erst wenige Jahre zuvor während des Dreißigjährigen Krieges einen Nimbus erworben, der ebenso grausam wie beachtlich war und im gegenständlichen Fall einer Klosterbelagerung eigentlich hätte ausreichen müssen, um die zahlenmäßig geringe Schar der Verteidiger frühzeitig resignieren zu lassen. Denn was sich da unter der zweifellos dilettantischen Leitung eines Priors namens Augustin Kordecki, der von militaristischen Angelegenheiten kaum sehr viel verstanden haben konnte, zur verzweifelten Verteidigung der Klosteranlage versammelte, bestand aus einer Handvoll friedfertiger Mönche, die das Brevier, aber kaum das Schwert schwingen konnten, aus einigen versprengten und reichlich kriegsmüden Soldaten und den Bauern aus der umliegenden Gegend. Natürlich war das Kloster befestigt – was man heute noch an Mauern, Wällen und Geschützstellungen sieht, stammt zu einem guten Teil aus jener Zeit –, gab es gut abgesichertes Mauerwerk, einige Bastionen und tiefe Gräben, gab es sogar Feldschlangen und Kanonen mit der dazugehörenden Munition. Aber wer nur einigermaßen vertraut ist mit den Gepflogenheiten des Krieges und mit den Umständen einer Belagerung, der weiß auch, daß solche Hindernisse, sofern nicht vorzüglich geschulte und bewaffnete Männer sie besetzt halten, eine kampferprobte Armee kaum abhalten können.

Doch gerade dieses Wunder, das dann ganz Polen in einen Taumel nationaler und religiöser Begeisterung versetzte, geschah hier in diesen fünf Wochen, die diese schwedische Belagerung andauerte. Es ist jetzt nicht der Platz und auch nicht der Anlaß, alle Einzelheiten und diplomatischen Gesten zu erzählen, die zu diesem erstaunlichen Erfolg beigetragen haben, und es war übrigens auch dem polnischen Volk vollkommen gleichgültig, durch welche besondere Art der Verteidigung das Kloster von Tschenstochau vor den protestantischen Schweden gerettet worden war. Die einfachen Menschen, die polnischen Bauern, Knechte, Handwerker, Fuhrleute, kleinen Bürger und Handlanger, diese Analphabeten und zugleich tiefgläubigen Untertanen einer immer wieder gefährdeten Monarchie erblickten – und sie sahen es von ihrer Position aus völlig richtig – in diesem Abwehrkampf einen Beweis für die Wunderkraft der Muttergottes. Und auch die polnische Aristokratie bis hinauf zum Königshaus konzentrierte nun alle feierlichen Augenblicke – wie etwa 1683 Johann Sobieskis berühmt gewordenes Bittgebet um den Sieg über die Türken bei Wien – und alle wichtigen prunkvollen religiös-nationalistischen Selbstdarstellungen auf den »Weißen Hügeln« von Tschenstochau. Dabei war und ist es eine durchaus normale Begleiterscheinung solchen Ruhmes, daß sich der Klosterschatz unaufhaltsam vermehrte, ebenso das Besitztum des Klosters an Land, Vieh und Menschen, sich also der irdische Reichtum auf eine Weise zu stapeln begann, die bald beispiellos sein sollte und selbst ältere, berühmtere Klöster übertraf, Klöster, die freilich niemals populärer sein konnten als dieses »Jasna Gora« von Tschenstochau.

Dieser »Weiße Hügel« war auch später, weil er stets ein Zentrum des polnischen Nationalismus war und es auch geblieben ist bis auf den heutigen Tag, in kriegerische Auseinandersetzungen verwickelt. Es waren dabei – und zwar seit dem 18. und dann das ganze 19. Jahrhundert hindurch – in der Hauptsache die Russen, die im Verlauf der sattsam bekannten zaristischen und kommunistischen Polenpolitik, die immer eine Expansions- und Einverleibungspolitik war, das Kloster belagerten, es auch manchmal eroberten und plünderten, wie etwa 1772, als nach zweijährigem erbitterten Kampf die überlebenden Mönche, Bauern und Soldaten sich einer vielfachen Übermacht ergeben mußten. Aber keine einzige Kapitulation, so schmerzhaft sie auch sein mochte, keine einzige der vielen Niederlagen, manche davon demütigend und das polnische Volk bis an den Rand der Selbstaufgabe treibend, kein einziges dieser bitteren Ereignisse also – und dazu gehört die Furie der versuchten Vernichtung und Ausrottung durch Hitler, gehört das tragische bis groteske Verhältnis der kommunistischen Oligarchie im Nachkriegspolen zur katholischen Kirche – hat auch nur ansatzweise die leidenschaftliche Liebe und tiefe Verehrung der Polen für die Schwarze Madonna von Tschenstochau verändern oder gar zerstören können. Und gerade dieser Umstand muß als eine Art Wunder betrachtet werden, als ein historisches Wunder, weil es hier keine diplomatischen Tricks oder politischen Geheimabsprachen und erst recht keine militärischen Abwehrmöglichkeiten gibt, die man als recht irdische Voraussetzung für ein solches Wunder beanspruchen könnte.

Aber das Kloster steht immer noch. Die Pilger wallfahren immer noch zur Schwarzen Madonna. Das geheimnisvolle und auch sinnliche Zeremoniell der Heiligenverehrung und der Gottesanbetung findet immer noch millionenfach statt. Es sind nicht nur naive, traditionell tiefgläubige Menschen aus den sogenannten unteren Schichten des Volkes, also polnische Bauern und Arbeiter, die nach Tschenstochau kommen, sondern auch Intellektuelle, Funktionäre und Vertreter des Mittelstandes, den es in einer kommunistischen Gesellschaft durchaus noch gibt. Es sind also, was man gerne zu erwähnen vergißt, Menschen aus allen sozialen Schichten und jeden Alters und aus allen Ländern Europas, die nach Tschenstochau pilgern, um die Schwarze Madonna zu verehren. Und die Zahl all dieser Pilger, der Polen wie der Ausländer, nimmt ständig noch zu.

Das alles aber, Geschichte des Klosters, Biographie der Ikone und vor allem die unerhörte Beharrlichkeit der Idee von Gott und einem beispielhaft gelebten Christentum inmitten einer feindlichen oder doch andersgläubigen Welt, das alles grenzt an ein Wunder. Oder ist vielleicht sogar das größte Wunder, das uns Menschen bloß nicht mehr als Wunder erscheint, weil wir uns daran gewöhnt haben, daß es schon seit Jahrhunderten im Schatten dieser geschwärzten Ikone stattfindet.

Trier

Der Taxichauffeur, der mich um Mitternacht noch vom luxemburgischen Flughafen herüberbrachte ins deutsche Trier, ins katholische und rheinländisch-pfälzische Trier mit seinen Erinnerungen an den merkwürdigen Bürgersohn Karl Marx und an furchteinflößende Hexenprozesse im 16. Jahrhundert, als jedes weibliche Rothaar und jedes auffallende Muttermal unbarmherzig verbrannt wurde, mit Erinnerungen aber auch und vor allem an das römische Zeitalter, aus dem heraus dann alles andere entstanden ist, was Trier möglicherweise wirklich zur heiligen Stadt und ein wenig wohl auch zum Rom des Nordens gemacht hatte, woraus man heute in der Moselstadt, in der eine handfeste Mehrheit immer noch christlich-sozial wählt, ein gutes Geschäft zu machen versteht, – der luxemburgische Taxichauffeur war ein bissiger, aber ehrlicher Antikatholik, wobei sein Antikatholizismus nicht zu trennen war von seinem Deutschenhaß. Wütend schimpfte er über die Menschenmassen, die einmal jährlich die kleine luxemburgische Grenzstadt Echternach überfallen, wenn es dort zur weitum berühmten Springprozession kommt. Und zornig war er, während wir durch die Augustnacht, die kühl und melancholisch war, nach Deutschland hineinfuhren, zornig über die Katholiken aus Trier, die ganz Luxemburg leerkauften. Der Nebel wallte über die Mosel, von der mir später immer wieder erzählt wurde, sie sei rein, sauber zumindest bis zur Grenze, wobei ich nie wußte, welche Seite der Grenze gemeint war. Die wenigen Autos, die noch unterwegs waren, schleppten Nebelkappen mit sich. Und durch fließenden Nebel fuhr ich nach Trier hinein, fröstelnd in einer kühlen Augustnacht voll Nebel und glänzendem Tau auf den Straßen – warum eigentlich zieht immer Nebel durch meine Erinnerung, sehe ich kalte Nebelschwaden und dichte Wolkenbänke, wenn ich an Deutschland denke, an dieses sonderbare Land? –, und ich war neugierig auf den nächsten Tag hier zwischen Hunsrück und Eifel, war neugierig auf römische Ruinen, auf das Geburtshaus eines bürgerlichen Revolutionärs namens Karl Marx und natürlich auch auf Dom und Klosterkirche von Trier, in denen einige Dokumente oder eigentlich eher magische Erinnerungsstücke aus der Frühzeit des Christentums aufbewahrt werden, die aus dieser alten Stadt etwas gemacht haben, das in diesen Breitengraden nur noch dem nördlichen Kevelaer mit seiner niederrheinischen Wallfahrt zu einem Gnadenbild, das im Elend des Dreißigjährigen Krieges entstanden war, und vielleicht auch, wenngleich in vermindertem Umfang, Xanten und Aachen ins katholische Haus gefallen ist: Millionen von Wallfahrern, Millionen von frommen und demütigen Pilgern, millionenfacher Umsatz an Geld, Gedanken und Gütern, und das schon seit vielen Jahrhunderten, auch wenn es heute immer häufiger vorkommt, daß man in den Kirchen und Klöstern und vor den Reliquien, Gnadenbildern und Altären nicht mehr genau unterscheiden kann zwischen echter Gläubigkeit, kunstinteressierter Neugier und gleichgültigem Mittun beim unvermeidlichen Massentourismus.

Es war gewiß ein Wagnis, daß ich nördlich der Alpen mit meiner Suche nach dem Ideal aller Wallfahrt beginnen wollte, mit dieser langen Reise zu den Stationen eines Glaubens, der noch Wunder ermöglicht in einer entzauberten Welt und bei dem fromme Imagination eine so große Rolle spielt. Würde ich nicht die mediterrane Welt vermissen, der ich verpflichtet bin, den Geruch nach Thymian, Rosmarin und Eukalyptus? Und die kräftigen, unverwechselbaren Farben mittelmeerländischer Natur und auch die Natürlichkeit mediterraner Menschen? Und ein wenig auch den leidenschaftlichen Realismus südländischer Heiliger, mit denen man umgehen kann wie mit seinesgleichen?

In meinem Hotelzimmer draußen an der Autobahn vor Trier lief ein Dutzend dicker Spinnen über die gelbgetünchten Wände, und ich erschlug die Tiere, nachdem sie mir übers Gesicht gelaufen waren, ich erschlug sie zögernd und mit einem Gefühl des Abscheus vor mir selber, ich, gerade dabei, meine erste nachdenkliche Wallfahrt auf deutschem Boden zu beginnen und jetzt plötzlich schon mitten im Totschlag an harmlosen Spinnen, die zwar dick waren, aufgequollen und flink, deutsche Spinnen, auf die ich zitternd einschlug, die aber bei aller Häßlichkeit zutraulich schienen, vielleicht nur neugierig waren und mein Gesicht erforschen wollten. Am anderen Morgen, der von milchig weißem Nebel völlig zugedeckt war – die Mosel floß dicht an dem Hotel vorbei –, ging ich durch leere Straßen zu einer Messe, die in der Krypta der

Klosterkirche von St. Matthias abgehalten wurde, und anschließend und nach langem Umherirren in den verwinkelten Gassen der Altstadt und wohl auch abgelenkt durch überraschte Blicke auf zahllose Trümmer aus römischer Zeit kam ich erstmals zum berühmten Dom, der mich, als ich noch ratlos davorstand, zu erdrücken drohte mit seiner glatten fugenlosen Sauberkeit, mit dem hellfarbenen Mauerwerk, das mich an Festungsbauten erinnerte, und mit dem riesigen Kirchenschiff, durch das ich wie auf Zehenspitzen ging. Später fragte ich einen Priester, der herrisch aussah, ein wenig schroff und zugleich abweisend, mit blauen Augen, die gedankenvoll über mich hinwegblickten, und ich fragte ihn, wo denn hier der sagenhafte heilige Rock Christi ausgestellt sei und ob man ihn besichtigen könnte. Aber die Antwort des Priesters bestand aus stummem Kopfschütteln. Ich glaube, er hatte mich nicht einmal richtig wahrgenommen. Drüben in der Klosterkirche hatte ich auch gefragt, einen vierschrötigen Mönch meines Alters und meiner Statur, der mir bereitwillig Auskunft gegeben hatte auf meine naive Frage, ob denn der Sarkophag vor dem Altar hier in der Klosterkirche tatsächlich die letzte Ruhestätte des Apostels Matthias sei, also sozusagen das einzige Apostelgrab nördlich der Alpen. Ja, das müßte es wohl sein, antwortete freundlich der Mönch und blinzelte mir zu. Und begleitete mich dann noch bis vor den Altar, wo er auf eine liegende Steinfigur wies, die den ganzen Raum beherrschte.

Und so, wie die Form der Antworten dieser beiden Kirchenmänner vollkommen voneinander verschieden war, so wenig unterscheiden sich in ihrer geistigen Gesinnung und auch in ihrer ideologischen Wirkung die beiden Kirchen voneinander, die architektonisch doch so unterschiedlich sind und die in der Hauptsache Trier zu einem Zentrum des katholischen Glaubens in Deutschland gemacht haben. Beide sind gewissermaßen randvoll gefüllt mit Erinnerungen und Reliquien besonderer Art, beide reichen mit ihren Wurzeln bis tief hinab in die Frühzeit des deutschen Christentums, als noch spätrömische Traditionen diesem Glauben einen Hauch von mediterraner Sinnlichkeit und wohl auch byzantinischem Mystizismus schenkten. Der Dom, an dem schon in der ersten Hälfte des 4. Jahrhunderts gebaut worden war – freilich nicht das, was man heute sieht, denn das Sichtbare entstand im frühen 11. Jahrhundert –, dieser Dom wird zum architektonischen Prunkstück, das nahtlos anschließt an die Großherzigkeit römischer Baukunst, aus ihr hervorgeht, überhaupt erst aus ihrem Geiste entstehen kann. Denn in Trier – aus dem 4. Jahrhundert gibt es eine Bilderhandschrift, die allen Ernstes die Stadt unter die vier Hauptstädte der Welt zählt, und zwar neben Rom, Alexandria und Konstantinopel – und vor allem in Trier, das heute noch seine unheimliche und doch zutiefst beeindruckende Porta Nigra als Wahrzeichen mitschleppt durch die nebulosen Jahre der rasch aufgestellten Bank-, Bürohoch- und Reihenhäuser, wird eigentlich bereits seit dem Augenblick der Stadtgründung, was um das Jahr 14 unserer christlichen Zeitrechnung gewesen sein muß, eine Baugesinnung bewiesen, die ohne die geistige Auseinandersetzung mit der Idee eines allgegenwärtigen Rom und dann auch ohne die Beschäftigung mit den Fragen des Frühchristentums nicht denkbar wäre. Die ersten Fundamente dieser Kirche, immerhin Deutschlands ältester Bischofskirche, werden zum Beispiel – wie das jüngste archäologische Untersuchungen nachweisen konnten – genau an der Stelle errichtet, an der die Kaiserinmutter Helena ihren Palast hatte. Es ist ja bekannt, daß Konstantin der Große, also ihr Sohn, bis zum Augenblick, da ihm die Alleinherrschaft über das Imperium zufiel, sich in Trier aufhielt und von hier aus sogar das Reich zu regieren suchte, und zwar auch über den spirituellen Umweg seiner Söhne, die noch vierundzwanzig Jahre lang nach seinem Weggang in Trier herrschten, also bis zum Jahre 350, bis weit über den Tod des Imperators hinaus. Es ist auch überliefert, daß Helena, das gebürtige Schankmädchen vom Balkan, dessen Leben viele Jahre lang nur aus demütigender Zurücksetzung und Erniedrigung besteht, diesem nördlichen Trier, wo ihr abgöttisch geliebter Sohn höchsten Ruhm erlangte, besonders zugetan war. Das alles ist ungemein wichtig zu wissen, und zwar nicht nur deshalb, weil es überzeugend beweist, daß kein blinder Zufall die Baugeschichte dieses Doms leitet, sondern auch darum, weil erst durch die Verkettung privaten Schicksals einer Kaiserinmutter mit den großen politischen und ideologischen Fragen jener Zeit die Situation entstehen kann, die alles Nachfolgende, so erstaunlich es sich auch anhören mag, beinahe selbstverständlich macht. Beide Wallfahrtszentren dieser Stadt, Dom und Klosterkirche, wären ohne die Aktivitäten Helenas nicht denkbar. Alle Reliquien, die hier verehrt werden, müssen mit ihr in Zusammenhang gebracht werden. Und selbst dort, wo sich die unbeweisbare Legende der Wahrheit bemächtigt, spielt diese faszinierende Frau eine wichtige Rolle.

Wir müssen uns, vorerst immer noch mit dem Dom beschäftigt, Folgendes überlegen: Helena, eine der ersten großen Pilgerfrauen der katholischen Welt, nicht die erste zwar, aber die erste, die auf diesem Gebiet wirkungsvoll arbeitet, immer unterwegs zwischen dem unzugänglichen Sinai, wo sie mitverantwortlich ist für die Gründung des Katharinenklosters, und dem heiligen Jerusalem, wo sie neben zahllosen anderen Reliquien auch eine verschlissene Tunika aufstöbert, knapp anderthalb Meter lang und einschließlich der ziemlich kurzen Ärmel etwas über anderthalb Meter breit, ein bräunlich baumwollenes Stück Tuch, von dem fortan beharrlich behauptet wird, es sei das Kleid, das Christus getragen habe, als er den Kreuzestod starb, Helena also zeichnet Trier besonders aus. Sie schenkt nämlich dieses »Kleid des Erlösers« hier einem Bischof namens Agricius und setzt damit ein Zeichen, das noch außergewöhnliche Folgen haben soll. Ihre Handlungsweise war freilich nicht ungewöhnlich, wenn man sich in Erinnerung ruft, daß ihr Leben aus der Auffindung und Verteilung von zahllosen Reliquien, aus der Gründung von Klöstern und aus dem Umgang mit späteren Heiligen zu bestehen scheint. Sie muß, so denke ich, einen metaphysischen Charakter und zugleich auch eine enorme Willenskraft besessen haben.

Und doch dauert es jetzt noch fast zwölfhundert Jahre, also eine beträchtliche Zeitspanne, in deren Verlauf sich in der benachbarten Klosterkirche von St. Matthias den Katholiken ein Wallfahrtsziel besonderer Prägung eröffnet, bis das kostbare Geschenk der Kaiserinmutter Helena, also der heilige Rock, der Öffentlichkeit vorgestellt wird. Erstaunlich ist dieses Zögern in jedem Fall, denn schließlich handelt es sich hier um eine Reliquie, die – sofern ihre Echtheit unbestreitbar wäre – zweifellos einzigartig ist. Auch ein Nagel vom Kreuz, an dem Christus starb, gehört übrigens zu den berühmten Reliquien, über die Trier verfügt und die heute ein attraktiver Bestandteil des öffentlich zugängigen Domschatzes sind.

Nun, Gerüchte hatte es allerdings immer schon gegeben!

Und frommes Hineindrängen in den rötlichfarbenen Dom oder auch die verzückten Ekstasen von Menschen, denen das Kummervolle ihrer Existenz zu phantasmagorischen Bildern verhalf, zu Gesichten und Prophetien, die sich alle in irgendeiner Form auf den heiligen Rock bezogen. Und natürlich zahlreiche Wallfahrer aus den umliegenden französischen und deutschen Provinzen, die heftig Einlaß begehrten, um wenigstens einen einzigen sehnsuchtsvollen Blick auf die Reliquie werfen zu können. Das gläubige Volk jedenfalls strömte schon seit Generationen nach Trier und suchte regelmäßig den machtvollen und vielleicht sogar einschüchternden Dom auf, nachdem die Pilger zuerst freilich zum sagenhaften Apostelgrab in der Benediktinerabtei von St. Matthias gezogen waren.

Aber erst Kaiser Maximilian I., dieser wahrscheinlich letzte Romantiker und ritterliche Charakter unter den deutschen Herrschern, erreicht mit eindringlichen Bitten, daß die Reliquie vom heiligen Tuch öffentlich ausgestellt wird. Das geschieht im Jahre 1512, und der Erfolg übertrifft alle Erwartungen. Drei Jahre später setzt der Papst in Rom, Leo X., einen siebenjährigen Rhythmus fest, in welchem dieses heilige Tuch den herbeiströmenden Pilgern gezeigt werden sollte. Aber die politischen und auch religiösen Wirren der nächsten Jahrzehnte verhindern eine Einhaltung dieser festgesetzten Öffnungszeiten für den kostbarsten Teil aller Reliquien, die es nördlich der Alpen gibt. Die zeitlichen Abstände zwischen den verschiedenen, offiziell erlaubten oder geduldeten Wallfahrten nach Trier werden immer größer, im 19. Jahrhundert etwa kommt es überhaupt nur noch zu drei Ausstellungen des heiligen Rockes, und auch das 20. Jahrhundert weicht bisher kaum von dieser Übung ab, wenngleich es doch nachdenklich machen sollte, daß jeweils viele Hunderttausende nach Trier strömen, so etwa im fatalen Schicksalsjahr 1933 oder dann wieder 1959, als für zwei Monate das Tuch im Dom öffentlich ausgestellt und selbstverständlich vierundzwanzig Stunden täglich von einer Ehrenwache beaufsichtigt wird, während zwischen drei und vier Millionen Pilger andachtsvoll, ergriffen oder vielleicht auch skeptisch an dem bräunlichfarbenen Baumwolltuch vorbeiwandern, zutiefst ergriffen von der Feierlichkeit des Augenblickes, viele aufgewühlt, manche geneigt, jetzt plötzlich an Wunder zu glauben, was dann auch zu wunderbaren oder doch erstaunlichen Geschichten führt, zu unerklärlichen Heilungen etwa und zu mancher Erfüllung geheimster Wünsche. Die Flut der Gebete umbrandet den Reliquienschrein, die frommen Gedanken der Wallfahrer oder einfach der natürliche Respekt vor solch mirakulösen und vielleicht mystischen Dingen, aber auch die wallenden Kirchenfahnen, frommen Chöre und der Jubel in vielen Stimmen, dieser verständliche Jubel darüber, daß es noch handfeste Beweise für den oftmals gefährdeten Glauben, für die immer wieder von Anfechtung und Zweifel bedrohte Religiosität gibt: Das alles schafft eine besondere und unverwechselbare Atmosphäre in diesen Wochen, da das heilige Tuch frei zugänglich ist.

Ein wenig von dieser Atmosphäre versuche ich mir in Erinnerung zu rufen, als ich an einem Augustnachmittag – draußen endlich Sonne, endlich Farben unterscheidbar, endlich grüne Hügelkämme und rostrote Weingärten und das stumpffarbene Grau der Mosel mit kleinen, schmutzigen Wellen, wenn die Ausflugsschiffe den Fluß befahren –, als ich hier zuerst den Domschatz besichtige und dann mit den anderen Besuchern hinübergehe in einen Nebenraum oberhalb des Hauptaltars, von wo aus man durch ein vergittertes Fenster einen Blick werfen kann auf einen geschlossenen Marmorblock, darin sich das Baumwolltuch befindet, das den Leib des Herrn in dessen Todesstunde bedeckt haben soll.

Was für Gedanken sind es, die ich in diesen Augenblicken habe? Ist es Ergriffenheit? Oder nur Neugier? Hoffe ich auf Übersinnliches? Mit einer raschen Bewegung knie ich mich auf den Betschemel hin, der vor dem vergitterten Fenster aufgestellt ist. Ich lese die andachtsvollen Worte, Gebetsanfänge für Pilger, die hier angeschlagen sind. Daneben ein Opferstock. Und während ich noch das Gefühl des Kniens in mich aufnehme, diese Haltung äußerster Demut überrascht als etwas Selbstverständliches empfinde, drängen schon nachfolgende Besucher vor das kleine Fenster, fallen schon Münzen in den Opferstock, höre ich schon das Rascheln der Kleider, das leise Knacken der Gelenke, den leichten Atem, wenn sich Besucher, Pilger, neugieriges Publikum mir anschließen und das Gesicht mit dem Kreuzzeichen bedecken, ihre Hände über die Augen legen, vors Gesicht schlagen, lautlos murmelnd, Hoffnungen aufsagend, wie wir sie alle haben, Wünsche flüsternd, die das einfache Leben betreffen, manches Gesicht dabei verzückt auf eine ruhige und schöne Art, als ob dieses alte Klischee, daß alle Schönheit in Wahrheit aus der Seele komme, hier endlich wieder einmal einen neuen Wahrheitsgehalt gewänne. Bin ich ein Voyeur? Und habe ich nicht selber, obgleich ich mich immer noch ein wenig unheimlich fühle oder eigentlich unbehaglich vor diesem glatten Marmorblock, darin das heilige Tuch liegt, und mich fast ängstige angesichts der imponierenden Monumentalität einer deutschen Bischofskirche, deren kühle Strenge und sachliche Distanz zu den Dingen des Glaubens mir fremd sein müssen, mir, aufgewachsen im Umgang mit barocker Sinnlichkeit des Glaubens, mit religiöser Leidenschaft, die manchmal auch zu schmachtender Hysterie ausarten kann, wie das nur im Süden möglich ist, habe ich also jetzt nicht selber diese Zwiesprache in mir und mit mir angefangen, in meinen Gedanken, Augen, Ohren, Erinnerungen und allen Sinnen, die eine Zwiesprache mit dem Unvermeidlichen, mit dem Unbegreiflichen, mit diesem Gefühl oder dieser Sehnsucht, die alle Phantasie hinter sich läßt? Bin nicht auch ich für ein paar Atemzüge lang ein keuchender Mund, der Wünsche äußert, wortlos und doch überwältigt von deren Einbildung, daß man in diesen Sekunden schreien müßte, damit einen Gott hört?

Später, schon am nächsten Tag und nachdem ich versucht habe, diese Szenen aus der deutschen Provinz, wie sie Trier darstellt, ein wenig besser zu verstehen, nachdem ich mich auch zum kleinen Museum im Geburtshaus des Karl Marx durchgefragt oder am jenseitigen Ufer der Mosel Weidenbäume und weißgefleckte Kühe ausgemacht habe, die Fischer gesehen habe, wie sie mit ihren langen Angelruten nutzlos im schmutzigen Wasser stochern, die entfernten Gewitter über Frankreich beobachtet und die Vielfalt römischer Ruinen hier in Trier bewundert habe, in denen man sich verlaufen kann und von denen mich einige an altösterreichische Kasematten erinnern, an Festungen aus dem 19. Jahrhundert, Franzensfeste etwa oder das Sperrfort im Schatten des slowenischen Predil, später wandere ich noch einmal zum sogenannten Apostelgrab in der Klosterkirche von St. Matthias. Es ist ein dunstiger Nachmittag, im Westen stehen seit Stunden schon schwefelfarbene Wolken am Himmel, die Sonne, die man nicht sieht, sticht jetzt und ist bösartig, und hinter der Klosterkirche entdecke ich einen Friedhof, der mit römischen Sarkophagen beginnt und allmählich übergeht zur Gegenwart, Grabreihen mit dem Blick auf die steilen Weinberge am Stadtrand, kiesbestreute Wege, große stille Marmorengel und manchmal eine kauernde Gestalt vor einem frischen Grabhügel. Dann in der Kirche, die fast ein wenig ärmlich anmutet im Vergleich zum prunkvollen Dom, wieder die Statue des Apostels, dieser in Marmor erstarrte Faltenwurf der Geschichte, der heute noch die Pilger anlockt wie vor Jahrhunderten, als hier eine der seltsamsten Symbiosen der deutschen Kirchengeschichte stattfand.

Es muß mit einer Verwechslung angefangen haben! Anders wäre das alles, was man in wachsendem Erstaunen erzählt, nicht vorstellbar. Es müssen, als 1127 die Gebeine eines Unbekannten beim beginnenden Neubau der Klosterkirche gefunden wurden, gewisse Erinnerungen an einen Heiligen namens Eucharius wachgeworden sein, der als erster Bischof der Stadt über dem Grab einer reichen römischen Senatorenfamilie, die er wahrscheinlich zum Christentum bekehrt hatte, eine Kirche bauen ließ, die erste Vorläuferin der nachmaligen Benediktinerabtei und Klosterkirche von St. Matthias. Dieser Eucharius, der den Märtyrertod gestorben war, wurde schon frühzeitig verehrt. Bereits im 4. Jahrhundert gab es ein Priesterkollegium, das seinem Gedenken verpflichtet war und aus dem dann im 8. Jahrhundert das Kloster entstand. Und auch jetzt, 1127, als man Gebeine fand, die seit vielen Jahrhunderten im Zentrum der alten Kirche bestattet gewesen waren, dachte man zuerst an Eucharius. Aber dann kam es aus Gründen, die heute nicht mehr mit Sicherheit zu interpretieren sind, zur entscheidenden Sinneswandlung. Man entschloß sich plötzlich, das zufällig aufgefundene Gebein als die irdischen Überreste jenes Matthias zu identifizieren, der einer der siebzig Jünger des Herrn war, die Stelle des abtrünnigen Judas Ischariot eingenommen und später in Äthiopien missioniert haben soll. Man dachte wahrscheinlich mit einem leisen Anflug schlechten Gewissens an Eucharius, aber man entschied sich für Matthias. Und auch eine Begründung, wie die Überreste des Apostels nach Trier gekommen waren, hatte man rasch bei der Hand. Die legendäre Kaiserinmutter Helena, so hieß es bald offiziell, habe die kostbare Reliquie von einer ihrer Orientreisen heimgebracht nach Trier. Vorsichtige

Warnungen, die daran erinnerten, daß es sich bei diesem aufgefundenen Grab vielleicht doch um die letzte Ruhestätte des Eucharius handle, wurden übertönt vom Triumph, endlich Reliquien von einem Apostel zu besitzen, was in jener reliquiensüchtigen Zeit natürlich von besonderer Bedeutung war.

Auch hier also gibt es diese Entwicklung aus römischen Traditionen und mittelalterlichem Selbstverständnis im Umgang mit Gott und seinen Heiligen, wofür Trier ja berühmt war. Es war das freilich auch eine Entwicklung, die nicht nur den Boden bereitete für tiefempfundene Religiosität und nie versiegende Wallfahrt, sondern auch dafür, daß dann im 16. Jahrhundert die Stadt tatsächlich ein Zentrum für Hexenwahn und Hexenverfolgung wurde. Aber im gleichen Atemzug, da man sich erstaunt fragen möchte, wie das denn möglich gewesen sei, daß eine so fromme Stadt, die sich selber als Rom des Nordens bezeichnete, in den niederträchtigen Wahnsinn verfällt, anderen Menschen, nur weil sie rothaarig, schieläugig oder sonstwie sonderbar sind, nach dem Leben zu trachten, muß man schon feststellen, daß gerade aus Trier auch ein Mann wie Friedrich von Spee kommt, Dichter, Jesuit und zudem Professor für Moraltheologie, der sich unerschrocken gegen diesen Wahnsinn wendet. Es werden also wieder einmal die beiden Möglichkeiten sichtbar, die durch blinden Glauben und intellektuelle Frömmigkeit entstehen können: Hinwendung zu einem Mystizismus des Glaubens, der dort zum Ausdruck kommt, wo man zufällig entdecktes Gebein oder ein mysteriöses Baumwolltuch als Reliquie verehrt und dem humanen Beispiel eines Märtyrers zu folgen sucht, wo man aber zugleich auch die wütende Heftigkeit aufgehetzter, verunsicherter Pilgermassen kennenlernen kann, denen Haß, Verfolgungswahn und ein eiferndes Vokabular einzureden versuchen, man müßte durch Feuer und Schwert alles ausrotten, was andersartig, in der Minderheit und daher nicht mit gewöhnlichem Maßstab zu messen sei.

Von all diesen Erscheinungen unabhängig ziehen die Pilger seit der Mitte des 12. Jahrhunderts nach Trier. Das aufgefundene Gebein, das man wissentlich oder im gutverständlichen Übereifer verwechselt und jetzt einem der Jünger des Herrn zuschreibt, wird zum Anziehungspunkt der Gläubigen aus Luxemburg und dem Elsaß, aus Lothringen, aber auch aus den katholischen Provinzen Belgiens und natürlich Deutschlands. Es entstehen, nachdem man endgültig den Märtyrerbischof Eucharius in den spektakulären und sozusagen gewichtigeren Apostel Matthias umgewandelt hat, die ersten Legenden, obgleich man aus mancher halbvergessenen Kleinigkeit heute noch ablesen kann, daß Eucharius immer im Unterbewußtsein der Gläubigen fortgelebt haben muß. Da gibt es zum Beispiel am Eingangstor zum Friedhof von St. Matthias eine Statue, die Eucharius zeigt, wie er energisch seinen Fuß auf eine heidnische Venusfigur setzt. Damit in Verbindung gebracht wird die Geschichte, wie der Bischof und Märtyrer einmal im römischen Trier eine populäre Venusstatue eigenhändig gestürzt und an ihrer Stelle ein katholisches Kreuz errichtet haben soll. Und das wiederum weist darauf hin, daß Trier schon in römischer, heidnischer Zeit dem stets gegenwärtigen Aberglauben der Menschen mit irgendeinem Venuskult gedient haben muß.

Die Masse der Katholiken freilich, unterwegs auf Pilgerfahrt und nach Vorbild und Ermutigung lechzend, kümmert sich um solche Spitzfindigkeiten, wer nun wirklich wer war, wessen Gebein da tatsächlich aufgefunden worden war und welche Heiligkeit zu verehren sei, herzlich wenig. Ob ein Bischof, den man im 12. Jahrhundert zum Apostel gemacht hatte, ob immer schon ein höchst verehrungswürdiges Apostelgrab – am Grab dieses Eucharius, der zum Matthias wurde, entstand eine der großen Wallfahrtsstätten des deutschen Sprachraumes. Und immer noch finden die Wallfahrten statt, strömen die Gläubigen in Autobussen oder gelegentlich sogar noch auf beschwerlichen Fußmärschen herbei, nehmen andachtsvoll Aufstellung vor dem Marmorgrab in der Klosterkirche – deren baulicher Zustand erbarmungswürdig ist –, überschwemmen wohl auch das Klostergelände und hoffen wie überall in dieser katholischen Welt, wo es Reliquien gibt, auf Anteilnahme und Gnade. Bezeichnend für den Charakter dieser Wallfahrt ist vielleicht auch, daß die Klosterkirche mit ihrem rätselhaften Grab ein Mittelpunkt für volkstümliche Pilgerfahrt und Frömmigkeit ist, geradeso, als hätten die Menschen bis auf den heutigen Tag nicht vergessen, daß es mutiger Männer bedurfte – Eucharius und einiger anderer frühchristlicher Märtyrer –, um das Christentum im schönen und stattlichen Trier der Römer heimisch zu machen. Der Dom wiederum, dessen kalte Marmorpracht sich besitzergreifend über ein Stück Tuch stülpt, das im Besucher viele Gedanken und zugleich eine verwirrende Ratlosigkeit auslöst, ist ein Anziehungspunkt anderer Art. Er schüchtert die Gläubigen ein. Er lockt vor allem das kunstinteressierte Publikum an. Er fordert zu fachwissenschaftlicher Diskussion heraus, zu korrekter Bewunderung und weniger zur Inbrunst einer volkstümlichen Wallfahrt.

Dennoch, heiliges Trier, Rom des Nordens, gewachsen aus römischen Mauern und einem Gottesverständnis, das auf die ersten Christen in diesem Raum verweist: Was blieb davon? Gutes deutsches Kleinbürgertum, die solide Durchschnittlichkeit enger Verhältnisse, einige Arbeitslose im Schatten eines marxistischen Vermächtnisses, das hierzulande nicht tauglich scheint für die Bewältigung der Probleme, Arbeitslose also, und Sorgen um die wirtschaftliche Zukunft. Aber auch landschaftliche Schönheit, Weinhänge, die in sanften Schwingungen zur Mosel herabfallen, weißlicher Nebel, der wie geronnene Milch die Hügel bedeckt, auf denen wie durch ein Wunder die Trauben reifen. Und die Sorge um die Erhaltung des Fremdenverkehrs, seit man begriffen hat, daß auch Heiligenverehrung und Wallfahrt zu kostbaren Reliquien von enormer Bedeutung für die ökonomische Situation einer Stadt sein können. Karl Marx, in dessen Geburtshaus ein Museum eingerichtet ist, das nicht sonderlich gutbesucht zu sein scheint, spielt da eine eher untergeordnete Rolle. Aber das überrascht nicht in einer Stadt, die auf Männer wie diesen Bischof Eucharius verweisen kann, der schon vor rund siebzehnhundert Jahren wahrscheinlich die scheinbar utopische Moral des Trierer Bürgersohnes Marx in der Praxis vorhergelebt hat. Im übrigen gibt es auch in Trier diese weitverbreitete Meinung, die davon ausgeht, daß es zwischen einem idealen Marxismus und dem Beispiel frühchristlicher Gemeinschaft gar keinen so großen Unterschied geben könne.

Walldürn

Diese Geschichte beginnt eigentlich in Frankfurt, in einer von Nieselregen, Qualm und insistierendem Lärm belagerten Stadt, wo ich mich einen Vormittag lang mit einem Juden polnischer Abstammung, der jetzt als Literaturredakteur einer angesehenen Zeitung tätig ist, und mit einem Halb- oder Vierteljuden österreichischer Herkunft, der eine führende Position beim Rundfunk seines Heimatlandes einnimmt, über jüdische Intellektuelle und katholische Dichterinnen unterhielt. Dann, nachdem ich gegen Mittag die Hotelhalle mit ihren gedämpften Geräuschen und blassen Farben, wo diese Unterhaltung mit wachsender Dauer mehr oder weniger an mir vorbeigegangen war, wieder verlassen hatte und jetzt unterwegs war auf einer dieser deutschen Autobahnen, die wahrscheinlich – auch wenn alle Welt sie bewundert – jedes andere Volk als das deutsche verrückt machen würden, dann, mit dem Ziel Walldürn nach Südosten fahrend, also vorerst noch in Richtung Würzburg, wo der Nieselregen eisig und der Qualm zum frostigen Nebel wurde, brachte ich meine Gedanken nicht mehr von diesen beiden jüdischen Intellektuellen fort, die witzig gewesen waren, gelacht hatten, während sie über Literatur und Schriftsteller redeten, leichtblütig sozusagen, was mir nun plötzlich auffiel, und die doch vollkommen ratlos waren, als ich ihnen beiläufig erzählt hatte, daß ich deutsche Wallfahrtsplätze aufsuchte. Die Ratlosigkeit hatten sie allerdings mit Witz und Ironie überspielt. Gott erwähnten sie nicht einmal, stellten ihn erst gar nicht in Frage. Und obgleich ich mit beiden befreundet bin, mit dem polnischen Juden und mit dem österreichischen Halb- oder Vierteljuden, weiß ich nur, daß sie, was ihren Glauben betrifft, irgendwo zwischen Agnostik und Atheismus angesiedelt sind, unglückliche Kinder Zions wahrscheinlich und weit entfernt von jenen amerikanischen Juden, denen man heute noch im polnischen Galizien begegnen kann, wenn sie viele Stunden betend und meditierend vor dem Grab eines Wunderrabbi verbringen.

Die Erinnerung an meine jüdischen Freunde in Frankfurt war jedenfalls eine Hypothek, die ich nun mit mir über die deutschen Autobahnen schleppte. Wäre es nicht einfacher, aufrichtiger sogar, dachte ich mir, diese alten Geschichten über Wunderheilungen und mysteriöse Erscheinungen, über Visionen und Prophetien, aus denen im Grunde jede Wallfahrt besteht, jeder Wallfahrtsplatz seine Existenzberechtigung bezieht, endgültig zu vergessen? Wenn zwei so vife, intelligente Männer zuerst mit Erstaunen und dann mit lautem Lachen auf meine Hinweise reagierten, daß ich katholische Wallfahrtsplätze aufsuchen wollte: War das nicht etwas, das ich mir ernsthaft überlegen sollte? Sind Wallfahrt und Gnadenkirchen nicht tatsächlich unzeitgemäß? War ich nicht in diesen Augenblicken, da ich einem fränkischen Marktflecken namens Walldürn entgegenfuhr, damit beschäftigt, altem Aberglauben neuen Zucker zu geben?

Es war ein schlimmer Tag, ein Tag voll quälender Zweifel, voll grübelnder Nachfrage nach dem eigentlichen Sinn meiner Beschäftigung, die, wie ich es während der Fahrt zu betrachten begann, darin zu bestehen schien, zwischen Sandstein und Marmor, zwischen kunstvollen Statuen und katholischen Altären unbeweisbare Legenden um fast jeden Preis zu verifizieren und mich selbst dazu zu zwingen, an ein Wunder zu glauben, wo jeder meiner jüdischen – und die meisten anderen – Freunde im Handumdrehen eine vernünftige, einleuchtende Erklärung aus dem Ärmel geschüttelt hätten. Walldürn zum Beispiel, das ich am späten Nachmittag erreichte, bei rasch versiegendem Herbstlicht und beißendem Wind, der durch die leeren Straßen strich: Ein junger Pfarrer hatte vor mehr als sechshundert Jahren den Kelch mit dem Meßwein verschüttet, während der Messe, während der Wandlung, und der verschüttete Wein ergoß sich über das Altartuch und wurde zu Blut. Erstaunlich immerhin! Aber ein Wunder? Ein Anlaß dafür, daß noch sechseinhalb Jahrhunderte später Menschen nach Walldürn kommen, um ein sorgfältig aufbewahrtes Tüchlein zu verehren, es als eine Art Brücke zu betrachten für ihre Unterhaltung mit Gott? Und wer sagte mir, so hatten meine Freunde in Frankfurt gescherzt, daß dieser Wein, der nach dem Verschütten damals vor mehr als sechshundert Jahren plötzlich und rätselhafterweise zu Blut geworden war, nicht von etwas anderem, durchaus Natürlichem und Gewöhnlichem herrührte? Meßwein, nach der Wandlung zum Blute Christi geworden: Aber was dann, lächelten sie, wenn sich der Priester in den Finger geschnitten oder beim morgendlichen Rasieren verletzt hatte? Wenn er von etwas so Normalem wie Nasenbluten befallen worden war, als er sich eifrig über den Altar und das Korporale beugte?

Es waren tatsächlich irritierende Gedanken, die mich beschäftigten. Es war an einem Spätnachmittag, als ich in Walldürn ankam, die leeren Straßen abfuhr, mich unter altfränkischem Fachwerk an schiefe Mauern drückte, um mich wenigstens etwas vor dem eisigen Wind zu schützen. Welkes Weinlaub sah ich durch die Luft segeln, ein paar kümmerliche Hinweise auf den römischen Limes entdeckte ich, der irgendwo im Norden von Walldürn verläuft, den Odenwald suchte ich, die Nibelungenstraße fiel mir ein, Geschichten und Legenden beschäftigten mich, die eigentlich nichts zu tun hatten mit dem Blutwunder und der Blutwallfahrt. Schließlich betrat ich skeptisch und auch, weil ich ein ständiges Frösteln kaum noch unterdrücken konnte, voll Unmut und einem Gefühl aufkommender Krankheit, den düsteren Kirchenbau aus weinrotem Sandstein, der das Zentrum Walldürns ausmacht und einer der bedeutendsten Wallfahrtsplätze Deutschlands ist.

An diesem Spätnachmittag, an diesem frühen Abend, an dem ich plötzlich Heimweh empfand nach dem Süden, nach einem flimmernden Horizont mit einer dicken gelben Sonne darin, nach milder Luft, nach Föhn und nahe gerückten Konturen, flüchtete ich bald wieder nach Würzburg, war ich enttäuscht und verunsichert, weil mir Walldürn zugleich als bedeutsam und armselig, als besichtigungswert und feindselig erschienen war, weil mir vorgekommen war, als ob diese seltsame Geschichte aus dem Jahre 1330, als hier ein junger Priester namens Heinrich Otto etwas Meßwein verschüttete und dann entsetzt sah, daß es sich um Blut handelte, tatsächlich durch jüdische Intelligenz zu erklären sei, mit ein wenig Hausverstand, mit etwas Nachdenken. Und ich fuhr enttäuscht, verunsichert nach Würzburg zurück, über Tauberbischofsheim, das bereits unter der Dunkelheit begraben lag, über irgendwelche Landstraßen, die mich durch die aufziehende Herbstnacht an den Main brachten und ins katholische Herzstück Frankens.

Aber ich war unglücklich. Oder unzufrieden. Und vor allem verunsichert. Wie kann man etwas darzustellen versuchen, an das man nur noch zögernd glaubt? Ich grübelte in dieser Nacht lange darüber nach, was den Unterschied ausmacht zwischen Gläubigen und Ungläubigen. Und ich begriff, daß es nichts mit jüdischem Esprit und jüdischer Ironie zu tun haben muß, also mit diesen ätzenden und blitzgescheiten Bemerkungen, die mich in Frankfurt getroffen hatten, wenn man unversehens selbst zu zögern beginnt und sich nicht mehr vorstellen kann, woraus manchmal ein Wunder besteht und was das im Grunde ist, das die Menschen über so viele Jahrhunderte hinweg immer wieder anlockt und dazu verführt, aus der Normalität ihres Alltags in eine Art religiöse Ekstase zu verfallen. Das Erschreckende dabei war, daß ich beides begriff, die intellektuelle Skepsis meiner Freunde und die katholische Gläubigkeit, den jüdischen Witz und das hingebungsvolle Marschieren und Beten der Pilger seit rund sechs Jahrhunderten. Beides begriff ich. Beides mußte und konnte ich fast mühelos akzeptieren. Aber nur für eines der beiden Gefühle konnte ich Partei ergreifen. Und Walldürn, so schien es mir in dieser Würzburger Nacht, war möglicherweise doch nicht der geeignete Schauplatz für eine Demonstration katholischer Glaubenskraft und unbestreitbarer Wundergläubigkeit, war es aus manchen Gründen nicht, über die ich mir allerdings keine Klarheit verschaffen konnte.

Auch die Legende, die Walldürn zum bevorzugten Wallfahrtsplatz zwischen Trier und Vierzehnheiligen gemacht hat, schien mir in jener Nacht eher dürftig und nur in groben Umrissen nacherzählbar. Der junge Priester, Heinrich Otto – man schreibt das Jahr 1330 –, verschüttet also den Meßwein ausgerechnet während der Wandlung. Er erkennt, daß es Blut ist, was da über das Korporale sickert. Rasch verbirgt er das Tuch, auf dem sich schon die Konturen eines Kreuzes abzeichnen, irgendwo am Altar. Viele Jahre später, bereits auf dem Sterbebett, verrät er sein Geheimnis. Und als man Nachschau hält, findet man das Korporale, das Meßtuch, und darauf Blutspuren, die tatsächlich die Form des Kreuzes haben und außerdem auf eine seltsame Weise auseinanderfließen, als ob einige blutige Rinnsale vom Kreuz weggeflossen wären und nun Figuren bildeten, so daß es jetzt auch aussieht, als ob eine Art Strahlenkranz voll Christusköpfen, wie man sie sich gemeinhin vorstellt, das Blutkreuz umrahmen. Es ist ein sonderbares, ergreifendes Bild, das sich den ersten Betrachtern bietet. Und es ist gar nicht erstaunlich, daß man sogleich an ein Wunder denkt. Schon im Jahre 1408 findet eine erste Wallfahrt statt, und im März des Jahres 1445 bestätigt Papst Eugen IV. durch eine eigene Bulle die Echtheit dieser Reliquie, die im Grunde ja gar keine Reliquie ist, sondern ein Phänomen, das unbegreiflich bleibt, das immer mysteriöser wird, je sorgfältiger, wissenschaftlicher man es untersucht.

Wie ist so etwas möglich? Und warum diese ungebrochene Wirkung über die Jahrhunderte? Diese tiefgreifende und einschneidende Wirkung auf Menschen jeden Alters und jeder Epoche? In der Frankfurter Hotelhalle, als ich mich noch gegen den Witz meiner jüdischen Freunde verteidigen wollte, hatte ich erwähnt, daß es immer noch eigene Bruderschaften gibt, Wallfahrtsvereine, die ausschließlich auf Walldürn fixiert sind. Meine Freunde hatten nur gelacht und gesagt, das wäre nur normal und ob ich denn nicht wüßte, daß die Deutschen ein geselliges Volk seien, stets bereit, einen Verein zu gründen, auch dann, wenn es um eine so private Sache wie den Glauben geht.

Das alles ging mir durch den Kopf, als ich am nächsten Morgen Würzburg wieder verließ – das Blut eines irischen Märtyrerbischofs und die Kunst Tilman Riemenschneiders hatten mich kaltgelassen, hatten mich auch nicht überzeugen können – und auf alten Nebenstraßen, halbvergessenen Wanderwegen und durch Ortschaften, deren Namen ich vorher nie gehört hatte, erneut dem Odenwald entgegenfuhr, an dessen östlichen Ausläufern Walldürn ja liegt. Ich kam dabei durch eine abgeerntete, leere Landschaft, fuhr über Kirchheim nach Grünsfeld und weiter nach Gerlachsheim, begegnete Jägern mit umgehängter Flinte, Treibern, Hunden, fröstelnden Jagdgruppen, sie waren unaufhörlich unterwegs, durchforschten die herbstlich erkaltete Natur, strichen durch dürres Unterholz, Jäger überall entlang der Strecke, die ich langsam abfuhr, eifrig bei der Sache und trotzdem erfolglos, denn ich sah immer nur die Jäger und nie eine Beute.

Aber ich sah an diesem frühen Morgen noch etwas: Statuen, Kreuze, Bildstöcke, katholische Erinnerungsstücke in wachsender Zahl, je mehr ich mich Walldürn näherte. Es schien, als hätte ich durch einen Zufall zwischen ausgestorbenen Fachwerkdörfern, ratlos umherirrenden Jägern, frostweißen Uferböschungen halb ausgetrockneter Flüsse und melancholischen, längst abgeernteten Rübenfeldern, die mir mit einer langsamen und schwermütigen Bewegung entgegentraten, auch einen der alten Pilgerwege gefunden, die vor Jahrhunderten den Wallfahrern und seit damals als normale Zubringerstraßen dienten für Walldürn. Da gab es imponierende Kreuze am Wegrand, figurenreich und mit aufschlußreichen Bildunterschriften, die an die Erfüllung eines Gelübdes erinnerten oder auch als Dank gedacht waren für ein erhörtes Gebet vor dem Blutaltar in Walldürn. Da gab es schlichte Holzkreuze, deren kahle Armut zur herbstlichen Natur paßte. Manches Kreuz, mancher Bildstock war jahrhundertealt, reichte zurück bis in die Zeit unmittelbar nach dem Dreißigjährigen Krieg. Mancher Christus aus grauem Sandstein, dem ich unterwegs begegnete, schleppte ein riesiges Kreuz, und manche steinerne Muttergottes, vor der ich anhielt, blickte mich mit ihren Marmoraugen beinahe menschlicher an als die Menschen, die ich unterwegs nach dem richtigen Weg fragte.

Alles nur Einbildung? Eine Folge der durchwachten Nacht von Würzburg? Oder auch aufkommende Euphorie, weil ich mich nach der frustrierenden Erfahrung von Frankfurt allmählich zurücktastete an den Ursprung meines Glaubens, der barock ist, das Sinnliche liebt und das Übersinnliche nicht ausschließt? Ich fuhr, jetzt schon dicht vor Walldürn, zwischen Weinhängen und Bierhäusern dahin, blickte auf spätmittelalterliches Mauerwerk, sah aber auch Hinweise auf zeitgenössische Raketenstellungen, die in diesem Ensemble deutscher Wirklichkeit und deutscher Innerlichkeit anscheinend nicht fehlen durften, kam wieder an Tauberbischofsheim vorbei, das mir noch immer dürftig und ärmlich zu sein schien, sah das Winterquartier eines kleinen Wanderzirkus und gelangte schließlich erneut nach Walldürn, das mich mit dem stolzen Hinweis empfing, eine Wallfahrts- und Garnisonsstadt zu sein, nachlesbar auf einem handgemalten Schild am Ortseingang. Aber da hatte ich längst schon die gedrungenen Doppeltürme der Kirche gesehen, da war ich längst schon darauf eingestellt, es noch einmal zu versuchen, mir Klarheit zu verschaffen über die Zustände, über die Legenden, über das Blut, das vorher Meßwein gewesen war, über die Situation in der kleinen, schmalbrüstigen und ein wenig traurigen Stadt ... und am meisten wohl über mich selbst.

Die Kirche in ihrer heutigen Form, mit deren Bau erst 1698 begonnen und die dann 1728 endgültig fertiggestellt wurde, ein massiver Bau aus rotem Sandstein, aus weinrotem Sandstein eigentlich, was wohl bewußt Assoziationen an das Blutwunder hervorrufen soll, die Kirche mit ihren beiden Türmen, die an dicke Kerzen erinnern, liegt in einer kleinen Senke inmitten der Stadt und besitzt vor dem Hauptportal eine künstlich geschaffene Arena, in der Pilgergruppen, katholische Bruderschaften und die Mitglieder der Wallfahrtsvereine aus den umliegenden Städten und Gemeinden Aufstellung nehmen, wenn nach Pfingsten die Zeit der lebhaften Wallfahrten gekommen ist. Hinter der Apsis fällt das Gelände ein wenig ab, senkt sich der Boden zu einem kleinen Platz, der unterhalb der Kirche liegt. Darauf befindet sich das Heimatmuseum, das stets geschlossen war, wenn ich erwartungsvoll davorstand.

Die Kirche: An diesem Morgen hörte ich eine Orgel, hörte ich gerade noch die letzten Töne, als ich eintrat und an einem überlebensgroßen Christus vorbeimußte, der mir Angst machte. Viel später, als ich schon wieder unterwegs war durch Franken und Niederbayern, war dieser Christus noch furchteinflößend in der Erinnerung, wie er da groß und düster vom Kreuz herabhing, ein bleicher Riese mit zerfurchtem Gesichtsausdruck, ein patriarchalischer Christus, der nach Obrigkeit und unwidersprochener Disziplin aussah.

Die Morgenmesse war soeben beendet. Einige Priester, an denen mir auffiel, daß sie uralt waren, kaum noch gehfähig, dick vermummt, krochen mit Bewegungen, die sie wie erschöpfte Marionetten aussehen ließen, durch das Kirchenschiff. Das Bild, das sie boten, war rührend und zugleich auch erschreckend. Dahinter drängte sich die Gemeinde gegen den Ausgang. Und während ich mich unterhalb und neben der riesigen Christusfigur an die kalte Wand drückte, um die Besucher der Morgenmesse an mir vorbei hinauszulassen, sah ich, daß es eine sehr große, sehr dunkle und äußerst streng anmutende Kirche ist. Einen Augenblick lang dachte ich daran, daß ich im Gegensatz zu bayerischen Gotteshäusern mit ihrer triumphierenden Helligkeit und dem auftrumpfenden Weißblau ihrer lichtdurchfluteten Kirchenschiffe hier in Walldürn nur ein fröstelnder, niedergedrückter Katholik sein könnte, der unablässig nach Sünden forscht, um sie in einem der dunklen Beichtstühle atemlos aufzusagen. Ich war natürlich ungerecht und auch voreingenommen, und ich wußte es, aber ich konnte nichts dagegen tun. Der Glaube, der von mir Besitz ergriffen hat vor langer Zeit, kommt aus freundlicheren und lebensfrohen Quellen. Und auch später, als ich hier in Walldürn einigen Gläubigen, die dem allgemeinen Aufbruch nicht gefolgt waren, in eine Seitenkapelle links vom Hauptaltar nachging, ihnen zusah, wie sie hinter dem Altar – dem Blutaltar – dieser Seitenkapelle verschwanden, um nach einigen Augenblicken wieder mit ernstem Gesichtsausdruck aufzutauchen, auch dann noch hatte ich das Gefühl, in allzu strenger, fast düsterer Umgebung zu sein. Meine jüdischen Freunde aus Frankfurt fielen mir wieder ein. Muß alle Religion wirklich immer furchteinflößend sein?

Der Seitenaltar, vor dem ich stand, beherbergt jedenfalls das berühmte Bluttüchlein des unglücklichen oder auch nur unvorsichtigen Priesters Heinrich Otto, also das Herzstück der Basilika und den Anziehungspunkt für einige Millionen Pilger seit vielen hundert Jahren. Der Flügelaltar selbst war geschlossen. Nur an großen Wallfahrtstagen werden die Flügel geöffnet und die Altarbilder gezeigt, auf denen die Biographie dieser merkwürdigen Blutwallfahrt erzählt wird. Verantwortlich für die enorme Bedeutung Walldürns war Ende des 16. Jahrhunderts der Priester Jodocus Hoffius, der für eine bildliche Darstellung des Blutwunders sorgte und wohl auch eine entscheidende Rolle spielte bei der graphischen Aufbereitung des Bluttüchleins, wie wir es heute kennen: ein Christus am Kreuz, umgeben von einem aufsteigenden Kranz mit elf Christusköpfen. Der Meister, der den Heilig-Blut-Altar geschaffen hatte, hieß übrigens Zacharias Juncker. Und es waren Silberschmiede aus Augsburg, die schon im Jahre 1684, also noch vor dem Baubeginn der neuen Wallfahrtskirche, das kostbare und freilich fast immer verschlossene Gitter stifteten, hinter dem das Korporale aufbewahrt wird. Man kann, wenn man den schmalen Gang benützt, der hinter dem Seitenaltar verläuft – und diese Benützung ist täglich gestattet –, einen kurzen Blick darauf werfen. Die augsburgische Ornamentik läßt allerdings nicht viel mehr zu als eine Ahnung, wie das alles aussehen könnte: etwas völlig Vergilbtes, ein Stück Leinwand oder Seide, das unter dieser Perspektive fast schmutzig wirkt, angeblich nur serviettengroß, mehrfach gefaltet und vielfach untersucht ist, zuletzt natürlich mit den modernsten wissenschaftlichen Methoden. So zum Beispiel befestigte man im Jahre 1920 ein weißes, sauberes, garantiert unbenütztes Tuch, das eigentlich die Funktionen eines Schutztuches übernehmen sollte, hinter dem wein- oder blutbefleckten Korporale aus der Zeit um 1330. Man wollte eine Prüfung vornehmen, etwas bewiesen haben, von dem man nicht genau wußte, was es sein könnte. Nun, dreißig Jahre später, also im Jahre 1950 untersuchte man dieses zweite Tuch. Und das Erstaunliche geschah, wieder sah man den verwischten Abdruck des Christusbildes, wie es vom Originaltuch her bekannt war. Wieder sah man den aufsteigenden Strahlenkranz oberhalb des Kreuzes, der aus Christusköpfen bestand, schattenhaft, ungenau, aber unzweifelhaft vorhanden.

Man suchte nach Erklärungen. Man fand auch Erklärungen. Lichteinfall und chemische Veränderungen oder Auswirkungen, die auch bei längst eingetrockneten Weinflecken entstehen können, hätten das alles bewirkt. Was man allerdings nicht zu erklären vermochte, war die Genauigkeit der Übereinstimmung in diesen Abdrücken. Ein ungelöstes Rätsel stellt auch die eigenartige Form der Rinnsale auf dem Originaltuch dar, die tatsächlich ein Muster bilden, das man mit einiger Phantasie als eine Art Schweißtuch der Veronika bezeichnen könnte. Das alles ist ebenso geheimnisvoll wie unbefriedigend. Man weiß natürlich, daß es ein Schweißtuch der Veronika in der historischen Praxis nie gegeben hatte. Zumindest fehlen alle überzeugenden Beweise dafür. Und doch gibt es Zeichen, Bilder, ja Beweise, die eindeutig darauf verweisen. Es ist ein Mysterium. Oder nur durch Zufälle erklärbar, die dann freilich atemberaubend wären.

Ich zwängte mich nun durch diesen schmalen Gang, der hinter dem Seitenaltar mit dem berühmten Korporale vorbeiführt. Ich hatte mich geduldig anstellen müssen, denn es konnte immer nur ein Besucher vor der kleinen Vertiefung und Öffnung stehen, die durch das Augsburger Gitter verschlossen ist und durch deren filigranes und vom Alter eingedunkeltes Silberwerk man das Walldürner Bluttuch erkennen kann. Ich bemerkte auch, daß jeder der vor mir Stehenden, langsam zum Bluttuch Emporsteigenden und dann einen Augenblick davor Verharrenden kurz und mit einem Ausdruck verhaltener Scheu – oder war es Zärtlichkeit, religiöse Verinnerlichung oder geistige Sammlung? – seine Hand in die Vertiefung legte, sie dort flüchtig liegenließ und dann rasch zurückzog. Täuschte ich mich? Oder sah ich wirklich wortlos murmelnde Lippen? Ein lautloses Sprechen, das nur für die Reliquie hinter dem Gitter bestimmt war, für den Abdruck das Antlitzes Christi, hervorgegangen aus seinem eigenen Blut, nachdem der Meßwein durch die Wandlung gleichsam geadelt und geheiligt worden war? Sah ich tatsächlich viele stumme Botschaften an diesem kalten Herbstmorgen und in dieser düsteren Kirche, die mir fast ein wenig Unbehagen einflößte, mich beinahe ängstigte mit ihren strengen Proportionen?

Auch ich legte, als ich endlich auf der kleinen Plattform hinter dem Seitenaltar stand, meine Hand in die Öffnung, legte sie nahezu automatisch in die Vertiefung, schloß die Augen, dachte einen Wunsch, eine Bitte, sprach lautlos die Worte, die ich nicht aussprechen durfte und konnte, sprach sie mit allem Nachdruck, der mir in diesen wenigen Augenblicken möglich war, sprach sie tonlos und mit kaum bewegten Lippen und zog die Hand dann wieder langsam zurück. Aber alles, was ich empfand, während meine Hand in der Vertiefung vor dem Bluttuch lag, war Kälte. Die angenehme und kühle Glattheit des abgeschliffenen, abgegriffenen Steins. Und ein Gefühl der Verunsicherung, das nicht weichen wollte, auch nicht, als ich wieder draußen vor der Wallfahrtskirche stand und den unvermeidlichen Herbstwind durch mich strömen fühlte und die alten Priester sah, wie sie schrittweise und mit heftig geröteten Wangen die Stufen zum Pfarrhaus erklommen, liebevoll betrachtet von einer Nonne, die wahrscheinlich die Funktion einer Haushälterin innehatte. Es war eine Verunsicherung, die meinen Körper und mein Denken erfaßt hatte, eine intellektuelle Unsicherheit, eine einzige erstaunte Frage, die ich mir jetzt verwirrt stellte: Warum auch bei mir in diesem einen winzigen Augenblick vor dem Bluttuch alle Schranken der Skepsis oder des Selbstbewußtseins zerbrochen waren und ich diese private Bitte stumm geäußert, diesen intimen Wunsch wortlos ausgesprochen hatte, während meine Hand noch in der Vertiefung lag? Warum man in einer solchen Sekunde nicht gegen sich selbst ankämpfen kann, sondern der plötzlich auftretenden Versuchung erliegt, so gläubig zu sein, daß man seine geheimsten Wünsche einem kalten, abgegriffenen Stein vor sich anvertraut. Und warum jetzt diese Unruhe in mir? Fürchtete ich die Ironie meiner jüdischen Freunde aus Frankfurt und Österreich?

Später, schon unterwegs in der kleinen und immer noch wie leergefegt wirkenden Stadt, die vor dem Blutwunder einfach Dürn geheißen hatte und wahrscheinlich römischen Ursprungs ist – der Limes verläuft in der Nähe, und eine erste schriftliche Erwähnung existiert aus dem Jahre 795, als hier ein Kastell Turnis genannt wird –, später versuchte ich mir vorzustellen, wie die Stadt mit ihren schmalen, verwinkelten Gassen und den geometrischen Mustern ihrer Fachwerkbauten ausgesehen haben mag, als zuweilen zehntausend, zwanzigtausend Pilger an einem einzigen Tag erschienen, vor allem in der Zeit nach Pfingsten, die auch heute noch als die eigentliche Wallfahrtszeit gilt. Da zogen die katholischen Dorfgemeinschaften aus der näheren Umgebung in die verträumte fränkische Stadt ein, aber auch zahlenmäßig starke Abordnungen aus größeren Städten wie Fulda und Würzburg. An Wundern oder wunderbaren Gebetserhörungen – vermeintlichen wie tatsächlich nur schwer zu erklärenden – fehlte es gleichfalls nicht. Ein beliebter Brauch war und ist ja, daß man ein Seidentuch, das dem heiligen Korporale nachempfunden ist, mit dem Bluttuch in Berührung bringt und dann als Amulett oder auch als eine Art Medizin verwendet, indem man es dort auf den Körper legt, wo man Schmerzen hat oder das Zentrum einer Krankheit befürchtet.

Natürlich steckt viel Aberglaube, der mitunter lebensgefährlich sein kann, hinter solchen Handhabungen. Aber hat der unbeirrbare Glaube nicht auch schon Berge versetzt? Und ist nicht eine gesunde Seele in vielen Fällen die beste Medizin?

Jener junge, unvorsichtige Priester, der vor rund sechseinhalb Jahrhunderten den Meßwein verschüttet hatte, war sozusagen nur die Hand, die unwillkürlich in Bewegung setzte, was in vielen von uns latent schlummert. Eine verzauberte Hand, aus deren Ungeschicklichkeit ein Zufluchtsort für die Trostsuchenden und von Mühsal Beladenen entstand, ein Ort, an dem die Hoffnung nicht mehr erlischt. Ich habe die Gesichter jener Messebesucher nicht vergessen, die sich vor mir durch den schmalen Gang hinter dem Seitenaltar mit dem Bluttuch zwängten und kurze Zwiesprache hielten mit dem, was durch dieses Bluttuch verkörpert wird. Auf jedem einzelnen Gesicht war nachher ein Aufatmen zu lesen gewesen, eine Art Erleichterung, als ob der Schatten einer unsichtbaren Last abgefallen sei. Und war nicht auch ich, nur weil ich stumm zum Korporale gesprochen hatte, auf seltsame Weise verändert? Wie jemand, der dicht davor ist, befreit aufatmen zu dürfen? Aber sich vor diesem Aufatmen noch ängstigt?

Ich höre meine Freunde sagen: Aberglaube, Hirngespinste, Imagination! Vielleicht und vielleicht haben auch die vielen Wunder, die sich im Zusammenhang mit Walldürn ereigneten, alle eine völlig normale Erklärung. Aber das Glück der Hoffnung, das sich hier einstellt, dieses zitternde Erwarten oder demütige Empfangen, hat das auch mit Aberglaube, Hirngespinsten und Imagination zu tun? Und wenn es wirklich so wäre: Welche unbegreifliche Kraft ist es eigentlich, die uns abergläubisch, von Hirngespinsten umfangen und von der Imagination abhängig sein läßt? In einer Welt des Unheils und der Dämonen kann es manchmal schon ein Trost sein, wenn man ahnt, daß eine Brücke über den schmalen Abgrund führt, der zwischen Untergang und Hoffnung liegt. Auch wenn diese Brücke nur aus einem vergilbten Tuch mit sonderbaren Wein- oder Blutflecken darauf besteht.

Vierzehnheiligen

Über den Anfang von Vierzehnheiligen, das auf einem Grund und Boden entstand, der Frankenthal hieß und am oberen Flußlauf des Main liegt, dort, wo er sich aus dem Frankenwald herauswindet und dann die Fränkische Schweiz im Süden zurückläßt, während so angesehene und leidlich bis allgemein berühmte Städte wie Coburg, Bamberg und Bayreuth einen respektablen Halbkreis um den Schauplatz dieser Geschichte bilden, also über den Anfang gibt es eine Erzählung, die so oder ähnlich ziemlich häufig berichtet wird, wenn von Wallfahrtsplätzen und berühmten Kirchen die Rede ist. Da gab es am linksseitigen Ufer des Main, und zwar noch in der unmittelbaren Nachbarschaft des Staffelberges, eines fränkischen Charakterberges, wie lokale Autoren das immerhin ernsthaft betonen, einen Gutsbesitz namens Frankenthal, zugehörig einem Kloster Langheim, das Bischof Otto der Heilige im Jahre 1152 gegründet hatte. Am gegenüberliegenden Ufer, und zwar auf einem dieser bewaldeten Hügelrücken, die sich in schöner Regelmäßigkeit über Coburg hinaus bis ins volksdemokratische Deutschland vor Eisenach, Erfurt und Weimar erstrecken und genügend Abwechslung in eine Landschaft bringen, deren Poesie man nicht unbedingt mit dem ersten Blick entdeckt, am rechten Mainufer also gab und gibt es ein Kloster namens Banz, dessen erste Kirche um das Jahr 1069 von einer Gräfin Alberada aus Schweinfurt gestiftet worden war.

Katholisches Land, katholische Herrschaft überall also, damals, lange vor dem Dreißigjährigen Krieg, der die Kunst der Deutschen, sich aus fragwürdigem Anlaß zu zerfleischen, ins rechte Licht gerückt hatte. Katholisch oder ins Katholische abgewandelt sogar die alten heidnischen Legenden rund um den Staffelberg, auf dem man in jener Zeit – und ich rede jetzt von den Vierzigerjahren des 15. Jahrhunderts – Geheimnisvolles vermutete, aus dessen aufragendem und plattgedrücktem Buckel das abergläubische Bauernvolk sich Geschichten einbildete, die aus dem Unterbewußtsein, dem beharrlichen Erinnerungsvermögen der einfachen oder vielleicht primitiven Leute stammten, alles sehr heidnisch, unheimlich und den Aberglauben beschäftigend, der wie überall in der bäuerlichen Welt auch hier nicht auszurotten war. Und ich könnte mir sogar vorstellen, daß der eine oder andere Benediktinermönch aus Banz, der eine oder andere Pfarrer aus den umliegenden Gemeinden, die Lichtenfels und Staffelstein hießen, einen scheuen und nachdenklichen Blick auf den Berg warf.

Dabei hätte man frühzeitig schon erfahren können, was man nur vermutete und in dieser wissenschaftlichen Klarheit natürlich nicht wußte. Auf dem Berg, den ein alpenländischer Mensch geringschätzig einen langgestreckten Hügel nennen würde, der hier aber doch auffällt mit seiner plumpen Höhe, gab es vorzeiten schon eine keltische Wallburg, gab es also in einem vorchristlichen Zeitalter Menschen, Behausungen, Kulte und Gefühle. Und das prägt sich einer Landschaft durchaus ein, geht nie völlig verloren, vererbt sich in irgendeiner Form über viele Generationen und Glaubensformen hinweg, bis es dann auf eine völlig andere, dem jeweiligen Zeitgeschmack angepaßte Art wieder in Erscheinung tritt. Und genau das bringt mich auf die Geschichte zurück, die hier im Jahre 1445 angefangen hat.

Ein Gutshof also, Frankenthal, der zu einem Kloster gehört. Viel Gesinde, Mägde und Knechte, einfaches Volk, das in vollkommener Abhängigkeit von den Herrschaftsstrukturen lebt, an die es sich wie selbstverständlich gewöhnt hat. Man ist katholisch, gläubig, und das nicht nur notgedrungen, sondern in Übereinstimmung mit den Bildern und Wünschen, die einem durch die Seele fliegen. Den Staffelberg, den Ursprung seltsamer Gerüchte und diese Gerüchte selbst: man verdrängt das oder taucht es gewissermaßen in katholisches Weihwasser, damit das Dämonische, das seine Hand emporreckt aus dem Abgrund eines halbvergessenen Heidentums, alle böse Gewalt über die Menschen verliert.

Die Neigung zum Aberglauben ist freilich unausrottbar. Und warum soll nicht auch unter dem Gesinde eines klösterlichen Gutsbesitzers sich ein Charakter befinden, der zwar alles Merkwürdige oder Althergebrachte als unchristlich abtut und aus seiner Erinnerung verdrängt, der aber doch durch jeden ungewöhnlichen Anlaß auch ungewöhnlich sensibilisierbar ist? Irgendwie erinnert das alles ein wenig an diese Venusstatue aus Trier, auf die das Pilgervolk jahrhundertelang Steine schleuderte und dazu Spottlieder sang, bis nur noch ein formloser Klumpen anstatt der römischen Marmorstatue zu erkennen war. Aber noch den Klumpen fürchtete man, noch das zerschlagene und verstümmelte Antlitz der heidnischen Venus beschäftigte die Träume und Gefühle der Menschen, die nach St. Matthias pilgerten. Und nur das Bewußtsein, daß ein heiliggesprochener Bischof, nämlich Eucharius, schon frühzeitig diese gefährliche Venus gefesselt und unschädlich gemacht hatte, gab den Pilgern die Sicherheit, das fremde Götzenbild zu steinigen, ohne irgendeine Vergeltung befürchten zu müssen.

So ähnlich könnte es auch hier in Frankenthal gewesen sein, wo zwar Klöster, Kirchen, katholische Glaubensbekenntnisse eine naive Seele in ihrer Furcht vor dem Ungewöhnlichen oder bedrohlichen Heidnischen schützten, wo aber trotzdem dieser Staffelberg ins Bewußtsein der Menschen hineinragte. Das hat nicht nur mit Aberglauben etwas zu tun. Das reicht tief hinab bis an die Wurzeln unserer Existenz, wo das Dämonische, das Finstere und Schattenbedeckte lauert und uns manchmal zu Handlungen verführt, die wir später kaum begreifen können. Wenn man so will, hat jede Landschaft ihren Staffelberg, ihre unauslöschbare Erinnerung an irgendeine heidnische Vorzeit, an die man sich manchmal wie im Traum erinnert fühlt.

Der Schäfer Hermann Leicht, mit dem die Geschichte von Vierzehnheiligen eigentlich beginnt, war zweifellos ein Mensch, dem man einen empfindsamen Charakter zutrauen muß, dem Gesichte zuflogen, der seltsame und schwerverständliche Träume hatte und dabei doch nur charaktervoll und gläubig genug war, um das uralte heidnische Volksgut, das vom Staffelberg herunterfloß in die Seelen der Menschen, völlig bedenkenlos zu übernehmen. Irgendwie scheint er als einziger verstanden zu haben, daß bei aller katholischen Religiosität seiner Landsleute, bei allem Weihrauch, Kirchengeläut und frommem Leben auf einem klösterlichen Gutshof doch noch viel Heidnisches mit im Spiel war. Möglicherweise brachte er das, ohne es jemals deutlich ausgesprochen zu haben, mit dem Staffelberg in Zusammenhang, dem man Mysteriöses zutraute, während man sich an die brave Abfolge eines katholischen Jahres längst schon gewöhnt hatte. Und möglicherweise ärgerte das diesen Klosterschäfer, der keinen irrationalen Heidenfleck auf seiner Christenseele dulden wollte.

1 Beim Kloster Patirion: Hirtenkapelle

2 Trier: Innenansicht des Doms

3 Walldürn: Christuskreuz ▷

4 Tschenstochau: 600-Jahrfeier

Es scheint dieser Hermann Leicht, von dem man fast nichts weiß, als daß er die Viehherden hütete, die dem Kloster gehörten, und ein wunderlicher Mann war, ein wenig eigenbrötlerisch und fraglos sehr eifrig im Umgang mit seinem Glauben, es scheint dieser Hermann Leicht gewisse Begegnungen gehabt zu haben, Gesichte, für die er allerdings ohnedies schon bekannt war, derentwegen man ihn bereits verspottet hatte. Zuerst ein Licht auf freiem Feld, auf einem grasbewachsenen Plateau oberhalb des Maintals und noch im Schatten des Staffelbergs. Ein Licht, das ihn irritierte. Und ein weinendes Kind, das ihn stumm und allerdings auch mit einem flehenden Ausdruck anblickte. Das Gesinde unten am Hof verhöhnte ihn. Er könne nicht mehr den Widerschein der Sonne auf einem glänzenden Stein von einer Erscheinung unterscheiden. Die Mönche, denen er sich anvertraute, mögen lächelnd abgewinkt haben. Man schrieb zwar das Jahr 1445, und der Aberglaube blühte in jeder Form, doch einem einfachen Schäfer, von dem man außerdem wußte, daß er ein wenig eigenartig war, kaufte man nicht so ohne weiteres ein Wunder ab.

Aber Hermann Leicht verkaufte kein Wunder. Das geschah auf ganz andere, sozusagen dramatischere und damit auch überzeugendere Weise. Er selbst wurde nur noch sonderbarer und geheimnisvoller, als man es von ihm gewohnt war. Das Licht sei wieder erschienen. Das Kind, wahrscheinlich ein Knäblein, sei wieder in dieser seltsamen Lichthülle gestanden. Alles habe man ganz deutlich erkennen können, das gleißende Licht und den zarten Körper des Kindes, auch zwei Kerzen, die neben dem Kind in der Erde steckten, und die Luft sei erfüllt gewesen von merkwürdiger Unbeweglichkeit, kein lärmender Vogel, kein Wind, der wehte, aber alles sehr schön, ungemein wohltuend, und die Tiere hätten wiedergekäut wie immer, hätten kaum aufgeblickt, während er noch wie erschlagen von der Erscheinung im Gras lag und den Himmel beobachtete, als ob er daraus etwas ablesen könnte.

Man lachte immer noch und verhöhnte den Schäfer, als er dann sogar behauptete, jetzt seien neben dem Kindlein in seiner unbegreiflichen Lichtfülle auch noch vierzehn andere kindliche Gestalten auf diesem Feld erschienen, er habe sie genau gezählt, es seien vierzehn gewesen, alles Kinder, und eine sanfte Stimme habe von ihm verlangt, daß an der Stelle, wo sich das alles ereignete, eine Kapelle errichtet werden sollte.

Aber dann, allem Anschein nach übers Jahr nach der ersten Erscheinung und gerade achtzehn Tage nach der letzten Vision, über die Hermann Leicht gesprochen hatte, von der er wieder Details berichtet hatte, die sich unglaublich anhörten und allem vernünftigen Anschein nach unglaubwürdig waren, dann blieb den Leuten auf dem Gutshof und in den umliegenden Dörfern, wo man schon über den verrückten Klosterschäfer Witze machte und Spottverse sang, doch aller Hohn und Spott im Halse stecken. Eine Magd, schwerkrank, schon mit dem Sterbesakrament versehen und jetzt dem endgültigen Verlöschen entgegendämmernd, raffte sich zu einer letzten, ihr selbst kaum mehr bewußten Geste auf. Sie flehte die Vierzehn Nothelfer an, ihr das Leben zu retten. Nichts weiter. Nur das, nur dieser letzte Strohhalm, an den sich wohl jeder Mensch klammert, wenn er spürt, daß es zu Ende geht. Mehr wird die sterbende Magd auch nicht getan haben. Dann sank sie in einen traumlosen Schlaf. Und war, als sie verwirrt erwachte, vollkommen gesund!

Nun wäre das alles an und für sich – und wenn man vom medizinischen Aspekt einmal absieht – noch nicht weiter ungewöhnlich gewesen, denn auch im fränkischen Gebiet am Oberlauf des Main war man ziemlich geübt im Umgang mit diesen Vierzehn Nothelfern. Schließlich brauchte man gerade auf dem Land mit seinen vielen Gefahren und überall lauernden Tragödien starke Fürbitter, an die man sich halten konnte. In gewisser Weise hat sich daran ja bis in die Gegenwart nichts geändert. Da war zum Beispiel Achatius, der unter dem römischen Kaiser Hadrian sein Martyrium erlitten hatte und jetzt bei Todesangst angerufen wurde. An ihn wird die todkranke Magd wohl zuerst gedacht haben. Oder Ägidius, der Klöstergründer, den man meist gemeinsam mit einer Hirschkuh abgebildet sieht und der dem gläubigen Katholiken zu einer offenen Beichte verhelfen soll. Dann Barbara, die schöne, kluge und tugendhafte Tochter ängstlicher Eltern, die sie allerdings einschlossen in einem Turm, um sie vor den Gefahren der Welt zu bewahren, und von der man nicht recht versteht, weshalb sie ausgerechnet die Fürsprecherin der Artilleristen, Bergleute und Sterbenden geworden ist. Blasius, der ein Kind heilte, das eine Fischgräte verschluckt hatte und an ihr zu ersticken drohte, wirkt da schon überzeugender, wenn er etwa bei hartnäckigem Halsleiden angerufen wird. Und auch Christophorus, der gegen alle möglichen Sorgen und Nöte helfen soll und den man bei plötzlichem Tod als Fürbitter braucht, stiftet kaum Verwirrung. Mit dem Tod und der unsäglichen Todesfurcht hat auch Cyriakus zu tun, während Dionysius, ehemals Bischof und Märtyrer aus dem levantinischen Antiochia, bei unerträglichen Leibschmerzen angerufen wird, und Eustachius, der Vorläufer des heiligen Hubertus, für alle schwierigen, kaum noch zu bewältigenden Lebenslagen zuständig war. Dann gab es noch den berühmten Ritter mit dem Drachen, den heiligen Georg, Schutzpatron vor allem der Soldaten. Ferner die heilige Katharina, die einmal fünfzig Gelehrte und Philosophen in einer Diskussion besiegte, später gerädert und enthauptet wurde und nunmehr bei Sprachfehlern, bei Stotterern etwa, zu Hilfe gerufen wurde. Margarete, unter Diokletian zu Tode gefoltert, Helferin aller gebärenden Frauen, Pantaleon, dem man während seines Martyriums die Hände auf den Kopf nagelte, ein ungemein hilfreicher und eifriger Heiliger, der als Schutzpatron der Ärzte gilt, und schließlich Vitus, der den Sohn des Christenverfolgers Diokletian geheilt hatte und heute noch bei Epilepsie angerufen wird: sie vervollständigen die heilige Schar.

Das also waren die Vierzehn Nothelfer oder Heiligen, die von der sterbenden Magd in ihrer Todesangst angerufen worden waren. Und nun, da diese Magd plötzlich über Nacht gesundete und überzeugend beschwören konnte, daß es tatsächlich nur diese Vierzehn Nothelfer gewesen seien, die ihr geholfen hätten, wurde man doch etwas nachdenklich. Hatte Hermann Leicht zuletzt nicht von vierzehn kindlichen Gestalten gesprochen, die ihm erschienen waren? Und die zu ihm gesprochen hätten, wie er jetzt eindringlich wiederholte, die ihm mitgeteilt hätten, daß sie die Vierzehn Nothelfer seien, zwar in kindlicher Gestalt, unschuldig und schön, aber zweifelsfrei die vierzehnfache Hilfe verkörpernd, die frommen und tiefgläubigen Menschen zuteil wird? Und waren nicht gerade erst achtzehn Tage seit seinem letzten Gesicht vergangen, daß jetzt die Magd wieder bei der schweren Hofarbeit war, als ob sie nie mit dem Tod gerungen hätte? War der Klosterschäfer vielleicht doch kein Träumer und Spinner wie mancher andere Schäfer, den die ewige Einsamkeit draußen auf den Weiden um den Verstand gebracht hat? War also ein Funken Wahrheit in seinen Erzählungen? War die wunderbare Heilung der Magd ein Zeichen? Und mußte man der sanften Stimme, die eine Kapelle genau an der Stelle forderte, wo das seltsame Licht hingefallen war, jetzt nicht rasch und in aller Ehrerbietung gehorchen?

Man schrieb bereits das Jahr 1446. Die Visionen des Hermann Leicht, von denen man mit einiger Sicherheit weiß, daß sie im Herbst des Jahres 1445 begonnen hatten, müssen sich also über eine beträchtliche Zeitspanne erstreckt haben. Offiziell weiß man freilich nur von drei Visionen, über die er berichtete. Oder anders gesagt: Es dauerte seine Zeit, bis die Leute vom Gutshof oder aus Staffelstein und Lichtenfels und dem ganzen Bauernland dazwischen begriffen, was ihre katholische Pflicht war.

Jetzt setzte man erst einmal rasch ein Steinkreuz an die Stelle, wo das überirdische Licht geleuchtet hatte. Zehn Jahre später stand dort bereits eine gemauerte Kapelle. Und schon begannen auch die ersten Wallfahrten nach Vierzehnheiligen, wie der Schauplatz dieser Erscheinungen nun genannt wurde, kamen erste Pilgergruppen aus Nürnberg, Bamberg, opferte dann sogar ein Kaiser seine goldene Halskette, stiftete ein anderer Kaiser Geld und Privilegien, was alles dokumentarisch belegt ist, kam Albrecht Dürer mit seiner Frau Agnes hier vorbei, um vor einer wichtigen Reise nach den Niederlanden zu den Vierzehn Nothelfern zu beten. In den schrecklichen Bauernkriegen des 16. Jahrhunderts wurde die erste kleine Kirche, die man errichtet hatte, niedergebrannt, aber schon im Jahre 1543 kam es zu einem Neubau, der dann im 18. Jahrhundert durch die berühmte Wallfahrtskirche, wie sie sich heute darstellt, abgelöst wurde. Und dieser letzte Neubau der inzwischen weit über Franken hinaus bekannt gewordenen Gnaden- und Wallfahrtskirche von Vierzehnheiligen war wiederum ein Kuriosum besonderer Art, weist eine ganz besondere Baugeschichte auf, an der man erkennen kann, daß übertriebener Ehrgeiz, Intrigen, Neid und Dummheit auch nicht vor einem so sakralen Bauwerk einhalten, so daß man manchmal fast meinen möchte, es grenze allein schon an ein Wunder, wenn überhaupt die eine oder andere Kirche steht und die Pilger einlädt.

Ich war an einem sonnigen Oktobernachmittag nach Vierzehnheiligen gekommen, an einem Sonntag, als in den kleinen Wirtschaften des oberen Maintales die Familien aus Bamberg oder Bayreuth sich behaglich bedienen ließen auf ihrem obligatorischen Sonntagsnachmittagsausflug, sich bedienen ließen mit Schweinsbraten oder Geflügel, mit Schmorbraten, Rehfilet und Salatschüsseln, in denen eine dünne Marinade glänzte, die ganze Familie kauend um den reichgedeckten Wirtshaustisch, dazu Unmengen von Bier, literweise Bier für jedermann, was man spätestens dann zu verstehen beginnt, wenn man die großen gerundeten deutschen Knödel oder Klöße sieht, die wie Kanonenkugeln auf den Tellern liegen. In Staffelstein mit seinen hübschen Fachwerkhäusern war gutbesuchter Markttag, die alten handgefertigten und ungemein poetischen Zunftzeichen schimmerten unter der fränkischen Herbstsonne, die überraschend warm war und jetzt eine Art Glorienschein über gekreuzte Schmiedehämmer, vergoldete Löwenköpfe oder über ein schmiedeeisernes Schild mit kühn geschwungenem Backwerk legte. Unterwegs in einem Dorf ein Schloßbesitzer, der mit Antiquitäten handelt, unterwegs auch junge Burschen in ihren raschen Autos, biertrinkend während der Fahrt und singend, während ihnen Familienväter neiderfüllt oder auch verärgert nachblicken, später ein Dorf, das ausgerechnet Schönbrunn heißt, und wenige Augenblicke danach schon zur Linken die Silhouette des Klosters Banz. Und rechts, also auf der Staffelberger Seite, zuerst der alte Pilgerweg und dann die neu asphaltierte Fahrstraße hinauf nach Vierzehnheiligen. Ein großer Parkplatz, an diesem Sonntagnachmittag nur zur Hälfte gefüllt, empfängt mich. Man erzählt mir, daß im Sommer die Autos der Besucher bis hinunter zur Hauptstraße abgestellt werden müssen. Aber als ich den Parkwächter frage, ob das alles Pilger sind, Wallfahrer im eigentlichen Sinn des Wortes, zuckt er nur gleichgültig die Achseln und meint, Vierzehnheiligen sei ein beliebter Ausflugsort, da brauche es keine eigene Wallfahrt mehr, damit die Leute kommen.

Früher einmal, vor hundert oder zweihundert Jahren war das zweifellos anders! Noch stehen die alten Steinkreuze entlang des Pilgerpfades, der sich vom Marktflecken Staffelstein quer durch die Wiesen nach oben windet. Grauer Sandstein, verwittert, dunkel, an die letzten Dinge erinnernd, die man gern aus dem Gedächtnis verbannt. Diese riesigen Kreuze stehen wie stumme Soldaten in der Landschaft. Und auch die Wallfahrtskirche oben auf der Anhöhe eines Plateaus, in das herein schon der schöne und herbstlich verfärbte Wald rauscht, erinnert zuerst einmal an eine Kaserne: Zwillingstürme und darunter in geometrischer Ordnung hohe Fenster, streng gereiht, dazu ein österreichisches Schönbrunnergelb, eine gewisse Monumentalität, die noch dadurch verstärkt wird, daß man hügelaufwärts geht und die ganze Zeit die Nothelferkirche wie eine breithingelagerte Wolke im Blickfeld hat, und zwar hoch über sich, sozusagen schon zwischen Himmel und Erde, nur mit zurückgelegtem Kopf zu betrachten, was vielleicht ein wenig die Andacht vermindert, wenn man keuchend den recht steilen Aufstieg hinter sich bringt und dabei die große Kirche unentwegt in den Himmel wachsen sieht.

Im Innern fallen einem wahrscheinlich – wie mir, als ich das Kirchenschiff zum ersten Mal betrete – zwei Besonderheiten auf. Da ist einmal der originelle Nothelferaltar, um den sich gleichsam die ganze Kirche dreht, auf den sie zugeschnitten ist, der inmitten des Kirchenschiffes steht und mich beim überraschten Hinblicken an eine alte Pracht- und Prunkkutsche erinnert, an einen Reisewagen aus vergangener Barockzeit, sehr pompös und zweifellos kostbar, auch wenn Holzwurm und Alter schon manches Detail sichtlich angegriffen haben. Jedenfalls ist es eine ungewöhnliche Perspektive: diese religiöse Dekoration mit ihren fast lebensgroßen Heiligenfiguren, die wirklich ein wenig an Kavaliere und Hofdamen erinnern, wie man das in manchem Kunstführer nachlesen kann, und dem weißen, vielfach abblätternden Schleiflack, dieses barocke Rankenwerk unter einem schön geschwungenen Baldachin, davor dann freilich nicht nur Kunstfreunde und Sonntagstouristen stehen, sondern auch der eine oder andere stumme Pilger oder ein halbes Dutzend alter Frauen im blaugemusterten Kittel, die sich geduldig vor dem vergitterten Schrein an der Hinterfront dieses eigenartigen Kunstwerkes anstellen, also genau vor der Stelle, wo dem Klosterschäfer Hermann Leicht im Jahre 1445 die ersten Erscheinungen widerfahren sind. Und diese Frauen – nur manchmal verirrt sich auch ein Mann dazwischen, auch er vom Alter gebeugt, fast schon wieder zurückwachsend in die Erde, der man hier, wo man sich doch in einem hellfarbenen Barockhimmel wähnt, vielleicht näher ist als anderswo –, diese Frauen erinnern mich plötzlich an Kirchgängerinnen in abgelegenen alpenländischen Gebirgstälern, in Südtirol etwa oder im Kärntner Lesachtal. Da hängt die oftmals gebrauchte, abgewetzte Handtasche über dem gichtigen Arm, da nesteln ungelenke, knotige Finger nach einer kleinen Brieftasche und klauben langsam eine Münze heraus, die sie hinter das Gitter oder in einen der aufgestellten Opferstöcke werfen, da spürt man noch soviel längst Vergessenes, Verschüttetes aus dieser Bewegung heraus, mit der die Pfennige gespendet werden, fromme Genugtuung, Stolz, Bitte und Demut, da beult noch das dicke Gebetbuch, das neben dem säuberlich gefalteten Schneuztuch liegt, die Handtasche aus, da wird noch im Gebetbuch geblättert und gelesen, auch wenn die Augen trotz Brille und Anstrengung nicht mehr so recht mittun wollen. Und wenn fünf oder sechs dieser alten Bäuerinnen oder Mägde sich in eine Betbank setzen und enger zusammenrücken, während die Kunstinteressierten und zufälligen Sonntagsbesucher durch die weitläufige Kirche flanieren und photographieren, reden, kichern, mit den Fingern auf eine Figur zeigen oder auch laut auflachen, weil sie etwas Erheiterndes entdeckt haben, dann zeigt sich in diesem Zusammenrücken der alten Frauen vielleicht noch ein letztes Mal, wie das früher einmal ausgesehen haben mag, als es noch die Zeit der großen Bauernwallfahrten zur Nothelferkirche von Vierzehnheiligen gegeben hatte, als die Betbänke gefüllt waren mit andächtigen Menschen und der Glaube – auch wenn es im Grunde derselbe Glaube wie heutzutage war – noch eine völlig andere Bedeutung hatte, weil die Gläubigen noch an die Kraft des Gebets und an die Möglichkeit eines Wunders glaubten.

Und Wunder hatte es ja tatsächlich einige gegeben. Zuerst die todkranke Magd, mit der eigentlich alles angefangen hatte. Später immer wieder plötzliche Heilungen oder ein Kind, das schon ertrunken schien und doch wieder die Augen aufschlug, ein Knecht, der schon unterm gestürzten Baum zerquetscht sein mußte und doch unversehrt blieb. Es gibt ja manches im Leben, zumal im bäuerlichen, das an ein Wunder grenzt. Und warum sollten die Vierzehn Nothelfer, wenn man sie um Hilfe bat und beseelt war vom wahren Glauben, nicht geholfen haben? Heißt es nicht auch heute noch, daß der Glaube mitunter Berge versetzen könne?

Ich sehe die Bäuerinnen an, fünf oder sechs, zuerst vor dem Schrein, in der Betbank. Ich sehe die Kopftücher, die blauen Kittel, die faltige Haut, die müden Augen, die gekrümmten Finger ums Gebetbuch. Und ich sehe den Ausdruck in diesen Augen, der mich für den Bruchteil einer Sekunde tief beschämt.

Draußen die gleiche Geschäftigkeit wie in der Kirche selbst und wie fast überall auf vielbesuchten Wallfahrtsplätzen. Zahlreiche Kioske haben zwar schon geschlossen, weil es spät im Jahr ist, auch die Restaurants und Hotels neben der Wallfahrtskirche sind nur halbvoll, aber immer noch ist ein unaufhörliches Kommen und Gehen, das den falschen Eindruck vermittelt, die Nothelferkirche von Vierzehnheiligen stünde tatsächlich in voller Funktion, was die Gläubigkeit und den Wallfahrtseifer ihrer Besucher betrifft.

Ich habe schon davon gesprochen, daß mich die Kirche ein wenig an eine Kaserne erinnert, an eine besonders einprägsame und zugleich einschüchternde Kaserne. Nun, jener Baumeister namens Küchel oder Kuchel, der die schwierigen Arbeiten am Gnadenaltar durchführte und das Werk seiner Vorgänger vollendete, war im Militär-und Zivilbau tätig gewesen und starb im Jahre 1769 als Oberstleutnant der Artillerie. Und auch vorher, vom Baubeginn an, war manches geschehen, das eher an Soldatentum und sogar an Feindseligkeit erinnerte als an die friedliche Errichtung eines Gotteshauses. Denn als man 1743 den Grundstein legte für diese Basilika, war noch der weimarische Baumeister Krohne dafür verantwortlich, ein schlichter Protestant, der aber überraschenderweise eine der wichtigsten Wallfahrtskirchen des Landes bauen sollte. Der Eklat ließ auch nicht lange auf sich warten. Denn die kirchlichen Geldgeber des spektakulären Neubaus wollten sich weder einen Lutheraner noch einen biederen Provinzbaumeister gefallen lassen und erreichten, daß ab sofort das »Baugewissen fränkischer Baukunst«, wie man den Architekten des Würzburger Fürstbischofs, Balthasar Neumann, allgemein nannte, Bauleitung und Durchführung sowie grundlegende Verbesserung der Krohneschen Pläne übernahm. Die Frage ist freilich, ob nicht doch der kleine Krohne größer, genialer war als der einflußreiche Neumann.

So weigerte sich Krohne dementsprechend beharrlich, manchen architektonischen Unsinn, den Neumann forderte, durchzuführen. Und Neumann wiederum war ständig wütend über die Impertinenz seines Untergebenen, dessen Pläne er nach Möglichkeit durchkreuzte. Schließlich wurde Krohne auf Drängen höchster kirchlicher Stellen abgelöst – die Mönche von Langheim, die eigentlichen Bauherren, die viel Kunstverstand gehabt haben müssen, hatten sich bis zuletzt für den Protestanten eingesetzt –, schließlich starb aber auch Neumann, und zwar im Jahre 1753. Der Militärbaumeister Küchel oder Kuchel übernahm die Fertigstellung der Kirche und baute auch den Nothelferaltar mit dem berühmten Rokokobaldachin über jenem Stück Erde, auf dem sich zum ersten Mal die Vision vom Licht und dem weinenden Kind ereignet hatte.

Der Streit, wer hier was geleistet habe und wer kläglich versagte ohne das Zutun seines Kollegen – das ist heute längst uninteressant und vergessen. Die Nothelferkirche erhebt sich wie eine gewaltige Hand, aus der zwei schlanke Finger noch hoch aufragen, über der grünen und walddurchrauschten Landschaft des fränkischen Maintales.

Ich weiß nicht, wieviel gläubige Pilger jetzt unterwegs sind nach Vierzehnheiligen, auch wenn an manchen Sonntagen alle Parkplätze überfüllt sind. Aber ich könnte mir vorstellen, daß mancher, der nur aus Neugier oder Zufall gekommen ist, dann vor dem Nothelferaltar plötzlich nachdenklich wird. Und sich, nachdem er erst einmal zurechtkommt mit der barocken Überfülle des Kirchenschiffes, nun auf den Mittelpunkt zu konzentrieren beginnt. Und sich endlich auch fragt, wie das alles angefangen hat, das Erstaunliche und Wunderbare hier im Schatten des heidnischen Staffelberges.

Bischofsmais

Zwischen Andechs oberhalb des Ammersees einerseits und Bischofsmais nördlich der Donau andererseits liegt mehr als nur die rein geographische Entfernung, die diese beiden ehemals wichtigen bayerischen Wallfahrtsplätze voneinander trennt. Es gibt auch einen spirituellen Unterschied, den man berücksichtigen muß. Es ist eine besondere Art der geistigen Verschiedenartigkeit, die sich zum Beispiel allein schon in den Umgangsformen ausdrückt, mit denen Pilger, Biertrinker und Touristen in Andechs – also auf dem »heiligen Berg« der Bayern – ihr süffiges Klosterbier trinken, fachmännisch die Eigenarten und auch Folgen beschreibend, die es zwischen dunklem und hellem Bier gibt, dichtgedrängt an abgewetzten Holztischen sitzend, über denen blauer Zigaretten- und Pfeifenqualm hängt, riesige Maßkrüge schleppend, von denen die weißen Schaumfahnen der Bierblumen wehen. Gesottenes und Gebratenes, das aus einer der berühmtesten Klosterküchen des ganzen Landes kommt, wird in riesigen Portionen auf diesem Andechser Klosterberg verzehrt, und zwar genau an der Stelle, wo sich vor vielen, vielen Jahren einmal im Mittelalter rund um einen Reliquienschatz die erste Wallfahrt entwickelte und in späterer Zeit heilige Hostien, die für die vornehme Zunge eines Kaisers bestimmt waren, für eine weitere Animation der Pilger sorgten, woran der Umstand nur wenig änderte, daß man zuerst den Reliquienschatz und dann auch die Hostien vorübergehend fortgeben oder verbergen mußte. Der wahre bayerische Katholizismus übersteht auch Notzeiten. Eine spätgotische Marienstatue trat schließlich auch noch als dritter und letzter Anziehungspunkt in Erscheinung. Das war im Jahre 1608. Aber da währte die Andechser Wallfahrt schon gute fünfhundert Jahre lang. Und immer hat es wohl diesen Anblick gegeben, der sich dem Besucher auch heute bietet: eine volkstümliche Menge von Biertrinkern und Fleischessern, laut, gestenreich und sozusagen genußvoll miteinander redend, wobei man dieses Reden eigentlich einen lärmenden Diskurs nennen müßte, weil die Unterhaltung hier tatsächlich immer etwas Diskutierendes und dabei doch auch Gemütliches besitzt.

Eine solche Unterhaltung könnte im nördlichen Bischofsmais – wo man in ruhigen, fast luxuriösen Restaurants oder in einer stillen Pension zurückhaltend sein Menü verzehrt – gar nicht erst zustande kommen. In Bischofsmais geht es vergleichsweise asketisch zu. Dort sind kleine Portionen und leise Gespräche das Übliche. In Andechs schleppt man seinen von Sünden und weltlichen Gelüsten erschöpften Körper auf einen steilen Berg, auf den »Heiligen Berg«, um nach einem ersten prüfenden Blick in die Klosterkirche und nach einem frommen Augenaufschlag vor dem Gnadenbild sogleich in den Klosterkeller zu eilen, wo gegen die Erschöpfung des Körpers und für die Stärkung der Seele alles unternommen wird, was in flüssiger oder fleischiger Form bekömmlich ist. In Bischofsmais macht man Spaziergänge durch die frische Luft, durch die gesunde Atmosphäre des Waldes, zählt man stumm und ein wenig resignierend die Beispiele einer touristischen Entwicklung auf, die als Wanderpfade, Pensionen, Hotels, Kegelbahnen, Diskotheken und Sanatorien aus der alten Urtümlichkeit des Bayerischen Waldes eine überschaubare Fremdenverkehrslandschaft gemacht haben. In Andechs trinkt man Bier, das man sich selbst von der Schank holen muß. In Bischofsmais bringt ein ausländischer Kellner oder eine ausländische Serviertochter importierten Wein an den weißgedeckten Tisch. Auf dem Klosterberg von Andechs redet und benimmt sich auch der Arzt, der Professor, der Manager volkstümlich. In Bischofsmais verursacht der Umstand, daß man abends im Restaurant krawattenlos erscheint, befremdende Blicke.

Aber warum überhaupt dieser Vergleich? Wobei noch zu sagen wäre, daß der eine Wallfahrtsort, St. Hermann in Bischofsmais, als Pilgerstätte im alten religiösen Sinne dieses Wortes ausgedient hat und ausgestorben ist, und der andere, Andechs, die natürliche und dem Gemüt durchaus bekömmliche Sinnlichkeit einer bayerischen Wallfahrt immerhin so weit treibt, daß einem mitunter auch ein paar Betrunkene über den Weg laufen. Also weshalb dieser Vergleich? Weil mir auf dem Andechser Klosterberg eine heiße Herbstsonne die Seele wärmte? Weil Bischofsmais unter einer dünnen Schicht aus Frost und erstarrter, eisiger Luft begraben war? Oder vielleicht, weil beide Wallfahrtsorte auf sehr verschiedene Weise bestätigen, daß die Mode des Massentourismus auch aus heiligen oder mythischen Plätzen einen Rummelplatz zu machen imstande ist? Wobei freilich zwischen Rummelplatz und Rummelplatz immer noch ein großer Unterschied bestehen kann.

Die Landschaft ist übrigens sowohl am Ammersee als auch im Bayerischen Wald von großer Schönheit. Es ist in beiden Fällen eine reizvolle, abwechslungsreiche Landschaft. Das nördliche Bischofsmais hat natürlich durch die dichte Fülle der grünen und sanft unterm böhmischen Wind rauschenden Nadelwälder einen etwas melancholischen, scheinbar weltabgewandten Charakter angenommen, während Andechs oberhalb des perlmuttfarbenen Ammersees sich mit stolzer Genugtuung einer Sonne ausliefert, die hier – auch wenn es vielleicht nur Einbildung ist – länger und stärker scheint als über dem dunklen Bayerischen Wald.

In Andechs hängt dementsprechend der erste Eindruck, den man sich als Pilger macht, damit zusammen, daß man sich die Benediktinermönche, die vor einem Jahrtausend mit dem Bau ihres Klosters und der Bewahrung eines Reliquienschatzes angefangen hatten, als ein starkes und selbstbewußtes Geschlecht von Männern vorstellt, das immer ganz genau wußte, was es wollte. Der Reliquienschatz setzt sich übrigens aus vielen Kostbarkeiten zusammen. Neben dem Siegeskreuz Karls des Großen gibt es ein Teilstück aus der Dornenkrone Christi, neben der »Dreihostienmonstranz« für den deutschen Kaiser Heinrich II. existiert auch ein Splitter aus dem Spottrohr, mit dem der Heiland in Jerusalem verhöhnt worden war.

In St. Hermann hingegen, das in einer kleinen Talsenke auf dem Gemeindegebiet von Bischofsmais liegt und unmittelbar an den dichten Wald grenzt, der wie eine zweite Haut die Landschaft bedeckt, haben keine Reliquien überdauert, gibt es keine handgreiflichen Beweise wie Marienbilder oder Hostienmonstranzen, aus denen sich erstaunliche Geschichten ableiten lassen, fällt einem nur das anonyme Volk mit seinen sonderbaren Gewohnheiten und Wünschen ein: kleingewachsene, schmächtige Waldmenschen, die in jener Zeit, als die Wallfahrt zu den drei Holzkirchen von St. Hermann einsetzte, noch halbe Heiden gewesen sein müssen, weit entfernt von einer katholischen Selbstsicherheit, wie sie bei den Andechser Benediktinern selbstverständlich war, aber immerhin schlau genug, um den tiefverwurzelten Aberglauben in eine katholische Form zu bringen, gegen die auch wachsame Pfarrherren und mißtrauische Bischöfe nichts unternehmen konnten.

Es war eine seltsame Reise, die ich eines Tages nach Bischofsmais unternahm und die in Andechs begonnen, dann über Frankfurt, Trier und Walldürn nach Vierzehnheiligen und schließlich von dort über Nürnberg, Regensburg und über die erstaunlich breite und trübfließende Donau nach Deggendorf und in das Einzugsgebiet des Bayerischen Waldes geführt hatte. Es hatten damals irgendwelche militärischen Manöver stattgefunden, Panzer waren abgeschleppt worden, die Autobahnen waren durch Lastkraftwagenkolonnen blockiert gewesen, und erst hinter Nürnberg, hinter Regensburg war die Natur wieder deutlich spürbar geworden, wölbte sich Nebel, der blaufarbenen Nachschub aus den Kaminen der Bauernhäuser erhielt und wie Holzfeuer aussah und wie Holzfeuer roch, über eine Landschaft, die jetzt endlich wieder aus Bäumen, Wiesen, Hügeln und abgeernteten Äckern bestand. Die ersten Granitwerke und Steinbrüche tauchten auf, die hölzernen Häuser thronten wieder auf gemauerten Sockeln, und auch die ersten sorgfältig geschichteten Holzstöße, Erinnerungen wachrufend an die alpenländische Art des Überwinterns, lagerten jetzt vor diesen Häusern. Was mich freilich mißtrauisch machte, war der pseudoalpine Stil, war die protzige Größe und herausfordernde Stattlichkeit vieler dieser Häuser. Das paßte nicht in die Landschaft, wirkte falsch und übertrieben und wie aufgesetzt. Und auch die ersten Hinweisschilder auf Sanatorien, Berghotels und sogenannte Ausflugsrestaurants, die sich nach Deggendorf häuften, machten mich stutzig. Meine erwartungsfrohe Bereitschaft, den Ursprung einer aus heidnischen Quellen genährten Pilgerstätte und damit ältestes süddeutsches Brauchtum kennenzulernen, begann unversehens abzubröckeln. Ich fuhr auf breiten, neuausgebauten Autostraßen durch eine Natur, von der ich wußte, daß sie vor zehn, fünfzehn Jahren noch eine Wildnis gewesen war. Aber was ich jetzt sah, war eine wohlgepflegte, gleichsam künstlich portionierte Landschaft, die nur noch den einen Zweck zu haben schien, als Kulisse für Wanderwege, Luftkurorte, Sanatorien und Zweitwohnsitze im neoalpinen Stil zu dienen.

Ich war ungerecht und voreingenommen. Ich dachte mir:

Wer abergläubisch ist und sich dem Mythos seiner Heimat verpflichtet fühlt, braucht keine künstlich angelegten Wanderwege und Sanatorien. Ich dachte mir: Wer wie die Menschen in diesem südlichen Bayerischen Wald Wallfahrtskirchen errichtet, weil jüdische Kaufleute vor langer Zeit einmal in Deggendorf angeblich katholische Hostien schändeten und hussitische Fanatiker unter der böhmischen Grenze eine hölzerne Statue der Muttergottes zerschlugen, bis Blut daraus hervorquoll, wer Wallfahrtskirchen baut, weil die unverheirateten Frauen aus dem ganzen Bayerischen Wald und auch aus den Dörfern südlich der Donau ein Zeichen brauchten, wann sie wen auf welche Weise ehelichen könnten, der kann doch nicht in so kurzer Zeit alles Althergebrachte, Traditionelle und Vergangene unter Fertigbauteilen und Stahlbeton, unter kapitalintensiven Heilstätten, rasch geschlagenen Skiloipen und dem lautlosen, aber letztlich lebensgefährlichen Geschäft mit dem Fremdenverkehr begraben. Ich dachte mir: Wer dem Volk die alten Wallfahrten nimmt, raubt ihm auch die Wurzeln, mit denen es in der Erde verhaftet ist.

Da fuhr ich gerade fünfzig oder auch hundert Meter oberhalb der Nebelgrenze durch eine Waldlandschaft, die nichts mehr von ihrer ursprünglichen Wildheit besaß, und unter einem Himmel, der wie farbloses Glas aussah, darin sich nicht einmal mehr die Sonne, die erfroren war, spiegelte. Die Bäume trugen Reifkappen. Die schwarzen und soliden Dächer der Hotels, Pensionen und Sanatorien standen wie Trauerfahnen in den Lichtungen. Ferienheime großer Gesellschaften sorgten für scheinbare soziale Gerechtigkeit. Und doch war die Unterscheidbarkeit in ein saturiertes Oben und in ein ärmliches Unten genau vorgegeben, war so gut wie nichts mehr von der bierseligen Brüderlichkeit festzustellen, wie sie im Andechser Klosterkeller die Menschen – ob Wallfahrer oder durstige Touristen – zu einer behaglichen Gemeinschaft vereint. Es überraschte mich nicht mehr, daß die alte Sühnekirche in Deggendorf, die schon im 12. Jahrhundert einer angeblichen Hostienschändung wegen errichtet worden war, nun verschlossen war. Auch in Neukirchen bei Heilig Blut dicht unter der Grenze zur Tschechoslowakei, wo ich mir einen Tag später ansehen wollte, wie das wohl vereinbar sei, daß die fleißigen Heimarbeiter dieser Gegend nicht nur Rosenkränze, sondern auch mohammedanische Gebetsschnüre herstellen, war die Pfarrkirche mit der wundertätigen Madonnenstatue fest verschlossen. Alles Klopfen und Stoßen gegen das hölzerne Portal fruchtete nichts. Ich blieb auf Erzählungen angewiesen. Man soll noch die Wunde sehen, die der hussitische Schwerthieb verursacht hatte. Manche Leute behaupten steif und fest, einigen wenigen frommen und besonders demütigen Pilgern werde gelegentlich auch heute noch die Gnade zuteil, ein paar Blutstropfen zu erkennen, die an den Rändern der hölzernen Wunde zwar nicht mit freiem Aug', wohl aber durch die Kraft des naiven Glaubens erkennbar seien.

Ich habe nichts davon gesehen. Nicht in Deggendorf und auch nicht unter der böhmischen Grenze, wo der Wind mit einem hungrigen Heulton durch die Wälder strich und schon Schnee unter meinen Schritten knirschte, als ich auf den Friedhof hinausging und die leeren Gräber jener hundert Soldaten aus Neukirchen suchte, die 1812 mit Napoleons Armee nach Rußland gezogen und dort erbärmlich zugrunde gegangen waren.

Ich habe nichts gesehen. Ich ging im Kreis, den Blick verstellt für die Sachlichkeit einer funktionellen Architektur, die vor der modernisierten Wallfahrtskirche in St. Hermann zum Beispiel noch aus altbayerischen Totenbrettern, auf denen früher einmal die Verstorbenen ihre letzte Ruhestätte hatten, bevor sie unter die Erde geschaufelt wurden, einen dekorativen Blickfang macht, der wohl davon ablenken soll, daß gleich daneben eine Holzbaracke steht, in der Pfarrabende abgehalten werden und gegebenenfalls auch Musikkapellen aufspielen zur Unterhaltung der Kurgäste, von denen heute ganz Bischofsmais lebt. Und trotzdem war ich am Ende meiner erschöpfenden Reise durch den Bayerischen Wald immer noch voll Hoffnung, obgleich ich geahnt hatte, daß es nichts mehr zu erwarten gab. Ich hatte inzwischen genug gesehen, um zu wissen, daß die allgemeine Verhüttelung auch diese alte europäische Landschaft mit voller Macht erreicht hatte.

Es ist schwierig, in solcher Umgebung und angesichts einer Fülle von modernen architektonischen Beispielen, die alle den besonderen Nachteil haben, ganz einfach nicht in die Landschaft zu passen, noch an die alten Geschichten zu glauben. Ledige Mädchen, Witwen, unverheiratete Frauen suchen sich auf besondere Weise einen Mann: Wie will man sich das heute noch vorstellen können, daß es einmal eine Zeit gegeben hat, in der es durchaus natürlich gewesen ist, daß sich Frauen, auch und gerade fromme und züchtige Frauen, den Mann vom nächstbesten Heiligen gleichsam erbitten mußten? Das waren Bäuerinnen, früh verwitwet und vielleicht beladen mit Sorgen um Hof und Kinder. Das waren Mägde, denen die tägliche Fronarbeit zu schwer wird ohne die unbegreifliche Zärtlichkeit, die der Mensch braucht, um überleben zu können. Und das waren wohl auch genügend Stadtfrauen, die ihre Töchter an den Mann bringen wollten. Und daß alle diese Frauen dazu sogar die schwere Statue des heiligen Hermann – oder Hirmon, wie er hier im Volksmund heißt – in die Höhe heben, um zu sehen, wie er darauf reagiert: stumm, teilnahmslos oder mit leisem Knarren, daraus man sogar ein wohlwollendes Kopfnicken ableiten könnte ... Ist das alles wirklich nur Aberglaube? Und steckt gar kein anderer Sinn dahinter?

Aus welcher Zeit das alles stammt, aus welchen Tiefen der Geschichte das kommt, weiß eigentlich niemand. Wann dieser Aberglaube angefangen hat, in religiöses Brauchtum umzuschlagen, den Ausdruck katholischer Frömmigkeit anzunehmen, kann man allerdings ungefähr rekonstruieren. Nur sein Ende ist genau datierbar. Es fällt mit der touristischen Erschließung des Bayerischen Waldes zusammen, die in den Sechzigerjahren dieses Jahrhunderts begann.

Unterhalb eines eigenartig geformten Felsens, der den bezeichnenden Namen »Teufelstisch« trägt und eine Art Kennzeichen ist für die Landschaft, die hier beinahe schon alpin anmutet, in einer Höhe von annähernd siebenhundert Metern entwickelte sich anfangs des 14. Jahrhunderts eine kleine Pfarrei namens Bischofsmais, damals ins Leben gerufen von den Passauer Bischöfen. Der Bayerische Wald, übergangslos einmündend in den düsteren Böhmerwald, war in jener Zeit selbstverständlich noch eine urtümliche Wildnis, durch die ein einziger uralter Pfad führte, über den die Völker schritten, aus der Geschichte auftauchend und darin wieder verschwindend wie im Nebel, der aus dem Flachland aufsteigt. Die Bischöfe von Passau, durch deren Gebiet dieser Wanderweg der Völker in direkter Nord-Süd-Richtung verlief, hatten freilich schon im 11. Jahrhundert dafür gesorgt, daß alles, was auf diesen einsamen Pfaden geschah, sozusagen nicht unbeaufsichtigt blieb. Der Wald wurde gerodet, mitten im finsteren Urwald, durch den sich der Saumweg schlängelte, entstanden bewohnbare Lichtungen, Häuser, eigentlich noch Holzhütten, und eine erste kleine Kirche, natürlich gleichfalls aus Holz, das es hier ja im Überfluß gab und gibt. Das alles brachte etwas Leben in die Wildnis. Im Jahre 1322 ließ sich dann ein frommer Laienbruder namens Hermann, der aus dem reichen Kloster Niederaltaich unten an der Donau gekommen war, in dieser unzugänglichen Waldeinsamkeit unterhalb des Teufelstisches nieder. Er scheint ein außergewöhnlicher Mann gewesen zu sein, tüchtig, zähe, prophetisch begabt, wahrscheinlich ungewöhnlich intelligent und der Natur auf eine Weise verbunden, daß er aus dem Flug der Wolken und Vögel, aus der Form des aufsteigenden oder vom Wind niedergedrückten Rauches und aus vielen anderen Kleinigkeiten nicht nur das Wetter, das in bäuerlicher Landschaft immer schicksalhaft ist, sondern auch das Schicksal der Menschen vorhersagen konnte. Jedenfalls blieb dieser Bruder Hermann in der Erinnerung der Waldleute haften. Im 17. Jahrhundert errichteten die Bauern von Bischofsmais über der Stelle, wo er gebetet hatte, eine hölzerne Kirche und nannten die Talsenke fortan St. Hermann. Daneben entstand bald darauf eine sogenannte Brunnenkapelle, ebenfalls zur Gänze aus Holz gebaut, die über einer altbekannten und einstmals vielbenützten Heilquelle steht und bald das Ziel vieler Pilger wurde. Diesen Pilgern zuliebe baute man dann noch die eigentliche Wallfahrtskirche von St. Hermann, die 1656 eingeweiht wurde.

Das Zentrum aller Wallfahrt war die berühmte Holzfigur des Hirmon, also des heiligen Hermann. Es ist eine einfache, erdverbundene Gestalt, bei der schon einige Kraftanstrengung notwendig ist, um sie in die Höhe stemmen zu können. Und doch haben jahrhundertelang heiratslustige Mädchen und Frauen es immer wieder versucht, natürlich nach Möglichkeit ganz im geheimen, wie überzeugend versichert wird, aber doch so laut keuchend und so sichtbar schwitzend, wie gleichfalls alle Berichterstatter übereinstimmend erzählen, daß man hinterher, wenn die Frauen die Wallfahrtskirche wieder verlassen hatten, den Anlaß ihres frommen Tuns genau durchschaute. Es war eine Welt, in der man mit stiller Einkehr und demütigem Gebet allein nicht sonderlich viel ausrichtete.

Dabei hat man tatsächlich bis heute keine vernünftige Erklärung für die Anfänge dieses »Hirmonhebens« oder »Hirmonhopsens« gefunden. Es ist möglich, daß slawisches Brauchtum in abgewandelter Form hier überlebt hat. Jedenfalls muß das alles aus einer Zeit stammen, in der die Menschen in ihrem tiefverwurzelten Aberglauben noch schwankten zwischen den Möglichkeiten der neuen Christenlehre und den alten geheimnisvollen Bräuchen heidnischer Ahnen, wobei man nicht übersehen sollte, daß manche dieser Bräuche in fernen Jahrtausenden und fremden Kulturbereichen verwurzelt waren. Es gibt nämlich im Grunde keinen Beweis dafür, daß die Wallfahrt in die Talsenke unterhalb des Teufelstisches erst in christlicher Zeit entstanden ist. Es existiert lediglich eine Brücke in jenes andere, dunklere Zeitalter hinüber, als noch Götter und Dämonen die Menschen bedrängten: Die fromme katholische Hermannwallfahrt hat Jahrhunderte zuvor einen Vorläufer gehabt, den der Volksmund beharrlich »Guntheri-Hopsen« genannt hatte. Und das wiederum verweist auf eine Zeitenwende, die für den Bayerischen Wald von besonderer Bedeutung gewesen ist.

Einer der frühesten und originellsten Apostel dieses Waldes war nämlich ein gewisser Gunther, der sich, wie das in solchen Geschichten üblich ist, von einem sündhaften Menschen in einen heiligen Gunther verwandelte und der als Missionar in doppelter Hinsicht wirksam war: einmal um einen Pfad ins Dickicht des Waldes zu schlagen und dann als Wegbereiter für die katholische Botschaft in die Herzen der Menschen. Er trat also gleichsam als eine Art Planifikateur der Seelen und der Landschaft auf! Das war anfangs des 11. Jahrhunderts, als die Passauer Bischöfe das wilde und weitgehend unerforschte Land nördlich der Donau endgültig in ihren Besitz gebracht hatten. Erste bescheidene Ansiedlungen waren im Entstehen begriffen, und neben den sonderbaren Gebräuchen aus einer heidnischen Vorzeit wurden jetzt auch erstmals katholische Formen des Glaubens sichtbar gemacht.

Es kann manchmal recht schwierig sein, sich an den einzelnen Stationen einer halbvergessenen, halbverschütteten Kirchen- und Wallfahrtsbiographie zurückzutasten bis an die Anfänge eines Kultes, einer frommen Übung. Jener Gunther zum Beispiel, zuerst so etwas wie ein sinnenfroher Heide, der in seinen jungen Jahren das Leben freudig genoß und erst durch einen Abt aus Niederaltaich zu einer nachdenklicheren und nützlicheren Existenz bekehrt wurde, nahm als Buße für sein unfrommes Leben das Kreuz des Glaubens auf sich und ging freiwillig in die Wildnis. Realistische Erklärungen dafür gibt es keine, oder höchstens die, daß es immer wieder diese radikale Umkehr eines Lebens gibt, dieses Umstülpen einer Haut, so daß jetzt alle vorteilhaften Charaktereigenschaften nach außen gewendet sind. Das muß nicht unbedingt mit Wunder oder Erleuchtung zusammenhängen, sondern kann auch ein Ausdruck des Ekels vor der Welt sein, ein Erschrecken vor der eigenen Billigkeit, mit der man sein Leben verschleudert. Ganze Kulturlandschaften des Mittelmeerraumes und nicht zuletzt die Mönchsbewegung des frühen Mittelalters sind unter anderem auch auf diese Weise entstanden. Im übrigen wissen wir nur wenig über das Leben Gunthers, so etwa, daß er im unbesiedelten Gebiet zwischen der Donau und den böhmischen Wäldern beträchtliche Rodungen durchführte und am Beginn des langen Weges durch den Wald in einer Talsenke ein erstes Christuskreuz in den Boden rammte. Das geschah an einer ganz bestimmten Stelle, die aus zwei Gründen wichtig war: erstens schoß eine starkfließende Quelle aus dem Erdreich, und zweitens befand sich dieser Platz genau unterhalb des Teufelstisches. Diese Kreuzesaufstellung war also auch ein symbolischer Akt und sollte einige Jahrhunderte später Folgen haben.

Hermann, der fromme Laienbruder aus Niederaltaich, betrachtete nämlich auf seiner schwierigen Wanderschaft in die Einsamkeit dieses aus dem Erdboden ragende Kreuz als ein Zeichen Gottes. Er errichtete an dieser Stelle seine erste Einsiedelei. Die reine und ergiebige Quelle mag dabei ein nützlicher Nebeneffekt gewesen sein. Auch war seit den Zeiten des Gunther, also seit dem Anfang des 11. Jahrhunderts, im Zusammenhang mit dieser Quelle manches Gerücht im Umlauf, gab es Geschichten, die erstaunlich waren, gab es immer wieder Zuzug von Fuhrleuten, Wanderern, Waldleuten. Was also war naheliegender als die Okkupation eines solchen Platzes durch die katholische Kirche, vertreten durch einen Einsiedler, der bald einen heiligmäßigen Ruf besaß?

Am Anfang aller Wallfahrt scheint demnach nicht die himmlischee Heiratsvermittlung gestanden zu haben, sondern diese Quelle in der Talsenke zwischen Bischofsmais und dem Teufelstisch, die zuerst dem heiligen Gunther und dann dem Eremiten Hermann buchstäblich ins Aug' geflossen sein muß. Anscheinend hat der populäre Brauch des »Hirmonhopsens« die ursprüngliche Bedeutung dieses Wallfahrtsplatzes überdeckt. Aber in allen alten Aufzeichnungen und auch in der Überlieferung des Volkes, das früher einmal hartnäckig darauf bedacht war, seine wahre Herkunft nicht zu vergessen, wurde dieses Wasser dementsprechend als eine Art Wunderquelle bezeichnet, die sichtbares Elend und auch unsichtbare Krankheit zu heilen imstande wäre.

Es stellt sich nun natürlich die Frage, ob über den Umweg dieser Wunderquelle nicht das heidnische Brauchtum einer gleichsam überirdischen Heiratsvermittlung in das wilde Waldland geflossen ist, dessen Bewohner sich ja lange Zeit einen Aberglauben bewahrt haben, der von Himmelszeichen genauso abhängig ist wie von besonderen Träumen oder der festen Überzeugung, daß manch ein Geschöpf Gottes die Begabung des zweiten Gesichtes besitzt, also in die rätselhafte Zukunft blicken kann. War also zuerst die Quelle der Anlaß des frommen Andranges? Oder entdeckte man die Nützlichkeit des Wassers erst beiläufig, erst später, nachdem die ersten Heiratswünsche in Erfüllung gegangen waren? Und verrät der volkstümliche Name »Hirmonskirwa« nicht östliche Einflüsse? Obgleich man dem sogleich entgegenhalten müßte, daß der erste Name, der hier von Bedeutung war, der des heiligen Gunther gewesen ist.

Es gibt viel Rätselhaftes und Ungelöstes rund um diese Talsenke mit ihren drei Holzkirchen. Mit Andechs zum Beispiel, dessen Berg den Bayern auch aus patriotischen Gründen wichtig oder sogar heilig ist, und mit einem der anderen hundertsechzig Wallfahrtsorte, die es in dieser katholischen Provinz gibt, läßt sich das alles nur schwer vergleichen. Bischofsmais, St. Hermann war und ist anders, mythischer, geschichtlicher, schwieriger zu erklären und nicht immer nur durch katholische Motivation begreifbar. Ein wüstes Land brauchte, damit es urbar und bewohnbar gemacht werden konnte, mitunter auch wüste Kraft und wilden Mut. Frömmigkeit allein wird nicht immer ausgereicht haben. Und so erscheint es nur natürlich, daß hier ein Geschlecht heranwuchs, das sich aller Möglichkeiten bediente – auch heidnischer, rätselhafter und fremdartiger –, um zu überleben.

Altötting

Es lag eine Fiebrigkeit in der kühlen Oktoberluft, die nur schwer zu erklären war und vielleicht mit mir selber, mit der Unruhe in mir, zu tun hatte, eine fröstelnde Fiebrigkeit, die den Nebel über den herbstlich abgeernteten und fast schon farblosen Niederungen vertrieb oder eigentlich auf eine Weise durcheinander wirbelte, in Bewegung versetzte, Löcher aufriß und so lange wirksam blieb, bis zerschlissene, zerfetzte Nebelfahnen in die entlaubten Kronen der Baumreihen einfielen. Es war eine Fiebrigkeit, die sogar die Sonne, die kalt und teilnahmslos im Osten, also irgendwo in Österreich hinter der trübflüssigen Salzach mit ihren verwachsenen Uferböschungen aus der Dämmerung aufgetaucht war, jetzt plötzlich zum Glänzen brachte. Allerheiligen, Allerseelen stand vor der Tür, auf den Friedhöfen türmten sich schon die unvermeidlichen Chrysanthemen und kunstvoll geflochtenen Kränze, flackerten die Kerzen. Alle Zufahrtswege in die ostbayerischen Märkte und Städte südlich von Passau und gegenüber von Braunau, das seinen Hitler nicht verleugnen konnte und immer noch, auch in der Allerseelenzeit, einige verrückte Pilger anlockte, waren von Kranzträgern und Frauen mit riesigen Blumengebinden belagert, die den Gräbern entgegeneilten, in denen sie bald selber liegen würden. Die Sonne schien, war mitunter fast südlich, zerteilte hartnäckig den Nebel und kletterte wie ein Feuerstoß, der sich kraftvoll zu entfalten imstande war, über die Hügel nördlich des Chiemsees und des weniger bekannten Waginger Sees. Unter den Waldrändern, an denen man vorbeikommt, wenn man nach Altötting hineinwill, kauerten russische Saatkrähen und schrien mit gesträubtem Gefieder den Treibern und Jägern nach, die sich unverdrossen ins Dickicht schlugen. In Marktl, Burghausen, Tittmoning oder Simbach tauchte mittelalterliches Mauerwerk wie ein Schatten aus dem abziehenden Nebel auf, noch durchnäßt vom nächtlichen Nieselregen, aber schon vom ersten Schimmer der höhersteigenden Sonne bedeckt. Und hinter dem bewaldeten Höcker des Schellenberges – auch hier Treiber und Jäger wie Verschwörer, denen noch der Schlaf in den Augen nistet, auch hier die mattschimmernden Flintenläufe und die welken, vom Biersaufen und nächtelangen Diskutieren verquollenen Gesichter zwischen den hochstämmigen Bäumen –, hinter der satten und kraftvollen Bauernlandschaft westlich der Salzach endlich eine erste Ahnung davon, daß Bayerns berühmtestes und meistbesuchtes Wallfahrtsziel Altötting bald am Horizont auftauchen würde, bald mit den Doppeltürmen seiner altehrwürdigen Stiftskirche, die im ganzen Land bekannt ist, eine Art Heimkehr in einen Glauben signalisieren würde, vor dem sich mancher fürchtet, den mancher erhofft und den mancher nicht versteht.

Ich war an diesem Oktobermorgen, der mit Nebel, Nieselregen und schrecklichem Krähengeschrei begonnen hatte, von Passau aus südwärts gefahren und kam nun wie ein Heimkehrer, der noch nicht weiß, wohin er heimkehren wird, auf dem großen, weitläufigen Altöttinger Kapellplatz an, ein Heimkehrer oder auch nur ein Flüchtling, begleitet und betroffen von den Blicken der Kirchhofgänger, die mir unter ihren schweren Blumengebinden und Kränzen, mit denen sie auf die allmählich sich füllenden Friedhöfe eilten, verwunderte Blicke nachgeworfen hatten, als ich an ihnen vorbeifuhr, schnell, ungeduldig, hoffnungslos unter diesem ungewissen Oktoberhimmel, seit Tagen schon in Deutschland unterwegs, im Rheinländischen und Fränkischen, in Gegenden, die mir fremd waren und unheimlich blieben auf eine einschüchternde Weise, tagelang unterwegs ohne diese mittelmeerländische oder zumindest südösterreichische, slowenisch-katholische oder friaulanische Sonne, nach der ich beinahe süchtig zu werden begann in diesen düsteren Tagen. Aber jetzt plötzlich, auf dem Kapellplatz in Altötting und bevor ich noch genau begriffen hatte, was auf mich zukommen würde, hatte die bayerische Sonne den Himmel erobert. Und ihr Schein, dieser eigenartige Abglanz einer Fiebrigkeit, die den Himmel beschäftigte und veränderte, fiel hier auf Farben, auf Vierecke, Flächen, Figuren, auf Dinge mit starken Konturen und auf farbenfrohe Bilder, die mir vom Außengemäuer der Wallfahrtskapelle entgegenleuchteten. Es waren die berühmten Votivtafeln an der Umfassungsmauer der Altöttinger Gnadenkapelle. Die Sonne hob kräftig und warmherzig alles an Farben und Inhalten hervor, was an der östlichen, südöstlichen und ihr also zugewandten Fassade angebracht war. Und genau das war der Augenblick, daß ich wieder einmal verunsichert darüber nachzudenken begann, wie ich mir endlich selber erklären könnte, was mich schon so lange und so irritierend beschäftigt: die Frage des Glaubens, des Glaubenkönnens, der Glaubwürdigkeit des Glaubens und wie man aller Scharlatanerie entgeht, die aus dem Glauben ein Gewerbe macht, und auch die beängstigende Frage der Barrieren, die zwischen dem Glauben und einer glaubenslosen Ratlosigkeit bestehen. Ich sah die Kapelle, die Bilder an und begann zu glauben, wie vor mir schon Millionen geglaubt hatten. Ich schloß die Augen und ergab mich dem Geheimnis des Glaubens.

Jeder, der Altötting kennt, weiß ja auch, daß die Innenwände der Umfassungsmauer dieses uralten Oktogons und natürlich auch die Innenwände der Gnaden- und Wallfahrtskapelle selbst mit unzähligen Votivtafeln geschmückt sind. Es ist die schlichte Sprache des Volkes, naiv, tiefgläubig und ausdrucksstark, es sind Tausende solcher Tafeln, die wie ein farbiges Schuppenkleid das Gemäuer schützen und zugleich auf eine rührende und manchmal beängstigend realistische Weise vom Leben erzählen, wie es sich dem einzelnen darbietet mit seiner schwer zu bewältigenden Fülle an Furcht, Erbarmen und nie verlöschender Hoffnung. Immer spielt der Tod, spielt die Frage der Krankheiten und der Bewältigung des Schmerzes eine entscheidende Rolle in den Erzählungen auf diesen Bildtafeln, immer keimt Hoffnung auf, daß eine schützende Hand sich über das gefährdete Leben stülpe, über ein Leben, das man leichtsinnig liebt, unterbrochen von gelegentlicher Demut und versehen mit vielen läßlichen Sünden, das man heiß und inbrünstig liebt, bereit zu jedem Tauschhandel, damit einem geholfen werde aus Bedrängnis und scheinbar unabwendbarem Elend. Und immer gibt es da auch eine schmale Grenzlinie zwischen kühl kalkulierendem Aberglauben und tiefempfundener Religiosität, ein leises, mitunter kaum wahrnehmbares Schwanken zwischen den beiden Möglichkeiten, sich die Hilfe der Muttergottes scheinheilig zu erkaufen oder in aller gebotenen Demut zu erbitten.

Hier blieb ich anfangs, blieb lange Zeit, hoffte auf Wahrheit und Begreifen dessen, was den wahren Grund aller Wallfahrt ausmacht, hier an der Umfassungsmauer und unter dem niedrig gewölbten Steinhimmel, auch er bedeckt von Votivtafeln und Gedenkstücken, ein farbiger Bilderbogen aus dem

Leben des einfachen Volkes, was sich vielleicht unzeitgemäß anhört und doch auf eine unmißverständliche Art dem Charakter dieser Sammlung entspricht. Denn hier wird über so gut wie alle Möglichkeiten, dem Schicksal in eine der vielen heimtückischen Fallen zu laufen, gleichsam dramatisch Bericht erstattet: Errettung aus Todesnot, Erfüllung geheimster Sehnsüchte, Hoffnung auf Leben. Immer schon boten die Menschen, die nach Altötting pilgerten und diese Tafeln der Gnadenmutter weihten – Tafeln, angefertigt von naiven Malern, also tatsächlich noch ursprüngliche Kunst aus der Hand des Volkes –, immer schon boten sie einen kleinen Tauschhandel an, warfen sie ihre eigene unsterbliche Seele bereitwillig auf die Waagschale, opferten Irrationales für die Hoffnung auf recht realistischen Zugewinn. Und ich wage sogar die Behauptung, daß man das bayerische Volk nirgends besser verstehen und seine verborgenen Wünsche nirgends genauer ausrechnen kann als in einer solchen Galerie frommer Bildtafeln, auf denen unzählige Biographien und Schicksale in epigrammatischer Kürze abgebildet sind. Die unstillbare Sehnsucht nach Gesundheit und Frieden und natürlich auch die Hoffnung auf Liebe stehen dabei an erster Stelle, wobei nicht immer ganz eindeutig zu erkennen ist, ob Gesundheit und Frieden auch etwas mit der Seele zu tun haben müssen, also diesen metaphysischen Aspekt besitzen, um den es im Inneren der Gnadenkapelle und fast aller anderen Wallfahrtsplätze der katholischen Welt eigentlich geht. Aber wem die unsichtbare Hand der Muttergottes den wild gewordenen Stier vom Leib oder den schon entflammten roten Hahn vom Wohnhaus hält oder wer sich ein Wunder erhofft, das eine langwierige und hoffnungslose Krankheit vertreibt, dem sind intellektuelle oder eigentlich spirituelle Überlegungen zunächst einmal fremd und gleichgültig. Und nicht immer schlägt auf diesen Bildlegenden, die im Grunde nichts anderes sind als eine unaufhörliche Biographie des Volkes, geschrieben und dargestellt über viele Jahrhunderte hinweg, dieser demütige Tonfall durch, den ich auf einer schlichten Tafel aus dem Kriegsjahr 1944 fand, auf der ein Elternpaar für das Leben seines Sohnes bittet und dann, mit den letzten Versen, für den Fall des Unabwendbaren von der Muttergottes die Kraft zur Beherrschung des seelischen Schmerzes erfleht.

Mich hat diese eine Tafel tief getroffen und nachdenklich gemacht. Die immerwährende Angst vor dem Elend der Gefühle, hier durch das vorstellbare Sterben des einzigen Kindes an einer Kriegsfront verdeutlicht, prägt die Menschen und macht sie, wenn sie zu lieben fähig sind, zugleich auch schutzlos gegen jede Art der Verwundung. Schutzlos bis auf diese imaginäre Hoffnung einer Hilfe, die nicht von einer menschlichen Behörde, nicht aus salbungsvollem menschlichen Trost, sondern von einer sozusagen überirdischen Institution kommt: Muttergottes, hilf uns, den Schmerz, wenn er uns überfällt, zu ertragen! Wer hätte nicht manchmal – und berste sein agnostischer oder atheistischer Kopf unter der Fülle diesseitiger Intelligenz – schon ähnliche Gedanken gehabt in einem Augenblick der Verzagtheit oder der scheinbaren Ausweglosigkeit?

Nun wird man sich natürlich fragen, was diese Selbstverständlichkeit des Glaubens, diese blinde Vertrauensseligkeit oder auch diese latente Bereitschaft der Menschen zum Tauschhandel mit ihrer eigenen Seele – den sie zumeist in aller Unschuld betreiben – tatsächlich verursacht hat. Denn der bloße Glaube, das abstrakte Gefühl allein machen es ja kaum aus, daß alljährlich Hunderttausende in einen bayerischen Marktflecken kommen, in eine Kleinstadt von gediegener Saturiertheit der architektonischen und sozialen Verhältnisse, um hier eine entscheidende Veränderung oder Bereicherung ihres Lebens zu erfahren oder um Dank abzustatten für etwas, das sie im Bewußtsein der Existenz einer gnadenreichen Muttergottes erbeten haben. Altötting existiert zwar seit rund anderthalb Jahrtausenden und hat im Verlauf seiner Geschichte eine gewisse Bedeutung besessen für den lokalen und einige Male sogar für den regionalen Umkreis. Es ist eine hübsche, solide bayerische Stadt mit interessanten öffentlichen Bauwerken und behäbigen Bürgerhäusern, mit adrett gefärbelten Fassaden und saubergefegten Straßen. Aber das alles verursacht in keinem Augenblick der Geschichte diesen frommen Schauer, unbeschreibbar und verwirrend, den die Religion in ihren subtilsten Äußerungen erzeugen kann. Schließlich könnte man ja auch auf freiem Feld und unter einem offenen Himmel, durch den schwarze Krähen, pfeilschnelle Schwalben oder die letzten südwärts flüchtenden Störche fliegen, sich selber als einen Beweis für die Gnade

Gottes aufstellen und versuchen, so etwas wie Dank abzustatten für jeden vernünftigen Atemzug. Warum Altötting? Und warum diese Gnadenkapelle, die nichts weiter ist – architektonisch betrachtet – als ein mittelalterliches Oktogon, also ein turmähnlicher Achteckbau, und ein eher kümmerlich geratenes sogenanntes Landhaus, das erst im Verlauf der Jahrhunderte seine Farbigkeit und seine historische Patina ansetzte?

Warum also? Die Antwort darauf ist vielschichtig und einfach zugleich.

Es begann mit einer kleinen, nicht viel mehr als sechzig Zentimeter hohen Statue aus Lindenholz, die eine sitzende Muttergottes darstellt, wie sie Jesus auf dem Arm hält. Es ist die übliche Darstellung einer sattsam bekannten Geschichte. Das war irgendwann kurz nach dem Jahre 1300, daß diese Statue in Altötting auftauchte, wahrscheinlich ein Import aus Frankreich, wo sie ein unbekannter Holzbildhauer geschnitzt und ein unbekannter Priester dann nach Bayern gebracht hatte, ein künstlerisch verhältnismäßig wertloses Stück, vielleicht beseelt von der Kraft des einfachen Menschen, der es geformt hatte, vielleicht aus einer Laune heraus entstanden oder auch eine Auftragsarbeit, die man im französischen Citeaux einem bayerischen Zisterzienser in die Hand drückte, bevor er ostwärts davonritt. Niemand weiß heute Genaues darüber. Nur, irgendwann schmückte dieses zurechtgehauene und geschnitzte Stück Lindenholz den Altar einer Taufkapelle im bayerischen Alten-Oeting, deren Grundmauern noch aus karolingischer Zeit stammten und die, was ihre religiöse und politische Bedeutung betraf, stets im Schatten der mächtigen Stiftskirche stand, was auch topographisch zutrifft, denn es sind nur ein paar Schritte zwischen dem großen Gotteshaus und der bescheidenen Wallfahrtskapelle. Die Fundamente dieser Stiftskirche waren unter König Karlmann entstanden und allmählich gewachsen. König Karlmann, der seit 876 oftmals von Alten-Oeting aus Bayern regierte und von seinen einundzwanzig bayerischen Urkunden immerhin dreizehn unter dem Namen der alten Öttinger Pfalz datierte, liegt auch in der von ihm begründeten Stiftskirche begraben. Aus den Fundamenten erhob sich später, als unter Arnulf von Kärnten auch der Südosten der karolingischen Mark christianisiert wurde, eine der bedeutendsten Kirchen des bayerischen Mittelalters. Aber weder in der uralten Stiftskirche, die heute die Pilgerschar aufnimmt, wenn in der Gnadenkapelle die Menge bis auf den Vorplatz hinaus ansteht, noch im kleinen Oktogon davor geschah Unglaubliches oder Bewundernswertes. An Anbetung, Verehrung und Wallfahrt dachte jedenfalls niemand, und noch um das Jahr 1322, als wieder einmal ein wichtiger bayerischer Potentat einen wichtigen österreichischen Potentaten glücklich besiegt hatte – Ludwig der Bayer gegen Friedrich den Schönen, so hieß die feindselige Paarung –, ging man in das benachbarte Neuötting, wo man in der Kirche, die dem heiligen Nikolaus von Myra geweiht war, seinen Dank abstattete für den glorreichen Sieg.

Am Anfang also war nur eine gewöhnliche Lindenholzmadonna aus der Hand eines unbekannten französischen Holzschneiders. Dann, gleichsam über Nacht, auch wenn das Fabelhafte und Mirakulöse einige Zeit brauchte, bis es aus den Niederungen des einfachen gottesfürchtigen Volkes emporstieg zur geistlichen und weltlichen Obrigkeit jener Zeit, dann freilich ereignete sich Staunenswertes. Es muß im Jahre 1489 gewesen sein, daß die Geschichte anfing, zuerst im Gedächtnis der Menschen und schließlich in den Aufzeichnungen der Chronisten haften zu bleiben. Ein dreijähriges Knäblein, dumm und zutraulich gegenüber der feindseligen Natur, fällt beim Spielen in den Mörnbach, der in der Gegend von Altötting dem Inn zustrebt, fällt ins Wasser, treibt viele Minuten lang mit den rasch schäumenden Wellen, hebt einige Male noch den kleinen Kopf, schreit wohl auch um Hilfe, was niemand hört, und ertrinkt schließlich. Den Leichnam bergen irgendwelche Männer, die für eine Rettung zu spät gekommen sind. Die Mutter, begleitet von mitfühlenden oder auch nur neugierigen Frauen aus der Nachbarschaft, reißt den Leichnam, den man ihr bedrückt ins Haus gebracht hat, mit einer verzweifelten Gebärde an sich, eilt hinüber in die Kapelle, die ihr am nächsten steht, legt das tote Kind auf die Stufen zum Altar und beginnt zu beten. Sie muß wie im Fieber gewesen sein, unfähig zu kühler Überlegung, gezüchtigt vom Schmerz, der sich in ihr ausbreitete und über sie zusammenschlug wie Feuer, das alles verzehrt. Was sie betete, weiß man nicht. Wie sie betete, hat sich nicht überliefert. Nur wen sie anflehte, tränenlos oder mit nassem Gesicht, stockend oder schreiend, völlig entblößt von jeder Vernunft, wie sie ihren Sohn tot vor sich sah, nur wen sie anflehte in diesen schrecklichen

Augenblicken, das wußte man später ganz genau. Es gab ja Zeugen. Viele Zeugen sogar. Frauen, darunter viele Mütter. Männer, die den Leichnam gebracht hatten. Und die unvermeidlichen Gaffer. Und alle sehen, hören, wie die entsetzte Mutter auf das leblose Stück Lindenholz einredet, auf die kleine Madonna aus Frankreich, die das Jesuskind im Arm hält und deren hölzerne Haut damals noch nicht geschwärzt war wie heute, nach einem halben Jahrtausend rußender Kerzen und den Atemstößen von Millionen Pilgern.

Und alle sehen, hören es ... ja, es gibt zu viele Zeugen für das Unglaubliche, das sich jetzt plötzlich ereignet, um von faulem Zauber oder hysterischer Einbildung reden zu können. Das dreijährige Knäblein, nachweislich ertrunken und sichtlich tot seit mindestens einer Stunde, schlägt die Augen auf. Und bewegt zuerst die Hände und dann auch die Füße, blickt überrascht um sich, beginnt wahrscheinlich zu weinen, wie es sich da noch im Nachhall des schweren Schocks zu Füßen eines Altars in einer dunklen Kirche wiederfindet, angestarrt von Dutzenden Augenpaaren, die sich nun überrascht oder freudig weiten, während schon die ersten schrillen Schreie der Mutter das aufkommende Gemurmel übertönen. Die Mutter rafft sich auf, wirft einen benommenen, ungläubigen Blick auf die Madonna, stürzt sich über das atmende, plärrende Kind, erstickt es fast unter ihren Küssen und denkt im Augenblick noch nicht daran, nach der Ursache dieser erstaunlichen Wiederbelebung zu forschen, sich vielleicht Gedanken zu machen darüber, daß manchmal ein großer Schock alles Leben in einem Körper vorübergehend lähmen kann. Für sie – und für alle, die Augenzeugen sind – gibt es keinen Zweifel: Die Madonna aus französischem Lindenholz, zu deren Füßen sich die verstörte Mutter eher zufällig hingeflüchtet hatte in ihrer grenzenlosen Not, diese Mutter Gottes, diese heilige Mutter und Vertraute aller Mütter und Frauen, sie hat geholfen! Die Menge in der Kapelle, die sich rasch vermehrt, ist wie von Sinnen. Ein Wunder, ein Wunder, und während das Knäblein endlich und freilich noch mit unsicheren Schritten durch das Innere der Kapelle taumelt, während die Mutter sich nicht beruhigen kann und abwechselnd auf das leblose Antlitz der Statue und auf das lebendige und schon wieder rosige Gesicht ihres Kindes blickt, verbreitet sich die Geschichte wie ein Lauffeuer, zuerst durch die Stadt, dann über Alten-Oeting hinaus ins umliegende Land: Ein Wunder, ein Wunder ist geschehen!

Das ereignete sich also, wie man heute mit einiger Sicherheit annehmen darf, um das Jahr 1489. Im gleichen Jahr noch fällt ein sechsjähriger Bauernsohn vom vollaufbeladenen Wagen, der von der Feldarbeit heimwärts fährt – es war Hafer geladen, versichern die Chronisten –, und gerät unter die rollenden Räder. Mit lebensgefährlichen Quetschungen und tief bewußtlos, flach der Atem und die Augen geschlossen, indes das kindliche Gesicht blutverschmiert und schon völlig entstellt ist durch die Nähe des Todes, beginnt man im Namen der Gnadenmutter zu beten und bringt den Bauernbuben in die Kapelle. Und wieder geschieht das Unglaubliche und jetzt schon ungläubig Erhoffte: der Bauernbub ist am nächsten Tag gesund!

Heutzutage kann es manchmal schwierig sein, bis dicht unter das eingedunkelte, von Alter und Kerzenruß geschwärzte Gnadenbild zu gelangen. Immer werden feierliche Messen gelesen, drängen sich die Menschen auch an gewöhnlichen Werktagen zuhauf in den beiden zimmerähnlichen, kleinen Räumen der Kapelle. Auch hier natürlich das vielfarbene und inhaltsreiche Schuppenkleid der Votivtafeln, das die geschwärzten Wände schmückt und eine Stimmung erzeugt, wie sie in manchen Gotteshäusern östlich der Salzach, östlich des nahen Österreich vorhanden ist, und es soll gar nicht vermessen sein, in diesem Zusammenhang sogar an Tschenstochau zu denken, an die besondere Intimität der kleinen, von Menschen überfüllten Gnadenkapelle mit der weltberühmten Schwarzen Madonna aus Polen. Hier in Altötting bin ich zuletzt oftmals um die Kapelle herumgegangen, beeindruckt von den weitläufigen Proportionen des barocken Kapellplatzes mit dem anschließenden Tillyplatz. Nichts ist dem Zufall überlassen, hier die Fassade des Kapuzinerklosters und das mächtige Portal zur Stiftskirche, dort der prachtvolle Marienbrunnen, der seine barocke Salzburger Herkunft nicht verleugnen kann, und im Hintergrund der Kapelle der »Alt Chorherrenstock«, darin seit 1619 die Stiftskanoniker in vorschriftsmäßiger Frömmigkeit und manchmal auch in peinlicher Dürftigkeit lebten und beteten, und schließlich noch das Rathaus sowie die alte »Hoftaferne«, eines der ältesten Gasthäuser Bayerns und heute ein Hotelrestaurant besonderen

Zuschnitts. Ich bin wie ein Pilger mit ungewöhnlichem Begehren in die Gnadenkapelle gegangen und verlor angesichts der selbstverständlichen Gläubigkeit aller anderen Pilger jede Scheu davor, mir selber mit anfangs skeptischen und dann überraschten Augen ins Herz zu blicken, um endlich zu begreifen, was dort an Unbegreiflichem – Egoismus, Eitelkeit und verhängnisvollem Gleichmut – vorhanden sei. Ich schwankte zwischen der Bewunderung für die kulturhistorische Rarität der hier aufbewahrten aristokratischen Wittelsbacher Herzen, die in kostbaren und sorgfältig gearbeiteten Silberurnen in mehreren Wandschränken direkt gegenüber dem Gnadenaltar aufgestellt sind für ihren Auftritt vor dem Jüngsten Gericht, und einem Gefühl des andachtsvollen Mitleids oder der zärtlichen Zuneigung für das geschwärzte Antlitz der Madonna, deren kleines starres Gesicht unter all dem Gold und Silber ein wenig verloren wirkt, fremd, heimwehkrank und wie aus einer anderen, dürftigeren Welt.

Was hat sich unter diesen schrägen, scheinbar leblosen Augen, über die immer wieder das flackernde Kerzenlicht einen Schimmer wirft, ein geheimnisvolles Glänzen, als ob sie plötzlich lebten und die Pilger, Priester und Neugierigen mit verständnisvollem und zugleich auch ermutigendem Blicke musterten, was also hat sich unter diesen Augen nicht schon alles abgespielt! Mir flog der Kopf unter den Erinnerungen, unter den Bildern, die herabsteigen von den geschwärzten Wänden und den dunkel eingefärbten Votivtafeln und die sich unversehens zu einem unsichtbaren Teppich aus Phantasie, Geschichte und Hoffnung verdichten. Ich suchte mir vorzustellen, wie das wirklich gewesen sein mag – die Kerzen glühen, die Priester murmeln Rituelles, die Menge stöhnt unter der süßen Last des Gebetes und der Hoffnung, die Madonna schwebt als dunkler Widerschein über dem kostbar geschmückten Altar –, wie das ausgesehen haben muß, als etwa im frühen 16. Jahrhundert die fanatischen Anhänger Martin Luthers den »heidnischen Götzendienst an leblosem Lindenholz«, wie sie es nannten, heftig anprangerten, und als dann sogar in der unmittelbaren Nachbarschaft Alten-Oetings, wohin jetzt seit mehr als hundert Jahren die Gläubigen in wachsender Zahl strömten, lutheranische Gemeinden entstanden und katholische Priester erschlagen wurden, bis schließlich eines Nachts Steine gegen die bleigefaßten Scheiben in den

Fenstern der Gnadenkapelle flogen. Ich rätselte darüber nach, während vor mir zwei Messen gleichzeitig gelesen wurden und ein unaufhörliches Kommen und Gehen, Beten und Singen war, wie das Erstaunliche sachlich zu beschreiben wäre, das sich im Jänner des Jahres 1570 hier in Altötting ereignete, als der später heiliggesprochene Jesuit Peter Canisius eine Teufelsaustreibung an einer siebzehnjährigen Kammerzofe der berühmten Augsburger Familie Fugger vornahm und tatsächlich Schlangen aus dem aufgerissenen Mund des Mädchens krochen, wovon heute noch eine Votivtafel an der Außenmauer erzählt. Es gab Augenzeugen, die das Fürchterliche dieser Austreibung miterlebt und später beschworen haben, die dicken schwarzen Schlangen über den Fußboden davonkriechen gesehen zu haben. Und die den Gestank genau beschrieben, der aus dem stöhnenden Mund des Kammerfräuleins aufgestiegen war. Ich blickte über die Köpfe der Pilger hinweg und sah den gefürchteten Marschall Tilly ein kummervolles Militärleben lang gegen protestantische Armeen anrücken. Was mag im Herzen dieses routinierten Kriegsmannes – es wird gleichfalls in der Gnadenkapelle aufbewahrt – tatsächlich vorgegangen sein, daß er, der vielbeschäftigte Soldat, mehrmals in seinem Leben die zeitraubende Wallfahrt zur Madonna von Altötting auf sich nahm, überdies eine tägliche Messe stiftete – die heute noch gelesen wird – und manchmal halbe Tage lang auf seinen Knien vor dem Gnadenaltar zubrachte, während draußen in der Welt der Dreißigjährige Krieg tobte? Und hat Napoleon Bonaparte, als er im Oktober 1805 in Altötting übernachtete, die kostbarsten Besitztümer aus dem Kapitelschatz auf ihren Goldgehalt überprüfen ließ und gleichgültige Bemerkungen über das Elend des Krieges machte, hat er nicht vielleicht doch einen winzigen Augenblick lang daran gedacht, daß die berühmte Statue wahrscheinlich aus Frankreich stammt? Und hat er dann nicht einen Atemzug lang gezögert, hineinzugehen in das kleine Oktogon und eine Sekunde der Nachdenklichkeit zu opfern? Aber er raste weiter, damals noch siegreich und unaufhaltsam im Aufstieg über den Kontinent, den er zerstörte, und setzte nicht einmal den Fuß auf die Schwelle zur Wallfahrtskirche. Und wie ist das Geheimnis zu erklären, das aus einem gewissen Johannes Evangelist Birndorfer – einem bayerischen Bauernbuben, der im vergangenen Jahrhundert in verzweifelter Armut aufwuchs, bis er bei den Kapuzinern von Altötting für mehr als vierzig Jahre den Klosterpförtner machte – einen volkstümlichen Heiligen werden ließ, so daß sich jetzt neben und mit der Gnadenkapelle ein zweites Wallfahrtszentrum entwickelt hat? Unweit der Klosterpforte, die Bruder Konrad, wie er sich nannte, so lange gehütet hatte, unweit auch der Klosterzelle, in der er am 21. April 1894 starb, gibt es einen Brunnen mit gewöhnlichem Leitungswasser. Aber der fromme Wille der Menschen und vielleicht wohl auch ein wenig die Reliquie, die dort verewigt ist, hat inzwischen schon kleine Wunder oder doch die Hoffnung darauf ermöglicht.

Ist das alles nur Einbildung und theatralische Magie? Und wirklich nur Täuschung und Gaukelei? Und mit einem Achselzucken abzutun? So viele Gesichter und Ereignisse, soviel Schreckliches und einiges Wunderbare, so viele Menschen und Gebete und manchmal wohl auch ein verzweifelter Fluch flogen an der kleinen schwarzen Madonna vorbei. Gab es Wunder? Und gibt es sie noch? Das Geläut der Stiftskirche tropfte über die Dächer der Stadt. Auf dem Kapellplatz beratschlagte sich eine Reisegruppe unter der Führung eines jungen bleichwangigen Priesters, in welche Messe man gehen sollte, wo vorteilhafter und interessanter gepredigt würde. Ein alter bayerischer Bauer führte das Enkelkind, das mit großen Augen die Farbenpracht der Votivtafeln musterte, rasch in die Gnadenkapelle. Ein uralter Priester, schwach schon und hinfällig, schlurfte langsam am Marienbrunnen vorbei. Überfüllte Autobusse rollten in die Stadt. Und in der Stiftskirche wartete das Publikum, das preußisch und österreichisch murmelte, wie vor einer feierlichen Theateraufführung auf den Beginn der Zehn-Uhr-Messe.

Ich aber fuhr an diesem Tag südwärts davon. Die Sonne glänzte am Himmel. Es war ein friedlicher Glanz ohne eine Spur dieser Fiebrigkeit, die mich noch am frühen Morgen so irritiert hatte. Ich war jetzt ruhig und zuversichtlich. Und die schreienden Krähen an den Waldrändern waren plötzlich verschwunden.

5 Vierzehnheiligen

7 Lourdes: Wallfahrtskirche bei Nachtbeleuchtung

◁ 6 Guadalupe: Innenhof mit Kreuzgang

8 Altötting: Votivtafeln an Außenwand

Die Wies

Es war kein unberechenbarer Zufall, sondern es war ganz einfach die Jahreszeit, in der man mit solchen Dingen rechnen mußte: Ende Oktober, Nationalfeiertag der Österreicher, die Straßen überfüllt mit den Personenkraftwagen der Ausflügler und Kurzurlauber, als ein gewaltiger Föhnsturm von Süden herauf kam und mit der Macht seiner eisigen Winde die Natur in eine tiefe Unruhe versetzte. Dieser Sturm blies mit wachsender Wucht über die Alpen, drückte die kalte Luft, die er über der nördlichen Adria aufgenommen hatte, über Süd- und Nordtirol hinweg und rückte die Berge rund um Innsbruck unvermittelt in greifbare Nähe. Er raste über das Karwendelgebirge nach Süddeutschland hinüber, wirbelte über das alte und ehrwürdige Kloster von Ettal hinweg, das mir mit seinen altbayerischen Zwiebeltürmen grün- und messingfarben aus der abendlichen Dämmerung entgegentrat.

Ettal: Das Kloster war schon in der ersten Hälfte des 14. Jahrhunderts entstanden, und zwar durch die Geldverlegenheit eines Kaisers, die diesen bewogen hatte, rasch ein Gelübde zu tun. Und es war an einem Platz entstanden, auf dem ein Pferd dreimal aufgestampft hatte, was wiederum dazu führte, daß einem geheimnisvollen Gnadenbild ein Gotteshaus errichtet wurde, daß in den folgenden Jahrhunderten Wunder hier geschehen konnten und zahllose Wallfahrten stattfanden, bis schließlich daraus eines der reichsten süddeutschen Klöster wurde. Ettal jedenfalls, schon nah bei Oberammergau und berühmt durch sein Klosterbier und mehr noch durch seinen Likör, hat aus der ehemaligen Wildnis zwischen den Bergen etwas gemacht, das mit Recht auch heute noch den altmodischen Namen Pfaffenwinkel oder – wie die Österreicher sagen – »Herrgottswinkel« trägt.

Aber der Föhn war an diesem Oktobertag ein heidnischer Meister, der nichts Frommes oder Katholisches im Sinn hatte. Er stürmte mit wildem Lärm über die Pfarrkirchen, Ausflugsrestaurants, Hotels, Bierbrauereien und Klöster, wehte mich bis nach Oberammergau, wo ich mich vergeblich nach bärtigen Männern umsah, umsonst diese bayerischen Vollbärte suchte, die vom vielfach umstrittenen und zugleich weltberühmten und natürlich auch den Fremdenverkehr kraftvoll belebenden Passionsspiel über das Leben, Leiden und Sterben Christi Zeugnis ablegen sollten. Statt dessen sah ich nur neuzeitliche Architektur, gesichtslos und auf diese glatte Weise funktionell, wie man sie jetzt überall in den Alpenländern bis hinunter in das Trentino antrifft, auch wenn es hier im bayerisch-österreichischen Grenzgebiet noch die farbigen Hausfassaden gibt, die schönen alten Wandmalereien, auf denen abwechslungsreiche Geschichten erzählt werden, derb gezeichnet, kühn koloriert und recht eindrucksvoll in einer Landschaft, die sonst nur noch kunstvoll idyllisch wie auf Ansichtskarten oder wie ein gepflegter Park aussieht, darin man auch mit Stöckelschuhen unterwegs sein kann.

Die Nacht verbrachte ich in einem Oberammergauer Hotel. Es wurde von einem Preußen bewirtschaftet und von preußischer Kundschaft frequentiert. Die Kellnerin, die mir das Bier und ein liebloses Abendessen brachte, war eine Jugoslawin, und der Ober unterhielt sich mit mir bis lange nach Mitternacht in seiner italienischen Muttersprache.

Am nächsten Morgen immer noch Föhn. Sandfarbene Kühe standen in den zartgrünen Wiesen. Die Berge mit ihren berühmten Namen waren immer noch nahe gerückt. Und der Himmel war wie am Vortag auch jetzt wieder mit obskuren Zeichnungen übersät, mit Bildern und Figuren, die eher an Mythos und Aberglauben denken ließen als an katholische Demut und Frömmigkeit. Dabei fuhr ich mitten durch den Pfaffenwinkel, befand ich mich mitten im Zentrum einer katholischen Welt, die mit Kirchtürmen, Klosterfassaden, religiösen Motiven an den Häusern und Bildstöcken gesegnet ist, wo man behagliche Pfarrer, gutmütige Kuratoren vermuten darf, alles Biertrinker und Schnupftabakbenützer, die sich mit großen rotkarierten Schneuztüchern die Sorgen aus dem Gesicht wischen, die ihnen der Fremdenverkehr, das Wetter oder die Politik bereiten.

In Oberammergau sah ich übrigens auch am Morgen keine christlichen Vollbärte aus dem Passionsspiel. Dafür häuften sich jetzt die bemalten Hausfassaden. Daraus hervortretend gewaltige Figuren in gewaltigen Farben. Es waren kräftige Männer und starke Frauen, die von diesen Fresken herunterkamen und, während ich rasch und fast ein wenig ängstlich daran vorbeifuhr, einen wilden älplerischen Tanz im Rückspiegel meines Wagens aufführten.

Um so größer war dann meine Überraschung, um so eindrucksvoller waren die Bilder und Farben, die sich mir zeigten, als ich schon nach verhältnismäßig kurzer Fahrt die Wieskirche erreichte, das Ziel meines Ausflugs in das Bayerische Oberland. Denn von dem Augenblick an, da ich den filigran wirkenden Bau im hellfarbenen Schönbrunnergelb von einer kleinen Anhöhe und zugleich aus dem hellen Grün der Wiesen, auf denen die unvermeidlichen Kühe und Kälber weideten, in die Höhe wachsen sah, von diesem ersten Augenblick an, da ich das Schwebende und Anmutige dieser zweifellos schönsten Kirche des Bayerischen Oberlandes und wahrscheinlich ganz Süddeutschlands bewußt begriff, tauchte ich in eine Flut der Empfindungen ein, die angehalten hat bis auf den heutigen Tag. Und nichts eingebüßt hat von der Bewegkraft, daß man immer wieder neue Fragen stellt und sich nachhaltige Gedanken macht über diese einzigartige Verbindung von Kunst und Religion. Es sind selbstverständlich einander widersprechende Empfindungen. Es sind auch manche Fragen darunter, deren Beantwortung je nachdem ausfällt, wie gläubig oder wie skeptisch man religiösen Dingen gegenübersteht. Und auch Euphorie ist durchaus vorstellbar.

Die Grundfarben des Kirchenschiffes, das nicht nur auf mich, sondern auf viele Besucher wie ein kraft- und gefühlvoller, in jedem Fall überraschender Paukenschlag wirkt, sind zuerst einmal von durchdringender Luzidität, leuchtend also und vor allem blau und weiß. Neben dem kostbar geschmückten Altar mit seinem berühmten und seit mehr als zwei Jahrhunderten auch wundertätigen oder zumindest mildtätigen »Gegeißelten Heiland« wachsen zwar die unvermeidlichen Devotionalien und Erinnerungsstücke an Heilungen und Gebetserhörungen wie in einem Wachsfigurenkabinett für religiöse Schaustücke in die Höhe, aber es sind ausnahmslos Votivtafeln, Kerzen, kleine Bildstöcke und rührend naive Danksagungen von einer vernünftigen Bescheidenheit bis auf einige zu pompös geratene und zu üppig herausgeputzte Riesenkerzen, die eher den Preis verraten, den sie gekostet haben, als die Gläubigkeit, die sie gestiftet hat.

Immer wieder, während ich an diesem frühen Morgen, an diesem föhnigen Vormittag hineinging in die Wieskirche, war ich gleichzeitig begeistert und fassungslos, war ich erschrocken und fasziniert von dieser spielerischen Anmut, von dieser Leichtigkeit der Architektur. Wer die Seele – oder um es realistischer auszudrücken – den Charakter der Bayern bis in den intimsten Winkel hinein kennenlernen will, bis in dieses verborgene Halbdunkel, wo die Bayern auch gläubig sind und diese Gläubigkeit nicht nur spielen, sondern sich auch bereitwillig verzaubern lassen von überirdischen Dingen, der braucht nur in ihre Pfarr- und Klosterkirchen zu gehen, damit er den Widerspruch erkennt zu ihrer sonderbaren weltlichen Lebensart, die aus schweren Bieren, schweren Knödeln und Fleischstücken und schweren Daunendecken zu bestehen scheint und von einer Sprache begleitet wird, an der man vor allem die Kraftausdrücke versteht, das polternde Rollen einer Sprache, deren zarte Musikalität erst bei genauem und längerem Hinhören verständlich wird. Je länger man sich aber in bayerischen Pfarr- und Klosterkirchen umsieht, um so rätselhafter werden einem die Bayern selbst. Und irgendwann erhebt sich der Verdacht, daß sie ihre tiefe Religiosität, ihre selbstverständliche und gleichsam naturverbundene Gläubigkeit geschickt verbergen, und zwar dadurch, daß sie das Sinnliche und sozusagen Erdverbundene ihres Glaubens bewußt betonen.

Man kann in manchen Fachpublikationen nachlesen, daß die Architektur der Wies durchaus mit der Musik Mozarts vergleichbar sei. Oder daß dies hier ein kongenialer Ort für die Aufführung Mozartscher Musik sein soll. Mich erinnerte das Kirchenschiff schon beim ersten überraschten Blick – ungläubig, so etwas Helles und Tänzerisches nördlich der Alpen anzutreffen – an einen wunderschönen Theatersaal irgendwo im Mittelmeerraum, wo geschmackvoll kostümierte Grazien und Elfen auftreten und Herren, die nach der eleganten Mode des vorrevolutionären 18. Jahrhunderts gekleidet sind, blaßwangig und schönäugig unter ihren sorgfältig frisierten Perücken wie Frauen agieren, wobei beide – Damen und Herren – natürlich geschlechtslos sein müssen und an Engel in einem Rokokohimmel erinnern. Musik von Mozart ohne dessen Dämonie, ohne die gefährlichen Abgründe, die diese Musik ja auch beschreibt: daran erinnerte mich diese Architektur. Und einen Augenblick lang auch an ein kleines kalabresisches Dorf namens Stilo, wo ich vor Jahren einmal auf der Suche nach der Herkunft des sozialen und religiösen Utopisten Tommaso Campanella einen verschütteten, längst unbenützbaren Theatersaal entdeckte, der in einem leerstehenden Palazzo unter dem Staub und Schutt der Jahrhunderte von bezaubernder, ja verwirrender Schönheit war.

Auch hier im Süden Münchens und am Fuße des Ammergebirges, nicht weit entfernt von so illustren geographischen und kulturhistorischen Begriffen wie Ottobeuren, Wessobrunn oder Neuschwanstein, alles Namen, mit denen sich die Bayern auch heute noch leidenschaftlich identifizieren, in einer Landschaft, die sich von den Bergen stufenweise fort- und hinausbewegt in eine flache und scheinbar leere Tiefebene, die bis zur Donau reicht und die bei aller vermeintlichen landschaftlichen Dürftigkeit gutbestückt ist mit Klöstern, Gnadenbildern, Reliquien und Pfarrkirchen, zu denen das ganze Jahr über Wallfahrten stattfinden, Christus- und Marien-, Leonhards- und Blutwallfahrten, Anastasiuswallfahrten und Marinuswallfahrten, mindestens dreißig oder vierzig Wallfahrten, die kleinen und scheinbar unbedeutenden, nur irgendeinem lokalen Ereignis verpflichteten Wallfahrten noch gar nicht mitgerechnet ... auch hier in Wies also, das ja nur aus ein paar Gastwirtschaften, Viehweiden, einem stattlichen Pfarrhaus und der Kirche selbst besteht, bleibt letztlich der Eindruck entscheidend, daß es in einem solchen Kirchenschiff, das wie ein einfallsreich dekorierter Theatersaal aussieht, eigentlich ziemlich leicht sein müßte, die Unterhaltung mit Gott aufzunehmen. Und zwar auf angenehme und in jeder Hinsicht befriedigende Weise aufzunehmen.

Das ist keinesfalls ein ketzerischer Gedanke. Das soll auch keine Profanierung des Gotteshauses oder Verunglimpfung der Religion sein. Das ist einfach der erste Eindruck, der sich einem aufdrängt, wenn man in die Wies kommt. Das beginnt schon zwangsläufig mit der Betrachtung der Kirchendecke, des Kirchenhimmels, der in die Natur hinausführt oder diese Natur eigentlich hereinzieht in die Kirche, sie wie selbstverständlich miteinbezieht in die schöpferische Idee dieser Architektur. Und das ist schließlich die vollkommene Übereinstimmung der Baukunst mit einer vorgegebenen Wirklichkeit. Zutaten wie die Grundfarben Weiß und Blau, das glänzende und natürlich unvermeidliche Gold, das schöngefaßte und gutverarbeitete Silber, die sauberen Holztäfelungen, die lichte Höhe, die hier nichts Erdrückendes wie in so vielen anderen Kirchen besitzt, Zutaten wie diese Dimensionen, die auf perfekte Weise dem Anlaß entsprechen: das alles unterstreicht nur noch das Gefühl der reinen Freude, das man in einem solchen Gotteshaus spürt.

Eine theatralische Aufforderung zur Unterhaltung mit Gott also! Keine Komödie. Kein Komödienstadel, auch wenn das allein noch nichts Ärgerliches wäre im bayerischen Land. Nur die Aufforderung zu einer nachdenklichen Heiterkeit, bei der man gleichsam wie nebenbei auch sein Gewissen erforschen kann. Nur eine Art Verlockung, die selbst in den hartnäckigsten Sündern etwas bewegt, sie herausfordert und dann Dinge sagen und tun läßt, die sie vielleicht lieber unterlassen oder verschwiegen hätten. Aller Diskurs um die Nützlichkeit oder Fragwürdigkeit katholischer Beichtgewohnheiten wird in Kirchen wie der Wies überflüssig. Alle Kritik am überladenen, immer noch schwerverständlichen Zeremoniell katholischer Messen verliert hier ihre Schärfe und wirkt unangebracht. Wer wollte nicht seinen Aufenthalt unter dem vielleicht vollkommensten Rokokohimmel Deutschlands verlängern, nicht so lange wie möglich bleiben dürfen inmitten dieser »höchsten Vollendung einer Durchdringung des architektonischen Raumes mit den Gesetzen der Malerei«? Nicht zufällig finden gerade in dieser Kirche jeden Sommer Konzerte statt, die ein kunstsinniges Publikum anlocken, das sich gern beeindrucken läßt sowohl von der Schönheit der Architektur als auch von der Schönheit der Musik.

Draußen vor dem Gotteshaus die Kühe auf den taunassen Wiesen. Das rhythmische Bimmeln ihrer Halsglocken, die sie mit jedem neuen Maulvoll Gras, das sie mit ihren rauhen Zungen umfassen und zwischen die unaufhörlich mahlenden Kiefer schieben, in eine schwingende Bewegung versetzen, dringt als bodenständige Musik durch die weißgekalkten Kirchenwände. Irgendwo lärmt Hundegebell. Es ist ziemlich kalt, und die wenigen Devotionalienläden im Umkreis der Kirche haben noch geschlossen. Aber aus den Kaminen der Gasthäuser steigt schon Rauch auf. Und auch die ersten Autobusse rollen langsam auf die großen Parkplätze, die unterhalb der Kirche angelegt worden sind. Bald werden die üblichen Touristengruppen kommen, wird die Kirche von Lärm erfüllt, werden die grasenden Tiere hinter den elektrisch aufgeladenen Zäunen unruhig sein. Im Süden, hinter dem Ammergebirge und den Bergen der Wettersteinkette mit Kreuzeck und Zugspitze, wütet der Föhn. Nach Norden zu, wo aus den waldbedeckten Hügeln, aus den tiefeingeschnittenen Tälern die Ebene hervortritt, ist der Himmel mit dunkelgrauen, bizarr geformten Wolken bedeckt, die sich rasch genug bewegen, daß man es auch mit freiem Aug' beobachten kann. Dazwischen die kraftlose Sonne, die erst später, gegen Mittag etwas Wärme spenden wird.

Bilde ich es mir nur ein oder macht das die Begegnung mit der Wies: etwas Großes, Erhabenes liegt in dem Bild, das die Natur an diesem Spätherbsttag bietet. Eine Feierlichkeit, von der man geglaubt hat, sie müßte längst schon unzeitgemäß sein. Es ist eine beschwingte Feierlichkeit trotz des zurechtweisenden Föhnsturms, und einen winzigen Augenblick lang habe ich sogar den Eindruck, am Himmel einige Engel mit Allongeperücken und fröhlich geblähten Posaunenbacken gesehen zu haben.

Nur: Engel, die durch die Luft fliegen? Was für ein Unsinn sogar im katholischen und verhältnismäßig fabuliersüchtigen Bayern, wenn man an das Jahrhundert denkt, in welchem wir leben. Was für eine törichte Phantasmagorie, die einem verführerisch entgegentritt.

Aber vor hundert, vor zweihundertfünfzig Jahren, als die Landbevölkerung die erstaunlichen Erzählungen aus der Bibel noch nicht als Fortsetzungsfilm im Fernsehen kennenlernte und die salbungsvolle, pflichtgemäß frömmelnde Sprache ihrer geistlichen Kuratoren und Mönche noch nicht mit teilnahmsloser Gleichgültigkeit oder spöttischer Skepsis aufnahm, da kam es schon immer wieder einmal vor, daß sich ein Engel in abgewandelter, verhüllter Gestalt niederließ vom Himmel auf die Erde und hier so etwas wie ein Wunder bewirkte. Etwas Vernünftiges jedenfalls, das dann in den Augen der Menschen zum Wunder wurde. Aber Engel oder Götter, Übersinnliches oder einfach Unverständliches, Ungewohntes: Es brauchte immer alles seine Zeit, bis es ins Bewußtsein der Bevölkerung einsickerte und dann Früchte trug. Jener oberbayerische Christus an der Geißelsäule, den zum Beispiel ein Abt des inzwischen auch schon längst säkularisierten Prämonstratenserklosters von Steingaden, das nur eine halbe Wegstunde unterhalb der Wies in Richtung Westen liegt, in die seinerzeit ungemein beliebten Karfreitagsprozessionen aufnehmen ließ, war vielleicht – und gewiß ungewollt, unbeabsichtigt – ein solches metaphysisches Zeichen. Aber die Menschen erkannten es nicht. Oder nicht alle Menschen erkannten es sogleich in seiner wahren Bedeutung. Denn um das Jahr 1730, als der »Gegeißelte Heiland« erstmals mitgeführt wurde in der feierlichen Prozession, erschien eine solche Figur den meisten Teilnehmern, und zwar Bauern wie Mönchen, Bürgern wie der Obrigkeit, als viel zu armselig oder zu düster oder auch, was immer man damals darunter verstanden haben mag, als eine »Figur von zu ernsthaftem Affekte«. Dabei hatte man lediglich aus dem Gerümpel, das sich auch auf Klosterböden findet, aus alten Lumpen, Stoffresten, aus etwas Leim und Farbe die Gestalt des gegeißelten Heilands geformt, an der eigentlich nur Bart und Haar insofern echt waren, als man dafür eben echtes Haar verwendete.

Aber das Ergebnis scheint doch wohl zu realistisch und auch zu wahrheitsgetreu in seiner Darstellung des Schmerzes und der Verklärung gewesen zu sein. Ich kann mir zwar nicht vorstellen, warum man das gerade so empfunden hatte, denn auf mich wirkte und wirkt dieser Heiland aus der Wieskirche immer sehr menschlich und zugleich auch anmutig, zart, zerbrechlich, geradeso wie jemand, der auf niederträchtige Weise gequält wird, aber die Qual nicht wirklich spürt, das Niederträchtige des ihm zugefügten Elends nicht als gemein empfindet, und der im Schmerz, den er beinahe als Lust entgegennimmt, seinen Peinigern bereits wieder verzeiht. Ich erinnere mich in diesem Zusammenhang auch an gewisse Bilder, Darstellungsformen, Figuren im spanischen Murcia, wo aus der Hand des spanisch-neapolitanischen Holzbildhauers Salzillo ähnlich lebensechte oder wohl lebenswahre Figuren entstanden sind, die heute in einem eigenen Museum in der spanischen Provinzstadt ausgestellt werden. Nur erscheint mir der »Gegeißelte Heiland von der Wies«, der gewiß keinen großen künstlerischen Wert besitzt, wenn man ausschließlich in ästhetischen Kategorien denkt, ungleich wertvoller zu sein als die künstlerisch bemerkenswerten Statuen Salzillos, weil der bayerische Geißelheiland, obgleich primitiver und naiver dargestellt, dem Leben viel inniger nachempfunden ist. Es gab Augenblicke, in denen ich diesen sonderbaren Heiland betrachtete und dabei immer stärker von dem Gefühl beeinflußt wurde, daß dies alles, was sich in der Figur verbirgt, das Leben überhaupt sein müßte: Schmerz, Verklärung und dazu der Mut, beides mit der Gelassenheit, die vielleicht nur lustvoll gezeugte und schmerzhaft geborene Geschöpfe auszeichnet, als etwas Selbstverständliches hinzunehmen.

Aber wie immer man diesen Anblick auch empfinden mag und damals vor einem Vierteljahrtausend empfunden hat: Der Geißelheiland, den ein paar eifrige Laienbrüder und ein Pater namens Lukas Schaiger, der auch ein begabter Maler gewesen sein muß, zusammengebastelt hatten, entsprach nicht den allgemeinen Vorstellungen. Der Abt, der seine Karfreitagsprozessionen lebendiger, lebensechter gestalten wollte, resignierte rasch oder wurde durch sanften Druck zur Resignation gezwungen. Bereits im Jahre 1734 wurde die Statue nicht mehr öffentlich gezeigt, sondern verstaubte auf dem Dachboden eines Steingadener Wirtshauses, von wo es der Wirt vier Jahre später für eine Verwandte herunterholte, die in der Einschicht lebte. Das Bauernhaus dieser Verwandten, die nun den gegeißelten Heiland heimtrug, stand auf einem einsamen, leicht erhöhten Talboden oberhalb Steingadens und wurde damals schon mit dem Namen »In der Wies« bezeichnet. Die Frau selbst hieß Maria Lory und muß eine fromme, demütige und wahrscheinlich auch phantasiebegabte Person gewesen sein, die gewisse Zeichen und Ereignisse richtig, das heißt nützlich im Sinne einer Vertiefung des Glaubens zu deuten wußte.

Die ungewöhnliche Geschichte begann damit, daß am 14. Juni 1738 der aus Stoffresten und Lumpen, Zwirn, Leim und Farbe hergestellte Geißelheiland, der nun in der Einschicht oben auf der Wies beherbergt wurde, einige Tränen vergoß. Ich weiß nicht, wie man das anders ausdrücken könnte. Vielleicht etwas vorsichtiger und mit allen schmückenden Adjektiva versehen, die eine Legende braucht? Denn weint eine billige Stoffpuppe? Vielleicht hatte es damals in der Nacht geregnet und glitzerten jetzt am Morgen noch einige Tropfen auf dem Antlitz aus Lumpen und billiger Farbe? Vielleicht hatte Maria Lory, die Bäuerin, aus privatem Anlaß geweint, aus Kummer, aus großer Gemütsbewegung, als sie sich zufällig über die Figur beugte? Und der Abdruck oder ein sanfter Widerschein ihrer Tränen schimmerte nun auf den Wangen der Statue?

Eine vernünftige, allgemein befriedigende Erklärung für dieses Ereignis gibt es jedenfalls nicht. Andererseits wurden die Tränen von zahlreichen Augenzeugen bestätigt, die auf den Einschichthof gekommen waren, nachdem das Wunder bekanntgeworden war. Der Geißelheiland scheint mehrmals geweint zu haben. Denn auch der Propst von Steingaden protokollierte die Erscheinung. Er fügte kurz darauf mit zögernder Handschrift hinzu, daß es sich wohl um einen Wunderheiland handeln müßte, da schon die ersten sonderbaren Gerüchte umliefen, die ersten Nachrichten von rätselhaften Heilungen und Erscheinungen.

Im gleichen Jahr errichtete die Bäuerin eine Feldkapelle, die heute noch unterhalb der Wieskirche steht. Darin stellte man die Figur auf. Bald kamen Pilger aus allen Himmelsrichtungen, wurden feierliche Messen zelebriert und galt es als ausgemachte Tatsache, daß dieser Geißelheiland Wunder vollbringe. Kranke wurden gesund, Lahme konnten plötzlich gehen, Blinde wurden sehend, Unglückliche zufrieden und heiter, Bösartige erlebten so etwas wie eine Läuterung, tausend stumme Bitten wurden erhört. Die offizielle Kirche, vertreten durch Äbte und Bischöfe – anfangs noch zurückhaltend und vielleicht auch peinlich berührt, wenn man sich überlegt, daß man den Stoffheiland aus der Karfreitagsprozession ausgeschieden hatte, weil er zu ärmlich oder zu düster ausgesehen hatte –, diese Kirche gab jetzt den Auftrag für einen stattlichen Bau oberhalb der schlichten Feldkapelle, die längst nicht mehr die Gläubigen faßte, die täglich zum Geißelheiland drängten. Man schrieb das Jahr 1746, und ein Architekt namens Dominikus Zimmermann erhielt den Auftrag für die Bauarbeiten.

Zur gleichen Zeit notierte man von allem Anfang an alle seltsamen, wunderbaren oder geheimnisvollen Vorgänge rund um die Statue. Man führte gewissermaßen Buch über alles Ungewöhnliche, das sich in der Einschicht ereignete, in der jetzt viel Lärm und Bewegung war. Bereits 1746 erschien ein erstes Wallfahrtsbuch, das die genaue Beschreibung von mehr als dreihundert Wundern enthielt, wobei es fast keine Krankheit und beinahe kein Elend gibt, das in diesem ersten Rechtfertigungsbericht nicht schon enthalten wäre. Der Baumeister aber, Dominikus Zimmermann, schuf mit der Wieskirche nicht nur sein persönliches Meisterwerk, sondern überhaupt eine der schönsten Kirchen in der ganzen Alpenregion. Man behauptete später, daß er sich einerseits von den rasch wechselnden Lichteffekten, die in einer Berggegend an sich ja nicht ungewöhnlich sind, habe inspirieren lassen, und daß er andererseits die Kirche in bewußtem Gegensatz zur Primitivität der Christusfigur mit besonderem Raffinement konstruiert und ausgestattet habe. Beides kann durchaus zutreffen, beides sorgt für Kontraste, die ungewöhnlich sind und die Wies zu einem Kunstwerk von außergewöhnlichem Rang machen.

Die Pilger freilich, die seit der Mitte des 18. Jahrhunderts zu Hunderttausenden in die Einschicht kamen, waren nicht am Kunstwerk interessiert. Oder sie erkannten die Kirche ganz einfach nicht als Kunstwerk. Sie kamen, eine unendliche Heerschar der Geschlagenen und Verzweifelten, um irgendeiner Gnade teilhaftig zu werden. Vielleicht hat es manchem Unglücklichen oder Hoffnungslosen tatsächlich ein wenig geholfen, daß diese Wallfahrtskirche von so jubilierender Helligkeit und Fröhlichkeit ist? Vielleicht gesundete mancher Kranke wirklich unter der Lichtfülle, die ihn wie Musik empfing, als er dem Geißelheiland entgegenschritt? Die überwiegende Mehrzahl der Wallfahrer aber kam mit gleichsam geschlossenen Augen in die Wieskirche, nur mit dem eigenen Schmerz und mit der Hoffnung auf Gottes Hilfe beschäftigt. Die Augen wurden diesen Pilgern vielleicht erst geöffnet, als sie schon vor dem Altar in die Knie sanken, vor diesem überreich geschmückten und kostbar ausgestatteten Altar, in dessen Zentrum die schmächtige und ärmliche Figur des »Gegeißelten Heilands« an eine kleine Marmorsäule angekettet ist, während darüber pausbäckige Rokokoengel die Marterwerkzeuge dieser Geißelung in den Himmel tragen.

Niemand von uns weiß, wie der Glaube wirkt. Oder woraus Gläubigkeit sich tatsächlich zusammensetzt, wie sie entsteht und auf welche Weise sie den Charakter verändert. In der Wies, diesem lichtdurchfluteten und farbenreichen Juwel süddeutscher Baukunst, ist zumindest der Weg, der zu Gott und damit auch zum Glauben führt, nicht mit Finsternis verschüttet.

St. Wolfgang/Maria Taferl

Wahrscheinlich unterliegen auch Wallfahrtsplätze ebenso wie die Gewohnheiten und Vorlieben katholischer Pilger einer Art Mode, sind sie nicht gegen Abnützungserscheinungen gefeit und finden gerade auf diesem Gebiet mitunter so tiefgreifende Veränderungen statt, daß man gelegentlich Schwierigkeiten hat, unter dem angesammelten Schutt solcher modischen Wechselerscheinungen noch die ursprüngliche Idee zu entdecken. Ich weiß nicht, weshalb das so sein muß. Ich denke mir immer, daß Gott sich schließlich auch nicht beliebig verändert. Ich überlege mir, daß die Leistungen eines Heiligen, die irgendwann im Verlauf der Geschichte für eine bestimmte Anzahl gläubiger Menschen eine so große Bedeutung erlangt haben, daß diese Menschen daraus ein Beispiel für ihre eigene Existenz abzuleiten begannen, in der Zwischenzeit eigentlich nichts von ihrer moralischen Wirksamkeit eingebüßt haben können. Ich überlege mir die Verhaltensweisen der vielen Menschen, die auf irgendein Ideal angewiesen sind, um sich selbst wie in einem Spiegel, der ihnen schmeichelt, zu erkennen. Und ich versuche mir dann die Kraft des naiven Aberglaubens vorzustellen, die den zögernden, verunsicherten und skeptischen Katholiken gelegentlich ein Motiv dafür liefert, daß sie immer noch Wallfahrtsplätze aufsuchen, immer noch in berühmte Kirchen gehen, wo sie dann für den Kummer, der auf ihren Seelen lastet, auf ein Zeichen, auf ein Wunder warten und nicht begreifen wollen, daß jedes Wunder im Grunde immer nur aus ihnen selbst entstehen kann.

Unverständlich und fast furchteinflößend wird für mich dieser modische Wandel aber in dem Augenblick, da nicht einmal mehr die unvermeidlichen Heuchler, die der christlichen Idee soviel Schaden zufügen und die stets als erste aus ihren ideologischen Neigungen ein einträgliches Gewerbe machen, die Bedeutung eines Wallfahrtsplatzes respektieren, sondern bedenkenlos jede Veränderung mitmachen, die eine fromme Stätte in einen Rummelplatz verwandelt. In der Politik, wo handfestere Interessen eine handfestere Handlungsweise erlauben, ist solche Wandlungsfähigkeit oder Charakterlosigkeit bei weitem nicht so schädlich wie auf dem wesentlich subtileren Gebiet des Glaubens, wo ohnedies die Zweifel stärker und die Anfechtungen größer sind als anderswo. Man muß meines Erachtens kein übertrieben gläubiger und auf asketische Weise unbeirrbarer Katholik sein, damit man einen Beweis für menschliche Größe auch dann respektiert, wenn er von Legenden und geschichtlich nur schwer beweisbaren Erzählungen mehr verschleiert als erhellt wird. Aber die Banalisierung und schamlose Profanierung eines Schauplatzes, der für die christliche Ideologie einmal von lebensstiftender und weitreichender Bedeutung war, zur mehr als fragwürdigen Operettenkulisse ist ein Prozeß, für den ich ungeachtet meiner Zweifel und dilettantischen Versuche, eine befriedigende Formulierung für meine Art des Glaubens zu finden, überhaupt kein Verständnis mehr aufbringen kann. In St. Wolfgang zum Beispiel hatte ich zuletzt wieder dieses Gefühl einer leisen, aber unterdrückbaren Scham, als ich einen freundlichen Gastwirt fragte, ob denn immer noch Pilger in die schöne alte Pfarrkirche kämen, die hoch über dem See eine Erinnerung an die zivilisatorische Entwicklung dieser Landschaft darstellt. Ich hatte kurz zuvor eine buntbemalte Tafel an der Kirchhofmauer entdeckt, auf der die wichtigsten biografischen Details dieser Ortschaft aus kirchlicher Perspektive erzählt werden. Und da stand dann als krönender Abschluß der Hinweis auf das Singspiel vom »Weißen Rössel«. Vom Weltruhm war geschwätzig die Rede, der durch diese Operette nach St. Wolfgang gebracht worden sei. Ich war an diesem Wochenende zweimal in der Kirche gewesen und hatte außer einer verirrten Taube kein lebendiges Wesen angetroffen. Es hatte den Anschein, als ob dieser eigenwillige Bischof und Heilige namens Wolfgang, von dem die Kirche, die Ortschaft und auch der berühmte See ihren Namen haben, nie existiert hätte. Dafür stimmte jetzt auch die Pfarrgemeinde in den Jubelchor ein, der einem künstlerisch eher fragwürdigen Produkt galt, anscheinend geblendet von der Aussicht, am Weltruhm dieses Produkts in irgendeiner Form teilhaben zu dürfen. –

Jetzt fragte ich also den freundlichen Gastwirt nach den Pilgern, die ich nirgends entdecken konnte. Seine Antwort war bezeichnend. Lieber Herr, sagte er und verlor dabei nichts von seiner Freundlichkeit, wer hat denn heute noch Zeit für so etwas! Natürlich ist im Sommer die Kirche voll, aber das hat dann ja auch einen vernünftigen Grund. Nämlich den Pacheraltar. Aber sonst? Pilger? Lieber Herr, wir sind ein Zentrum für den Fremdenverkehr und nicht für Betschwestern, die kein Geld haben! Wir leben schließlich von unseren Gästen!

Ich habe diese Antwort wenige Augenblicke später notiert. Da hatte ich mich schon mit vier älteren Damen unterhalten, die im Gasthof am Nebentisch saßen, wo ich mir ein Mittagessen bestellt hatte. Ob sie manchmal in die Kirche hinübergingen, fragte ich sie. Sie sahen so aus, wie man sich das dumme Klischee von Betschwestern vorstellt. Aber auch ihre Antwort bestand aus kichernder Verneinung. Die Nachmittage am Wochenende, sagten sie, verbrachten sie im Winter immer mit einem harmlosen Kartenspiel. Denn während der Saison im Sommer käme man ja zu gar nichts, was einem Freude macht. Es waren vier reizende ältere Damen, und wie sie es sagten, klang es beinahe entschuldigend.

Natürlich versuchte ich auch den Pfarrer zu erreichen, aber obgleich ich mehrmals am Tor des Pfarrhauses läutete und mich ziemlich lange in und außerhalb der Pfarrkirche mit ihrem schönen Wehrgang oberhalb des Sees aufhielt, der sich lange Zeit hartnäckig unter einer dichten Nebeldecke verbarg, meldete sich niemand, traf ich keine christliche Seele an, die mir auf meine lästigen Fragen eine befriedigende Antwort hätte geben können. In der Kirche empfing mich immer nur das aufgeregte Flattern der eingesperrten Taube, die vom Altar herunterflog auf die streng ausgerichteten Reihen der rot eingebundenen Gebetbücher und Namensschilder in den Gebetsbänken. Dazu kam noch der intensive Geruch nach Bohnerwachs. Irgendwann an diesem Morgen, bevor ich zum erstenmal eingetreten war, mußte jemand pflichtbewußt und eifrig eine Riesentube voll Wachs in der Kirche verschmiert haben. Es kam zwar niemand, um hier zu beten. Aber es roch nach Sauberkeit und Ordnung.

Ich weiß heute auch nicht mehr, warum ich gerade in St. Wolfgang so neugierig oder eigentlich so versessen darauf war, von den Einheimischen, vom Pfarrer oder von irgendeiner anderen Person eine Erklärung für die leergefegte Kirche zu erhalten, die übrigens einen recht melancholischen Eindruck machte. Einige Stunden später, als ich wieder auf der gegenüberliegenden Seite des Sees war und lange Zeit von einem Parkplatz aus beobachtete, wie sich aus dem zerreißenden, von der dunklen Wasseroberfläche abhebenden Nebel die Landschaft rund um St. Wolfgang mit der wuchtigen und trotzdem architektonisch schön gegliederten Pfarrkirche abzuheben begann, während die schneeweiße Zunge des Schafbergs, die den ganzen Vormittag sichtbar gewesen war, jetzt wie eine Wetterfahne über dem See hing, da war ich von einem Gefühl der Resignation bewegt, das ich in diesen Augenblicken selbst nicht ganz verstand. Konnte es mir nicht vollkommen gleichgültig sein, daß aus einem der großen und vielbesuchten Wallfahrtsplätze Österreichs, wohin vor allem zwischen dem 14. und 16. Jahrhundert Abertausende von Pilgern gekommen waren, so etwas wie ein Eldorado des angeblich lebenswichtigen Fremdenverkehrs geworden war, ohne daß man für den erfreulichen Umsatz an Menschen und Waren noch eine Wallfahrtskirche und die Idee, die sich hinter allen ideologischen Dingen verbirgt, benötigt? Was gingen mich in diesem Fall eigentlich die neuerrichteten Hotels, Gasthöfe, Restaurants und Kaffeehäuser an, die ja nicht nur diese eine Ortschaft, deren Konturen ich jetzt jenseits des Sees deutlich zu erkennen begann, auf eine merkwürdige und dabei fast exotische Weise beherrschen, sondern auch alle anderen Märkte und Städte in diesem berühmten Salzkammergut? Und was könnte ich dagegen einzuwenden haben, daß man sich hier nach den sattsam bekannten Melodien dieser Operette vom »Weißen Rössl« einzurichten schien, emsig damit beschäftigt, sich ein Image zu bewahren, das wahrscheinlich so etwas wie blankes Kapital darstellt, von dessen Zinsen man bekömmlich leben kann? Warum war ich so enttäuscht, wütend, deprimiert? Weil ich in St. Wolfgang mit ein paar Leuten gesprochen und kein katholisches Glaubensbekenntnis, keine Liebeserklärung für einen ebenso intelligenten wie tatkräftigen Bischof zu hören bekommen hatte, der übrigens seit bald tausend Jahren tot und dessen Leichnam außerdem in Regensburg begraben liegt?

Ich war an diesem Tag in einer sonderbaren Verfassung. Ich befand mich am Ende einer längeren Reise, ich war aus der südfranzösischen Camargue gekommen, aus Les-Saintes-Maries-de-la-Mer, und über Verona und den Brenner nach St. Wolfgang gefahren, fast heimwehkrank nach einem Beweis für die ungebrochene Existenz einer Gläubigkeit, die weder von dieser widerlichen Frömmelei abhängig ist, die aus dem Christentum manchmal nur noch eine Karikatur menschlicher Charakterlosigkeit macht, und die auch nicht auf das Vorhandensein berühmter Namen wie Lourdes, Assisi oder Mariazell pocht! Ich war verunsichert, weil ich in der letzten Zeit zu viele Lügen und zuviel Heuchelei gerade an sogenannten Wallfahrtsplätzen erlebt hatte. Und ich wäre froh, ja vielleicht sogar glücklich gewesen, wenn ich endlich wieder einmal einen Beweis für das Vorhandensein eines Glaubens gefunden hätte, der nicht nach Weihrauch duftet und vom Applaus der offiziellen katholischen Welt abhängig ist.

Aber alles, was ich hier gefunden hatte, war ein gesunder Erwerbssinn. Und im Hintergrund vernahm ich eine Musik, deren falsche Süßlichkeit mir Unbehagen verursachte. Wahrscheinlich lag die Schuld bei mir. Und jene Tafel, die das Pfarramt hochgemut aufgestellt hatte und auf der als krönender Abschluß der St. Wolfganger Biographie der Weltruhm einer Operette erwähnt wird, hätte ich ganz einfach übersehen müssen.

Es bleibt also die Kirche, die mich mit dem durchdringenden Geruch nach frisch verarbeitetem Bohnerwachs und einer aufgeregt flügelschlagenden Taube empfing. Und es bleibt die Erinnerung an diesen streitbaren und selbstbewußten Sohn aus einem deutschen Herrengeschlecht, Wolfgang, nachmaliger Bischof in Regensburg und schließlich sogar ein Heiliger. Geboren wurde er übrigens im Jahre 924 im schwäbischen Pfullingen.

Ich setzte mich in eine der leeren Betbänke, vor mir die Namensschilder und Gesangbücher einer Pfarrgemeinde, die sich anscheinend mehr für den lebenswichtigen Fremdenverkehr als für den heiligen Wolfgang interessiert, der doch unendlich viel mehr als nur eine Figur von lokaler Bedeutung war. Ich strich mit der Hand über das blankpolierte Holz vor mir, blickte mit gebührendem Respekt auf den Pacheraltar und auch auf das andere bedeutende Kunstwerk in dieser Kirche, auf den Altar des Meisters Schwanthaler, in dessen unmittelbarer Nähe ich saß, und suchte nach plausiblen Gründen, nach einem wie auch immer gearteten Verständnis für eine seltsame Situation. Ich, ein Fremder, ein von Fragen und Zweifeln überhäufter Gast in einer leeren Kirche, unterdrückte mein Erstaunen, daß an einem Wochenende im Winter stundenlang kein Mensch in diese Wallfahrtskirche gekommen war. Später entdeckte ich an der Friedhofstüre ein handgefertigtes Schild. Am frühen Nachmittag, so konnte man hier lesen, sei die Kirche ohnedies verschlossen.

Wolfgang, der auf der Reichenau und in Würzburg erzogen wurde, also, wie man wohl annehmen darf, ein außerordentliches christliches Selbstbewußtsein eingeimpft erhielt, das natürlich auch die nützlichen Vorteile seiner adeligen Herkunft miteinbezog, ging 956 nach Trier, wo er an der damals hochberühmten Domschule als Magister unterrichtete. Zum katholischen Priester geweiht wurde Wolfgang allerdings erst 968 im Alter von immerhin vierundvierzig Jahren, nachdem er gerade erst vier Jahre zuvor im schweizerischen Einsiedeln als einfacher Mönch einen ersten und wohl auch erstaunten Blick auf die rätselhafte und zugleich auch faszinierende Welt des Mönchtums und der strengen hierarchischen Strukturen der Kirche geworfen hatte. Nach seiner Priesterweihe zog er jedenfalls ostwärts, donauabwärts nach Ungarn, und zwar zum Zwecke der Missionierung, was in jener unsicheren Zeit gewiß ein lebensgefährliches Wagnis gewesen sein muß.

Es ist heute, beinahe ein Jahrtausend nach der irdischen Existenz dieses Mannes, ziemlich schwierig, sich ein vernünftiges Bild vom Charakter und der Persönlichkeit Wolfgangs zu machen. Er muß herrisch im durchaus unangenehmen Sinne dieses Wortes gewesen sein, also aufbrausend, rechthaberisch, selbstbewußt in einem Ausmaß, das sich gelegentlich nur schwer mit der demutsvollen Haltung eines Priesters, eines Mönches in Einklang bringen ließ. Er muß aber auch unter Anfällen von Jähzorn gelitten haben, was ihn sowohl bei seiner wenig erfolgreichen Missionierung im Osten als auch bei seinen kirchenpolitischen Unternehmungen als Bischof und Abt eines Benediktinerklosters immer wieder in Schwierigkeiten gebracht haben wird. Einerseits versuchte er von Regensburg aus die Verhältnisse in den Klöstern, die gewiß vielfach unzumutbar und erschreckend dürftig waren, einschneidend zu verbessern. Andererseits dürfte er unter der eklatanten Erfolglosigkeit bei den magyarischen Reiterstämmen, wo er tatsächlich eine schmähliche Niederlage hingenommen hatte, ziemlich gelitten haben. Ein Mann mit solchem Ehrgeiz und solch auftrumpfendem Selbstbewußtsein, wie wir es vom Aristokratensohn und streitbaren Bischof Wolfgang annehmen können, mußte jeden Rückschlag, den er gegen weltliche Herrscher wie Heinrich den Zänker oder gegen Heiden wie die Ungarn erlitt, die ihn schlichtweg davonjagten, als eine persönliche Tragödie begriffen haben, aus der heraus es wiederum nur persönliche Konsequenzen zu ziehen galt.

Wolfgang, der Intellektuelle, der seiner Zeit voraus war, wollte zuviel und konnte sich nicht mit dem Mittelmaß bescheiden. Seine rasche Karriere machte ihn keinesfalls unempfindlich gegen Fehler und Unvollkommenheit in der kirchlichen Organisation. Andererseits war sein Temperament kaum so beschaffen, daß er allein durch diplomatisches Taktieren – das er schon bei den magyarischen Heiden hatte vermissen lassen – gewisse Barrieren zu überwinden suchte. Er wollte mit dem Kopf durch die Wand. Und er scheiterte letztlich an sich selbst. Die Wand war außerdem stets stärker, als er angenommen hatte. Der Ausweg hieß freiwillige Verbannung. Wolfgang, der auch gefährliche Probleme heraufbeschworen hatte als geistlicher Erzieher des Sohnes Heinrichs des Zänkers – dieser Sohn sollte später einmal als Kaiser Heinrich in den Rang eines Heiligen aufsteigen –, Wolfgang zog sich von Regensburg zurück in ein Kloster, das am Mondsee lag und seinem Bistum angehörte. Es war ein Rückzug, der in vielem einer Flucht glich. Aber es war, wenn man so will, eine Flucht in die Größe. Denn als Wolfgang 994 im oberösterreichischen Pupping starb, war sein Ruhm als frommer Eremit und wundertätiger Heiliger schon so groß geworden, daß sich bereits die Legende seiner anzunehmen begann. –

Wird man mich begreifen, wenn ich jetzt sage, daß es mir in dieser Kirche von St. Wolfgang gefiel, daß ich mich fast heimisch fühlte, trotz des verzweifelten Flatterns des Vogels, der sich nicht helfen ließ, und des lästigen Geruchs nach einer Sauberkeit, die ja doch nicht durch die Oberfläche der Dinge dringt. Die Kirche ist sehr hell und freundlich, sie wirkt freilich ein wenig unordentlich durch die Anhäufung von Kunstwerken, weil man nicht weiß, wohin man zuerst blicken soll. So brauchte es einige Zeit, bis ich nach den prachtvollen Altären des Südtirolers Michael Pacher, der 1471 den Auftrag zu diesem Meisterwerk erhalten hatte, und dem Altar das Meisters Schwanthaler, der ursprünglich den Pacheraltar hätte ersetzen sollen, auch die farbigen Votivtafeln entdeckte, die in naiver Form Auskunft geben über das Leben und einige der legendären Auftritte des heiligen Wolfgang. Es scheint mir ein augenscheinlicher Widerspruch in der künstlerischen Leistung zu herrschen, und zwar zwischen der Souveränität, mit der die spätmittelalterliche Gottesvorstellung in den Altären verdeutlicht und die simple Gedankenwelt des Volkes in eine ebenso simple Bildsprache umgesetzt wird. Und es kann natürlich gar kein Zweifel daran bestehen, daß die strahlende Leistung, die der Brunecker Holzbildhauer und Maler Pacher mit diesem Altar von St. Wolfgang geschaffen hatte, die kindlichen, ein wenig plumpen und rührend unbeholfenen Erzählungen der Votivtafeln vollkommen in den Schatten stellt. Aber je länger man sich mit beiden Kunstformen beschäftigt, um so verunsicherter und ratloser wird man. Man beginnt nämlich zu verstehen, daß es nicht immer und nicht ausschließlich auf die Makellosigkeit der künstlerischen Darbietung ankommt, wenn man den Hintergrund einer religiösen Entwicklung kennenlernen will. Andererseits ist die Wirkung, die vom Pacheralter ausgeht, zu groß, als daß man sich noch dieser alten, rührenden Geschichten und lokalhistorischen Anekdoten entsinnen würde, aus denen letztlich die Biographie des Heiligen besteht. Und müßte man sich Rechenschaft ablegen über den Umstand, daß bis ins 17. Jahrhundert hinein dieser Heilige durchaus imstande war, für eine Massenbewegung der Pilger und Gläubigen zu sorgen, dann käme man, was die handfeste Beweisführung für eine solche Bewegung betrifft, in einige Verlegenheit. St. Wolfgang ist – und diesen Eindruck habe zumindest ich gewonnen – tatsächlich kein guter Boden für religiöse Spekulation, seelische Ergriffenheit und kontemplative Versenkung in das Leben eines eigensinnigen Bischofs und erfolglosen Missionars, dessen Existenz trotzdem allen geistigen und geistlichen Anforderungen entspricht, die man zu allen Zeiten an Heilige stellt.

Auch draußen vor der Kirche, die mit ihrem Vierkantturm und dem Wehrgang oberhalb des Sees einen gleichermaßen romantischen und selbstbewußten Eindruck vermittelt, überlegt man sich zuerst die Schönheit der Landschaft, die kulturhistorische Bedeutung der Altäre, den Ruhm des Marktfleckens und dieser schönen Landschaft als eines der ältesten

Fremdenverkehrszentren Mitteleuropas, woran die geographische Nähe von Bad Ischl mit ihren habsburgischen Reminiszenzen nicht ganz unschuldig ist. Man unterliegt also ganz anderen Gedanken und Erinnerungen als der geistigen Auseinandersetzung mit der Figur eines Heiligen, der vor allem von der Legende in unsere Gegenwart herübergerettet worden ist.

Und hier, in diesen Augenblicken, begann ich auch die rätselhafte Absenz von Pilgern und Bürgern zu verstehen. Es war ein zögerndes, nachdenkliches Verstehen, das nur langsam in mein Bewußtsein sickerte und nicht frei von Erstaunen und Resignation war. Aber irgendwann begann ich einzusehen, daß man das Rad der Zeit nicht willkürlich aufhalten kann. Schließlich arbeitet man auch hier wie überall in den alpenländischen Fremdenverkehrsgebieten mindestens die Hälfte des Jahres mit harter Angestrengtheit, um die gediegene Solidität, die gelegentlich sogar nach Reichtum schmeckt und an die man sich im Verlauf der Jahrzehnte natürlich gewöhnt hat, nicht nur zu erhalten, sondern auch noch zu vermehren. Die Person eines streitlustigen Bischofs, der erst mit seinem erzwungenen Abtreten von der politischen Bühne und seinem freiwilligen Eremitendasein – wo er immer noch genügend Beweise für seinen Jähzorn und ungestümen Mut lieferte – den Zeitgenossen hinreichenden Anlaß zum Staunen bot, weil jetzt auch Wunder geschahen und der unaufhörliche Kampf mit dem Negativen eine Form annahm, die den einfachen Menschen einleuchtete, diese Person also, die eine der großen Wallfahrtsbewegungen des späten Mittelalters initiierte, scheint für die heutigen gesellschafts- und sozialpolitischen Verhältnisse ohne jede Bedeutung zu sein. Sie ist von einem zweifelhaften Kunstwerk gewissermaßen abgelöst worden. Ein Heiliger, der auf einem Bett aus Steinen schläft oder durch einen gewaltigen Beilwurf den Platz bezeichnet, an dem eine Kirche entstehen soll, oder der in der ewigen Auseinandersetzung mit den Mächten der Finsternis zu rabiaten und rustikalen Mitteln greift, ist naturgemäß für die Infrastruktur eines Seebades mit alpinen Unterhaltungsmöglichkeiten weniger wichtig als eine Operette, deren Inhalt jedem Klischee und deren Melodien dem Allerweltsgeschmack entsprechen.

Ich weiß nicht, ob es am Abersee, wie der Wolfgangsee ursprünglich einmal und bevor er durch den heiligen Wolfgang gleichsam als eine Art Adelsprädikat seinen neuen Namen erhalten hatte, genannt worden ist und von manchen Menschen auch heute noch so genannt wird, ob es also an diesem See damals noch irgendwelche kultischen Handlungen oder Gewohnheiten gegeben hatte, die sich in direkter Folge auf keltische und damit heidnische Quellen zurückführen ließen. Vorstellbar wäre es schon, denn in jener Zeit, knapp vor der Jahrtausendwende, als sich der Regensburger Bischof freiwillig an den Mondsee zurückzog, war das Christentum noch längst nicht überall so perfekt verbreitet und selbstverständlich gewesen, wie man das aus den Pilgerzahlen späterer Jahrhunderte ablesen kann. Die zahlreichen Gedenkstätten an den Heiligen, die es vor allem in den Bergen und Hängen oberhalb der Ortschaft gibt, also mysteriös geformte Felsspalten und mächtige Steinblöcke, aber auch dunkle Höhlen, eine Einsiedlerkapelle oder jene berühmte Quelle, deren Wasser in früheren Jahrhunderten einmal als besonders heilsam galt, das alles also, dessen sich inzwischen längst schon die fromme Legende bemächtigt hat, könnte durchaus das Material gewesen sein, aus dem sich einmal gewisse heidnische Verhaltensweisen entwickelt hatten. Es wird überliefert, daß der Bischof mit besonderem Ehrgeiz gegen alles Teufelszeug gewütet habe. Was wäre nun näherliegend, als daß er damit Gewohnheiten gemeint hatte, die in direkter Folge von einem heidnischen Sonnenkult herrührten, von blutigen Tieropfern und zaubrischen Beschwörungsriten, die aus einer fernen Epoche lange vor der irdischen Existenz Christi stammten.

Ich weiß also nicht, wie das am Abersee war, wo man nur vermuten darf, daß Wolfgang ziemlich radikal mit einigen abergläubischen Zuständen aufgeräumt hatte. Anders verhält es sich mit Maria Taferl, dessen prachtvolle Wallfahrtskirche sich auf einer Hochebene oberhalb der Donau erhebt, und zwar ziemlich genau im Zentrum des sagenhaften Nibelungengaues, schräg gegenüber von Pöchlarn und etwa in der geographischen Mitte zwischen Melk und Ybbs gelegen. Hier, wo man an einem schönen und heißen Sonnentag das Gefühl vermittelt erhält, hoch über aller Welt zu schweben und wie ein Vogel imstande zu sein, sich über die Gebirge und Wälder und auch über die Mühsal des Lebens hinwegheben zu können, hier kann man den Beweis für einen längst vergessenen Heidenkult, den sogenannten Taferlstein, sogar noch in Augenschein nehmen. Das ist ein grauer und wuchtiger Stein, wahrscheinlich früher einmal ein keltischer Opferstein, der jetzt von einer einfachen Steinfassung gleichsam vorsorglich umfangen wird und vor der doppeltürmigen Wallfahrtskirche von Maria Taferl steht. Bemerkenswert an diesem Zeugnis aus ältester Zeit ist aber der Umstand, daß es bis ins späte Mittelalter irgendeine kultische Funktion besessen haben muß. Das heißt, daß auf dieser Hochfläche es von jenen Tagen an, da hier noch die Kelten ihren rätselhaften spirituellen und oftmals auch makabren Übungen und Opferungen nachgingen, bis in die nachmittelalterliche Zeit immer irgendeine Art einer Religionsausübung gegeben haben muß. Das kann heidnische Sonnenanbetung gewesen sein, kann mit Hexenwahn zu tun gehabt haben, das kann aber auch eine Mischform aus christlichen Motiven und keltischen Überlieferungen gewesen sein. Eine Tatsache ist es jedenfalls, daß diese Hochfläche noch im 15. und 16. Jahrhundert von der Bevölkerung voll abergläubischer Furcht gemieden wurde. Man wußte nicht genau, wovor man sich ängstigte. Man wußte nur, daß der graue ungefüge Stein, der im Schatten einer alten Eiche lag und anscheinend immer schon in der Erinnerung des Volkes existiert hatte, eine dunkle und unheimliche Bedeutung besaß.

Es war daher irgendwie verständlich, daß die verängstigten, eingeschüchterten Leute aus den kleinen Donaudörfern, die direkt unterhalb dieser sonnenbeschienenen Hochfläche liegen, eines Tages ein geweihtes Kreuz an die Eiche hefteten, in deren Schatten der Keltenstein lag. Das Christuskreuz war an einer Tafel befestigt, auf der sich auch noch primitive Porträts der Muttergottes und des Apostels Johannes befanden. Es war nichts weiter als ein Versuch, sich durch einen Zauber, dem man vertraute, von einem anderen Zauber, den man fürchtete, zu befreien. Und bald hieß der Platz mit der alten Eiche, dem keltischen Opferstein und dem christlichen Provisorium »Beim Taferl«, aus dem später dann Maria Taferl wurde. Dazu waren allerdings einige Vorfälle besonderer Art notwendig, brauchte es eine Biographie, wie sie alle Wallfahrtsplätze haben, und mußten einige Personen gleichsam als Werkzeuge der Religion in Erscheinung treten, was in der zweiten Hälfte des 17. Jahrhunderts, als die Hochfläche endgültig zu einem katholischen Platz wurde, dann auch auf eine recht überzeugende Weise geschah.

Am 14. Jänner 1633 wollte ein Hirte namens Pachmann, der aus einem Dorf mit dem sonderbaren Namen Kleinkrummnußbaum an der Donau stammte, die berühmte Eiche, an der nunmehr seit langer Zeit schon die Tafel mit dem Christuskreuz und der Muttergottes angebracht war, endlich fällen. Es ist kaum anzunehmen, daß der Mann Unfrommes im Sinn gehabt hatte. Der Baum war wahrscheinlich so alt und so verrottet, daß er ganz einfach reif für die Axt schien. Und mit dieser Axt hieb Pachmann auch kräftig gegen den morschen Stamm, bis plötzlich das Beil abglitt und ihm mit einem einzigen, unheimlichen und später nicht mehr begreifbaren Schwung in beide Beine fuhr, das Fleisch und die Muskeln bis auf die Knochen durchtrennend. Während der arme Hirte noch niederstürzte, entdeckte er die Tafel mit dem Kreuz am Baumstamm, auf die in dieser Sekunde ein dicker, praller Sonnenstrahl fiel. Sogleich begriff der Mann instinktiv, daß er einen Frevel begangen hatte. Und in aller Demut, halb besinnungslos vor Schmerz, schon geschwächt durch den Blutverlust, bat er die Muttergottes um Verzeihung. Und das Wunder geschah! Es schlossen sich die schrecklichen Wunden an beiden Beinen, und der verblüffte, verwirrte Hirte konnte tatsächlich ohne fremde Hilfe wieder hinunter in das Tal an der Donau zurückkehren. Ein paar Jahre später trat wiederum ein Mann aus Kleinkrummnußbaum auf dieser einsamen Hochfläche auf recht sonderbare Weise in Erscheinung. Diesmal war es ein gemütskranker Richter namens Alexander Schinagl, der an die Stelle der inzwischen vermoderten Tafel jetzt eine kleine Statue der Muttergottes in den uralten Eichbaum setzen ließ. Und wieder geschah etwas Merkwürdiges. Beinahe über Nacht gesundete Schinagl von seinen schweren Depressionen.

Das alles sind hübsche Geschichten, wie man sie sich heute noch auf dem Land erzählt. Ich sehe auch gar keine Veranlassung, ihnen mit Skepsis oder Spott zu begegnen. Denn immer verbirgt sich in solchen unglaublichen oder erstaunlichen Fabeln auch ein Körnchen Wahrheit, enthält das Wunderbare oder Übernatürliche einen Bodensatz an Realität. Auch damals, oben auf der Hochfläche und im Umgang mit diesem seltsamen Baum und dem Opferstein, wird es sich wohl so verhalten haben, daß der Hirte tatsächlich mit dem Umfällen der Eiche nicht zurechtkam, sich dabei sogar verletzte und dann doch überraschend schnell gesundete. Und was einen gemütskranken Richter angeht, der Schinagl heißt und eine Madonnenstatue stiftet: Warum soll er nicht über Nacht seine Seelenruhe finden und wieder glücklich werden? Ich jedenfalls kann in solchen Geschichten nichts Außergewöhnliches entdecken. Und wer weiß, hätte ich damals in dieser Gegend gelebt, so wären wohl auch mir die merkwürdigen Lichterscheinungen, die es zwischen 1658 und 1661 auf der Hochfläche gegeben hatte, durchaus glaubwürdig vorgekommen, so unheimlich und fremdartig sie auch gewesen sein mögen. Geheimnisvolle Wallfahrer schwebten da unter der hellen Sonne über die Ebene dahin, Lichtfiguren bewegten sich rund um Keltenstein und Muttergottesstatue, und gleichzeitig begann eine Reihe von wunderbaren Gebetserhörungen und Heilungen, die das Volk und auch die Priester mit dieser Tafel oben vor dem Heidenstein, wo auch noch die Statue des Richters Schinagl stand, in Zusammenhang brachte.

Nun muß man freilich nicht immer sogleich an überirdische Dinge denken, wenn man solchen Erscheinungen begegnet. Ich selbst war an einem strahlenden Wintertag von Marbach unten am Donauufer aus auf die Hochfläche hinaufgefahren, stets das verwischte Schönbrunnergelb der Wallfahrtskirche vor Augen, die sich mit ihren beiden Zwiebeltürmen imposant aus dem weißen, glitzernden Schnee erhob, der die Landschaft gleichmäßig bedeckte. Plötzlich hatte ich den Eindruck, daß sich irgend etwas unterhalb der Kirche bewegte, daß der Schnee, auf den die Sonne mit fast südlicher Leidenschaft herabbrannte, erfüllt war von rätselhaften Figuren. Und während ich mit zusammengekniffenen Augen den Wagen über die steile Böschung und den gefrorenen Schnee, der nun langsam aufzutauen begann, nach oben auf die Anhöhe lenkte, entdeckte ich immer neue Zeichen und Spuren einer phänomenalen Bewegung dicht über der geschlossenen Schneedecke. Es dauerte einige Zeit, bis ich begriff, daß es sich um Lichtreflexe handelte, um Bewegungen, die das pralle Sonnenlicht verursachte, das auf den Schnee fiel und dabei diese überirdischen Erscheinungen vortäuschte.

Warum soll es damals im 17. Jahrhundert nicht ähnlich gewesen sein? Und warum soll man den Menschen, die von der Existenz eines düsteren Opfersteines wußten, einen Vorwurf daraus machen, wenn sie nun daran interessiert waren, aus diesem unheimlichen Platz, der von hinreißender landschaftlicher Schönheit ist, eine katholische Begegnungsstätte zu machen? Angeblich gab es rund dreißig dieser Erscheinungen, rund dreißigmal eine rätselhafte Geometrie des Aberglaubens, bis man sich zu ersten genauen Untersuchungen und Zeugenbefragungen entschloß, die alle im Schloß Pöchlarn stattfanden. Aus den Protokollen dieser Vernehmungen ergibt sich dann eine gemeinsame Wahrheit, die den vernehmenden Priestern natürlich deshalb nicht als bedeutungsvoll erscheinen konnte, weil zu jener Zeit das durchschnittliche Wissen über physikalische Vorgänge noch nicht sehr groß war. Alle Zeugen, die eine Bewegung, eine Prozession von weißgekleideten Wallfahrern oder eine Art wanderndes Irrlicht erkannt zu haben glaubten, sagten jetzt unter Eid aus, daß sich diese Erscheinungen stets bei hellem Sonnenlicht, bei klarem Himmel ereignet hätten. Was liegt näher, als sich vorzustellen, daß es immer die Sonne gewesen sein muß, ihr kräftiges Feuer, ihr irritierendes Leuchten und Strahlen, das auf dieser Hochfläche von besonderer Intensität ist, die für alle diese Spiegelungen und geheimnisvollen Erscheinungen verantwortlich war. Die Menschen glaubten an ein Wunder. Die höchsten Instanzen der Kirche, die diese Vorfälle nunmehr seit drei Jahrhunderten untersuchen, haben diese Wunder bis heute aus gutem Grund nicht bestätigt, weil auch ihnen klar war, daß gewisse Sonnenreflexe und Spiegelungen des Sonnenlichts für sich allein genommen schon ein Wunder darstellen, ein Wunder allerdings, das eine ganz natürliche Erklärung findet.

Im Frühjahr 1660 wurde freilich oben auf der Anhöhe der Grundstein für die barocke Wallfahrtskirche gelegt, an der fortan die Baumeister und Architekten Gerstenbrand, Lugaro und schließlich Jakob Prandtauer arbeiteten. Dieser gestaltete die prachtvolle Kuppel der Kirche. Zugleich setzte auch die Wallfahrt nach Maria Taferl ein, wobei gewisse sonderbare Ereignisse das Interesse der Pilger nur noch vertieften. Denn natürlich gab es auch hier Heilungen und eigentümliche Gebetserhörungen, die jedesmal von neuem den Zulauf verstärkten, so daß in manchen Jahren bis zu dreihunderttausend Wallfahrer nach Maria Taferl kamen. Besonders eingeprägt aber hatte sich der gläubigen Bevölkerung jene dramatische Dezembernacht im Jahre 1755, als ein offenbar geistesgestörter oder auch besonders sensibler Ministrant – es kann ihm auch das ständige Ministrieren in der eiskalten Kirche lästig gewesen sein – Feuer an die Überreste der Eiche legte, aus der heraus ja eigentlich die Wallfahrt entstanden war. Der Baum brannte jedenfalls zur Gänze ab, aber die Pilgerbewegung nahm dadurch keinen Schaden, im Gegenteil. Jetzt strömten die Wallfahrer erst recht nach Maria Taferl, beklagten die Schändung, betrachteten den düsteren Opferstein, der schon 1636 von einem steinernen Geländer umgeben worden war, und verrichteten ihre Gebete.

Ich bin an jenem sonnenklaren Wintertag, als die Kirche völlig verlassen war, lange oberhalb der Donau über diese Hochfläche gewandert, die seit so vielen Jahrhunderten schon ein Schauplatz für religiöse oder auch nur abergläubische Exerzitien ist. Zuerst die dumpfe Ahnung keltischer Zeremonien, später die Furcht der Menschen vor der unheilvollen Erinnerung an diese Zeremonien, und schließlich der Triumph der Frömmigkeit. Ein wenig erinnerte mich die Kirche und ihre landschaftliche Lage an das fränkische Vierzehnheiligen, nur daß es hier nicht diese Helligkeit und Fröhlichkeit der architektonischen und bildnerischen Form gibt. Der Himmel in der Kuppel von Maria Taferl ist von einer schweren, wuchtigen Farbigkeit, das große Kirchenschiff atmet eine Strenge, die beinahe unbehaglich anmutet und sich erst draußen wieder verliert, wenn man über den Nibelungengau und das Donautal weit in die Ferne blickt, wo sich schon die eisigen Konturen der Gebirge erheben. In Erinnerung geblieben ist mir auch eine alte Sonnenuhr an der Fassade, genau zwischen den beiden Zwiebeltürmen. Spuren von Fresken sind noch erkennbar, Spuren einer Farbigkeit, die den heraufwandernden Pilgern früher einmal wie eine buntbemalte Fahne entgegengeweht sein muß.

Mariazell

Es war im Jänner. Ich war frühzeitig am Morgen in Verona aufgebrochen und über den Brenner ins berühmte Salzkammergut gefahren, tagsüber zumeist von einem wolkenlosen und frostklaren Himmel begleitet, der sich sogar noch in St. Wolfgang und am Mondsee wie ein fleckenloser Spiegel über den Trögen und Mulden voll weißlichem Nebel spannte, in denen die Seen des Salzkammergutes verborgen lagen. Dann, noch den gleißenden Widerschein des Pacheraltars von St. Wolfgang im Gedächtnis, fuhr ich ostwärts nach Maria Taferl oberhalb der Donau, zeitweise umgeben von einem sausenden Oststurm, immer einer Erinnerung folgend, die stückweise aufbrach und mir den Blick freigab auf die alten Geschichten, die in dieser Landschaft im Zusammenhang mit der Zivilisation und der geistigen Kultur der Menschen entstanden waren. Zuletzt wandte ich mich nach Süden, dem Voralpengebiet entgegen, überquerte in der unmittelbaren Nachbarschaft eines Berges, der wie ein machtvoll aufragendes Felsendreieck aussieht und Ötscher heißt, irgendwelche tiefverschneite Bergpässe, die von stiller und schöner Romantik waren, sah die Flammenwand der allmählich untergehenden Sonne sich rosafarben und blutrot rings um den Ötscher ausbreiten, während über den Himmel, der nun die Farbe ungeschliffener Diamanten angenommen hatte, der weiße Faden eines Kondensstreifens zerfloß, den ein unsichtbares Flugzeug hinterlassen hatte. Die Fichten und Tannen bogen sich unter der Last frisch gefallenen Schnees, und über die steilen Hänge, an denen ich langsam entlangfuhr, krochen riesige Schneezungen, die der unaufhörlich blasende Wind zu abenteuerlichen Gebilden geformt hatte. Aus den Wäldern, die tief unter mir lagen und schon an die Dämmerung zurückfielen, die aus den Tälern emporstieg, wehten große Nebelfahnen bergaufwärts. Und während ich immer noch die Bilder, Farben und Gerüche des Südens in mir spürte, während noch die Erinnerung an Verona, aber auch an St. Wolfgang und Maria Taferl in mir wirksam war, sank ich unaufhaltsam wieder in die Tiefe einer friedlichen Landschaft hinab, in schneebedeckte Mulden und an die leicht gewölbten Ufer schwärzlicher Bäche, über denen schon der abendliche Nebel stand.

Die ersten Häuser von Mariazell erreichte ich, als gerade die Peitschenlampen und Neonröhren ihr bleiches, abstoßendes Licht über die winterliche Natur zu verströmen begannen.

Später auf dem Platz vor und unterhalb der Basilika reversierten einige übergroße Autobusse mit dröhnendem Lärm, röhrten Hupen und schlugen die Türen dieser Autobusse, war für die zahlreichen Ausflugsgäste, die sich für einen halben Tag oder für eine Stunde in Mariazell aufgehalten hatten, die Zeit des Aufbruchs gekommen. Ich stellte meinen Wagen am Rande des Platzes ab und ging zur Kirche. Und traf dort auf eine hübsche vierzigjährige Frau im Pelzmantel, das heißt, ich begegnete ihr auf eine Weise, die großen Eindruck auf mich gemacht hatte. Sie kniete nämlich unmittelbar vor dem Gnadenbild, vor der legendären Madonnenstatue, und sie mußte mindestens eine halbe Stunde dort zugebracht haben, in Gebet und Meditation versunken, weil ich zuvor eine langsame und aufenthaltsreiche Wanderung durch die dunkle Kirche unternommen hatte, bevor ich wieder zum Gnadenaltar zurückkehrte.

Das Gesicht der Frau war jetzt vollkommen verändert. Es hatte den Anschein einer blutleeren, fast ohnmächtigen Zurückgezogenheit, einer Absenz von den Dingen des Lebens. Es wirkte wie ausgelöscht, aber es war nicht tot oder eben nur maskenhaft erstarrt, sondern es war nach innen gerichtet, sich selbst, dem eigenen Bewußtsein so sehr zurückgegeben, daß es plötzlich zum Abbild dessen wurde, was die Gedanken dieser Frau produzierten. Sie rief um Hilfe. Und dieser lautlose Hilferuf zeichnete sich auf ihrem Gesicht ab.

So also sieht Gläubigkeit aus, dachte ich betroffen. Und so groß ist der Schmerz dieser Frau, ist das seelische Elend, gegen das sie mit aller Kraft ankämpft, daß ihr lebenslustiges und kapriziöses Gesicht darunter zerbricht.

Ich habe in meinem Leben viele Menschen beten sehen, aber ich war mir noch nie so sehr wie diesmal der radikalen Veränderung bewußt geworden, die dieser meditative Vorgang in und auf dem Antlitz eines Menschen verursachen kann. Es lag etwas Gebieterisches in der Art, wie das Gesicht der Frau im Widerschein des Gnadenaltars nach innen zurückfiel, und wenn ich jemals einem Wunder beigewohnt habe, dann war es hier, wo die frommen Heuchler, die leider die Welt überschwemmen, und die ideologischen Fanatiker, die das Leben manchmal unerträglich machen können, für ein paar schöne und ergreifende Augenblicke ausgeschlossen waren aus dem Bannkreis der Religion, die sie sonst immer besitzergreifend für sich in Anspruch nehmen.

Ich habe mich seither oft gefragt, ob ich nicht selbst in diesen Augenblicken, da ich auf das Antlitz der betenden Frau blickte, einer Art Verzauberung verfallen sei. Die äußeren Voraussetzungen dafür wären ja immerhin günstig gewesen. Der ganze riesige und nach oben zu scheinbar unendlich gewölbte Bauch der Kirche war in feierliches Halbdunkel gehüllt. Nur das Gnadenbild in der Mitte des Kirchenschiffes erstrahlte in einem überirdischen Glanz – hier war diese törichte Metapher wirklich einmal angebracht! –, wurde aus unsichtbaren Lichtquellen wie so oft an berühmten Wallfahrtsplätzen mit einem Licht überschüttet, das jedes Gramm Gold und jeden Quadratzentimeter Silber plastisch hervorhob. Und weil Gold und Silber gemeinsam mit den kostbaren Gewändern, die über die schlichte Holzstatue der Muttergottes geworfen sind, diesen Gnadenaltar in einer einzigartigen, aber nahezu unmenschlichen, sozusagen unfaßbaren Weise schmückten, weil dieser Gnadenaltar auch durch den Überfluß an Prunk eindrucksvoll hervortrat aus dem Halbdunkel des Kirchenschiffes, war es wohl nur natürlich, daß man fast gegen seinen Willen der allgemeinen Faszination erlag, die Reichtum stets ausübt. Der erste Blick, den man schon beim Eintreten in die Basilika auf einen ganz bestimmten Punkt des Kirchenschiffes richtet, fällt unweigerlich auf diesen strahlend erleuchteten Gnadenaltar. Und wo immer man sich dann aufhält, welchen Weg man auch einschlägt durch das riesige Kirchenschiff, so spürt, sieht, ahnt und empfindet man die scheinbar überirdische Lichtquelle, das gewaltige Gleißen und Glänzen als etwas so Unerhörtes, daß man sich ihm nicht entziehen kann. Wenn dieses Kirchenschiff in mancher Hinsicht den qualitativen Eindruck eines Museums macht, dann ist der Gnadenaltar mit der Statue der unbestrittene Mittelpunkt dieses Museums.

Es saßen zwei Dutzend betende oder auch nur gleichgültige, neugierige Kirchenbesucher in den Betbänken. Es knieten einige Gläubige im Schattengeflecht des Hintergrunds. Es war zweifellos eine Atmosphäre, die auf religiöse Absichten abgestimmt war. Aber ich wurde fast ausschließlich vom lichtüberschwemmten Gold des Strahlenkranzes angezogen, der die Statue umgibt, ich konnte mich nur schwer diesem Feuer widersetzen, das besitzergreifend in der Mitte der Kirche aufloderte, und ich sah vor allem das Antlitz der Frau, die auf der Betbank unmittelbar vor dem Altar kniete und betete und ... oh ja, ich riskiere diesen Ausdruck ganz bewußt, und dabei nicht von dieser Welt war.

Draußen herrschte der Jahrmarktsrummel eines Wochenendes im Winter. Die ankommenden und abfahrenden Reiseautobusse spieen in kurzen Abständen ihre menschliche Fracht aus und sammelten sie nach zwanzig Minuten, nach einer Stunde wieder ein. Die Devotionalienläden rings um die Kirche, die gleichfalls etwas Jahrmarkthaftes haben, waren entweder noch geöffnet oder arbeiteten bei halb herabgelassenen Rollbalken, unter denen dann ein breiter Streifen gelblichen Lichtes auf den zertretenen Schnee fiel. In den Gasthöfen, die entlang des abwärts fallenden Platzes vor der Basilika stehen, konnte man hinter den hellerleuchteten Fenstern die geschäftigen Vorbereitungen für das Abendessen erkennen. Skifahrer wanderten in Gruppen und mit abgeschnallten Skiern über den Platz, der von den Autos und Autobussen besetzt war, und zwar so maßlos besetzt war, daß weder Verbotstafeln noch Toreinfahrten die Autofahrer daran hinderten, ihre Wagen davor abzustellen. Das alles ergab ein Bild von rühriger Geschäftigkeit und Beweglichkeit, das doppelt beeindruckend war, wenn man sich die ruhige Einsamkeit der Landschaft vorstellte, diese unberührte, schneebedeckte Natur mit ihren Wäldern, Hochtälern, Schluchten, Hügeln und Bergen, die Mariazell wie ein verfilztes Gestrüpp umgeben.

Diese heute noch spürbare Verfilzung von dichten und immergrünen Nadelwäldern, schmalen und dramatisch akzentuierten Schluchten, in deren Tiefe reißende Sturzbäche sich durch das Gestein wühlen, mit den hochaufragenden Gebirgszügen, die in mehreren Kreisen das Hochtal von Mariazell umschließen und zugleich einengen, diese Verfilzung der Natur also, die viele Jahrhunderte lang jedes Einsickern der Zivilisation in diese Einödlandschaft erfolgreich verhindert hatte, war eigentlich eine der wesentlichen Voraussetzungen für die Entstehung des Kultes rund um die schlichte hölzerne Statue, die, wenn sie von allen Festgewändern entkleidet ist, trotz ihrer geringen Größe – sie mißt in der Höhe nicht einmal fünfzig Zentimeter – von strenger Schönheit ist. Denn Menschen lebten in der Wildnis zwischen den Bergen und in den endlosen Wäldern auch damals schon, als um die Mitte des 12. Jahrhunderts die ersten Mönche aus dem Benediktinerkloster St. Lambrecht hierher an die Ufer des Erlausees und an einen fischreichen Gebirgsfluß namens Salza zogen, damit sie diesen verstreut und vereinsamt lebenden Bergbauern, Hirten und Köhlern das Wort Gottes nahebringen konnten. Es war nicht mehr und nicht weniger als ein Akt der Missionierung, der stattfand. So und nicht anders führte man der Lehre Christi neue Hörer zu, so und nicht anders gewann man überall neue Seelen. Es war hier freilich ein Schritt ins unbekannte und vielleicht sogar bedrohliche Neuland, der im Dienste des Glaubens getan werden mußte. Denn zwar waren die uralten und teilweise noch aus keltischen Motiven übernommenen Formen eines primitiven Heidentums schon vergessen oder weitgehend zurückgedrängt aus dem Gedächtnis der Menschen, aber die Beschäftigung mit sonderbaren Dingen, Kulten und Gewohnheiten, der sich die rauhen und bedürfnislosen Menschen im Schatten des Ötscher hingaben, muß immer noch so merkwürdig ausgefallen sein, daß Christus dabei auf jeden Fall zu kurz kam. Die Beschäftigung mit Gott, um es so zu sagen, muß eher dürftig gewesen und notgedrungen äußerst unvollkommen ausgefallen sein. Der gewaltige Orgelton, den der Wintersturm in den Wäldern erzeugte, war die einzige Musik, die man zum Ruhme Gottes vernahm. Und das eisige Schweigen der schneebedeckten Hänge mußte zwangsläufig jede andere religiöse Art der Meditation ersetzen.

Es kamen also die Benediktiner. Zuerst ein Mönch, wie es die Legende erzählt, der gleichsam die Vorhut machte und dem vielleicht sogar die Gefahr eines Martyriums drohte, weil ja niemand ganz genau wußte, wie sich das Waldvolk, das ein rauhes Leben führte und eine rauhe Sprache redete, diesem Sendboten einer neuen Zeit und eines neuen Glaubens gegenüber verhalten würde. Und hier schon, so meine ich, beginnt die hohe Kunst dieser Benediktiner, setzt ihr eminentes psychologisches Einfühlungsvermögen ein, das die ersten schwierigen Widerstände sozusagen spielend überwand. Denn was sonst als die Beschäftigung mit der Natur, als eine selbstverständliche Anpassung an die Gewalt der Landschaft, der Berge und rauschende Wälder würden die Bauern und Hirten akzeptieren können, die gewiß keine Heiden im strengen Sinne und ebenso gewiß keine Christen im reinen Sinne des Wortes waren.

Die Beschäftigung mit der Natur, die Unterwanderung ihrer Gesetzmäßigkeit durch den menschlichen Verstand war dann die eigentliche Verführung, der die Menschen in dieser Wildnis nicht widerstehen konnten. Der erste Mönch, der in das Hochtal kam, stellte nämlich eine kleine Muttergottesstatue, die er selbst oder einer seiner Glaubensbrüder angefertigt hatte, auf einen Baumstamm mitten in die Landschaft. Die Statue war wahrscheinlich kunstlos angefertigt, nur in rohen Umrissen erkennbar. Aber die charakteristische Haltung der Muttergottes und wohl auch ihres Sohnes war so beschaffen, daß der einfältige, von Aberglauben und dumpfem Unwissen gepeinigte Waldmensch des 12. Jahrhunderts darin ohne besondere Schwierigkeit ein verehrungswürdiges Ideal erkennen konnte. Was er hier sah, war ihm durchaus vertraut. Die hölzerne Kapelle, die von den nachfolgenden Mönchen errichtet wurde, die ja anfangs wie die Köhler und Almhirten in einer Höhle oder in einer einfachen Hütte aus getrockneter Baumrinde hausten, vervollständigte diese geniale Form der Anpassung.

Denn diese Art der Beschäftigung mit dem Glauben und auch diese auf die Verhältnisse einer herben Natur reduzierte Lebensqualität der ersten Benediktiner wurde von den Bergbewohnern vollkommen akzeptiert. Die Menschen verfügten über einen Instinkt, der auf die Natur, in der sie leben und überleben mußten, in einem solchen Maße ausgerichtet war, daß sie nunmehr bereitwillig vor der schlichten Madonnenstatue auf dem Baumstamm und später in der hölzernen Kapelle ihre einfachen Gebete verrichteten. Sie respektierten die Bereitwilligkeit der Mönche, so zu leben wie sie selbst, nämlich frugal und von lebenserhaltender Härte. Und sie begriffen den Glauben, der ihnen auf einer vertrauten Ebene angeboten wurde – roch anfangs nicht auch diese hölzerne Muttergottes nach Baumharz? –, als etwas Selbstverständliches.

So hatte es also angefangen. Oder so müssen wir es uns vorstellen, daß es angefangen haben könnte, denn stichhaltige, historisch genau überprüfbare Beweise gibt es nicht sehr

9 Die Wies: Innenansicht

QUE SOY
ERA
IMMACULADA COUNCEPCIOU

11 Lourdes: Gesamtansicht

◁ 10 Lourdes: Grotte von Massabielle

12 Maria Taferl

viele. Was etwa die Statue betrifft, von der alle Welt meint, sie wäre der Anfang von Mariazell gewesen, so ist doppelte Vorsicht geboten, wie wir später noch sehen werden. Aber trotzdem: So sollten wir es uns vorstellen, daß alles angefangen hatte. Die Mönche, ausgesandt in die Wildnis, um ein paar Dutzend Menschen zu missionieren, verschafften sich Zugang zum Gefühl und ins Vertrauen dieser Menschen, indem sie ihnen ein begreifbares Lebensbeispiel vorlebten. Da war also die Statue auf dem Baumstamm. Und da waren die staunenden, ehrfürchtigen Menschen davor. Was kann es gewesen sein, das erstmals ein Zeichen setzte? Eine Axt, die ins Fleisch fuhr? Und dann heilte die Wunde unterm Schmerzensgestammel vor der Muttergottes? Ein stürzender Baum, der den Holzknecht nicht erschlug, weil dieser, wie er später eifrig beschwor, im rechten Augenblick an die Gnadenmutter gedacht hatte und zur Seite gesprungen war? Talwärts donnernde Lawinen, die sich vorsorglich teilten, bevor sie das Gelände mit der hölzernen Kapelle und der ersten Statue aus Lindenholz erreichten?

Das alles, was sich hier auf engstem Raum und allerdings auch in einer besonderen Unzugänglichkeit, in einer ans Hochalpine grenzenden Landschaft an Außergewöhnlichem und damit auch an Wunderbarem ereignete, hätte freilich für sich allein kaum ausgereicht, Mariazell in seiner heutigen prachtvollen Form entstehen zu lassen. In den offiziellen Aufzeichnungen heißt es nämlich recht lapidar: Im Jahre 1157 bezogen fünf Mönche eine Klause. Seit dem 14. Jahrhundert pilgerten Gläubige aus ganz Europa in die Einsamkeit dieser Gebirgswelt.

Aber was ereignete sich dazwischen? Oder was geschah wirklich? Welches außerordentliche Ereignis sorgte für den unerläßlichen propagandistischen Effekt, der dafür verantwortlich war, daß dann auch tatsächlich die Pilgergruppen in dieses Hochtal strömten, wo sich nun eine Ansiedlung auszubreiten begann? Waren es nur die kleinen Ereignisse von lokaler Bedeutung, die diesen gewaltigen Zulauf verursachten? Die rasch verheilende Wunde, der Schneewall, der sich im letzten Augenblick harmlos teilte, die Erfüllung bescheidener Bitten? Nein, darauf kann man ganz gewiß keine weit über die Landesgrenzen hinauswirkende Attraktion des Glaubens begründen. Derlei mag für den näheren Umkreis wirksam und kann für die Talschaften und Hochalmen im Schatten des Ötscher bedeutungsvoll gewesen sein, daß die Almhirten und Bauern jetzt die Mönche bereitwilliger als zu Beginn dieses Abenteuers aufsuchten zu Beichte und heiliger Messe, daß sie nunmehr wirklich in tiefer Verehrung vor einer Statue aus Lindenholz verharrten und ihre geheimen Wünsche vorbrachten. Aber Pilgergruppen aus ganz Europa? Tausende und Zehntausend Wallfahrer, die von überallher nach Mariazell kommen, und zwar ungeachtet aller politischen Schwierigkeiten und natürlichen Hindernisse, die sich damals – und in gewisser Hinsicht auch heute noch – einer solchen Pilgerfahrt hemmend in den Weg stellten?

Nein, das wäre doch wohl zu unwahrscheinlich, entspräche kaum den Gesetzmäßigkeiten so gut wie aller europäischen Wallfahrtsorte von einiger Bedeutung, deren recht abwechslungsreiche Biographien im Grunde ja etwas Wichtiges gemeinsam haben: den einen entscheidenden Anstoß, der aus einem verschlafenen Provinznest, aus einem entlegenen Dorf oder aus einer einsamen Höhle, aus einem windumrauschten Hügel erst diesen magischen Schauplatz für die zahllosen gläubigen Menschen macht, die dann keine Mühe scheuen, um ans Ziel ihrer frommen Wünsche zu gelangen. Und genau an diesem Punkt aller Überlegungen stößt man auf einige recht bemerkenswerte Fakten, die neben der wüsten, völlig vereinsamten und freilich auch schönen Natur dieses Landstrichs mitverantwortlich waren für die Existenz von Mariazell. In gewisser Weise sind diese Fakten und die daraus resultierende Entwicklung ja schon an der Baugeschichte der Basilika ablesbar, denn aus der ursprünglich rein romanischen Kirche, mit deren Bau um das Jahr 1200 begonnen wurde, wird durch gotische Elemente eine Mischform, die dann später, als bereits ihre Umwandlung zur Hallenkirche vollzogen war, noch durch barocke Einschübe vervollständigt wurde. Das alles beweist nur den Instinkt der Steinmetze und Baumeister, die gemeinsam mit den Bauherren jeweils das Gefühl der Zeit, aus der heraus und für die sie wirkten, in Architektur umsetzten. Und dazu kommen jetzt noch die ebenso plausiblen wie interessanten historischen Voraussetzungen für den Ruhm Mariazells.

Denn was bewegt die menschliche Phantasie am meisten? Welchen Fragen ist sie seit Jahrtausenden schon unverändert und wohl auch wehrlos ausgesetzt? Was ist es, das in uns Gefühle wie Furcht oder Freude, Aberglauben oder Frömmigkeit erzeugt?

Nun, da wäre gewiß einmal die recht egoistische und allzu verständliche Sorge um unser materielles Wohlergehen und daraus abgeleitet dann natürlich die Furcht vor den Reitern der Apokalypse, in welcher Gestalt und auf welche Weise auch immer sie drohend am Horizont erscheinen mögen. Und auch die nagende Angst, daß das eigene Seelenheil Schaden nehmen könnte, gehört in eine solche Aufzählung, wobei ich ganz gerne daran erinnern möchte, daß auch in sogenannter aufgeklärter und allem Agnostischen freundlich gestimmter Zeit die Menschen, wenn sie wirklich einmal in Existenz- oder Lebensgefahr geraten, fast immer einen stummen Hilfeschrei an Gott, an ein höheres Wesen, an etwas Unbekanntes und zugleich Allmächtiges senden. Niemand von uns ist so abgebrüht, daß er nicht in irgendeinem verborgenen Winkel seines Gefühls eine Neigung entdeckte, sich den metaphysischen Dingen zu ergeben, die allem Anschein nach tatsächlich unsere Existenz mitbestimmen. Und wenn wir uns nun vorzustellen versuchen, daß alle Gewohnheit, alle Propaganda und natürlich auch alle gesellschaftlichen Verhaltensweisen ausnahmslos darauf ausgerichtet sind, in uns diese permanente Angst um die Unbeflecktheit der eigenen Seele und diese tiefverwurzelte Furcht vor Gott zu erzeugen und fortwährend zu vertiefen, dann haben wir, so meine ich, ungefähr die Situation, in der sich der mittelalterliche Mensch zweifellos befunden haben mag.

Denn womit war ein Bergbauer, ein Almhirte, ein Waldarbeiter oder ein Köhler in der Mariazeller Gegend tatsächlich konfrontiert, wenn man von seinem Kampf ums irdische Überleben einmal absieht? Doch vor allem mit der ständigen Angst um sein Seelenheil, mit der bohrenden Unbehaglichkeit, daß es ein Fegefeuer, eine Hölle gab, also irgendeine Art des Lebens nach dem Tode, die unter Umständen überaus peinvoll und schmerzensreich sein könnte. Niemand erduldet aber gerne die allerschlimmsten Qualen, wenn er eine Möglichkeit sieht, sich davon auf legale Weise zu befreien. Das war auch die Philosophie oder eigentlich der psychologische Trick des sogenannten Ablasses, der um 1330 auch in dieser Landschaft wirksam wurde.

Ich sagte oder meinte: Philosophie des Ablasses. Das hört sich vielleicht geringschätzig an, auch wenn es keinesfalls geringschätzig gemeint ist. Man muß jedes Problem aus der Zeit heraus begreifen, in der es entstanden ist. Die sogenannten Ablaßbriefe, mit denen so lange Zeit und häufig auch auf so verwerfliche Weise ein schwungvoller Handel getrieben wurde und die eigentlich aus der inzwischen längst verlorengegangenen Kreuzzugsidee entstanden waren, spekulierten ganz bewußt und in mancher Hinsicht auch in der besten moralischen Absicht mit der abergläubischen Furcht der Menschen vor Verdammnis und Höllenqual. Eine Versicherung gegen das Unglück, gegen das Böse, in welcher Form es auch immer auftreten mag, war und ist zu allen Zeiten gebräuchlich. Selbst der Islam, die wichtige Gegenbewegung zum Christentum, kennt diesen legitimen Ausweg. Nicht jeder Pilger mußte nach Mekka. Es genügte auch ein Besuch der nähergelegenen heiligen Städte Kairouan oder Fez.

Genauso müssen wir das im Zusammenhang mit vielen berühmten Wallfahrtsplätzen Europas sehen. Nicht jeder Christ, der seine Sünden abladen wollte an einer heiligen Stätte, konnte nach Jerusalem, Rom oder Santiago de Compostela. Nicht jede physische Konstitution war kräftig genug, nicht jeder Geldbeutel so prall gefüllt, daß man ein solches Reiseabenteuer auf sich nehmen konnte. Aber einen Ablaßbrief mochte sich wirklich fast jedermann leisten, und eine Wallfahrt zur nächstgelegenen Pilgerstätte, wo man diesen Ablaßbrief preiswert erstehen durfte, war sogar einer schwächlicheren Konstitution zumutbar. Außerdem gab es an jeder Wallfahrtsstätte stets die vage Hoffnung auf ein Wunder, gab es eine Unzahl von Möglichkeiten, sich seinen Heiligen oder die Muttergottes durch Gebet und fromme Demut für die eigenen bescheidenen Wünsche geneigt zu machen. Und in Mariazell gab es auch noch die berühmte Statue, die höchste Verehrung genoß und selbst in der Ära des Ablaßhandels der geistige Mittelpunkt des Wallfahrtsplatzes war.

Nur: Um welche Statue handelte es sich dabei wirklich? Und: War das noch, wie man gedankenlos annimmt, diese Schnitzarbeit der ersten Mönche? Oder war da inzwischen etwas geschehen, das auch erzählt werden muß?

Das war das eine. Das andere entscheidende Ereignis für die stürmische Aufwärtsentwicklung Mariazells, die etwa von der Mitte des 14. Jahrhunderts an und dann vor allem im 15. Jahrhundert einsetzte, lag in einem Traum des ungarischen Königs Ludwig des Großen begründet, der bei einem seiner Feldzüge gegen die Türken eines Nachts von der Mariazeller Muttergottes träumte, anderntags gegen eine vierfache Übermacht einen großen Sieg errang und daraufhin nicht nur die berühmte gotische Gnadenkapelle stiftete, die heute mitten im Kirchenschiff der Mariazeller Basilika steht und dieses Kirchenschiff beherrscht, sondern auch, was an sich gar nicht ungewöhnlich war, sogleich für die Herbeischaffung eines zweiten, sozusagen königlichen und magyarischen Gnadenbildes sorgte. Das war eine byzantinisch beeinflußte Madonnenstatue aus den seinerzeit hochgeschätzten Werkstätten von Siena. Diese wichtige Stiftung erfolgte im Jahre 1369, und wenn man weiß, daß dieser bemerkenswerte Anjou-König, der über Ungarn und Polen regierte, auch den Bau des Klosters auf Jasna Gora in Tschenstochau gefördert und in Aachen die sogenannte Ungarnkapelle angeordnet hatte, dann begreift man unschwer die geistigen und politischen Zusammenhänge, die sich hinter dieser Förderung religiöser Zentren und in dieser musterhaft organisierten Verbreitung christlichen Gedankengutes verbergen. Nicht zufällig erhielt die Statue, die der ungarische König gestiftet hatte, den schmückenden Beinamen »Großherrin von Ungarn«.

Denn wie der Ablaßbrief für den einzelnen Privatmann und seinen Seelenfrieden von großer Bedeutung war, so war für den König, den möglicherweise auch eine ferne Erinnerung an ein königliches Gottesgnadentum bewegte, eine perfekt funktionierende Koalition mit der Kirche und deren politischen Idealen durchaus lebenswichtig. Man kämpft nicht aus purer Lust und Laune gegen den islamischen Feind, mit dem man sich unter Umständen ja auch gewinnbringend verbünden könnte, wenn man nicht selbst mit allem Fanatismus und mit aller Inbrunst an das Ideal glaubt, das man verteidigt und für dessen Verteidigung man dann auch zu jedem Opfer bereit sein muß. Andererseits war es in der Natur der Sache begründet, daß man aus dieser Verbindung mit einem Ideal auch seine materiellen und machtpolitischen Vorteile zog. Aber das ist ja schließlich nichts Neues und hat sich, wenngleich in abgewandelter Form und auf die politischen Parteien konzentriert, bis heute als recht praktikabel erwiesen.

In Mariazell wurde jetzt jedenfalls die Wallfahrtsbewegung rund um die Madonnenstatue machtvoll und unaufhaltsam. Und das, obgleich es einige Details gibt, die doch ein wenig aufklärungsbedürftig erscheinen. Denn die berühmte Statue aus Lindenholz, um die sich schließlich alles dreht und die heute noch verehrt wird wie kaum eine andere Reliquie oder ein Gnadenbild im alpenländischen Raum, knapp fünfzig Zentimeter hoch und charakteristisch allein schon durch die Haltung der Hände, mit der die Muttergottes eine Birne und das Jesuskind einen Apfel auf eine Weise umfassen, als wollten sie die Früchte gegenseitig austauschen – diese Statue stammt, wenn man ihre Entstehungsgeschichte einmal von allen romantischen Legenden befreit, nicht aus dem Jahre 1157, wie vielleicht von den vielen Pilgern angenommen wird, und auch nicht aus dem Jahre 1330, als der gewinnbringende Ablaßhandel einsetzte, sondern aus der zweiten Hälfte des 13. Jahrhunderts. Sie kann also keinesfalls mit der Statue identisch sein, die von den ersten Benediktinern um die Mitte des 12. Jahrhunderts entweder mitgebracht oder vielleicht auch hier geschnitzt wurde. Sie muß, wenn überhaupt, eine Vorläuferin gehabt haben. Das ändert freilich nichts daran, daß um das Jahr 1200, also noch während der ersten verschollenen oder nur in der Legende aufscheinenden Statue, mit dem Bau der Pfarrkirche begonnen wurde, aus der dann nach zahlreichen Umbauten und Ergänzungen die weltberühmte Wallfahrtskirche wurde. Übrigens ist der Schöpfer der originalen Mariazeller Madonnenstatue, wie so oft anderswo, unbekannt geblieben.

Zwei Statuen also, wenn wir der Legende glauben wollen, denen der Ungarnkönig Ludwig der Große im Jahre 1369 noch diese »Großherrin von Ungarn« beigesellte. Es wird zwar nie erwähnt und es ist nach meinem Dafürhalten auch gar nicht entscheidend für die Glaubensbereitschaft der Menschen, aber es ist eben doch eine nur schwer zu widerlegende Tatsache, daß dieses seit so vielen Jahrhunderten verehrte Gnadenbild und spirituelle Zentrum der Kirche erst in der zweiten Hälfte des 13. Jahrhunderts entstanden ist, also mindestens ein Jahrhundert später als jenes geheimnisvolles Bildwerk, von dem wir annehmen müssen, daß es ein frommer Mönch neben seiner Zelle aufgestellt hatte. Schließlich resultiert ja auch der Name Mariazell aus diesem Umstand, nämlich »Maria vor der Zelle«.

Fassen wir noch einmal die wichtigsten Fakten zusammen: 1157 kommen die ersten Mönche, um das Jahr 1200 wird bereits mit dem Bau einer Kirche begonnen, und um 1330 beginnt mit außerordentlicher Vehemenz das Geschäft mit den Ablaßbriefen. Dann, wenige Jahrzehnte nach diesen ersten Ablässen, entsteht aus unbekannter Hand die Madonnenstatue, wie wir sie heute kennen, und 1369 schließlich kommt es zu den großherzigen Stiftungen Ludwig des Großen. Bereits 1342, also schon zehn Jahre nach dem Beginn mit dem Ablaßhandel, wird Mariazell zum Markt erhoben. Und spätestens um 1500 können die Mönche das Stadium der reinen Missionstätigkeit zugunsten einer weitgespannten und tiefgreifenden geistigen Beeinflussung der Menschen verlassen.

Jetzt, um 1500, können sie sogar schon erstmals ein Verzeichnis jener Länder vorlegen, aus denen die Pilger nach Mariazell strömen. Und da erweist es sich, daß um diese Zeit tatsächlich aus allen umliegenden Fürstentümern, Königreichen und Nationen Tausende von frommen Menschen den schwierigen Weg in die gebirgige, schluchtenreiche und von endlosen Wäldern bedeckte Einsamkeit des Mariazeller Hochtals finden. Es sind neben den Ungarn, die seit Ludwig dem Großen diesen Wallfahrtsplatz als ein nationales Heiligtum betrachten, natürlich alle deutschen Stämme vertreten. Aber auch Italiener, Polen, Franzosen und Schweizer kommen in immer größerer Zahl. Und dann vor allem Krainer, die nun ihr bevorzugtes Wallfahrtsziel, den Gurker Dom, sozusagen bis Mariazell ausweiten, aber auch Kroaten, Slowaken, Slawonier, zahllose Vertreter aus allen slawischen Gebieten, die in der schweren Zeit der Türkenkriege bei der Lindenholzmadonna und auch vor der sienensischen Muttergottes Ludwigs des Großen Trost und geistige Zuflucht suchen. Mariazell wird jedenfalls in diesem wichtigen 16. Jahrhundert – und nachdem der Ablaßhandel eine solide Basis geschaffen hatte – zum Zentrum einer internationalen Bewegung. Die Zahlen, die man in diesem Zusammenhang erfährt, sind beeindruckend. Da erscheinen etwa an einem berühmten Ablaßtag, dem sogenannten Bartholomäusfest, mehr als zwanzigtausend Pilger in Mariazell. Das war im Jahre 1599. Fast ein Jahrhundert später, 1692, kommt es zur legendären Esterhazy-Wallfahrt, bei welcher der Fürst, der höchstpersönlich achtundzwanzigmal in Mariazell als demütiger aristokratischer Pilger auftrat, mit zwölftausend seiner Untertanen vor der Wallfahrtskirche erschien, um Dank zu sagen für die Errettung aus großer Türkennot. Im Jahre 1712 zählte man 419 größere Prozessionen nach Mariazell, 1757 wurden dort 373.000 Hostien verwendet, was ebenso viele Kommunionen bedeutet. Der Habsburger Karl VI. stiftete den prunkvollen Hochaltar, der ein Werk Fischer von Erlachs ist. Maria Theresia wurde zu diesem Altar geführt, als sie ihre erste Kommunion entgegennahm. Die Kronen der Muttergottes und des Jesuskindes, die immer nur mit päpstlicher Erlaubnis der Statue aufgesetzt oder gewechselt werden dürfen, stammten ursprünglich von einem magyarischen Erzbischof aus Gran und wurden 1957 durch Kronen ersetzt, die Otto von Habsburg stiftete. Andere kostbare oder auch eigentümliche Stiftungen – die Schatzkammer der Kirche erinnert in dieser Hinsicht gelegentlich an ein Raritätenkabinett – machten Königinnen wie Maria-Carolina aus Neapel, Kaiserinnen wie Maria Theresia und Aristokraten vor allem aus der slawischen und magyarischen Provinz des alten Habsburgerreiches.

Mariazell ist einmal mehr der Beweis dafür, wie eine Wallfahrtsstätte aus bescheidensten, ja primitiven Anfängen durch merkantile Intelligenz und politische Tatkraft sowohl der weltlichen als auch der kirchlichen Institutionen zu allerhöchstem Rang und zu allergrößter Bedeutung aufsteigen kann. Der Bogen, der sich vom ersten Ablaßhandel über die Stiftungen eines Ungarnkönigs bis zum politischen Selbstverständnis der Habsburger spannte, mit dem sie Mariazell als das religiöse Zentrum ihres Vielvölkerreiches betrachteten, beschreibt auch die Biographie dieses Wallfahrtsplatzes. Dabei hatte sich am ursprünglichen Zustand der berühmten Statue – und zwar jener aus dem 13. Jahrhundert – nichts verändert, bewirkte aller aufgehäufte Reichtum und aller äußerliche Prunk keinen anderen Charakter des Gesichtsausdrucks und keine ästhetische Verformung oder Verfremdung. Es blieb durch alle Höhepunkte und inmitten des Überflusses eine bäuerliche Figur, deren naive Form auch durch Prachtkleider und goldene Kronen nichts von ihrer schönen Ernsthaftigkeit und Ursprünglichkeit verlor.

Und vor dem Gnadenaltar mit dieser rätselhaften Statue einer Muttergottes, deren handtellergroßes, lindenhölzernes Antlitz wie ein zusammengeschrumpftes Äpfelchen aus den

Halskrausen der schmückenden Kleider hervorblickte, sah ich an einem Abend im Jänner eine hübsche, allem Anschein nach lebenslustige und lebenserfahrene Frau von etwa vierzig Jahren knien und intensiv beten. Die selbstvergessene Art dieses Betens, das von allen gesellschaftlichen Mechanismen und Zwängen vollkommen befreite Untertauchen der Frau in eine Meditation, in der man vielleicht auf das Wunder der eigenen Wahrnehmung stößt und sich selbst findet, war für mich ein Erlebnis von nachhaltigem Eindruck. Ich blickte die prunküberhäufte Statue an, in deren Widerschein dieses völlig normale oder eigentlich natürliche Wunder geschah. Das Antlitz der Muttergottes war inmitten der glitzernden Prachtentfaltung all dieses Goldes, all dieser Edelsteine, all dieser Kleider aus kostbarem Brokat und teurer Seide von rührender Bescheidenheit. Ein Stück Lindenholz, das auf gleichnishafte Weise lebendig war und zu dem man Zutrauen empfinden konnte. Der architektonische und materielle Reichtum der Wallfahrtskirche, der Verhältnisse ringsum wurde plötzlich unwichtig. Die eigenen Gedanken und Wünsche waren jetzt von irritierender und zugleich besänftigender Schwerelosigkeit. Und mein Kopf, mein schwerer Körper, meine Gliedmaßen waren unversehens leicht und beinahe von tänzerischer Beschwingtheit. Mit einem Gefühl unfaßbaren Staunens begriff ich allmählich in dieser dunklen Kirche vor dem strahlend erleuchteten Gnadenbild, daß ich später einmal, in irgendeiner nahen Zukunft und dann allerdings für alle Zeit dieses schreckliche, schöne und abgenutzte Wort vom Frieden würde verwenden dürfen. Und zwar mit einer Berechtigung, die nicht aus der Realität, sondern aus den Gedanken kommt. Frieden kehrte in meine Seele ein. Mein Herz wurde für ein paar wunderbare Augenblicke ruhig und gelassen. Und ich hatte keine Veranlassung, mich dieser Sentimentalität zu schämen, in die ich untertauchte wie in einen Traum.

Gurk/Vier-Berge-Lauf

Wahrscheinlich ist der Glaube etwas so Abstraktes, daß man sich immer nur im Einzelfall und auf eine ausschließlich private Art und Weise damit auseinandersetzen kann. Wenn ich etwa als junger, heranwachsender Mensch mit einem altersschwachen Fahrrad mehr als hundert Kilometer weit fuhr, nur um eine sehr alte und sehr berühmte Kirche zu sehen, über deren magische Bedeutung es unter den Menschen an einer Dreiländergrenze, an der auch ich damals lebte, abenteuerliche Erzählungen gab, so hatte das im Grunde nicht sehr viel mit dem Glauben in einem allgemeinen religiösen Sinn zu tun. Etwas ganz anderes, soweit es den Glauben betrifft, war es mit jenen ausgedehnten Wanderungen, die ich damals, ungefähr zur selben Zeit, rund um die geographische Mitte Kärntens unternahm und die mich im Verlauf von dreißig, vierzig Stunden auf vier verhältnismäßig niedrige Berggipfel brachten, die seit Jahrhunderten einen mythischen Charakter besitzen und auf deren Anhöhen man die besondere Sensibilität erreichen kann, die man braucht, um an gewisse Dinge zwischen Himmel und Erde zu denken, durch die unser Schicksal angeblich beeinflußt wird. Diese vier bewaldeten Bergkuppen waren durchtränkt von Geschichte und Mythos. An ihnen entzündete sich der verwirrte Glaube, dessen ein junger und romantischer Mensch fähig war.

An der berühmten Kirche hingegen scheiterte lange Zeit diese Glaubensfähigkeit, obgleich auch hier das Geheimnis vorhanden schien, aus dem die Wunder entstehen. Aber während der Marsch über die vier Kärntner Berge ohne jede wissenschaftliche Erläuterung unternommen werden konnte und man dem Wirken einer unverfälschten Natur so nahe war, daß man das blasende Geräusch des Windes zwischen den schwärzlichen Fichten hörte – währenddem erhob sich eine Religion, die vollkommene Demut, blinden Gehorsam und das Studium einer seit zweitausend Jahren sich ansammelnden Enzyklopädie der Frömmigkeit forderte, gebieterisch vor allen Empfindungen, die aus der Religion ein Herzensbedürfnis machen könnten.

Die alten Geschichten, in denen gleichnishafte Weisheiten und die nützlichen Erfahrungen der Menschen seit vielen Generationen erzählt werden, waren zwar noch vorhanden. Aber niemand glaubte mehr an ihren Zauber oder verstand noch ihr Geheimnis. Das Unglaubliche hingegen, das sich auf den Anhöhen einer idyllischen Landschaft immer nur in der Phantasie abgespielt hatte, war vollkommen verständlich und entsprach in allem dem Charakter der Menschen, die hier lebten. Die machtvolle Architektur einer der schönsten romanischen Kirchen in der ganzen Alpenregion, die durch wissenschaftliche Erläuterungen und religiöse Beschreibungen sowohl dem Verstand als auch dem Gefühl nahegebracht werden sollte, blieb stets ein wenig fremd und unzugänglich, geradeso, als ob ein strenger Engel sie bewachte. Und die uralten Figuren aus Stein und Marmor, die man in dieser Kirche sehen und anfassen konnte, deren glatte Kälte von der Handfläche, die darüber hinwegstrich, sich bis ins erschrockene Herz mitzuteilen schien, waren bei weitem nicht so vertraut wie das Unvertraute und Unsichtbare draußen in der Kärntner Natur zwischen und auf diesen vier Bergen, wo man damit rechnen mußte, daß irgendwelche Dämonen aus keltischer, illyrischer Zeit sich der Wanderung anschlossen, die man neugierig und zugleich bewegt von einem Gefühl der Glaubensbereitschaft durch eine Landschaft unternahm, die in jeder Hinsicht erfüllt von Geschichten war, die in direkter Folge zurückführten an den Anfang aller Geschichte.

Aber ich erzähle diese Dinge fast in einem Tonfall, als wäre ich schon ein alter Mann. Dabei sind es erst fünfundzwanzig, höchstens dreißig Jahre her, daß ich zum erstenmal vor dem Gurker Dom stand, damals noch etwas verunsichert, weil die beiden hohen und schlanken Glockentürme wie Riesen auf mich zukamen, weil das fahle Leuchten des Steins etwas Überirdisches und zugleich Unheilverkündendes besaß. Und genau dieselbe Zeit liegt auch zwischen meinem dilettantischen Versuch eines privaten Vier-Berge-Laufes und dem Wunsch, diesen Lauf noch einmal darzustellen.

Dieser Lauf oder Marsch muß am Gipfel des Magdalensberges mit seinen inzwischen weltberühmt gewordenen archäologischen Ausgrabungen beginnen, dann zum Ulrichsberg führen, der im Volksmund Karnberg heißt, was aus dem 983 erstmals urkundlich erwähnten Mons Carantanus entstand und auf eine keltische Namensgebung verweist, ein Berg jedenfalls, der den Kärntnern wichtig genug geworden ist, daß sich daraus auch ein patriotischer Nationalismus mit gelegentlich schwerverständlichen Untertönen entwickelt hat. Der dritte Berg dieser Wanderung heißt Göseberg, was aus dem alten slowenischen Wort für Ziege kommt. Veitsberg wird dieser »Ziegenberg« von den Deutschen genannt, während das vierte und letzte Ziel dieses Vier-Berge-Laufes der sogenannte Gauerstall ist, was gleichfalls auf slowenische Namensgebung zurückführt. Es gibt hier eine Querverbindung zu dem Wort »kura«, was soviel wie Henne oder Birkhuhn bedeutet. Die deutschsprachige Bevölkerung nennt diesen Berg Lorenziberg. Selbstverständlich befinden sich auf allen diesen vier Anhöhen, die durchschnittlich um tausend Meter hoch sind, Überreste antiker Kultstätten oder doch die Erinnerung daran. Und es hat für mich etwas unendlich Melancholisches, wenn ich mir vorstelle, wie auf diesen vier Bergen vor vielen Zeitaltern schon die Menschen bereit waren, sich dem Glauben zu unterwerfen. Die Götter und kultischen Gewohnheiten wechselten später einander ab. Die Bereitschaft zum Glauben blieb.

Der Gurker Dom, der eine Art Kontrapunkt zum Vier-Berge-Lauf darstellt, ist im Vergleich dazu von düsterer Eindringlichkeit, vermittelt den Eindruck einer dumpfen Trauer, die übrigens die meisten alten Kirchen in diesem Grenzland ein wenig fremdartig und wie im Schlaf versunkene Geschöpfe aussehen läßt, die einer fernen Zeitenwende entgegendämmern. Und das ist vielleicht auch der fundamentale Unterschied zum Schauplatz des Glaubens in der freien Natur. Im Dom ist die Verführung zu diesem Glauben eine strenge Sache, beinahe etwas Kunstvolles, das mitunter ins Künstliche abgleitet. Auf den vier Kärntner Zauberbergen hingegen kann es vorkommen, daß man Gott wirklich mit jedem Atemzug spürt. Oder den Lufthauch in der Seele nachempfindet, den ein Engel im Vorüberschreiten verursacht. Selbst Atheisten verfallen zwischen dem Magdalensberg und dem Lorenziberg gelegentlich einem verräterischen Gefühl, während sie mit Augen, die plötzlich voll Melancholie sind, auf das urtümliche Land und die altersgrauen Kirchen zu ihren Füßen blicken. Ich persönlich bin ja auch davon überzeugt, daß die Volksliedmusik der Menschen dieses Landes nicht nur auf die Vermischung der drei Rassen zurückzuführen ist – der Slawen und Romanen und Deutschen, die hier seit rund zweitausend Jahren mit- und gegen- und nebeneinander existieren –, sondern auch auf die düsteren Kirchen, auf diese pompöse Trauer, die in manchen uralten Kirchenschiffen so lebendig ist wie die helle Natur draußen vor den geweihten Mauern.

An einem kalten, unfreundlichen Jännermorgen mit leichtem Schneetreiben und dem lautlosen Aufstand der schwarzen Fichten am Waldrand, aus dem der Schnee, der von zahllosen Tierfährten übersät war, herausbrach wie eine Sturzwoge, die sich dann im schmalen Tal schäumend überschlug, war ich wieder in Gurk und im Dom, dessen dunkles Kirchenschiff im Winter freilich abgeschlossen ist. Ich war früh genug gekommen, daß ich noch die Lampen hinter den kleinen Fenstern des großen Klostergebäudes brennen sah, wo heute private und öffentliche Institutionen ihre Bürozimmer haben. Eine schlanke Mariensäule aus der Mitte des 19. Jahrhunderts, die an die Unbeflecktheit der Muttergottes erinnern soll, stand vor der Friedhofsmauer frierend im Schnee. Auf dem Friedhof selbst, der die Kirche umgibt, wuchsen die Schneekappen auf den Kreuzen und Grabmonumenten. Es hatte einen Augenblick lang den Anschein, als ob der Tod vom sanften Niedergleiten des Schnees, von der Lebendigkeit der Natur besiegt worden wäre.

Über allem aber erhob sich das bleiche Mauerwerk des Doms. Es war, als wollten sich die beiden grünen Kuppeln der Türme – es ist ein absurdes Grün, das weder dem Charakter der romanischen Kirchenarchitektur noch dem Charakter der Landschaft entspricht – in den verhängten Himmel verlieren. Mir ist dieses ehrgeizige Emporwachsen immer ein wenig verdächtig gewesen, weil es die Menschen zu einer übergroßen Demut herausfordert. Dabei gibt es in der Krypta des Doms einen prachtvollen, scheinbar organisch gewachsenen Säulenwald, der mich an die Wurzeln erinnert, die alle Dinge haben sollten, die himmelwärts wachsen und dabei doch nicht den Boden unter den Füßen verlieren wollen. Dieser dem Eindruck nach maurisch-islamische und in Wahrheit natürlich romanische Säulengarten, dieses aus Menschenhand entstandene Wurzelwerk eines großen sakralen Gebäudes, das in ein geheimnisvolles Dämmerlicht eingebettet liegt, hat meines Erachtens nichts Vergleichbares außerhalb der italienischen Kulturwelt, die ja erst anderthalb oder zwei

Autostunden südlich von Gurk beginnt. Es kann auch kaum ein Zufall gewesen sein, daß das siebenfach gestufte Innenportal der Kirche um das Jahr 1200 von lombardischen Künstlern und Handwerkern geschaffen wurde. Denn vieles an dieser dreischiffigen Pfeilerbasilika, die in einem schmalen und dunklen Kärntner Tal steht, ist fremdländisch, projiziert mediterrane und sogar levantinische Bilder aufs Aug' des Betrachters, und die slowenischen Bauern aus dem Krainischen, die bis in die Zeit vor dem letzten Weltkrieg den Gurker Dom als einen ihrer wichtigsten Wallfahrtsplätze regelmäßig aufsuchten, diese einfachen und in dürftigen sozialen Verhältnissen lebenden Waldmenschen, die zwischen Gebirge und Meer angesiedelt sind und eigentlich dem italienischen oder mittelmeerländischen Einfluß viel stärker ausgesetzt waren als irgendeiner geistigen Strömung, die aus dem Norden kam, diese wallfahrenden Bauern, Hirten und Waldarbeiter, die unter großen, teilweise selbstauferlegten Mühen nach Gurk gekommen sind, mochten hier eine allerletzte und gerade deshalb bedeutende Bastion jener schönen Luzidität instinktiv erahnt haben, nach der die Sehnsucht der gläubigen Menschen im Hinterland der mittelmeerländischen Küsten immer schon ausgerichtet war.

Ich habe ein paar Beweise für diese Behauptung. Da sind die Kalksteinquader, die an versunkene istrianische Kathedralen erinnern. Und da gibt es die beeindruckende, den Glauben demütigende und zugleich herausfordernde Höhe der Türme, wie man sie erst wieder an den Küsten der Adria im Bereich der venezianischen Kirchenarchitektur findet. Da ist die mittelalterliche Ornamentik, die aus italienischen Vorbildern entstanden ist. Und im Gegensatz dazu spürt man die herbe Zurückhaltung einer hügeligen Landschaft, die sich allmählich zum hochaufragenden Gebirge der Tauern aufschaukelt, waldreich, zerklüftet, schon von steilen Felsen durchsetzt, aus denen klare kalte Sturzbäche hervorschießen. Ein größerer Kontrast als der zwischen dieser Basilika und der Natur rundum wäre kaum vorstellbar.

Allgemein nimmt man an, daß Kärntens Landesheilige Hemma, die aus der historisch nachweisbaren Figur einer Gräfin von Zeltschach und Friesach hervorgegangen ist und die in der ersten Hälfte des 11. Jahrhunderts gelebt hatte, für die Existenz dieses Gurker Doms verantwortlich gewesen sein soll. Das ist so falsch wie die weitverbreitete Annahme, daß der uralte Vier-Berge-Lauf sich jemals – und gerade jetzt wieder im Dienste des Fremdenverkehrs, dieses Zerstörers aller traditionellen Substanz – in eine geschmäcklerische und folkloristisch außerdem völlig verfälschte Unterhaltungsmöglichkeit für neugierige Zaungäste umfunktionieren läßt. Andererseits haben die Krainer, die südlich der Karawanken leben – eines vielfach gegliederten Kalksteingebirges, das den deutschen Sprachraum von den Küstenlandschaften der Adria trennt –, einige Jahrhunderte lang regelmäßig am sogenannten Krainer Freitag – das war stets der vierte Freitag nach Ostern – sich zu Hunderten und mitunter zu Tausenden im Gurker Dom eingefunden, um im Namen und zu Ehren der heiligen Hemma eine Form der Religiosität zu demonstrieren, die eine einzigartige Mischung aus ältesten, noch aus illyrischen Traditionen übernommenen Mythen und strengem katholischen Ritus war.

Man vergißt oder übersieht solche Dinge, solche halbverschollenen Zusammenhänge allzuleicht in einer Zeit, da vor jedem Bauwerk von einiger historischer oder kultureller Bedeutung Sprechapparate angebracht sind, deren Hörer man nur abzunehmen braucht, um Baugeschichte und künstlerische Gestaltung sachgerecht erzählt zu bekommen. Aber daß die Krainer Bauern einmal vor vielen, vielen Jahren diese Gräfin Hemma, die in ihrer Gegend reiche Besitzungen gehabt haben soll, aus dem Land gesteinigt hatten, nur weil sie in Bischoflack, dem heutigen Skofja Loka, eine katholische Kirche errichten lassen wollte, und daß daraufhin so lange keine Saat mehr aufging und keine lebendgeborenen Kälber mehr aus den Bäuchen der Kühe schlüpften, bis sich das wüste steinwerfende Waldvolk zur alljährlichen Wallfahrt nach Gurk bereit erklärte, das ist so wenig bekannt wie der geheimnisvolle Umstand, daß es neben dem Hauptaltar einen gemauerten Schacht gab – eigentlich gibt es ihn ja immer noch –, durch den zahllose schwangere Frauen gekrochen sind, weil sie sich dadurch eine gefahrlose Geburt erhofften. Aber auch die beiden lebensgroßen Wachsfiguren, die von den Krainern vor dem reichlich mit Gold geschmückten Hauptaltar aufgestellt worden waren und stets eine bedeutsame Rolle im Ablauf der Wallfahrt gespielt hatten, sind aus fast allen neueren Beschreibungen des Gurker Doms ersatzlos gestrichen worden. Es hat beinahe den Anschein, als ob man die alten Geschichten einer sanften und dennoch unnachsichtigen Zensur unterzöge.

Diese Wachsfiguren, die natürlich die Heilige und deren Ehemann namens Wilhelm darstellen sollten, waren in einem ganz bestimmten Sinne sogar das Zentrum dieser sonderbaren Wallfahrt. Man rutschte auf Händen und Knien um sie herum. Man setzte ihnen Mützen und Hüte auf, die man nach einer gewissen Zeit voll feierlicher Andacht wieder auf den eigenen Kopf drückte, was angeblich gegen alle Arten von Kopfleiden half. Man berührte Augen, Ohren und das ganze Gesicht der wächsernen Statuen, tastete es behutsam und nachdrücklich ab und drückte die solcherart geweihten Hände dann gegen die eigenen Ohren, die eigenen Augen, das eigene Gesicht: auch das ein frommes oder vielleicht abergläubisches Vorbeugemittel gegen Krankheit und Siechtum. Man schleppte dann die Statuen im Prozessionszug mit, und überall dort, wo man sie für einen kurzen Augenblick abstellte, um zu beten oder eines der ebenso wehmütigen wie tiefempfundenen Lieder zu singen, für die diese Menschen berühmt waren, schaufelte man die Erde in vorsorglich mitgebrachte Säcke, die man später in der Heimat über die eigenen Äcker ausschüttete. Das sollte den Reichtum künftiger Ernten garantieren. Und auch das Wasser aus dem Hemmateich, einem kleinen Weiher hinter dem Dom, wurde in Flaschen abgefüllt und mitgenommen, weil es einen scharfen Blick und Heilung von allen Augenkrankheiten versprach.

So war das alljährlich in der Zeit nach Ostern viele Jahrhunderte lang. So spielte sich das im kleinen Bauerndorf Gurk ab, als noch die krainischen Wallfahrer über den Loibl- und Wurzenpaß herüberkamen nach Kärnten, so war das immer mit dem Beginn am legendären Krainer Freitag, und es läßt sich aus den verschiedenen Bräuchen unschwer eine Brücke der volksnahen Frömmigkeit und allerdings auch der kultischen Erinnerung feststellen, die bis in jenes Zeitalter zurückreicht, als es noch Mutterkult und Fruchtbarkeitsriten gab, als es noch überall im Mittelmeerraum heilige Höhlen und gemauerte Gänge gab, durch die schwangere oder auch unfruchtbare Frauen hindurchkriechen mußten, oder als es noch völlig selbstverständlich war, daß man das primitiv nachgeahmte Abbild ältester Muttergottheiten auch als mythische Medizin verwendete gegen die eigenen Krankheiten und seelischen Leiden.

Das alles führt natürlich weit fort von der sagenhaften Figur einer katholischen Heiligen, die nahezu ein Jahrhundert vor der Grundsteinlegung zum Gurker Dom gestorben war, und es zeigt eine erstaunliche Verwandtschaft mit dem eigenartigen und teilweise auch unheimlichen Brauchtum, das bei einer anderen uralten Kärntner Wallfahrt zum Ausdruck kommt, nämlich beim Vier-Berge-Lauf. Beides aber hat seine ideologische Wurzel in viel älteren Kulturen. In beiden Wallfahrten spielt keltische Überlieferung mit, kommen kleinasiatische Kulthandlungen unter der christlichen Tünche zum Vorschein, wird ältestes kretisches und ägäisches Brauchtum sichtbar. Das Christentum wirkt hier manchmal tatsächlich wie ein dünner Zuckerguß, der die strenge Bitternis heidnischen Zaubers nur mühsam kaschiert.

Dabei sind die architektonischen Anfänge des Gurker Doms, der unbeschadet gotischer, barocker Zutaten und Ergänzungen eines der bedeutenden romanischen Kunstwerke innerhalb des deutschen Kulturbereiches ist, mit den Ursprüngen der christlichen Tradition in diesem Raum unlösbar verbunden. Man könnte sagen, daß erst die christliche Form imstande war, wesentlich ältere Kultinhalte aufzunehmen. Diese sakrale Architektur von beispielhafter und dabei stets ein wenig fremdländisch anmutender Schönheit sog gleichsam wie ein Schwamm alle Mythen auf, die in einem Umkreis von mehreren hundert Kilometern bereits ein Jahrtausend abwechslungsreicher Geschichte überlebt hatten, und veränderte sie behutsam und manchmal auch nur an der Oberfläche zu christlichem Gedankengut. Vor allem aber wurde die Basilika zum ideellen Mittelpunkt des Volkes. Und weil dieses Volk, das viele Jahrhunderte lang nach Gurk strömte, ein armes und sozial verelendetes Volk war, das kaum eine Erinnerung an geschichtliche Zusammenhänge besaß und nur über eine dumpfe Ahnung verfügte, über fast schon verschüttete Zugänge zum eigenen uralten Brauchtum, weil es also nichts gab, aus dem heraus eine eigenständige Kultur und damit wohl auch eine eigenständige Form des Glaubens hätte entstehen können, war diese große Wallfahrtskirche letztlich für eine Entwicklung verantwortlich, die immer in der Basis des Volkes verwurzelt war, also der krainischen und kärntnerischen Fronknechte und Pächter, Fuhrleute, Hirten und Holzarbeiter. Es war eine reiche Basilika in einem armen Land, wo die Menschen ihren Glauben immer nur im Zusammenhang mit einer dämonischen Natur begreifen konnten.

Es gibt einige Fakten, die das alles bestätigen. Im Jahre 864, als von Bayern aus die endgültige Christianisierung dieses Raumes und die Zurückdrängung der Slawen, die hier siedelten, so gut wie abgeschlossen war, ohne daß deshalb die Erinnerung an das keltische Zeitalter verflogen oder die Erfahrungen aus der römischen Besatzungsepoche vergessen gewesen wären, aus diesem Jahr also gibt es eine erste urkundliche Erwähnung des abgelegenen Gurktals. Nicht die Erwähnung einer Ortschaft und nicht die Erwähnung irgendeiner Kirche, sondern nur einen Hinweis auf das Tal selbst, auf den wasser- und fischreichen Fluß, der es durcheilt. Anderthalb Jahrhunderte später beginnt die durch Legenden und katechistische Erzählungen ein wenig verfremdete Gräfin Hemma wahrscheinlich mit dem Bau eines Nonnenklosters, nachdem sie bereits in Admont ein solches Kloster gestiftet hatte. Angeblich ließ sie diesmal eine Marienstatue von zwei Ochsen durch das Tal ziehen, und dort, wo die Tiere endlich verharrten und weder durch Zuruf noch durch Schläge zum Weitergehen veranlaßt werden konnten, begann man vorerst einmal mit dem Bau eines Marienaltars und einer Gruft.

Im Zusammenhang mit dieser Legende wird in der Krypta der gegenwärtigen Basilika auch der sogenannte Hemmastein gezeigt, ein mächtiger und glattgeschliffener Serpentinstein, der die Andeutung eines Sitzes aufweist. Von diesem Stein aus soll die Gräfin die Arbeiten an dem Kloster überwacht und die Auszahlung der Arbeiter vorgenommen haben, wobei man sich in diesem besonderen Fall erst gar nicht an die historische Realität der selbstverständlichen Fronarbeit und Knechtschaft der Menschen klammern sollte. Alle Legenden mit frommem Inhalt haben zumindest die eine Tugend gemeinsam, daß sie mit schöner Selbstverständlichkeit über die schlimmen Verhältnisse der Zeit hinweggehen, aus der heraus sie entstanden sind.

Wer mit der Entlohnung übrigens nicht einverstanden war, dem reichte die Gräfin die offene Geldtasche und forderte ihn auf, sich selbst zu bedienen, wobei sich auch hier ein

Wunder abzuzeichnen begann. So oft und so tief auch mancher habgierige Mann in die Geldtasche faßte, so bekam er doch nie mehr zu fassen als das, was ihm an Lohn ohnedies zugestanden wäre.

Diese Legende ist gewiß beeindruckend. Aber sie entspricht nur sehr vage der geschichtlichen Wahrheit. Jene Hemma, die hier als Modell für heiligmäßiges Leben und christliche Expansion im allerbesten Sinne dient, besaß riesige Ländereien zwischen Bayern und dem heutigen Slowenien und scheint erst durch private Schicksalsschläge – der Ehemann starb auf dem Schlachtfeld, die Söhne wurden ermordet – dem entscheidenden Glaubensprozeß zugeführt worden zu sein, der sie Klöster und Kirchen gründen und ihr Vermögen zwar nicht den Armen, aber doch kirchlichen Institutionen schenken ließ. Zweifellos geht die bescheidene Marienkirche, die 1043 neben einem Kloster der Benediktinerinnen an der Gurk entstanden war, auf ihre Initiative zurück. Und wahrscheinlich entwickelte sich bald nach ihrem Tod im Jahre 1045 diese Kirche zu einer Wallfahrtsstätte für die Menschen aus der näheren Umgebung, was dann in Verbindung mit kirchen- und realpolitischen Überlegungen – Gurk, das frühzeitig Bischofsitz wurde, war und blieb stets von Salzburg abhängig – im Jahre 1140 zur Grundsteinlegung der Basilika in ihrer heutigen Form durch einen Bischof namens Roman führte, der ein bedeutender Mann gewesen sein muß, klug, tatkräftig und auch in den Affären der weltlichen Politik hinreichend bewandert. Häufig steht ja eine solch außergewöhnliche Persönlichkeit am Anfang eines berühmten Wallfahrtsortes, ist es der energischen Intelligenz und dem Glaubenseifer solcher Protagonisten zu danken, wenn aus bescheidenen Klöstern, kleinen Kirchen in entlegenen Gebieten großartige und weit über den regionalen Rahmen hinausreichende und dementsprechend wirkungsvolle Kommunikationszentren der christlichen Religion werden. Ich habe mich oft schon gefragt, weshalb man nicht auch diesen ehrgeizigen Priestern, Bischöfen oder Aristokraten, die in der Regel alle Voraussetzungen geschaffen haben für die Existenz vieler Wallfahrtsplätze, etwas von der dankbaren Verehrung abgibt, die immer nur den Heiligen und ihren Wundern vorbehalten bleibt.

Man erzählte sich übrigens, daß Bischof Roman von Gurk ein intimer Freund des Kaisers Friedrich Barbarossa gewesen sein soll. Und auch seine Entscheidung, die Krypta der neuen Basilika als Grabstätte der Gräfin Hemma einzurichten, beweist Weitblick und scharfen Verstand, weil dadurch für die immer zahlreicher werdenden Wallfahrer – die der Kirche, dem Kloster und dem rasch anwachsenden Ort kräftige materielle Impulse schenkten – ein Zentrum der Verehrung geschaffen wurde. An den mythischen Quellen dieser Verehrung änderte das alles freilich nichts.

In mancher Hinsicht vergleichbar, nur noch urtümlicher und noch viel stärker ältesten bäuerlichen Traditionen verhaftet ist die Wallfahrt zu den vier Kärntner Bergen, also der Vier-Berge-Lauf, der in seinen Ablauf ähnliche Formen und ein ähnliches Brauchtum mit einbezieht wie die Wallfahrt der Krainer nach Gurk, der aber doch immer ein wenig außerhalb aller religiösen Gewohnheiten angesiedelt war und bei dem es noch schwieriger zu sein scheint, alle eindeutig heidnischen Inhalte unter ein neutrales christliches Deckblatt zu bringen. Manche Brauchtumsforscher bezeichnen diesen Lauf als die seltsamste und altertümlichste Form des »Kornaufweckens« und verweisen dabei auf Gewohnheiten und Zusammenhänge, die unzweifelhaft bis in die Epoche keltischer Besiedlung nachweisbar sind. Sie glauben auch, daß sich hier die heidnische Überlieferung deshalb so rein und unverfälscht erhalten habe, weil es ihr gelungen sein dürfte, einer besänftigenden und zugleich verfälschenden Entdämonisierung zu entgehen.

Das Volk selbst schweigt zu allen diesen Überlegungen und beharrt seit vielen Jahrhunderten auf seinem Brauchtum. Es wandert alljährlich am zweiten Freitag nach Ostern, am sogenannten Dreinagelfreitag, über die vier Kärntner Berge, wobei allerdings die Zahl der Teilnehmer schwankt. Bis ins 19. Jahrhundert waren es stets einige Tausend, die diesen mühsamen, gelegentlich sogar lebensgefährlichen Lauf mitmachten. Noch um die Mitte des vorigen Jahrhunderts zählte man manchmal mehr als fünftausend Pilger. Später sank die Zahl auf einige hundert Unentwegte herab. Im österreichischen Schicksalsjahr 1934 zum Beispiel waren es nur rund dreißig Läufer, die den Weg über die vier Berge aufnahmen. In jüngster Zeit freilich scheint diese Art der Wallfahrt wieder modern zu werden, wobei es noch abzuwarten bleibt, ob das nur auf eine augenblickliche Mode zurückzuführen ist oder aber auf ein echtes Bedürfnis der Menschen, sich wieder mit ältestem Brauchtum auseinanderzusetzen.

Der Vier-Berge-Lauf beginnt mit einer Mitternachtsmesse in der kleinen Bergkirche auf dem Gipfel des Magdalensberges und überquert dann zuerst einmal das Zollfeld hinüber zum Ulrichsberg. Diese Namen sind wichtig, weil nämlich sowohl der Magdalensberg als auch das Zollfeld so etwas wie eine riesige Ablagerungsstätte der Geschichte sind, was in einer etwas spezialisierteren Form dann auch noch auf den Ulrichsberg zutrifft. Auf dem Zollfeld etwa kann es auch heute noch durchaus vorkommen, daß ein pflügender Bauer unversehens auf eigenartig geformtes Gestein stößt, das sich bei näherem Hinsehen als eine römische Scherbe oder ein verwittertes Marmorstück jener einstmals großen Ansiedlung entpuppt, die um die Mitte des 1. nachchristlichen Jahrhunderts als Virunum die Nachfolge jener anderen, älteren und immer noch namenlosen Stadt oben auf dem Magdalensberg angetreten hatte und die dann wahrscheinlich gegen Ende des 6. Jahrhunderts das Opfer der hereinbrechenden slawischen Stämme war. Einige wenige Einheimische wissen noch von einem alten Römerweg, der am Rand dieses Zollfeldes nach Norden führt. Und einige wenige Sammler hüten recht bemerkenswerte Funde, die sie im Verlauf der Jahre hier gemacht haben, als kostbaren und freilich auch gesetzlich unzulässigen Privatschatz. Andererseits gibt es in dieser Gegend fast keine Kirche, die nicht sogenannte Römersteine in ihren altersgrauen Mauern hätte, so etwa der berühmte Dom von Maria Saal, einer der ältesten Wallfahrtsplätze des Landes, zu dem heute noch zahlreiche slowenische Pilger kommen, die also gleichsam die Nachfolge der Krainer Bauern angetreten haben, wobei man allerdings nie genau weiß, wie stark die politischen und wie wirksam die religiösen Motive dieser Wallfahrt sind. Sogar im Mauerwerk alter Bauernhöfe und kleiner Gutsbesitze, die in den grünen Niederungen und auf den sanften Hügeln der Landschaft errichtet sind, steckt viel von diesem antiken Gestein, und jüngst erst – was der Öffentlichkeit gegenüber sorgfältig verschwiegen wurde – entdeckte ein Baggerfahrer, der in der nächstgelegenen Bezirksstadt im Auftrag der Gemeinde tätig war, eine römische Nekropole oder vielleicht sogar einen großen Tempel. Er durchschnitt freilich ahnungslos die Marmortrümmer, die wie verwunschene Seelen aus dem Boden auftauchten, zerstörte und schüttete vollends zu, was zwei Jahrtausende lang über und unterhalb der Erde existiert hatte. Lediglich ein paar Einzelstücke konnten von privaten Sammlern gerettet werden.

Es ist also ein uralter Kulturboden, der über eine ungebrochene zivilisatorische Tradition verfügt. Oben auf dem Magdalensberg, wo man eine immer noch unbekannte keltisch-römische Stadt, deren Anfänge zumindest auf das 2. vorchristliche Jahrhundert datierbar sind, aus der terrassenförmig ansteigenden Bergkuppe gräbt, begann die Epoche der Ausgrabungen eigentlich schon im Jahre 1502, und zwar durch einen Zufall, wie er häufig in der Archäologie vorkommt. Ein pflügender Bauer fand am Südabhang des Helenenberges, wie der Magdalensberg damals allgemein genannt wurde, die überlebensgroße Bronzestatue eines betenden Jünglings, zweifellos eines der schönsten Stücke dieser Art, die jemals nördlich der Alpen gefunden worden sind.

Übrigens erweckt der historische Name Helenenberg in mir stets einen gewissen Verdacht in Richtung jener frommen und frühzeitig heiliggesprochenen Kaiserinmutter Helena, die als Mutter Konstantins des Großen halb Europa mit Klöstern, Reliquien und christlichen Idealen überschüttete und es dadurch wohl auch erreichte, daß man nicht nur Klöster, Kirchen und Städte, sondern auch Berge nach ihr benannte. Wüßte man zum Beispiel, wann der Name Helenenberg hier in der Mitte Kärntens aufgetaucht war und welchen anderen, älteren topographischen Begriff er abgelöst hatte, dann wäre man wohl auch einen wichtigen Schritt näher den letzten Geheimnissen dieser antiken Stadt auf dem Magdalensberg.

Damals jedenfalls, als das erste schriftliche Zeugnis über die Existenz einer merkwürdigen, beinahe berserkerhaften, tollwütigen Wallfahrt, die innerhalb von vierundzwanzig Stunden über vier Berge führen mußte, entstanden war, also anfangs des 17. Jahrhunderts, hieß der Berg noch Helenenberg. Dieses Dokument, das 1612 in Leipzig gedruckt wurde, berichtet nicht nur von der unglaublichen körperlichen Anstrengung, die zu dieser seltsamen Pilgerfahrt notwendig war, sondern auch davon, daß dieses »Kirchfahrtlaufen«, wie es im Original heißt, manchem Pilger das Leben kostete. Ich möchte freilich auch daran erinnern, daß genau einhundertzehn Jahre vor der Drucklegung dieses Dokuments der prachtvolle Bronzejüngling sich wie durch Zauberhand aus der braunen Ackererde erhoben hatte, ein faszinierendes Abbild aus der frühen römischen Kaiserzeit, das die einheimischen Kelten, die zu jener Zeit noch auf dem Berg siedelten, wahrscheinlich als Kriegsgott verehrt haben. Das aber bedeutet doch wohl nichts anderes, als daß hier wieder einmal das Schicksal so vieler großer Wallfahrtsplätze sichtbar wird. Denn über eine Zeitspanne von zwei Jahrtausenden hinweg hat man hier kultische Handlungen ausgeführt und immer irgendeiner Gottheit gedient, war der Glaube den Menschen als etwas ganz Natürliches erschienen, auch wenn er sich im Verlauf der Jahrhunderte aller möglichen Verkleidungen bediente.

Andererseits erfahren wir aber auch, daß sich zumindest seit den Anfängen des 17. Jahrhunderts an der althergebrachten Form dieser Wallfahrt nichts verändert hat, was insofern bedeutsam ist, als man mit gutem Recht annehmen darf, daß die Wallfahrt in dieser besonderen Form auch schon einige Jahrhunderte vorher stattgefunden hatte, so daß sie tatsächlich eine der ältesten Wallfahrten der Alpenregion sein dürfte. Darüber hinaus ist es von einiger Bedeutung, daß sie auch heute noch und jetzt wieder unter größerer Beteiligung in der alten Tradition abgehalten wird.

Die »zwölf deutschen Meilen«, die diese Pilgerfahrt umfaßt und von denen in der Leipziger Ausgabe von 1612 die Rede ist, entsprechen einer Wegstrecke von annähernd fünfzig Kilometern und müssen also an einem einzigen Tag – praktisch von Mitternacht bis Mitternacht – durchmessen werden, wobei der Umstand, daß der Anstieg auf die vier Berge jeweils beschwerlich und zeitraubend ist, noch hinzukommt. Ebenso hat man zu berücksichtigen, daß viermal eine Messe gelesen werden muß. Eine Fülle von teilweise rätselhaften und recht skurrilen Gewohnheiten oder Übungen ergänzt dieses Abenteuer. Das beginnt mit dem Brauch, daß alle Pilger schon beim Anstieg auf den Magdalensberg den frischen Wipfel einer möglichst jungen Fichte zu einem Knoten schürzten. Übers Jahr am Beginn der nächsten Wallfahrt konnte man am Zustand dieses natürlichen Souvenirs ablesen, wie lange man noch zu leben hatte. War der junge Fichtenwipfel völlig verdorrt, so mußte der Pilger mit seinem nahen Tod rechnen.

Was für seltsame Methoden! Im übrigen muß man sich auch einmal vergegenwärtigen, daß bis ins 19. Jahrhundert hinein die Menschen nicht ahnten, was hier auf dem Magdalensberg und unten im Zollfeld an versunkenen keltischen und römischen Ansiedlungen, Kultstätten, Nekropolen unter der Erde verborgen lag, über die sie im Laufschritt hinwegeilten. Daran hat sich im Grunde auch jetzt im 20. Jahrhundert nicht sehr viel geändert, soweit es das Zollfeld betrifft. Man weiß zwar, daß eine römische Stadt namens Virunum unter diesem Zollfeld begraben liegt, aber man weiß nichts Näheres, nichts Genaues darüber. Immer noch traben die Füße der christlichen Pilger im Laufschritt über eine versunkene Kultur hinweg.

Bemerkenswert und darüber hinaus auch von einem wachen Gefühl für die mythischen Zusammenhänge der Natur geprägt ist der jeweils wechselnde Hutschmuck, den die Wallfahrer tragen müssen. Ein Wacholderstrauß mußte es auf dem Magdalensberg sein. Efeu, gebündelt oder zu Kränzen geflochten, bedeckte die Mützen und Hüte der Pilger beim Anstieg auf den Ulrichsberg, wobei man hier, wo Archäologen inzwischen die Existenz einer uralten Ansiedlung und eines antiken Heiligtums nachgewiesen haben, die beide Ende des 6. Jahrhunderts wie das prachtvolle Virunum unten im Tal durch die Awarenstürme zugrunde gingen, nicht so sehr an einer katholischen Zeremonie interessiert, sondern damit beschäftigt war, eine Handvoll kleiner Steine mitzunehmen, die dann das ganze Jahr über vor Blitzschlag und Feuer schützen sollten. Der Göse- oder Veitsberg forderte Fichtengrün, frisch gebrochene Fichtenzweige an den Hüten. Die Messe, die für diesen Berglauf zu lesen war, wurde etwas unterhalb des Gipfels abgehalten. Die wenigen Frauen, die früher einmal diese Wallfahrt mitmachten und das wüste, erschöpfende Laufen bis zum Veitsberg auch glücklich überstanden hatten, durften jetzt nicht hinter sich blicken, weil sie dadurch angeblich eine arme Seele erlösten. Und beim Abstieg vom Veitsberg gab es dann auch noch den mysteriösen Brauch des Abzählens. Es wurde hier nämlich sehr genau die Zahl der Pilger festgestellt und später noch einmal überprüft, weil es andernfalls hätte vorkommen können, daß sich der Teufel unter die dahinrennenden Pilger mischte. Auf dem letzten Berg dann, auf dem Lorenziberg, steckte man sich

Immergrün an den Hut, und bis in die dreißiger Jahre des 20. Jahrhunderts war es außerdem ein sorgsam geübter Brauch, daß von jedem Wallfahrer auf jedem Berg eine Handvoll Korn geopfert und dafür eine Handvoll Erde ausgegraben und mitgenommen wurde, was zweifellos an das Brauchtum der Krainer Bauern bei ihren Pilgerzügen nach Gurk erinnert.

Und wie in Gurk spielt auch hier ein legendärer deutscher Kaiser, nämlich Friedrich der Staufer, der im Untersberg bei Salzburg seinen Traumschlaf hält, eine wichtige Rolle. Alle sieben Jahre erhebt er sich aus diesem Schlaf und forscht nach, ob in Kärnten noch die Ameisen und die Vögel auf die vier heiligen Berge kommen und ob die Bauern in diesem Land immer noch am Vormittag ihr Brot backen. Bisher muß die Antwort, die er erhält, befriedigend ausgefallen sein, wenngleich es nur noch wenige Bauern gibt, die ihr Brot im eigenen Backofen und am Vormittag backen. Aber wie dem auch sein mag, wenn erst einmal die Ameisen und die Vögel nicht mehr auf die vier heiligen Berge Kärntens kommen, wird der Kaiser mit seinen Bewaffneten aus dem Untersberg hervorbrechen und alles Leben auf dieser Welt erbarmungslos vernichten. Vielleicht rennen die Pilger deshalb wie verrückt um ihr Leben? Sie rennen freilich schon seit Jahrtausenden. Gott helfe ihnen und uns, daß dieser Lauf niemals ausstirbt . . .

Montserrat

Es gibt einige legitime, oftmals wahrgenommene Möglichkeiten, sich dem Gebirgsmassiv des Montserrat im Westen von Barcelona zu nähern und dabei die ganze Schönheit und den Reiz der katalanischen Landschaft zu genießen. Aber seit meiner letzten Reise zum heiligen Berg Kataloniens bin ich fest davon überzeugt, daß die schönste Möglichkeit einer Annäherung, die auch die nachhaltigsten Erinnerungen hinterläßt, der Weg von Süden herauf ist, also der eher unübliche Anmarschweg, sozusagen hervortretend aus dem Dunst des römischen Tarragona und aus dem Schatten, den die Mauern von Poblet und Creus werfen, die Begräbnisstätten so vieler spanisch-katalanischer Könige.

Diese Annäherung sollte an einem frühen Morgen geschehen, etwa zur Stunde des Sonnenaufganges. Zur Rechten rauscht dann geheimnisvoll das Meer, dessen dunkles Wasser jetzt, da die Sonne im Osten emportaucht, blutrot verfärbt ist. Auch die Wolken, die vom Meer herein über die gewaltige Landmasse der spanischen Meseta fliegen, tragen einen rötlichen Widerschein mit sich, während im Norden, im Nordwesten eine Wand sich allmählich abzuzeichnen beginnt, die man anfangs als ein bizarres Wolkenband und später als eine kuriose Laune der Natur identifiziert, Felsen, Berge wie mit einem schartigen Instrument aus dem Himmel herausgeschnitten und auf diese Weise unentwegt Bilder in die eigene Phantasie projizierend, deren inhaltliche Bedeutung sich mit dem jeweiligen Näherkommen stets grundsätzlich verändert. Einmal hat man den Eindruck, während man noch durch nachtschlafendes Gehölz wandert und im Rücken das unruhig raunende Meer hat, sich einem riesigen, drohend aufgerichteten Hahnenkamm zu nähern, der wie ein eigenwilliger Paravent den ganzen nordwestlichen Horizont abschirmt. Dann glaubt man, sich einem schlafenden Fabeltier mit gesträubtem Rückgrat oder Gefieder zu nähern. Und schließlich beginnt man ernsthaft die befestigten Städte mit ihren Mauern, Söllern, Bastionen und Wehrtürmen zu zählen, die es in Wahrheit natürlich nicht gibt und die doch das Gebirge in überraschender Vielfalt bedecken.

Selbstverständlich stimmt keines dieser Bilder. Oder es

stimmt nur auf eine der Wirklichkeit übergeordnete und ihr zugleich eminent überlegene Art und Weise. Es stimmt also und es stimmt wieder nicht, obgleich ich zuletzt an einem Dezembermorgen, dessen Luft erfüllt war vom Geruch des nahen Meeres und dem kaum wahrnehmbaren Geruch der Ölbäume, deren Äste sich unter den Stangenhieben der Olivenpflücker ächzend bogen, eine ganze Kunstwelt oder Kunstwirklichkeit vor mir in den katalanischen Winterhimmel emporwachsen sah: Städte, Landschaften, fabulöses Getier, Bilder von einer so großen Eindringlichkeit, daß ich diese aufgesplitterte, zerrissene Felsenwand, deren rötlicher Widerschein nach und nach fast betäubend wurde, mit ratlosen Augen anblickte. Ich erwartete tatsächlich von einem Augenblick zum anderen, daß in diesem abenteuerlichen Gebirge vor mir etwas Wunderliches, Wunderbares geschehen würde. Auffliegende Drachen, groteske Figuren oder eine andere übersinnliche Erscheinung hätten mich nicht mehr überrascht. Und obgleich ich genau wußte und es von manchem Besuch dieses sonderbaren Berges her längst schon ganz genau weiß, daß nichts Ungewöhnliches oder Übersinnliches stattfinden kann, war ich doch darauf vorbereitet, mit jeder Überraschung fertig zu werden. Das Gefühl einer Feierlichkeit ergriff auch mich. Die Zacken und Spitzen und zersplitterten Felskegel, die Pyramiden und Kegel und Kuben vor mir gewannen eine Bedeutung, die weit über das bloße Naturerlebnis, das man in einer ungewöhnlichen Landschaft gelegentlich haben kann, hinausging und meine Bereitschaft plötzlich vertiefte, als demütiger Pilger im Dienste irgendeiner höheren sittlichen Macht diesen Montserrat aufzusuchen, um vielleicht hinter das Geheimnis seines Zaubers zu kommen.

Denn daß hier ein Zauber mit im Spiele war, daß von dieser skurrilen Gebirgswand, die ebenso eigenwillig wie phantasievoll deformiert ist, etwas Sonderbares ausgeht, dem nicht nur ein naiver Charakter bedingungslos verfällt, das war mir an diesem Dezembermorgen neuerlich bewußt geworden. Es gibt Landschaften, die über das Topographische hinaus einen Zauber enthalten. Und es gibt Geheimnisse in der Natur, die uns daran erinnern, daß der Schöpfungsakt im Grunde noch immer nicht abgeschlossen ist.

Wie muß das alles aber erst auf die Menschen des Mittelalters gewirkt haben! Wie muß dieses zerrissene, zersplitterte, vielfach verschobene oder eigentlich verzerrte Bergmassiv auf die Phantasie eines Zeitalters anregend gewesen sein, das von einer permanenten Neigung zum Aberglauben lebte und das immer neues Material für diesen Aberglauben allein schon aus dem Verlauf der geschichtlichen Entwicklung hinzugewonnen hatte! Montserrat: zersägter Berg, von den Engeln zersägter Berg. So nannten ihn bereits die frühen Christen Spaniens, die unglücklichen Westgoten, die seit dem Anfang des 8. Jahrhunderts unter dem praktisch unaufhaltsamen Ansturm der maurisch-islamischen Woge, die bei Gibraltar von Afrika aus über die Iberische Halbinsel hereingeschlagen war, entweder in fragwürdigen Bündnissen mit den Siegern oder in unzugänglichen Gebirgstälern Zuflucht suchten oder überhaupt über die schneebedeckten Pyrenäen nach Frankreich geflüchtet waren, fest davon überzeugt, daß der Untergang des christlichen Abendlandes eine längst beschlossene Sache sei. Und wie muß aus der simplen Tatsache heraus, daß es in diesem Zaubergarten der Natur – der nichts anderes war und ist als ein Konglomerat aus Kalkgestein, Quarz, Schiefer und Feldspat, geformt von den Kräften des Regens, des Windes, der Hitze und der Kälte –, daß es also auf dem Montserrat geheimnisvolle und vielleicht sogar wunderbare Dinge und Erscheinungen gab, wie muß aus dieser simplen Tatsache heraus, daß normal erklärbare Ereignisse eine zauberische Bedeutung besaßen, die Phantasie des verzweifelten, ratlosen und unter der islamischen Herrschaft seufzenden Volkes angeregt worden sein!

Es läßt sich heute nicht mehr mit Sicherheit sagen, wann die ersten schönen, gelegentlich sogar poetischen Namen für die einzelnen Bergkuppen, Felsenkegel und Steinpyramiden des Montserrat erfunden worden sind. Wahrscheinlich war es am Beginn jener islamischen Epoche, als sich der Patriotismus der Menschen mit nichts anderem beschäftigen konnte als mit den Dingen der Natur und einer dem Übersinnlichen zugewandten Gläubigkeit. Und so beschrieb die Einbildungskraft des Volkes eine eigenartige Gebirgswelt mit eigenartigen Metaphern, die bis auf den heutigen Tag nichts von ihrer sprachlichen Genauigkeit eingebüßt haben. »Der verzauberte Riese« oder »Der Totenkopf«, aber auch »Das Kamel«, »Der Papagei« oder »Die Kapuze«: Das sind nur einige der volkstümlichen Namen, die den einzelnen Abschnitten des Montserrat eine genaue Charakterisierung gegeben haben. Dazu kam auch noch der Umstand hinzu, daß einer alten Legende zufolge schon in römischer Zeit ein berühmter und vielbesuchter Venustempel den Berg zu einem Zentrum für kultische Übungen und möglicherweise recht ausschweifende Exerzitien gemacht hatte, denen dann der allgegenwärtige Michael, dieser nützliche Flammenengel des mittelalterlichen Abendlandes, ein abruptes Ende bereitete.

Solche Dinge vergessen die Menschen nicht. Denn alles, was über ihren durchschnittlichen Horizont hinausreicht, was sowohl ihre Vorstellungskraft als auch ihre Leidenschaften bewegt und anregt, hinterläßt unweigerlich Spuren. Ein Gebirge, das so absonderlich wie dieser Montserrat aussieht, verlangt dementsprechend nach einer eigenen und unverwechselbaren Biographie. Der Venuskult mit seinem heidnischen Götzendienst und der fröhlichen Unkeuschheit ausgewählter Priesterinnen wäre demnach eine bemerkenswerte Ausgangsbasis für die kommenden Geschichten. Auch der Auftritt des Erzengels Michael, der ja das ganze europäische Mittelalter souverän beherrschte, gehört in diese Kategorie nachhaltiger Eindrücke, aus denen das abergläubische Volk fast zwangsläufig die Überzeugung gewinnt, daß eine bestimmte Landschaft, ein bestimmter Platz geradezu prädestiniert sein müßte für Übersinnliches und Religiöses.

Dazu kommen die politischen und gesellschaftlichen Verhältnisse der Zeit, in der das christliche Wunder auf dem Montserrat alle heidnischen Erinnerungen zudeckte und auslöschte. Gerade erst hatten die Westgoten – arianische Christen – das Land in Besitz genommen und überall auf der Iberischen Halbinsel die Erinnerung an das römische Götterwesen verdrängt oder sogar zerstört. Unten in der hügeligen Ebene, zu Füßen des zersägten Berges – und daß ihn allen Ernstes Engel zersägt haben, behaupten heute noch die Katalanen – entstanden einige ihrer schönsten Taufkirchen. Man kann sich in der Textilstadt Tarrasa davon überzeugen. Hier steht eine uralte Marienkirche, »Visigotica« genannt, die unter ihrem Altarstein nicht nur die Reliquien von drei Heiligen enthält, sondern in deren Apsis man auch eine der besterhaltenen spanischen Wandmalereien aus dem Mittelalter bewundern kann. Diese »Visigotica« verfügt aber auch noch über eine hölzerne Madonnenstatue in den Grundfarben

Blaugrau, Rot und Blaßrosa. Die Muttergottes hält ein Jesuskind im Arm, dessen Antlitz erschreckend alt und leidgeprüft anmutet. Und gerade das scheint vielleicht ein erster Schritt zu sein, um sich einem umfassenderen Verständnis des Wunders vom Montserrat zu nähern.

Denn wenn man die Biographie dieses heiligen oder eigentlich eher mythischen Berges einmal von allen legendären Zutaten befreit, dann bleibt als erster zuverlässiger Hinweis auf eine anfangs noch christlich-arianische Existenz das Bewußtsein, daß sich hier im 8. Jahrhundert schon mehrere Eremiten angesiedelt hatten. Jede Vermutung, welcher Art und welchen Standes diese Einsiedler gewesen sein könnten, wäre allerdings schon wieder reine Spekulation. Vielleicht waren es einfach fromme Männer, denen das Elend der Zeit die Flucht in die unzugängliche Abgeschiedenheit eines Gebirgsmassivs aufzwang. Vielleicht aber auch nur Rechtsbrecher, Desperados, die sich der Religion zu Tarnungszwecken bedienten und allen Grund hatten, sich vor westgotischer oder maurisch-islamischer Gerichtsbarkeit in Sicherheit zu bringen. Von einer wundertätigen Statue »La Santa Imagen«, von einer »Moreneta«, einer »kleinen Braunen«, wie die Katalanen heute die berühmte Madonnenstatue liebevoll nennen, kann zu diesem Zeitpunkt freilich noch keine Rede sein. Alle Hinweise und Geschichten, die hartnäckig darauf beharren, daß zuerst die Statue und dann erst die Menschen mit ihrer Frömmigkeit den Berg in Besitz genommen hätten, sind schlichtweg falsch.

Unten in der Ebene tobte die Weltgeschichte vorüber. Arabische Reiterarmeen, die Tarragona und Barcelona überrannt hatten, waren wie ein Sturm quer durch Katalonien gegen die Pyrenäen angebrandet, waren darüber hinaus vorgestoßen ins Frankenland, immer das Ziel vor Augen, dem christlichen Kontinent den Todesstoß zu versetzen. Der Rückschlag kam dann freilich früher als erwartet, und bereits anderthalb Jahrhunderte nach der gewaltsamen Islamisierung Kataloniens mußten sich die maurischen Araber aus diesem Gebiet wieder zurückziehen. Das hatte natürlich auch für den Montserrat schwerwiegende Folgen. Denn einen ersten zuverlässigen, historisch überprüfbaren Hinweis auf eine sozusagen marianische Kolonialisierung des alten römischen Venusberges besitzen wir aus dem Ende des 9. Jahrhunderts, wobei man freilich nie auf diese Madonnenstatuen in westgotischen Taufkirchen vergessen sollte, die eine Art Ausgangsbasis gewesen sein mögen für den frommen Kult rund um die Muttergottes. Jedenfalls gab es Ende des 9. und anfangs des 10. Jahrhunderts, also zu einer Zeit, da die Mauren sich schon nach Süden, nach Valencia etwa, abgesetzt und Katalonien gänzlich freigegeben hatten, wieder mindestens vier Einsiedeleien in diesem natürlichen Labyrinth aus Höhlen, Schluchten und bizarr geformten Felsen. Eine dieser Einsiedeleien war dabei der Jungfrau Maria geweiht. Und es ist gar keine Frage, daß sich vor allem diese Eremitage der besonderen Aufmerksamkeit der Bevölkerung erfreute, daß sie die ersten kleinen, noch bescheidenen Pilgergruppen anlockte. Denn in einer so unruhigen, lebensgefährlichen Zeit wie jener Epoche, da man mit Mühe und vorerst ohnedies nur auf lokaler Ebene den Islam zurückgedrängt hatte, war die Hinwendung zu Gott und seinen Heiligen etwas Selbstverständliches. Man hatte eine Dankesschuld abzutragen. Und man begriff ahnungsvoll, daß auch die Zukunft hinreichend Anlaß bieten würde, um sich der Gnade des Herrn oder wenigstens der Unterstützung der Religion zu versichern.

Es gab damals wohl auch schon die ersten Erzählungen und Legenden über die Entstehung und die Auffindung einer wundertätigen Madonnenstatue. Aber das waren alles recht abenteuerliche Geschichten, die in einer späteren Epoche noch phantastisch ausgeschmückt wurden. So wurde unter anderem behauptet, daß die frühen Eremiten des Montserrat bereits eine holzgeschnitzte Marienfigur in einer unzugänglichen Felsgrotte oberhalb des Plateaus, auf dem heute das mächtige Kloster steht, versteckt hätten, nur um sie nicht in die Hände der Ungläubigen fallen zu lassen. Damals hätte man die Statue, die nach der Meinung des naiven Volkes niemand sonst als der heilige Lukas geformt, geschnitzt haben soll, voll zärtlicher Zuneigung bereits eine »schwarze Aprilrose« genannt, was immerhin bedeutete, daß sie im 9. Jahrhundert existiert haben und schwarzverfärbt gewesen sein müßte. Beides stimmt freilich mit der historischen Wahrheit nicht überein. Auch nicht die ergreifende Geschichte, wie nach dem Verlöschen des islamischen Weltenbrandes – denn wie einen Weltenbrand wird man in Spanien den Einfall maurischer Stämme gewiß zu Recht empfunden haben – einige katalanische Hirten auf der Suche nach verlaufenen Schafen in diese bis dahin vollkommen unbekannte Grotte vordrangen und die unversehrte »Moreneta« fanden. Eine Kapelle mit dem Namen »Cueva de la Virgen« erhebt sich zwar seit jenen Tagen über der Felsgrotte. Aber die Wahrheit sah anders aus.

Die Wahrheit hängt damit zusammen, daß ein ebenso intelligenter wie weitblickender, ebenso umsichtiger wie energischer katalanischer Abt namens Oliva – oder Oliba –, der eine der interessantesten Figuren der spätmittelalterlichen Kirchen- und Kulturgeschichte Spaniens war, als erster ernsthaft begriffen zu haben scheint, wie bedeutsam die vollständige Okkupation des Montserrat für die katholische Kirche sein müßte. Er nämlich scheint verstanden zu haben, daß ein so eigenartig geformter Berg, der bereits den Römern als Schauplatz für kultische Zwecke gedient hatte, der seit Generationen immer wieder Einsiedler, fromme Männer und merkwürdige Legenden anzog und dadurch auch die Phantasie der Menschen beschäftigte, daß also ein solcher Schauplatz von allergrößter Bedeutung sein könnte. Und zwar für die Vertiefung der Religion und für die Festigung eines nationalbewußten Glaubens.

Oliva war Abt in Ripoll, wo er einem Benediktinerkloster vorstand. Ripoll ist eine kleine nordkatalanische Stadt an der alten Landstraße hinauf zu einem der wichtigen Pyrenäenpässe hinüber nach Frankreich. Die Kathedrale dieser Stadt ist heute noch ein glanzvoller Beweis für die mittelalterliche Gottesauffassung. Oliva ist wahrscheinlich ganz bewußt widersprüchlich vorgegangen, als er sich des Montserrat bemächtigte: diplomatisch und energisch, behutsam und tatkräftig. Zuerst gründete er ein kleines Kloster unmittelbar neben der längst schon bekannten, andachtsvoll verehrten und verhältnismäßig vielbesuchten Einsiedelei, die der Jungfrau Maria gewidmet war. Dann stattete er dieses Kloster mit einigen wichtigen Privilegien aus, was ihm dadurch erleichtert wurde, daß er selbst Karriere gemacht hatte und inzwischen zum einflußreichen Bischof aufgestiegen war. Und schließlich war auch sein geistiges Vermächtnis darauf ausgerichtet, dem Montserrat als dem heiligen Berg aller Katalanen sowohl die patriotisch-politische als auch die spirituelle Bedeutung zukommen zu lassen, die aus diesem seltsamen Gebirgsmassiv tatsächlich einen Mittelpunkt der katholischen Welt machen sollte.

13 St. Wolfgang: Pacheraltar

14 a Gemona/Friaul

14 b Gemona: Provisorischer Pilgeraltar

15 Assisi: S. Francesco

16 Der Dom von Gurk

Und die Statue, um die sich im Grunde ja alles dreht? Diese »Moreneta«, die »kleine Braune«, »La Santa Imagen«, die »schwarze Aprilrose« der Katalanen, wie es in einem alten Volks- und Pilgerlied heißt? Also die Figur, die dann tatsächlich den weltweiten Ruhm dieses Wallfahrtsberges begründet hatte? Und von der behauptet wird, sie wäre immer schon dagewesen, hätte immer schon mit ihrem geheimnisvollen Blick die Menschen verzaubert?

Es ist eigenartig, aber gerade über die Entstehungsgeschichte der Statue weiß man so gut wie nichts. Es handelt sich, wenn man es kunsthistorisch zu beschreiben versucht, um eine romanische Arbeit, datierbar in das 12. Jahrhundert, vielleicht aus einer südfranzösischen Werkstatt stammend, vielleicht im Schatten der waldreichen Pyrenäen aus dem nachgiebigen Holz einer Linde geformt, anfangs noch bleichwangig und unterm schräg hereinfallenden Sonnenlicht gelegentlich sogar von strahlender, blendender Schönheit, also schneeweiß, bis allmählich der Kerzenrauch und viele Schichten Lack und Farbe, die zum Schutz gegen den Rauch und gegen die Berührung durch Pilgerhände aufgetragen werden mußten, diese dunkle Färbung verursachten, die aus ihr eine »schwarze Madonna« machte. Jedenfalls begann der Ruhm dieser strenggeformten romanischen Plastik, die jedem Besucher mit großem Ernst und zugleich mit einem rätselhaften Ausdruck der Weltentrücktheit begegnet, einerseits mit den mittelalterlichen Pilgerströmen, die von Europa nach Santiago de Compostela, also ins Jakobsland, unterwegs waren und dazu unter anderem auch den Hafen von Barcelona als Landeplatz auf dem spanischen Subkontinent benützten, und andererseits mit den sechs »Cantigas«, mit poetischen Gesängen, Hymnen, ekstatischen Lobpreisungen aus königlichem Mund. Denn es war der kastilische König Alfons der Weise, der diese berühmt gewordenen Verse der Statue und den Wundern widmete, die sie verursacht haben soll oder die sich gleichsam wie von selbst in ihrem Schatten ereignet hatten.

Denn natürlich gab es Wunder. Selbstverständlich verbreitete sich unter den Pilgern und gläubigen Katholiken zuerst Kataloniens, dann Spaniens und schließlich der ganzen christlichen Welt wie ein Lauffeuer das Gerücht, aus dem bald eine Nachricht und zuletzt endlich unumstößliche Gewißheit wurde, daß auf diesem zersägten Berg im Hinterland Barcelonas eine kleine hölzerne Statue der Muttergottes für unerhörte Begebenheiten sorgte. Die ersten Lahmen warfen ihre Krücken fort, nachdem sie das glatte, kühle Holz der Madonnenfigur berührt hatten. Die ersten Blinden waren sehend geworden, wobei das in manchen Fällen eine doppelte Bedeutung erfahren sollte, weil auch ungläubige oder irregeleitete Menschen, auch Atheisten und Agnostiker buchstäblich über Nacht zu gläubigen Christen wurden. Die ersten unfruchtbaren Frauen wurden geschwängert, die ersten unglücklichen Geschöpfe, denen Dämonen die Seele verwüstet hatten, atmeten plötzlich befreit auf. Es gab kein Wunder, das sich nicht ereignet hätte. Der Zustrom an Pilgern und Neugierigen schnellte innerhalb von wenigen Jahren in schwindelerregende Höhen.

Einen der schönsten und dabei menschlich rührendsten Rechtfertigungsversuche für die Existenz des Montserrat als Wallfahrtsberg habe ich vor einiger Zeit einmal erfahren, als ich in Katalonien unterwegs war, um für ein Buch über das mediterrane Spanien Material zu sammeln. Ich hatte halb durch Zufall und halb durch die Vermittlung von Bekannten in Barcelona einen Veteranen aus dem Spanischen Bürgerkrieg kennengelernt, einen »Roten«, der auch so genannt wurde, nämlich »Der Rote«. Er hatte lange Zeit in Frankreich und später in Spanien im Untergrund gelebt, bevor er durch eine der vielen Amnestien, die unter Franco und später unter dessen Nachfolger erlassen worden waren, wieder einigermaßen rehabilitiert wurde. Für eine Rückkehr in eine sogenannte bürgerliche Karriere reichte es freilich nicht mehr. Der Rote blieb, was er war: ein Revolutionär und Anarchist.

Sein erster Weg jedoch, als er sich wieder frei bewegen konnte, führte ihn auf den Montserrat. Er erzählte mir seine Geschichte angesichts der schwarzen Madonnenstatue, wohin er mich eines Tages begleitet hatte.

Und was war die Ursache für die höchst ungewöhnliche Pilgerfahrt eines langjährigen Kommunisten und berufsmäßigen Revolutionärs? Nun, ganz einfach. Der Mann war auf den Montserrat gegangen, um sich dort endlich mit seiner treuen Gefährtin, die viele Jahre lang sein abenteuerliches und eher elendes Dasein geteilt hatte, kirchlich und damit korrekt zu verheiraten. Auf meine erstaunte Frage, ob diese kirchliche Heirat nicht überall möglich gewesen wäre, in Frankreich zum Beispiel, wohin er anfangs 1939 geflüchtet war, erklärte er mir geduldig, daß kein Katalane es sich nehmen ließe, auf dem Montserrat getraut zu werden. Denn das wäre weit mehr als nur eine religiöse Zeremonie. Das wäre auch so etwas wie ein patriotischer Treueschwur auf seine Heimat.

Die Saat des klugen Abtes und Bischofs Oliva scheint also in aller Pracht aufgegangen zu sein.

Mich hat dieses Bekenntnis damals tief beeindruckt. Ich kannte diesen Mann, der auf jede Karriere verzichtet hatte und immer noch als politischer Agitator seinen Idealen gehorchte und sein Leben in den Dienst einer Sache stellte, die dem Ideengut des Montserratkultes vollkommen entgegengesetzt war, – ich kannte ihn also gut genug, um zu begreifen, was der Weg auf diesen von Engeln zersägten Berg für ihn tatsächlich bedeutet haben mußte. Und ein wenig begriff ich damals auch die Hintergründe des rätselhaften Widerspruches, daß oft dieselben Anarchisten und Revolutionäre, von denen Spaniens und vor allem Kataloniens Geschichte leidvoll erfüllt ist und die alle Kirchen und Klöster niederbrennen sowie die Mönche, Priester und Nonnen totschlagen oder vergewaltigen, sich voll feierlicher Selbstverständlichkeit in die Kirchen flüchten, die sie zuvor geplündert und dem Erdboden gleichgemacht haben. Dieser Mann zum Beispiel, der Rote aus Barcelona, hatte ein halbes Leben darauf gewartet, um auf dem Montserrat die Frau, die er liebte, heiraten zu können. In dieser Zeit hatte er mehrfach Befehle erteilt – und vielleicht auch selbst Hand angelegt –, um viele Kirchen in Schutt und Asche zu legen und manchem Priester das Leben zu nehmen. Aber die erste bedeutende Zeremonie, zu der er sich nach der Normalisierung seiner Existenz bekennt, ist eine katholische Trauung!

Diesen unglaublichen Widerspruch findet man übrigens oft in der Haltung mittelmeerländischer Menschen gegenüber der Kirche. Ich habe manchmal den Eindruck, daß der Glaube dieser Menschen ohne Brutalität und Grausamkeit nicht auskommt. Sie hassen die Kirche und verabscheuen die Priester. Sie unternehmen alles, um die Institutionen dieser Kirche zu zerstören. Aber wenn es darauf ankommt, sind sie nicht imstande, ohne die Anteilnahme dieser Kirche und ihrer Priester zu leben. Auch auf dem Montserrat gab es in den letzten beiden Jahrhunderten eine Fülle von Gewalttat, Anarchie, Zerstörung und willkürlicher Barbarei. Es waren keinesfalls immer nur ausländische Vandalen wie etwa während der Napoleonischen Kriege, als sich die französische Soldateska zu Plünderung und Brandstiftung hinreißen ließ. Es waren auch einheimische Plünderer, Brandstifter und Mörder am Werk, was in den zwanziger und dreißiger Jahren des 19. Jahrhunderts sogar dazu führte, daß das Kloster auf dem Berg verlassen werden mußte. Antireligiöse, kirchenfeindliche Gesetze verboten etwa im Jahre 1835 den Benediktinern die Rückkehr. Und noch in diesem Jahrhundert, während des unseligen Bürgerkrieges, wurden einige der dreiundzwanzig Mönche, die sich zu diesem Zeitpunkt wieder im Kloster befanden, deportiert und ermordet.

Die Biographie des Montserrat ist dessenungeachtet aber auch ein wichtiger Teil der Entwicklungsgeschichte einer weltweiten Marienverehrung. Denn lange vor Guadalupe, dem einsamen Gebirgskloster und anderen wichtigen Stützpunkten dieser Marienverehrung, war der Montserrat mit seinem 1025 gegründeten und 1409 zur selbständigen Abtei erhobenen Benediktinerkloster zur ersten Hochblüte aufgestiegen, und zwar in religiöser, ökonomischer und auch in politischer Hinsicht. Das Kloster wurde dann auch wie Guadalupe für die Missionierung der neuentdeckten und neuerworbenen latein- und mittelamerikanischen Welt von großer Bedeutung. Sein Beitrag zu dieser Missionierung ist gar nicht hoch genug einzuschätzen. Ein Beispiel unter vielen soll das veranschaulichen helfen.

Bernat Boils, ein ungewöhnlicher Mann, der im Jahre 1493 Kolumbus bei dessen zweiter Amerikafahrt begleitet hatte, trat dabei als erster Missionar besonders in Erscheinung. Er, der ursprünglich als Einsiedler in den Schluchten des Montserrat gelebt hatte, allem Anschein nach ein sonderbarer oder auch eigenwilliger Mensch mit besonders ausgeprägten missionarischen Neigungen und ausgestattet mit einem Fanatismus, den er bei seinen späteren Unternehmungen wohl brauchen konnte, er nahm in Dutzenden von symbolischen Akten riesige Landstriche, große Menschenmassen, aber auch ganz allgemein die Natur des neuen Kontinents und dessen Topographie im Namen der schwarzen Madonna vom Montserrat in geistigen Besitz. Seine erste spektakuläre Leistung erbrachte er übrigens auf einer kleinen Antilleninsel, die er kurzerhand auf den Namen Montserrat taufte.

Die ersten Kirchen, die man in Peru, Chile oder in Mexiko errichtete, zugleich aber auch Berge, Täler, neugegründete Ansiedlungen, Gewässer und erste gerodete, bewohnbar gemachte Plätze mitten im südamerikanischen Dschungel erhielten gleichfalls das Siegel der Moreneta, wurden in ihrem Namen und in ihrem Geiste der allumfassenden katholischen Welt einverleibt. Sogar portugiesische Eroberer, die in jenen ereignisreichen Jahrhunderten ja noch nicht über das Symbol von Fatima verfügten, bedienten sich abwechselnd der Muttergottes von Guadalupe und der »schwarzen Aprilrose« vom Montserrat, wenn sie ihren neuerworbenen Besitztümern den rechten religiösen Anstrich verleihen wollten. Es waren vor allem Klöster, die unterm Zeichen und im Namen des Montserrat überall in der Neuen Welt gegründet wurden und von denen sich viele bis auf den heutigen Tag erhalten haben.

Andererseits strömte auch das aristokratische Europa auf den Berg. Vom Augenblick an nämlich, da dieser Marienkult auch höchstes kirchliches, also vatikanisches Wohlwollen empfangen hatte, galt es für Monarchen und Potentaten jeden Ranges und jeder Reputation zumindest als schicklich und nützlich, wenigstens einmal auf dem Montserrat gewesen zu sein oder in einer anderen, religiös-kontemplativen Verbindung mit dem einflußreichen Kloster zu stehen. Das verursachte eine doppelte Wirkung. Einerseits pilgerten Europas gekrönte und gefürstete Häupter nach Katalonien – oder ließen sich durch respektable Abgesandte symbolhaft vertreten, was durchaus zulässig war –, andererseits vermehrte sich der Besitz des Klosters durch Schenkungen und Dotationen auf beträchtliche Weise. In diesem Zusammenhang und nur als Notiz am Rande sollte erwähnt werden, daß Beethovens Wiener Sterbehaus im Besitz des Klosters stand.

Die überragende Erscheinung aller Montserratpilger aber war zweifellos Ignatius von Loyola. Zwar gab es den makabren Brauch, daß verschiedene Könige mit immer derselben Kerze, die auf dem Montserrat geweiht worden war, zwischen ihren erkalteten Fingern starben. Zwar hatte Frankreichs unmäßiger und trotzdem genialer Ludwig XIV. eine ganze Reihe von kostspieligen Seelenmessen für seine verstorbene Mutter im Kloster auf dem Montserrat bestellt, waren habsburgische Kaiser wie Ferdinand III. in ihren Schenkungen äußerst freigebig oder Päpste ungewöhnlich großzügig gewesen, war auch eine stattliche Reihe Heiliger auf den Berg gekommen, um hier in aller Demut und sozusagen als einfache Pilger zu meditieren, darunter einer der grimmigsten Heiligen Europas, der unbarmherzige Judenverfolger Vincente Ferrer, der im Angesicht der schwarzen Madonna neue Kraft suchte und wohl auch fand für die Verursachung immer neuer Autodafés, bei denen Juden und andere Ketzer dem Feuer überantwortet wurden. Aber das alles verblaßt doch neben der Erscheinung und dem Auftritt des Begründers der Jesuiten, Ignatius von Loyola. Denn seine legendären Nachtwachen vor der Madonnenstatue, sein Kampf mit den Mächten der Finsternis und dem eigenen Hochmut, sein verzweifeltes Ringen um ein moralisches Ideal und schließlich seine wunderbare Verwandlung vom nihilistischen, leergebrannten, hoffnungslosen Ritter und Kriegsmann in einen begnadeten Diener der katholischen Kirche: Das waren Anlässe, die das Volk überzeugten! Das waren Ereignisse, die den Ruhm des Montserrat als mythischen Berg der katholischen Welt in alle Himmelsrichtungen trugen und wieder für neuen Zulauf sorgten, für neue Pilgerströme und wohl auch ein wenig für neue Wunder.

Aber was denkt, empfindet der durchschnittliche Mensch des 20. Jahrhunderts, wenn er auf den Montserrat kommt? Was denke und empfinde ich beim Anblick der schwarzen Madonna?

Anfangs bin ich noch von der bauchigen Größe der Klosterkirche beeindruckt. Diese Basilika hatte im 16. Jahrhundert und in einem Zeitraum von rund dreißig Jahren ihre heutige Gestalt erhalten. Der Baubeginn – denn eine größere Kirche war notwendig geworden – datiert aus dem Jahre 1559, die Einweihung fand dann 1592 statt. Anfangs bin ich noch fast ausschließlich mit den ungeheueren Dimensionen beschäftigt, die wie ein schweres Gewicht auf Pilgern und Touristen lasten. Ich komme nur langsam, schrittweise meinem Ziel näher. Der unübersehbare Prunk einer der reichsten und trotz aller Plünderungen immer noch vermögendsten Klosterkirchen dieses Kontinents blendet. Allmählich gewöhnen sich die Augen ans feierliche Halbdunkel, kann man Einzelheiten unterscheiden, den raffinierten Reichtum und die perfekte Organisation begreifen oder die technischen Hilfsmittel akzeptieren, also alles das, was dem allgemeinen Plan untergeordnet ist, die Bereitschaft der Menschen zur Frömmigkeit anzuspornen.

Das beginnt vielleicht schon mit dem Auftritt der Escolania. So nennt man die montserratinischen Chorknaben, die mit ihren hellen Knabenstimmen täglich zur Mittagszeit das »Salve Regina« singen und dabei stets ein internationales und andachtsvolles Publikum haben. Dieser Chor, der im Jahre 1223 gemeinsam mit der »Bruderschaft der Jungfrau vom Montserrat« gegründet worden war, ist meines Wissens der älteste noch bestehende Knabenchor der katholischen Welt, und der Eindruck, den die süßen schmelzenden Stimmen der Kinder, ihre Unschuld und zugleich die scheinbar naive, in Wahrheit technisch perfektionierte Ausdruckskraft ihres Vortrages hinterlassen, ist so stark und wirkt so unmittelbar, daß man sich in manchen Fällen die Wirkung dieses Gesanges als einen ersten Schritt auf dem schwierigen Weg zum wahren Glauben vorstellen könnte. Denn immer schon ist es die sinnliche Kraft der Musik, die Faszination durch die menschliche Stimme, die hier als Kunstwerk in Erscheinung tritt und zuerst das Gefühl anspricht, den kritischen Verstand einschmeichelnd vorbereitet auf das, was an Fremdartigem, Schwerverständlichem und letzlich Wunderbarem in einem tief religiösen Sinne auf diesen Verstand zukommt.

Was denke ich mir, was empfinde ich, während ich über eine schmale Treppe emporsteige, flankiert von kostbaren Alabasterfiguren und Skulpturen aus hellgrauem Sandstein? Manchmal halte ich inne, blicke zurück auf das Kirchenschiff, das unter mir im Halbdunkel liegt, ein Traumbild mit verschwimmenden Konturen und sanft verwischten Details. Dann gelange ich endlich auf eine kleine Plattform direkt oberhalb des Hauptaltars und sehe nun die berühmte Madonnenstatue, die durch einbruchsicheres Glas geschützt ist, auf gleicher Höhe mit mir, aber doch unerreichbar fern. Sie ist nach alter spanischer Tradition prunkvoll bekleidet und thront, das Jesuskind im Arm, hoch über dem Kirchenschiff, umgeben von einer verschwenderischen Fülle aus Gold und Silber. Der Rote, mein Anarchistenfreund aus Barcelona, hatte mir einmal erzählt, daß die Gold- und Silberschmiede

Kataloniens 1947 diese kostbare Einfassung gestaltet hätten, wobei es vielleicht manches schlechte Gewissen zu besänftigen galt, denn mancher Künstler, der damals Hand anlegte zum Ruhme der Muttergottes, hatte noch wenige Jahre zuvor gegen diesen Kult rebelliert.

Ein verborgener Mechanismus sorgt übrigens dafür, daß man die Statue je nach Bedarf und Anlaß drehen kann, entweder zum riesigen Hauptschiff oder in eine kleine, sorgfältig eingerichtete Seitenkapelle, die auf gleicher Höhe mit der Statue liegt und häufig als Tauf- und Trauungskapelle Verwendung findet.

Die rechte Hand der Muttergottes, die einen hölzernen Weltapfel hält, wächst durch einen kreisrunden Ausschnitt, der in das Schutzglas eingeschnitten ist. Während ich mich auf der Plattform aufhalte, sehe ich, wie fast alle Besucher – darunter auch ausländische Touristen – mit einer raschen, scheuen Gebärde diesen hölzernen Apfel berühren. Manche küssen ihn auch. Es ist nichts Frömmliches oder Übertriebenes in diesen Gesten, mit denen Menschen aus verschiedenen Kulturkreisen und aller Altersgruppen ihre religiösen Gefühle vor der Mutter des Heilands bezeugen. Es hat für mich sogar etwas unendlich Bewegendes. In den wenigen Augenblicken, in denen ich mich auf der schmalen Plattform befinde, den Blick auf das asketische und ein wenig streng anmutende schwarze Antlitz der Madonna gerichtet, empfinde ich mich einer großen Gemeinschaft zugehörig.

Jetzt, einige Zeit später, möchte ich dieses Gefühl präzisieren. Ich fühlte mich sicher. Das war es! Es war das eine Art von Sicherheit, die man nur schwer erklären kann und erst gar nicht durch einen Zauber rechtfertigen sollte, dem man sich auf dem Montserrat in vielen Phasen ohnedies kaum entzieht. Ich empfand Geborgenheit, fühlte Schutz, hatte minutenlang das überwache Bewußtsein, das man gelegentlich braucht, um abstrakte Begriffe zu verstehen. Dabei erinnere ich mich daran, daß ich einmal aufatmend die Augen geschlossen hatte, erfüllt oder durchdrungen von einer Sicherheit, die mir für gewöhnlich fremd ist. Was bewegte mich so? War es vielleicht die strenge und zeitlose Ebenmäßigkeit dieses dunklen Antlitzes? War es die allgemeine Suggestion in der Klosterkirche, der ich mich freiwillig unterordnete? Oder war es doch der uralte Wunsch so vieler Menschen, der mich in diesen Augenblicken so tief bewegte: der Wunsch nach einer Heimat, das starke Gefühl einer Zugehörigkeit?

Was war es also wirklich? Was ist es, das die Menschen schon so lange Zeit auf diesen Berg führt? Und zum Beispiel einem berühmt berüchtigten Revolutionär und Anarchisten das Bekenntnis abringt, nur vor dieser romanischen Madonna kirchlich getraut werden zu wollen?

Ich habe zwischen jenem Besuch, als ich vom »Roten« begleitet wurde, und meiner vorläufig letzten Pilgerfahrt an einem Dezembermorgen mehrmals die sitzende Madonna aufgesucht. Ich war immer berührt, und zwar in einer Gefühlsmischung, von der ich nur sagen kann, daß sie aus Respekt, Interesse, Neugier, Demut und noch aus etwas anderem, Unbeschreibbarem bestanden hat. Ich fürchte nur, daß ich diesen Rest nicht erklären kann. Und zwar nicht deshalb, weil es sich dabei um ein Geheimnis, um ein religiöses Mysterium handelte, sondern weil ich der Auffassung bin, daß es einige wenige Dinge in unserem Leben gibt, die sich auch heute noch jeder Deutung entziehen. Dinge oder Ereignisse, mit denen jeder davon Betroffene auf seine Weise fertig werden muß.

Guadalupe

Manchmal ist der Weg, den man zurücklegen muß, um hinter die Wahrheit oder das Geheimnis einer ganz bestimmten Geschichte zu kommen, weit schwieriger und abwechslungsreicher als die Geschichte selbst. Manchmal begreift man erst auf dem Weg, dem man unbeirrt folgen muß, ob diese Geschichte nützlich oder fragwürdig ist. Und manchmal lernt man, daß eine bestimmte Geschichte nicht viel bedeutet, wenn die Schwierigkeiten auf dem Weg zu ihr nicht groß genug, nachhaltig und abenteuerlich genug gewesen sind.

Es war an einem Dezembernachmittag, daß ich mich in Österreich aufmachte, um nach Guadalupe zu fahren. Nördlich der Alpen fiel sanft und stetig der Schnee, im Süden, in meiner Heimat, blies ein warmer Adriawind beharrlich die Schneewolken fort, und ich fuhr unter einem zerknitterten Pergamenthimmel, aus dem gerade erst die Sonne westwärts über den Horizont hinabgefallen war, den nächsten dreißig oder vierzig Stunden entgegen, weil ich wie in einem Zeitraffer verstehen lernen wollte, was ein Pilger, der sich vor hundert oder zweihundert Jahren nach dem spanischen Guadalupe aufgemacht hatte, tatsächlich empfunden haben mag, welchen Gefahren und Überraschungen er ausgesetzt gewesen ist, welchen Gerüchen, Gewohnheiten und Genüssen er begegnete, welchen Gefühlen er ausgeliefert gewesen ist, welche Landschaften er durcheilen mußte und welche Erfahrungen auf ihn gewartet hatten, bevor er einer kleinen bräunlichen Statue mit weißgepuderten Wangen, die unter kostbaren Gewändern beinahe zu ersticken droht und die hoch über ihm in einer dunklen Klosterkirche schwebt, seine Reverenz erweisen konnte. Es war ein Weg, der zur selben Zeit, gleichsam parallel, durch Gegenwart und Vergangenheit führte. Es war eine Reise durch ein Zeitalter, das ich wie im Flug zu besichtigen hoffte. Aber als ich dann in Guadalupe zwischen den Bergen der spanischen Extremadura am Ende dieser Reise angelangt war, da hatte ich nur das eine gelernt: daß es vollkommen gleichgültig ist, in welcher Zeit man auf eine Pilgerfahrt geht. Oder welches Ziel sich ein Pilger setzt. Oder wie viele Stunden, Tage, Wochen eine solche Wallfahrt dauert. Es ist gleichgültig. Jede Reise beginnt und endet in uns selbst.

Ich fuhr durch Friaul und Venetien, durch schlaftrunkene Landschaften, aus denen die derben Gerüche einer bäuerlichen Kultur aufstiegen, die sich auch hinter Venedig, hinter Verona, Brescia und Cremona noch behauptete, auch wenn jetzt schon die Fackeln der Industrie die Nacht fiebrig erhellten, unentwegt schwerbewaffnete Polizeieinheiten die Autobahn kontrollierten, hysterische Gerüchte von Raststätte zu Raststätte eilten, daß die »Roten Brigaden« oder andere Untergrundorganisationen zwischen Padua und Mailand wieder einmal vernichtend zugeschlagen hätten, wieder einmal mit dem gezielten Feuer aus automatischen Waffen und dem geübten Wurf selbstverfertigter Molotowcocktails eine bürgerliche Welt, die vielleicht längst schon zum Untergang verurteilt ist, in Unruhe und Panik versetzt hätten. War eine Pilgerfahrt in einem solchen Augenblick überhaupt noch zeitgemäß? Ich dachte an mein weitentferntes Ziel, an die Geschichte, deren Wahrheit und Geheimnis ich ergründen wollte, und ich fuhr an flammenden Hochöfen vorüber, an ausgebrannten Autowracks und durch weißen Nebel, der heimtückisch aus der Erde kroch, ich fuhr dem Apennin und der Riviera entgegen, ich fuhr plötzlich durch eine klare Dezembernacht, die vom fahlen Lichtschein eines fast farblosen Mondes erhellt wurde, der auch dann noch zwischen dem zerrissenen Nachtgewölk auftauchte, als mir auf dem Anstieg zum Apennin eisige Luft und dünnes Schneetreiben eine letzte Erinnerung an den mitteleuropäischen Winter schenkten.

Was wollte ich in Guadalupe? Noch einmal die Erzählungen eines Kuhhirten aus der ersten Hälfte des 14. Jahrhunderts überprüfen? Die Zusammenhänge kennenlernen, die es zwischen der Politik und der Religion immer gegeben hatte, vor allem dann, wenn die Barbarei eines Krieges durch den Zauber des Glaubens erhöht oder auch gerechtfertigt werden sollte? Welcher Glaube besänftigt den latenten Kriegszustand in Italien? Welcher Zauber verführt die Terrorkommandos zwischen Padua und Turin, rechtfertigt das Tun baskischer oder katalanischer Untergrundorganisationen und sanktioniert die verzweifelten Wutausbrüche provençalischer Bauern? Haben wir uns, Täter wie Opfer, nicht längst schon an den Wahnsinn gewöhnt? Mir flogen viele Gedanken durch den Kopf, viele Fragen, auf die ich keine Antwort wußte.

Auf den Apenninpässen dann die feuchte und zugleich

warme Luft, die vom Ligurischen Meer heraufstrich. Die mittelmeerländische Welt empfing mich mit einer sanften Umarmung, mit einer Zärtlichkeit, die verführerisch war nach der winterlichen Erstarrung in der Alpenregion. Ein Hauch von vorzeitigem Frühling umgab mich, während ich von Genua westwärts fuhr, durch eine lautlose Nacht mit glattem Sternenhimmel und der Leuchtspur eines Mondes, der jetzt als Wegzeichen durch die Dunkelheit flog. Dann Frankreich, der Lichterglanz schlafender Städte tief unten, wo das Meer unsichtbar gegen das Land drängt, Monte Carlo, Cannes und Nizza, später der zarte Geruch nach Pinien, Kiefern und Orangen, während ich schon zwischen endlosen Reihen sorgfältig gestutzter, bleicher und kahler Platanen über Aix und Arles dem Languedoc, dem Roussillon entgegeneile. Einmal erfaßt mich eine machtvolle Woge eisigen Windes, Mistral von Norden, schleudert mich der Sturm spielerisch über die Fahrbahn: Montpellier, Perpignan, Narbonne wachsen mir aus der Dämmerung zu, dahinter schon der rosige Schimmer der aufgehenden Sonne, die man noch nicht sieht, auf den schneebedeckten Bergen der Pyrenäen. Spanien eröffnet sich auf einer breithüftigen Paßhöhe, dieses verrückte Land der Kirchenschänder und ekstatischen Pilger, diese leidenschaftliche Heimat aller Widersprüche, die der Mensch im Verlauf seiner Geschichte erfunden hat, um immer dicht am Rande des Wahnsinns die fragwürdige Lust der Macht genießen zu können.

Und Guadalupe? Es liegt hinter den leeren, endlosen Flächen der Meseta, hinter der Hölle von Madrid und den musealen Verheißungen Toledos. Man ist Stunde um Stunde unterwegs durch eine Landschaft, die wie mit dem Rasiermesser abgeerntet anmutet, vorbei an mittelalterlichen Burgen, über deren glatte Sandsteinmauern längst schon die spanische Dezembersonne kriecht und zauberische Figuren auf den Stein malt, vorbei an lehmfarbenen Dörfern, deren Armseligkeit herzergreifend ist. Guadalupe hinter sieben Gebirgen und hinter sieben Hochebenen. Was will ich dort? Auf welche Offenbarung hoffe ich? Und bin ich immer noch davon überzeugt, auf diese Weise die Existenz eines Pilgers vergangener Zeiten nachempfinden zu können? Habe ich noch immer nicht, auch nach dreißigstündiger, vierzigstündiger Fahrt noch nicht begriffen, daß ein Vergleich zwischen althergebrachtem Pilgertum und zeitgenössischer Wallfahrt kaum möglich ist?

Die letzte Strecke, die man zurücklegen muß, um in die weltabgeschiedene Einsamkeit von Guadalupe zu gelangen, führt von Toledo westwärts, südwestwärts, parallel zu den Bergen, die Spanien von Andalusien trennen, immer auf der Straße 401, also auf einer der ältesten Landstraßen Spaniens, die seit den Tagen der maurischen Invasion bis heute ununterbrochen benützt worden ist. Es ist ein vielfach geflickter, schmaler, kurvenreicher und lieblos behandelter Weg, der sich durch Schluchten, über Hochebenen und Pässe zieht, die sich als natürliche Barrieren jedem Pilger entgegenstellen. Man muß über diese Straße fahren, wie man einen schwierigen Lebensabschnitt meistert: mit unendlicher Geduld, mit sehr viel Gefühl und manchmal auch mit etwas Gottvertrauen. Es ist eine Straße, die für Pferde, Maultiere und Fußvolk gedacht ist, vielleicht auch für die Armeen der katholischen Reconquista, für maurische Bogenschützen und für Sklaven, wenn sie die Beute aus der letzten Schlacht davonschleppen. Die Berge von Toledo erheben sich mit bizarrer Schönheit aus der braunverbrannten Hochfläche. Manchmal haben die Felsen, die unvermutet aus der Macchia oder hinter einem Paß hervortreten, giftige Farben, rot und grün, sepia und zinnober. Es ist eine Welt der verlorenen Wirklichkeit. Riesige Greifvögel, Adler und Geier, fallen mit mächtigem Flügelschlag vom Himmel. Falken kauern reglos auf Telegraphenstangen und beobachten mit scharfem Blick die kahle Landschaft. Irgendwann hinter einem der Pässe, die man zwischen Toledo und Guadalupe unentwegt überwinden muß, beginnt das grüne Gewölk der Ölbäume, stehen Korkeichen wie verwunschene Figuren in einem wasserdurchfluteten Tal. Und dann endlich, völlig unvermutet, erhebt sich im Schatten einer fast baumlosen Sierra, der auf der gegenüberliegenden Talseite der Schatten einer anderen baumlosen Sierra antwortet, ein dunkelbrauner Vierkant mit rötlichem Schimmer. Zuerst denkt man, es sei eine Wolke, dunkler Qualm, der aufsteigt vom Meiler eines einsamen Köhlers. Dann, näherkommend, bemerkt man Einzelheiten. Glockentürme, Mauern, Fensterreihen, in denen die Sonne, die jetzt wahrscheinlich schon über Lusitanien hinwegstürmt, noch ein letztes Feuer entzündet hat. Man folgt der schmalen Straße, die noch einmal hinaufführt auf einen der steinigen Hügel. Unten im Tal rauschen die Wasser, wächst zwischen den Öl-, Maulbeer- und Korkeichenbäumen eine üppige, dunkelgrüne Macchia. Oben auf dem Hügel hebt eine Glocke zu läuten an. Dünn und eher ärmlich.

So empfängt Guadalupe den Pilger, hat es ihn immer schon empfangen. Eine dürftige Welt außerhalb der Welt. Ein Stück Leben inmitten der Wildnis. Der Widerschein eines Traumes, der mit der untergehenden Sonne rasch erlischt.

Es war später Nachmittag, beinahe schon Abend, als ich angekommen war. Der erste Eindruck, den ich hatte, während ich über holpriges Steinpflaster zwischen uralten Steinhäusern mit baufälligen Vorbauten und Balkonen einem Hotel entgegenrollte, das aus dem Zusammenschluß spätmittelalterlicher Stallungen mit einem Hospiz aus dem 15. oder 16. Jahrhundert entstanden war, dieser erste Eindruck war der einer schlecht verhohlenen Armseligkeit.

Sogenannte Zeitlosigkeit, von der Poeten und Touristen schwärmen, kann, wenn sie rückwärts gewandt ist, ernüchternd und beschämend zugleich aussehen und eine denaturierende Wirkung haben. Und genau das empfindet man bei der Ankunft in Guadalupe, obgleich der Eindruck, den das gewaltige braune Mauergeviert des Klosters macht, erhebend ist. Auch später, wenn man um das Kloster herumgeht oder seine unermeßlichen Kunstschätze studiert, soweit das erlaubt und möglich ist, wenn man die glänzenden Beispiele vieler Architekturepochen kennenlernt, die hier vertreten sind, oder vor einigen Meisterwerken der spanischen Malerei steht, immer spürt man die Diskrepanz, die es zwischen dem Reichtum des Klosters und der Armut der Bevölkerung gibt.

Vor Jahren hatte ein englischer Schriftsteller den Weg nach Guadalupe gefunden. Sein Name war Morton. Jetzt, während der ersten Nacht, die ich in einer weißgekalkten ehemaligen Zelle des Hospizes – nun freilich mit elektrischem Licht und Badezimmer ausgestattet – verhältnismäßig luxuriös zubrachte, las ich seine Darstellung dieses Gebirgsdorfes. In den nächsten Tagen sollte ich dann noch genügend Zeit haben, um festzustellen, wie genau und zutreffend Morton diese sonderbare Welt rund um einen der wichtigsten Schauplätze der Marienverehrung charakterisiert hatte:

»Das Dorf Guadalupe lebt und arbeitet nach den Regeln

einer mittelalterlichen Gemeinschaft. Nie hat dort jemand etwas zu verbessern oder zu ändern, geschweige denn die Einwohner darüber aufzuklären versucht, daß sie mit heißem und kaltem Fließwasser, sanitären Anlagen innerhalb der Häuser, mit Elektrizität und Radio viel glücklicher wären. Die meisten Häuser haben Balkone aus Holz oder Eisen, manche davon sind von blauen Winden und scharlachroten Geranien überwachsen, bei anderen sind die oberen Stockwerke überhängend gebaut, und die Straßen sind meistens nur wenige Meter breit und winden sich bergauf und bergab. All das verbindet sich zu einem Gesamtbild von malerischer Wirkung.«

Es ist aber trotz aller malerischen Wirkung nur schwer vorstellbar, daß Guadalupe einmal ein geistiges, religiöses und in Verbindung damit natürlich auch ein patriotisches Zentrum der spanisch sprechenden Welt gewesen sein soll. Das Dorf liegt am äußersten Rand der Provinz Caceres, der flächenmäßig größten und einkommensmäßig ärmsten spanischen Provinz. Es liegt im äußersten Osten dieser Region, die unter dem Namen Extremadura wahrscheinlich besser bekannt ist, und es ist dementsprechend auch mit der allgemeinen Entwicklung in dieser Region engverbunden. Das aber bedeutete – und bedeutet es in einem gewissen Sinne wohl auch heute noch –, daß alle Ereignisse, die in der Extremadura ihren Anfang genommen haben, alle politischen und religiösen Strömungen hier in Guadalupe zuerst ihren Niederschlag gefunden haben. Also noch vor Toledo, Sevilla oder Madrid. Und weil die Extremadura die Heimat zahlreicher Konquistadoren war, also jener tollkühnen und rücksichtslosen Männer, die jedes Abenteuer auf sich genommen haben, um für Spaniens und gelegentlich auch für Portugals Größe halbe Weltreiche zu entdecken und zu erobern, fiel auch stets ein Abglanz jenes Ruhmes auf das Kloster in Guadalupe. Es war kein Zufall, daß in der Neuen Welt, und zwar mit dem spektakulären Beginn in Mexiko, der Name dieses kleinen und wahrscheinlich armseligen Dorfes zu einem Begriff für Glaubensstärke, Mut und Religiosität wurde. Denn mit dem ebenso barbarischen und dabei in allen Fällen glaubwürdigen Schlachtruf »Unserer Lieben Frau von Guadalupe« auf den Lippen stürmten die ersten spanischen Eroberer in diese fremde Welt des amerikanischen Kontinents, schlachteten sie

Zehntausende, Hunderttausende von Indianern ab und erbeuteten dabei unvorstellbare Reichtümer. Sie gründeten Vizekönigreiche und Kolonien, deren kleinste noch die vielfache Größe der Extremadura besaß. Und das alles geschah im Namen der Muttergottes von Guadalupe.

Der Ruhm dieses Gebirgsdorfes, dessen Name übrigens aus dem Arabischen kommt und soviel wie »verlorenes, verschwundenes Wasser« bedeutet, wuchs mit dem Ruhm der ersten Entdecker und Eroberer. Die wichtigste Voraussetzung dafür war der Umstand, daß viele dieser Entdecker und Eroberer aus der Extremadura stammten. Ein Cortez oder Pizarro dachte auch in Mittel- und Südamerika in sozusagen lokalpatriotischen Kategorien, wenn er die in jenem Zeitalter unvermeidliche Einheit von Landnahme und gottgefälliger Missionierung herzustellen suchte. Und auf den Schiffen des Kolumbus, deren erste Fahrt diese Art der Missionierung ja überhaupt ermöglicht hatte, fanden sich unter den Besatzungen so viele Männer aus der Extremadura, daß es ganz einfach als selbstverständlich erschien, im Augenblick der höchsten Gefahr nicht die schwarze Madonna vom katalanischen Montserrat oder den galicischen Jakob aus Santiago de Compostela anzurufen, sondern eben die Madonna aus Guadalupe. Es war gleichsam ein Reflex der Weltgeschichte, dessen Folgen heute noch wirksam sind. Guadalupe wurde zum Gleichnis für Katholizität, Erobererturn und Reichtum. Das Elend, das unverlierbar im Schatten dieser weltlich-kirchlichen Dreieinigkeit einherging, übersah man geflissentlich.

Die Geschichte von Guadalupe begann ... ja, wie erzählt man eigentlich den Anfang einer Geschichte, der sich in dieser oder in einer ähnlichen Form schon hundertmal ereignet hatte und die hier doch ein wenig anders verlaufen ist, so daß es sich tatsächlich um eine ganz neue Fassung dieses hundertfach variierten Themas handelt? Es ist nämlich einerseits ein orthodoxer, altvertrauter und häufig durchgespielter Anfang, daß eine vergrabene Statue der Muttergottes und deren erstaunliche Auffindung eine wichtige Rolle spielen müssen, so, wie es eben bei vielen, ja bei fast allen berühmten oder weniger berühmten Wallfahrtsplätzen der katholischen Welt begonnen hatte. Andererseits aber, wenn man der Legende und dem, was sich daraus entwickelt hatte, glauben darf, fand dieser Anfang in mehreren Etappen statt, gab es einen erstaunlichen Anfang und Jahrhunderte später eine Fortsetzung dieses Anfangs, wobei jedesmal eine völlig eigenständige Geschichte zu erzählen wäre. Denn so unscheinbar, ja ärmlich Guadalupe heute zwischen den Bergen liegt, nicht viel mehr als ein brauner Strich in der grünen Macchia, so eigenartig bis mysteriös waren die verschiedenen Voraussetzungen für seine Entstehung.

Nehmen wir an, daß die unglaublichen Legenden, die es zuerst einmal über die Herkunft der wundertätigen Statue von Guadalupe gibt, einigermaßen der Wahrheit entsprechen oder daß sie zumindest einen geschichtlichen Ansatzpunkt enthalten, den man auch nach vielen Jahrhunderten noch rekonstruieren kann. Der heilige Lukas – Maler, Arzt, Evangelist und alles in allem eine herausragende Erscheinung in der Schar jener ersten Christen, die diesem neuen Glauben neben der moralischen auch eine ästhetische Dimension schenkten – spielt dabei eine wichtige Rolle. Nicht zum erstenmal übrigens, wie jedermann weiß, der sich näher mit der Entstehungsgeschichte europäischer Wallfahrtsplätze beschäftigt.

Die Statue, die für die Biographie von Guadalupe eine entscheidende Bedeutung besitzt, soll demnach nicht nur das letzte Kunstwerk gewesen sein, das dieser fromme Meister geschaffen hatte, sondern sie soll auf der Insel Patmos und auf einem Berg oberhalb von Ephesos entstanden sein. Und Maria soll knapp vor ihrem Tod dem Evangelisten Lukas dabei noch Modell gestanden haben.

So zumindest lautet derjenige Teil dieser Erzählung, der heute natürlich nicht mehr verifizierbar ist. Auch die nachfolgenden Ereignisse rund um die kostbare Figur können nur nacherzählt, nicht aber auf ihren historischen Wahrheitsgehalt hin überprüft werden. Denn angeblich bald nach ihrer Fertigstellung kam die Statue nach Konstantinopel, wurde dort vergraben, gelangte um das Jahr 600 nach Rom, wo eine der interessantesten Erscheinungen der katholischen Welt, nämlich Papst Gregor der Große, dafür sorgte, daß sie mit allem Pomp und vor großem Publikum durch die Straßen der heiligen Stadt getragen wurde.

Von diesem Augenblick an gewinnt die Geschichte, die man bis dahin nur zögernd, mit mancher Einschränkung und eher skeptisch erzählen sollte, unversehens an Authentizität. Denn tatsächlich wütete in dieser Zeit die Pest in Rom. Es wurde alles Mögliche, auch das vermeintlich Absurde, unternommen, um ihr wirkungsvoll zu begegnen. Da gehörte dann freilich auch, wie man das heute wohl nennen würde, das Geschäft mit dem Aberglauben dazu. Denn wer den Tod vor Augen hat und mit der Ausweglosigkeit einer schrecklichen Seuche konfrontiert wird, gegen die es kein medizinisches, also rationales Mittel gibt, der greift ganz gewiß und sogar begierig nach irrationalen Methoden, um am Leben zu bleiben. Das Herumschleppen einer hölzernen Madonnenstatue mag dabei noch als eine Art primitiver Fetischismusgläubigkeit wirken, gewinnt aber sogleich an psychologischer Überzeugungskraft, wenn man sich die Wirkung auf das verzweifelte römische Volk vorstellt, als es erfuhr, daß diese Statue aus der Hand des heiligen Lukas gekommen sei und die Muttergottes selbst dazu Modell gestanden habe. Es war jedenfalls ein kühner, intelligenter Schachzug Gregors des Großen, gerade diese Statue und gerade diese erstaunliche Geschichte in Rom populär zu machen.

Eines fügte sich zum anderen. Einer der wichtigsten katholischen Wallfahrtsplätze außerhalb Europas liegt auf dem Nachtigallenberg oberhalb von Ephesos an der türkischen Ägäisküste. Es wird angenommen, daß sich dort möglicherweise das Sterbehaus der Muttergottes befindet. Die Insel Patmos spielte eine ganz entscheidende Rolle für die christliche Philosophie, und die Römer sagten sich, daß es nicht von der Hand zu weisen wäre, wenn auf dieser ägäischen Insel neben dem greisen Johannes, der hier die Apokalypse niedergeschrieben hatte, auch Lukas ein wichtiges Kunstwerk der christlichen Kultur geschaffen haben könnte, nämlich das vollendete Abbild Marias.

Und das erste Wunder im Zusammenhang mit dieser Statue geschah. Die Pest erlosch. Man schaufelte bereits kurze Zeit nach dem ersten Auftritt der Statue die letzten Toten in die Gräber. Dann hörte die Seuche buchstäblich über Nacht zu wüten auf.

War das ein Zufall? Oder hatte es etwas mit Scharlatanerie zu tun? Aber kann man den Pestatem durch Zufall und Scharlatanerie besiegen?

Ich habe mir auch diese Fragen gestellt, als ich im dunklen, von schwärzlichen Schatten zugedeckten Hauptschiff der Klosterkirche in Guadalupe stand und hoch über mir, hoch über dem abgedunkelten Altar die prachtvoll dekorierte, mit Brokat- und Seidengewändern bekleidete Statue der Muttergottes sah, wie sie, als ob sie von einer unsichtbaren Kraft bewegt wäre, über alle Dunkelheit hinwegschwebte, dabei in gleißendes Licht getaucht, eine Erscheinung von außerordentlicher Anziehungskraft, weil alles Licht dieser Erde in diesen Augenblicken auf die Figur konzentriert schien. Die Statue selbst ist kaum viel höher als einen Meter. Archäologen und Historiker, die sie vor geraumer Zeit genau untersuchen durften, kamen zu der übereinstimmenden Meinung, daß es sich unter Umständen um eine Arbeit aus spätrömischer Zeit handelte, deren Alter mit der üblichen Vorsicht auf annähernd fünfzehnhundert Jahre geschätzt werden dürfe. Die Figur des Jesuskindes freilich stammte aus jüngerer Zeit, war erst später einmal hinzugefügt worden. Auch das ging mir durch den Kopf, während ich durch die dunkle Kirche wanderte und immer wieder nach oben blickte, neugierig und ein wenig ratlos angesichts dieser blauen Flamme, die hoch über mir durch die Finsternis flog. Was für ein Bild machte ich mir damals? Welche Antworten fielen mir auf meine Fragen ein? Und wie sah die Betroffenheit aus, die ich allmählich wie einen körperlichen Schmerz in mir spürte? Die helle blaue Flamme über mir – die Muttergottes war an diesem Tag in blauen Brokat gehüllt, unsichtbare Lichtquellen sorgten für strahlende Helligkeit, genau auf die kleine Vertiefung ausgerichtet, in der die Figur thront –, dieses aquamarinfarbene Leuchten also und dazu das weißgepuderte Antlitz der Statue, das an sich ja dunkelbraun, fast schwärzlich ist: Es war in jedem Fall ein außerordentlicher Eindruck. Man gewöhnte sich sozusagen an das Ungewöhnliche. Die Fragen freilich blieben. Hatten auch die Römer unter Papst Gregor dem Großen schon zerriebene Kreide über das Gesicht der Statue gestreut? War Gregor, als er den Befehl gab, die Figur nach Rom zu bringen und im Triumphzug durch die Straßen zu führen, wirklich durch ein geheimnisvolles Zeichen oder durch einen Traum auf die Wirksamkeit dieses Stücks geschnitzten Holzes aufmerksam gemacht worden, wie das einige Autoren des Mittelalters behauptet haben? Und wie ist das zeitliche Zusammenfallen der Beendigung dieser Pestseuche mit dem Erscheinen der Statue in Rom wirklich zu erklären? Ich war hier in der Klosterkirche von Guadalupe zugleich erschrocken über die weißbestäubten hölzernen Wangen der Figur, die ihr etwas Clowneskes, Maskenhaftes verliehen, und verunsichert durch die plötzlich aufkommende Erkenntnis, daß es seit dem ersten Auftreten einer christlichen Ideologie ganz bestimmte Schemata gibt, in die hinein alle diese Dinge passen müssen, die den Glauben der Menschen inspirieren. War es nicht vermessen, einer uralten Schnitzarbeit, die wie so oft in Spanien auch hier unter der Fülle kostbarer Kleider und luxuriösen Schmuckes beinahe begraben wurde, eine Wirkung zuzutrauen, die im Verlauf der Geschichte immer wieder an das Wunderbare grenzte oder überhaupt ein Wunder war? Versetzt der Glaube die Menschen tatsächlich in eine fast mythisch zu nennende Erregung, so daß sie alle Seuchen überstehen und aus dem Schattenreich des Todes zurückkehren ins Leben, nur weil sie von der abstrakten Idee, von der metaphysischen Welt überzeugt sind, die sich hinter einer solchen Statue verbirgt?

Der Weg, den die Madonna von Rom nach Spanien nimmt, ist dann freilich wiederum voller Geheimnisse, ist rätselhaft, dunkel, widersprüchlich. Es umgibt sie dasselbe Geheimnis wie einige Jahrhunderte zuvor, als sie von Ephesos nach Konstantinopel und von dort nach Rom gelangte, immer vorausgesetzt natürlich, daß es sich um ein und dieselbe Plastik handelt. Es gibt manches Dokument, manchen Augenzeugenbericht und einige Legenden, die sich als teils fragwürdige und teils akzeptable Hinweise für eine halbwegs erzählbare Biographie verwenden lassen. Und es gibt vor allem die Frage nach dem Wahrheitsgehalt jenes mysteriösen Anfanges auf dem Nachtigallenberg oberhalb von Ephesos und auf Patmos, als die Mutter des Heilands Modell saß für etwas, das mehr war als nur ein Abbild, mehr als ein Kunstwerk, sondern das vielleicht einen Zauber besaß, der die Menschen von ihren Qualen erlösen sollte.

Alles nur Einbildung, Gaukelei und Aberglauben? Ich meine, die Dankesschuld so vieler Pilger kann keine Einbildung sein. Und die Hilfe, die zahllosen Menschen durch eine Berührung mit der Statue, durch ein Gebet, eine Bitte, das an die Statue gerichtet wurde, zuteil geworden ist, kann gleichfalls nicht nur durch Einbildung erklärt werden. Ein Rest von Geheimnis bleibt immer. Ein Bodensatz, in dem sich vielleicht alles Wunderbare unserer Welt verbirgt, ist nach wie vor nicht erklärbar.

Der Weg von Rom nach Spanien, den die Statue genommen hatte, ist kaum noch rekonstruierbar. Kam die Figur als Geschenk eines Papstes nach Sevilla? War sie als eine Art Wunderwaffe im Kampf gegen die hereinbrechenden Mauren gedacht? War Zufall mit im Spiel oder so etwas wie göttliche Fügung? Im Grunde freilich sollte man keine Fragen nach Herkunft und Hintergrund dieses verehrungswürdigen Abbildes der Muttergottes stellen, sollte man sich mit der einleuchtenden Erklärung begnügen, daß sie deshalb so lange Zeit in einem abgelegenen Hochtal Spaniens vergraben worden war, weil sie nicht den islamischen Heiden in die Hände fallen sollte. Andererseits gibt es das Urteil der Archäologen, die der Figur spätrömische Herkunft und ein Alter von annähernd fünfzehnhundert Jahren bescheinigt haben. Auf ein paar Jahrhunderte mehr oder weniger wollte man sich dabei nicht festlegen, und das Jesukind, das nachweisbar viel jünger ist als die Statue, stand archäologisch ohnedies nie zur Diskussion. Außerdem gibt es für die mehr als sonderbaren Begleiterscheinungen, unter denen die Madonnenstatue auf spanischem Boden wieder entdeckt worden war, eine ganze Reihe von stichhaltigen Beweisen und etliche übereinstimmende Augenzeugenberichte. Und wenn man auch davon ausgehen muß, daß manches davon im Verlauf der Zeit phantasievoll ausgeschmückt und durch eigene Erfindungen angereichert wurde, so bleiben die wesentlichen Fakten doch dieselben.

Im Jahre 1325 suchten einige Hirten in den Abhängen und Schluchten der Sierra, die das flache und baumlose Land der Extremadura im Osten begrenzt, nach verlaufenem Vieh. Einer von ihnen, sein Name ist Gil Cordero, entdeckt schließlich eine entlaufene Kuh. Sie liegt wie tot am Ufer eines Gebirgsbaches. Der Hirte nimmt sein Messer zur Hand, um den Kadaver abzuhäuten. Er beginnt, wie es in dieser Gegend noch heute üblich ist, mit einem Schnitt, der die Form eines Kreuzzeichens hat. Da springt die totgeglaubte Kuh auf und trabt davon. Zugleich hört Gil Cordero eine Stimme, die zu ihm spricht.

So lautet die eine Version. Es gibt noch eine andere. Und auch das Jahrhundert, in dem dieses Ereignis zwischen den Bergen der Extremadura stattfindet, wechselt je nach Standort und Erzählweise der verschiedenen Berichte. Einmal spielen auch die Frau und der Sohn des Hirten eine wichtige Rolle. Und dann wieder wird der Auftritt dieser Familienmitglieder völlig unterschlagen. Einmal ist es nur der Hirte Gil Cordero, der alle entscheidenden Erscheinungen hat und ganz allein die Statue vergraben in der Erde findet. Und dann wieder sind es Priester, denen die Rolle der Stichwortebringer für das Wunder der Auffindung zufällt.

Ich persönlich neige ja eher zur Auffassung, daß die Version, die sich das Volk über viele Generationen hinweg erzählt, noch am ehesten der historischen Wahrheit entspricht. Demnach eilte Gil Cordero nach seinem unglaublichen Abenteuer mit der toten und wieder lebendig gewordenen Kuh und der rätselhaften Stimme, die ihn wohl mehr in Panik als in frommes Entzücken versetzt hatte, sogleich in sein Heimatdorf unten in der Ebene zurück. Dort empfing ihn bereits seine tränenüberströmte, verzweifelte Frau. Der einzige Sohn lag im Sterben oder war gerade gestorben. Es gibt auch hier verschiedene Meinungen. Eine davon sagt, daß der Sohn erst oben in den Bergen, wohin er den Vater begleitete, tot zusammengebrochen sei, und zwar genau über der Stelle, wo der Hirte dann die vergrabene Statue fand. Aber wie dem auch sein mag und ob nun Gil Cordero mit dem schwerkranken oder toten Sohn ins Gebirge zurückwanderte und ob ihn dabei ein Priester, der von der Sache gehört hatte, tatsächlich begleitete . . . es ereignete sich jedenfalls wieder ein Wunder!

Etwas zumindest, das mit normalem Maßstab nicht zu messen ist. Der Sohn, tot oder sterbend, kommt mit dem Erdreich in Berührung, wo zuvor schon die totgeglaubte Kuh aufgesprungen war. Zugleich wieder die Stimme, die mit sanftem Tonfall spricht. Der Sohn plötzlich lebendig und gesund. Am Boden des Grabes, das man schon tränenblind ausgehoben hatte, um darin den Leichnam des Sohnes zu versenken, erhebt sich plötzlich eine bräunliche Holzstatue. Und wieder die sanfte Stimme, die vom Ruhme Gottes redet und von der Ehrerbietung, die man auch der Muttergottes schuldig sei. Auch der Priester, der vielleicht doch in die Einöde mitgekommen ist – und welcher spanische Priester läßt sich ein solches Schauspiel schon entgehen –, hört nun diese Stimme. Später wird er behaupten, den Auftrag erhalten zu haben, an dieser besonderen Stelle, wo sich alle diese rätselhaften Dinge ereignet hatten und wo man die Statue gefunden hatte, ein Kloster zu errichten.

Den Rest kann man sich unschwer vorstellen. Er ereignete sich sozusagen wie von selbst, einem ungeschriebenen Gesetz gehorchend, das die Dinge des Glaubens regelt und dafür sorgt, daß jede fromme Legende einen realistischen Nachsatz erfährt. Hier bestand dieser Nachsatz aus einem Kloster, das zum Mythos wurde. Es waren Mönche des Hieronymitenordens, die um das Jahr 1340 Kloster und Klosterkirche inmitten der unzugänglichen Wildnis errichteten, als der damals regierende König Alfons XI. gerade erst eine wichtige Schlacht gegen die islamischen Mauren vor allem dadurch gewonnen hatte, daß ihm die Muttergottes von Guadalupe während des Kampfes erschienen war. Aber so schwierig auch der Weg hinauf in die Berge war, so wenig einladend die Natur schien, die man bezwingen mußte, um diesen entlegenen Wallfahrtsplatz zu erreichen: Der Ruhm Guadalupes war nicht mehr aufzuhalten! Rund um das Kloster entstand eine Ansiedlung, ärmlich vom ersten Tag an, armselig und hoffnungslos auch heute noch. Im Kloster selbst häuften sich allerdings die Schätze Spaniens und seiner überseeischen Kolonien. Begonnen hatte es mit der hochherzigen Spende jenes Königs, der unter dem Schutz der Muttergottes von Guadalupe die Mauren besiegt hatte. Er stiftete die Hälfte der Riesenbeute aus der gewonnenen Schlacht dem Kloster. Und begründete damit eine erfreuliche und langanhaltende Tradition.

Zu einer Legende von nationalem Rang wird die Geschichte der Wallfahrt, die Christoph Kolumbus nach Guadalupe unternimmt. Die Voraussetzungen zu dieser Wallfahrt sind freilich ungewöhnlich genug und so recht geeignet, die teils abenteuerlichen und teils maßlos übertriebenen Vorstellungen zu rechtfertigen, die das Volk von der Wunderkraft »Unserer Lieben Frau von Guadalupe« hat.

Kolumbus hatte auf seinem Schiff während eines fürchterlichen Sturms einen Sack voll Erbsen, von denen eine mit einem Kreuz gekennzeichnet war, reihum gehen lassen. Derjenige, der die Erbse mit dem Kreuz zog, mußte eine Pilgerfahrt nach Guadalupe geloben. So beschwor es der Admiral angesichts haushoher Wellen, die sein Schiff zu zerschmettern drohten, und angesichts eines sogenannten Jahrhundertsturms, den es mit Gottes und der Jungfrau Hilfe zu überwinden galt. Er selbst griff als erster in den Erbsensack. Und zog das Los. Er wiederholte sein Gelöbnis. Und der Sturm legte sich.

Hernando Cortez, Eroberer von Mexiko, betete neun Tage und neun Nächte lang vor der Statue. Von den Schätzen, die er ihr aus der Neuen Welt mitgebracht und zu Füßen gelegt hatte, hätte die darbende Bevölkerung des ganzen Hochtales zwischen den kahlen Gebirgszügen ein Jahrhundert lang bekömmlich leben können. Auch die anderen Konquistadoren, soweit sie aus der Extremadura stammten, und Spaniens Könige, angefangen bei den Katholischen Majestäten Ferdinand und Isabella, pilgerten nach Guadalupe. Ein spanischer König, Heinrich IV., liegt hier sogar begraben, ebenso der Erbauer der Kathedrale von Toledo, Annequin Egas, während der unermeßliche Kirchenschatz, der auch ein Elfenbeinkruzifix enthält, das Michelangelo zugeschrieben wird, durch ein recht prosaisches Erinnerungsstück populär wurde. Don Juan D'Austria stiftete die Lampe des türkischen Flaggschiffes, die er bei der Seeschlacht von Lepanto 1572 erbeutet hatte. Das war eine schöne Geste, die das Volk zu würdigen wußte. Schließlich war Don Juan D'Austria, Bastard Kaiser Karls V. und der Bürgerstochter Barbara Blomberg, in einem Dorf unweit von Guadalupe – ein Katzensprung in der Luftlinie, ein mühsamer Tagesritt, wenn man auf der Erde blieb – einige Jahre lang erzogen worden und hatte dort eine ganz gewöhnliche spanische Kindheit verlebt. Kunstfreunde wiederum pilgern vor allem deshalb nach Guadalupe, weil sich unter den angesammelten Schätzen – Juwelen, Gold, Silber, Schmuckarbeiten, aber auch kostbare Kirchenbücher und Messgewänder – eine Reihe von Gemälden des großen spanischen Malers Zurbaran befindet, der zwischen 1638 und 1647 in Guadalupe tätig war. Auch ein Gemälde Goyas kann hier bewundert werden, ganz zu schweigen von den zahlreichen edelsteingeschmückten Monstranzen, Kelchen und Pokalen und anderen kirchlichen Weihegefäßen, die einen materiellen Wert darstellen, der in die Millionen geht und einen sonderbaren Kontrast bildet zur Dürftigkeit des Lebens vor den Toren des Klosters.

Es bleibt nämlich die Armut der Menschen, die bisher noch nicht beseitigt werden konnte. Es bleibt auch noch die ernüchternde Frage, ob es da nicht einen Fehler in der menschlichen Ordnung gibt, denn es muß sich ja wohl um einen Fehler, um ein Mißverständnis handeln, wenn in der unmittelbaren Nachbarschaft eines so überwältigenden Reichtums – der seit dem Jahre 1908 von den Franziskanern verwaltet wird – soviel an Entbehrung, Dürftigkeit und Unvollkommenheit möglich ist. Man könnte auch die nutzlose Frage stellen, ob denn die Hilfe der Muttergottes von Guadalupe, die Königen und Fürsten, Entdeckern und Konquistadoren zuteil wurde und im Verlauf der Jahrhunderte auch manchem einfachen Geschöpf das Leben oder doch die Seele rettete, nicht auch den Menschen zuteil werden könnte, die dicht in ihrem Schatten leben.

Ich bin lange durch die kleine, immer noch mittelalterlich anmutende Ortschaft gegangen, die fast an ein armes Bauerndorf irgendwo in den Alpen erinnert. Die Spuren des Verfalls sind unübersehbar. Manche Häuser stehen knapp vor dem Einsturz. Viele Fensterläden sind mit Brettern vernagelt, Zeichen der Auswanderung, des geläufigen Schicksals der Menschen in der Extremadura. Gegen Abend wurde es immer empfindlich kühl, von den kahlen Bergen zu beiden Seiten des Hochtals wehte ein eisiger Schneewind. Der Atem flog in Wolken aus dem Mund. Von der Klosterkirche kam dünnes Geläut. Hatte sich der weite Weg gelohnt? War ich der Wahrheit und dem Geheimnis jetzt endlich näher gekommen?

An diesem Abend begann es zu schneien. Zuerst auf den Bergen, später auch im Tal. Eine feierliche Stille senkte sich über die Landschaft. Die Menschen verkrochen sich in ihren uralten, baufälligen Steinhäusern und schlossen die Läden. Nur der Brunnen vor der Treppe, die zum Portal der Klosterkirche führt, rauschte mit gleichbleibendem Klang.

Ich fuhr am anderen Morgen weiter, fuhr durch tiefe Dunkelheit und das lautlose Rieseln des Schnees, der später in das sanfte Geräusch eines strähnigen Regens überging, hinunter in die Ebene und quer durch die Extremadura nach Portugal. Die Welt ersoff an diesem Tag in Nässe und Nebel. Am frühen Nachmittag war ich in Fatima.

Fatima

Vor Jahrzehnten schon, als ich noch ein Kind war, das die ersten Kenntnisse über den Kontinent, auf dem wir leben, teils durch die manchmal fragwürdige Schulweisheit und teils durch die abenteuerlichen Erzählungen süditalienischer Fischer und Matrosen andeutungsweise begreifen lernte, bedeutete Portugal für mich den Anfang vieler Geheimnisse und das Ende der bekannten und gleichsam benützbaren Welt. Da war erstens die portugiesische oder eigentlich atlantische Natur, aus der heraus sich nach meiner Vorstellung das Klima entwickelte, unter dem Europa dann hingestreckt lag wie ein wehrloser Körper, so gut wie unfähig, sich gegen orkanartige Stürme und Regengüsse zu wehren, die am Rande der lusitanischen Küsten entstanden und dann ostwärts wanderten wie eine vorweggenommene Apokalypse.

Da war zweitens der Fisch, von dem vor allem die armen Leute in den Hafenvierteln von Neapel oder Marseille, in den Slums Palermos oder Athens und auch die Bauern zwischen Andalusien und der Peloponnes träumten. Das Wort »Kabeljau« hatte einen magischen Klang. Und dieser Klang wehte aus Portugal herüber, wo riesige Schiffsladungen voll Kabeljau an Land gebracht wurden.

Da waren drittens diese Geschichten von den Seefahrern und kühnen Entdeckern, die um die Welt segelten, neue Inseln und Küsten fanden und den Blick der Menschen für die Wunder dieser Erde erweiterten. War nicht eine Hälfte aller neuentdeckten Kontinente einmal portugiesisch? Und hatten Portugals Caravellen jetzt auf den Weltmeeren nicht mindestens für die Dauer eines Jahrhunderts die beherrschende Rolle übernommen, die einmal phönikische und römische Flotten auf dem Mittelmeer gespielt hatten?

Und dann war da auch noch ein Gerücht, eine Legende, etwas, das man als Kind nur ungenau begreift, weil es die naive Vorstellungskraft bei weitem überfordert und doch die Phantasie immer wieder von neuem reizt und beschäftigt. Eine Weissagung soll dort am westlichen Ende Europas entstanden sein, eine schreckliche Prophezeiung, die alle realistischen Ängste und irrationalen Befürchtungen der Menschheit bei weitem noch übertrifft, ähnlich übrigens jener anderen, älteren Weissagung, die ein geheimnisvoller Abt namens Giovanni von Fiore in der Unzugänglichkeit der süditalienischen Berge vor bald tausend Jahren gemacht hatte. Von einer neuen Sonne, die tausendmal stärker sein sollte als unsere Sonne, die wir sehen und die unser Leben bestimmt, war da die Rede. Von Kriegen, Seuchen und Weltuntergängen, die nicht mehr aufhaltbar wären. Das Merkwürdige aber war, daß über allem Schrecklichen, das da aus Lusitanien herübergeweht kam, eine gütige Muttergottes schwebte. Und diesen Widerspruch verstand das Kind lange Zeit nicht. Die Sonne kreiste zwar wie verrückt über der Erde. Ein unheimliches Sausen flog durch die reglose Luft. Aber aus diesem Totentanz der Natur trat die Madonna hervor und segnete die Menschen.

So betrachtete es das Kind. So lernte ich erstmals in meinem Leben das Geheimnis eines mysteriösen Wallfahrtsplatzes kennen, der nichts von der vertrauten, ja intimen Nähe italienischer Wallfahrtsplätze wie Loreto, Padua oder Assisi besaß. So wurde aber auch meine Neugier auf diesen Ort geweckt, der Fatima hieß, worüber die Fischer und Matrosen zwischen Neapel und Salerno ein wenig den Kopf schüttelten, weil es ein arabischer Name war und sie alles Arabische im Umgang mit nordafrikanischen Polizeikuttern und Dynamitfischern fürchten gelernt hatten. Oder auch, weil es empfindsame Naturen waren, die es gar nicht gerne sahen, daß es da noch etwas geben sollte, das wichtiger oder geheimnisvoller war als das Blutwunder von San Gennaro, das jedem Neapolitaner bekanntlich mehr bedeutet als Vatikan und Regierung zusammengenommen. Meine Neugier wuchs jedenfalls. Es war eine fürwitzige und etwas ängstliche Neugier. Dazu kam noch, daß mein Vater geschäftliche Verbindung besaß mit Portugal. Aber da war immer nur von Lissabon und nie von diesem Fatima die Rede. Eines Tages fragte ich ihn danach. Da wurde sein Gesicht ernst, fast düster, und er meinte, daß ich noch zu jung sei für Fatima. Und daß ich mir nur falsche Vorstellungen machte, wenn ich mich jetzt schon näher damit beschäftigte. Der Tonfall, in dem er das sagte, ließ mich nichts Gutes für Fatima erwarten. Er war eben ein leidenschaftlicher Neapolitaner und Anhänger des San Gennaro. Das tröstete mich ein wenig, stillte aber nicht meine Neugier.

Jahrzehnte später kam ich dann endlich nach Fatima! Es

war nicht meine erste Reise nach Portugal, es war auch nicht meine erste Begegnung mit einem Wallfahrtsplatz von unheimlicher fast dämonischer Ausstrahlung – wer die Ekstasen apulischer Bauern auf dem Gargano oder die Hysterie kennt, die bei der Verflüssigung des Blutes San Gennaros in Neapel entsteht, den sollte eigentlich nichts mehr überraschen –, aber es geschah zum erstenmal, daß ich durchaus bewußt und nur mit dem einen Ziel, das Nationalheiligtum Portugals kennenzulernen, die unsichtbare Grenze zwischen Spanien und Lusitanien überschritten hatte.

Das Gefühl, das man unmittelbar nach dem Grenzübergang hat, ist von tiefreichender Wirkung. Als ob der Atlantik jetzt schon, wenige Autominuten nach der spanischen Extremadura zuerst die entrindeten Korkeichenwälder und dann auch alles Erdreich dieser Landschaft unter einem unaufhörlich arbeitenden Wasserschwall begraben wollte. Portugal empfängt seine Pilger – nicht seine Touristen, die fast alle in den Süden, in die Algarve ziehen – mit verhängtem Himmel, durchnäßten Landschaften, triefenden Bäumen, nassen Straßen. Alles strotzt vor Feuchtigkeit, sogar die Luft quillt auf vor Nässe, die von überallher kommt. Flechten setzen sich an, Moos gedeiht unter diesem ständigen Sprühregen, der die Luft erfüllt, alles ist von einer ungewissen und nebelhaften Form, die sich wie eine nachgiebige und zugleich unbarmherzige Gummiwand vor dem Eindringling erhebt, der unbekümmert und voll Gottvertrauen durch eine nicht endenwollende feuchtwarme Wolke wandert, begleitet von den weinfarbenen Baumstämmen entrindeter Korkeichen und der Erinnerung daran, daß er in eine Landschaft kommen wird, die immer noch von der geheimnisvollen Zahlenmagie der Templer beherrscht zu sein scheint und wo man zum Beispiel den Wein auch heute noch unmittelbar nach der Lese in bauchigen Flaschen tief in der Erde vergräbt, damit er ein besonderes Aroma erhält. Es ist das der sogenannte Totenwein des nördlichen Portugal, der freilich imstande zu sein scheint, die Toten zu neuem Leben zu erwecken.

Alles ist hier anders und eindringlicher. Die Häuser, die an walisische oder bretonische Fischerdörfer erinnern, tragen mächtige Kamine. Der Regen, der einem entgegenschlägt, ist von ganz besonderer Beschaffenheit, er ist konsistent, nahezu undurchdringlich, manchmal von salzigem Wasser durchtränkt, das der Sturm vom Atlantik hereinweht. Und der Nebel, der sich in den Niederungen zwischen den kleinen bewaldeten Hügeln und felsigen Erhebungen festsetzt, ist von einer Reinheit, die anfangs irritiert, bis man sich daran erinnert, daß es hier keinen Industriequalm, keine chemischen Abgase gibt, die ihn verschmutzen könnten. Nebel wie weiße Watte, Regen wie eine Sintflut, eine Landschaft wie aus dem Aquarium, durch das die aufgespannten schwarzen Regenschirme der Portugiesen wandern.

Was für eine rätselhafte Topographie also unter dieser Sturzwoge aus Wolken, Nebel und Wasser! Hügel, Falten und Risse in der Landschaft, manchmal Schluchten, die sich unvermutet öffnen. Immer wieder Steine, riesige Steine, abgeschliffen seit Jahrtausenden, geboren noch aus dem abziehenden Eis, das einmal ganz Europa bedeckt hatte. Die Häuser niedrig gebaut, aus Stein natürlich, langgestreckt und von wuchtigen Kaminen gekrönt. Und überall der Anblick, der unverwechselbare Geruch einer Armut, die noch nicht zum nackten Elend entartet, aber zumindest ebenso hoffnungslos ist. Überall Frauen, die mit der Wäsche auf dem Kopf unterwegs sind zum nächsten Brunnen, zum nächsten Bach, und entlang den Straßen die Bauern und Fischer, die voll unbeschreiblicher Geduld ihre Produkte anbieten.

Es braucht einige Zeit, bis man sich an dieses Land gewöhnt und alle seine landschaftlichen, klimatischen und auch psychologischen Besonderheiten nicht nur begreift, sondern auch die Unterschiede zu akzeptieren lernt, die es zwischen Fatima, dem portugiesischen Lourdes, und dem eigentlichen Lourdes tatsächlich gibt. Vor mehr als einem Vierteljahrhundert schrieb einmal eine deutsche Pilgerin, die unterwegs war nach Fatima, ihre Eindrücke nieder. Sie handelten vor allem von diesen Unterschieden, die auch ihr als ganz entscheidend und für das Verständnis der Erscheinung von Fatima bedeutsam erschienen sind. Die Pilgerin konzentrierte sich dabei auf einen Begriff, der frühzeitig geprägt worden ist: Lourdes in der Steppe! Und sie folgerte daraus:

»Das kennzeichnet einmal den Kontrast zwischen der zart romantischen, quellenrieselnden Lieblichkeit des französischen Pyrenäenvorlandes, Heimat der Bernadette, und dem eintönig-herben Ernst der Hochebene am Atlantik, in der im Frühsommer 1917 den drei Hirtenkindern von Fatima die

Muttergottes auf einer Steineiche erschien. Es sagt ferner etwas Wichtiges über das Klima aus, das südlich ist, aber nicht sanft, mit hart fegenden Winden jahraus, jahrein, schattenlos glühenden Sommern, monoton trommelnden Winterregen, wilden Gewittern, eher abhärtend und ernüchternd als phantasieanregend. Und es deutet zugleich schon auf den Klimaunterschied im Menschlichen, im Medium, den die grundverschiedenen Figuren der beiden Seherinnen personifizieren. Dort die rührend zarte Bernadette, jung gestorben, gleichsam aufgezehrt von einer unbegreiflichen Begnadung. Hier die bäuerlich robuste Schwester Lucia, die überlebende Wortführerin der drei Seherkinder, der Masse unsichtbar, aber keineswegs ganz einsam und weltentrückt in ihrem Karmeliterinnenkloster zu Coimbra, dessen Rechnungsführung ihr anvertraut ist.«

Diese Unterschiede zwischen dem weltberühmten Lourdes, wo Hoffnung und Erfüllung auch noch im tiefen Elend möglich sind, und dem portugiesischen Fatima, wo der Untergang der Menschheit von einer süßen und überirdischen Stimme prognostiziert wurde, deren Wohlklang verführerisch gewesen sein muß, sind auch mir vom ersten Augenblick an, da ich an einem regenüberschwemmten und in undurchdringlichen Nebel gehüllten Dezembertag nach Fatima kam, unvergeßlich geworden. Es war eine einschüchternde und beinahe gleichnishafte Fahrt gewesen, die mich von der spanischen Extremadura herübergebracht hatte an den atlantischen Rand des Kontinentes. Zuerst dünner Schneefall in den Bergen von Guadalupe. Dann der sanfte, strähnige Regen über der baumlosen Steppe zwischen Trujillo und Caceres, diesen beiden versunkenen und vergessenen Städten, aus denen die Männer kamen, die vor Jahrhunderten eine Neue Welt erobert hatten. Dann das feuchte, moosige, wie von Flechten verhängte östliche Portugal mit seiner desillusionierenden Ärmlichkeit, die schließlich in einem Ozean aus Nebel ertrank, der wenige Meilen vor Fatima von einem ungeheuerlichen Wolkenbruch hinweggeschwemmt wurde. Die Scheibenwischer meines Wagens erfaßten die Wassermassen nicht mehr, die aus einem unsichtbaren Himmel stürzten. Ich hatte nur bemerkt, daß ich spätestens von Tomar an, wo noch die Ruinen einer der größten Templerburgen Europas stehen, unentwegt hügelaufwärts gefahren war. Einmal, als ich für

Minuten anhalten mußte, wie erblindet durch diesen atlantischen Sturzregen, erkannte ich unter mir schemenhaft einen milchigen Nebelsee, der die tiefer gelegene Landschaft bedeckte und in den hinein die kompakten Wassermassen schlugen, die hier oben auf der Hochfläche von Fatima die Landschaft wie unter einer neuen Sintflut begruben.

Dann, in Cova da Iria knapp vor Fatima, in diesem kleinen und eher trostlosen Dorf, aus dem die drei Kinder stammen, die Augenzeugen einer der rätselhaftesten Erscheinungen unseres Jahrhunderts gewesen sind, das aber so gut wie gar nicht am Wohlstand oder auch Reichtum des benachbarten Fatima partizipiert – das ja nach meinem Geschmack eine sonderbare Mischung aus Künstlichkeit, Frömmigkeit und touristischer Geschäftigkeit darstellt –, dann in Cova da Iria ließ der Regen plötzlich nach. Das heißt, aus der Sintflut, die jedes Leben erstickte, wurde ein heftiger und langanhaltender Winterregen. Unterm Rauschen dieses Regens fuhr ich in Fatima ein, wo ich Quartier fand in einem Hotel, das von einigen Pilgern, sehr vielen portugiesischen Familien des gehobenen Mittelstandes, die das nahende Weihnachtsfest hier verbringen wollten, und den Spielern eines berühmten Fußballklubs aus Lissabon frequentiert wurde. Es war eine recht weltliche Gemeinschaft. Man sang und tanzte in den riesigen Aufenthaltsräumen des weitläufigen Gebäudes, der schnatternde Klatsch blühte wie der Flirt, gelegentlich ging das elektrische Licht aus, im Halbstock vergnügte sich eine Hochzeitsgesellschaft bei griechischen Melodien, und wären im Souterrain nicht die Devotionalienläden gewesen, in denen unzählige Gipsfiguren der Madonna auf Käufer warteten, wer weiß, ob man sich bewußt geworden wäre, in einem der großen Wallfahrtszentren der katholischen Welt angelangt zu sein. Eine Konzentration auf das Wesentliche des Mysteriums von Fatima, ein Hinabtauchen in die Tiefe der eigenen Gedanken war hier jedenfalls nur schwer möglich. Und ich erinnere mich noch, wie ich nachts manchmal hinausging in die aufgeweichte, von den ständigen Regengüssen fast schon zerstörte Landschaft rings um die gewaltige Basilika, die sich wie ein bleiches Marmorgerippe aus der schwärzlichen Luft erhob.

Es wird erzählt, Lucia, das robuste Bauernkind – zehnjährig erst, aber seinen beiden Begleitern und Verwandten Jacinta und Francisco bei weitem überlegen, und zwar sowohl geistig als auch körperlich –, Lucia habe bei der ersten Marienerscheinung nichts anderes zu fragen gewußt als: »Was wollen Euer Gnaden von mir?«! Das war am 13. Mai 1917. In Europa wütete ein Weltkrieg, dessen schrecklicher Lärm freilich – wenn überhaupt – nur mit großer Verspätung und als eine Art Echo auf die armselige Hochfläche drang. Die Menschen, die hier lebten, Schafhirten, kleine Bauern und Taglöhner, wußten nichts oder nur Ungefähres von dem, was in der Welt geschah. Sie hatten ihre eigenen Sorgen. Nicht einmal alle Veränderungen, die es vor Jahren bereits in Portugal selbst gegeben hatte, waren bis ins Bewußtsein der einfachen Menschen auf dieser macchiabewachsenen Hochfläche gedrungen. Lissabon war mehr als hundert Kilometer weit entfernt, auf jeden Fall zu weit für die Hochlandbewohner, als daß sie Anteil hätten nehmen können an einem politischen und ideologischen Umsturz, der sich in der Hauptstadt abgespielt hatte.

Portugal war damals seit dem Jahre 1910 eine Republik mit atheistischen Neigungen. Es hatte eine radikale Trennung von Kirche und Staat gegeben. Der Klerus, der früher einmal unter dem Schutz der nunmehr abgeschafften Monarchie ein auskömmliches Dasein führen konnte, existierte nur am Rande der Legalität und vielfach sogar im Untergrund. Die Verhältnisse selbst waren dadurch freilich nicht besser geworden. Die weitverbreitete Armut des Volkes war gleichgeblieben. Allerdings auch seine tiefe Religiosität.

Im Elternhaus der Lucia, in ihrem Geburtshaus, das man noch immer in dem ursprünglichen Zustand besichtigen kann, in welchem es anfangs dieses Jahrhunderts gewesen war, und zwar in dem winzigen Weiler Aljustrel, der zu Cova da Iria gehört, keine fünf Kilometer von der gewaltigen Basilika Fatimas entfernt, in diesem Elternhaus also gab es vorerst einmal Prügel, als Lucia mit ihrer sonderbaren Geschichte aufwartete. Der Vater, ein gewisser Dos Santos, besaß ein paar kleine Felder und einige Olivenbäume, viel zuwenig für ein bequemes Leben, aber gerade noch ausreichend, damit man nicht Hunger leiden mußte. Gelegentlich soll er, der ein durchschnittlicher Mann mit durchschnittlichen Neigungen war, ein wenig über den Durst getrunken haben, während die Mutter, eine ungemein praktisch veranlagte und arbeitsame

Person, genug zu tun hatte mit den Kindern und der niemals endenden Arbeit im Haus. Man war arm, fromm und ehrlich. Aber man hatte nichts Bigottes im Sinn, man besaß keine Neigung für Überspanntheiten in der einen oder anderen Form. Deshalb wohl auch die Prügel, als Lucia und auch die beiden anderen Kinder daheim von der schönen Frau erzählten, die ihnen erschienen wäre, als sie von der süßen Stimme schwärmten, die zu ihnen gesprochen hätte, und als sie dann auch gar noch von der Sonne berichteten, die sich ganz seltsam verändert und wie eine rollende Scheibe durch den Himmel bewegt hätte. Es waren Prügel, die von der Liebe und mehr noch von der Vernunft diktiert waren. Aber sie nützten nichts.

Fünfmal insgesamt ereignete sich diese rätselhafte Erscheinung auf der öden Hochfläche. Immer am dreizehnten Tag des Monats. Und mit einer stetig wachsenden Zahl von Zeugen, bis schließlich am 13. Oktober 1917 mehr als siebzigtausend Menschen auf das Feld mit der Steineiche strömten, wo die Madonna zum letztenmal den Kindern erschien und sich heute einer der größten Sakralbauten der Erde erhebt.

Was aber war wirklich geschehen? Und wie hatte dieses Wunder, dessen Wirkung ja heute noch nicht abgeschlossen ist, wenn man an die Prophezeiungen über apokalyptische Zustände und stürzende Sonnen denkt, tatsächlich angefangen? Vielleicht muß man sich das in aller Naivität vorstellen, damit man das Unbegreifliche verstehen lernt. Und in Bildern reden und denken, damit man Verständnis aufbringt für das Unverständliche.

Drei Kinder also, gleichaltrig, miteinander verwandt, was nicht weiter bemerkenswert ist in einer Region, wo man auf engem Raum lebt, liebt und stirbt. Sie erleben eine Erscheinung, haben Gesichte besonderer Art. Zwei der Kinder werden früh sterben. Nur Lucia, die Protagonistin dieser unglaublichen Geschichte, wird ein hohes Alter erreichen.

Die Kinder hüten Schafe auf der Hochfläche. Sie spielen, vertreiben sich irgendwie die Zeit. Da, am 13. Mai 1917, an einem wolkenlosen Sonntag, erschüttert plötzlich um die Mittagsstunde ein Donner die reglose Luft. Die Kinder eilen zu den Schafen, die sich jetzt um eine Steineiche drängen. Es donnert weiter. Aber der Himmel ist blau und rein. Die Kinder blicken erstaunt, vielleicht auch furchtsam um sich. Und sehen über dem Baum eine fremde schöne Dame, sehr jung noch, etwa siebzehnjährig, sehr vornehm, und sie redet zu ihnen, erzählt ihnen, sie käme vom Himmel und werde noch einige Male kommen, um sich mit ihnen zu unterhalten. Jacinta und Francisco haben nicht alles verstanden, haben teilweise nur ein Summen vernommen, als ob ein Bienenschwarm sich auf dem Baum niedergelassen habe. Es bleibt Lucia. Sie ist vom ersten Augenblick an die Kronzeugin.

So beginnen manche Märchen. So beginnt auch die Geschichte von Fatima. Und doch gibt es einen Unterschied, der sogar Skeptiker nachdenklich und betroffen machen sollte.

Die überirdische Erscheinung, diese fremde Dame also, die wie von einer Zauberhand getragen über der Steineiche schwebt, erzählt nämlich nicht nur, wie das seit Jahrzehnten üblich ist bei solchen spirituellen Anlässen, von der Liebe Gottes und der Notwendigkeit des eifrigen Rosenkranzbetens. Das wäre ja noch verständlich, paßte nahtlos in das Bild, das sich auch Agnostiker und Atheisten von derartigen übersinnlichen Erscheinungen machen. Aber diesmal ist es anders. Diesmal kommen Dinge zur Sprache, die für gewöhnlich nicht im Vokabular frommer Damen enthalten sind, die vom Himmel herabsteigen, um den Menschen die Liebe Gottes zu predigen. Diesmal ist von Gottlosigkeit, Haß und Unterdrückung, ist vom Blutvergießen des Krieges die Rede, werden Anfang und Ende des nächsten Weltkrieges prophezeit, ist von schrecklichen Heimsuchungen zu hören, die tausendmal wirksamer und zerstörerischer als die Sonne sein werden, diesmal bricht tatsächlich, wie der große französische Katholik Paul Claudel das einmal genannt hat, das Irrationale voll brutaler Gewalt in die bescheidene Welt dreier unschuldiger Kinder ein. Die Form der Erscheinung entspricht noch durchaus den alten Mythen. Die Verkündigung aber, das Programm, das von der fremden Dame erzählt wird, hat sich dem neuen Zeitalter der Weltkriege und atomaren Vernichtung angeglichen oder es eigentlich präzise vorhergesagt.

Später einmal wird man Lucia vorwerfen, daß sie geschickt gewisse politische Strömungen mit der allgemeinen Verunsicherung der Lage in Portugal vermischt habe. Man wird ihr vorhalten, daß sie das Ende des Ersten und den Anfang des Zweiten Weltkrieges nicht auf den Tag genau vorhergesagt oder diese düsteren Prophezeiungen aus dem Mund der Madonna nicht korrekt übersetzt habe. Später wird es Stimmen geben, die dem naiven Bauernkind Einmischung in weltpolitische Zusammenhänge vorwerfen werden, weil Lucia auch davon gesprochen hatte, daß die fremde schöne Dame auf das Elend der Menschen im kommunistischen Rußland aufmerksam gemacht habe. Man vergißt freilich, daß man diese Vorwürfe einem naiven Kind macht, einer Zehnjährigen, die außer einer mehr als dürftigen Schulbildung noch nichts von den Zusammenhängen des Lebens kennengelernt hat. Man übersieht, daß man eine Unschuldige schuldig sprechen möchte, nur weil man selbst mit dem Verhängnis einer aus den Fugen geratenen Welt nicht mehr zurechtkommt.

Auch die lokalen Behörden, gedrängt durch die Zentralgewalt in Lissabon, wollen dem Spuk, der die Bauern und Fischer des Landes in Unruhe versetzt, natürlich rasch ein Ende bereiten. Am Morgen des 13. August, für den wieder eine Erscheinung angekündigt war, zu der sich viele Tausende aus dem ganzen Land aufgemacht hatten, wurden die Kinder überraschend verhaftet. Man verhörte sie getrennt, schüchterte sie ein, drohte ihnen sogar mit physischer Folter. Aber die Kinder schwiegen hartnäckig. Man konnte nicht einmal verhindern, daß die Pilger an diesem 13. August über der berühmten Steineiche eine dünne weiße Wolke zu sehen glaubten, was ganz Portugal neuerlich auf die Madonnenerscheinungen aufmerksam machte.

Am 13. Oktober dann, dem Tag des letzten Auftritts der fremden Dame, fiel ein schwerer Gewitterregen vom Himmel. Die Menschenmasse, die nach Cova da Iria geströmt war, schien unübersehbar. Jetzt gab es auch schon zahlreiche Journalisten, Politiker, hohe Militärs, die gekommen waren, weil sie sich dieses Schauspiel, von dem man bereits im benachbarten Spanien sprach, nicht entgehen lassen wollten. Außerdem hatte Lucia erzählt, daß die fremde Dame ihr versprochen habe, an diesem Tag ein Zeichen zu geben, ein Wunder geschehen zu lassen, das die Menschen begreifen würden. Gläubige und Gottlose, Zyniker und Fromme drängten sich daher auf dem Feld, neugierig oder sensationslüstern die einen, erwartungsvoll und demütig die anderen. Und sie alle sollten nicht enttäuscht werden! Denn plötzlich, mitten im schweren Gewitterregen, der sturzartig auf die Hochfläche niederbrach, begann die Sonne, die vorher unsichtbar gewesen war, über und mitten in den Wolken zu tanzen, ereignete sich dieses legendäre Wunder von Fatima, das bis heute nicht hinreichend erklärt werden konnte. Es war ein Spiel der Sonne, mit nichts vergleichbar, was Menschen bis dahin gesehen hatten. Es war wie ein Traum, den noch niemand geträumt hatte. Es war ein Tanz von Farben, deren Intensität alles übertraf, was man bisher gekannt hatte. Minutenlang drehte und bewegte sich eine vielfarbene Sonne über den Köpfen der anfangs atemlosen und dann ekstatischen Menge, tanzte das Gestirn über den Himmel, während Ströme von Licht daraus hervorschossen. Es war wie die Geburt einer neuen Welt. Es war wie eine Ahnung vom Untergang der alten Welt. Es war die letzte Marienerscheinung auf dem Feld von Cova da Iria und zugleich der Beginn von Fatima.

Ich habe zuletzt im vergangenen Dezember hier in Fatima lange darüber nachgedacht, wie man ein solches Schauspiel vernünftig und mit überzeugenden Worten erklären könnte. Ich bin zu keinem Ergebnis gekommen.

Mir flog der unvermeidliche Winterregen um den Kopf. Auf meinen Lippen spürte ich Salzgeschmack. In den Bäumen rauschte stetig und streng atlantischer Wind. Alles vor mir, worauf ich blickte, schien mir eine Spur zu groß und zu pathetisch, der Platz, die Basilika, die Kolonnaden, die Statuen, diese ganze Darstellung einer selbstsicheren und pompösen Frömmigkeit, die nicht zu dem Bild passen wollte, das ich mir von Lucia, der Seherin und späteren Nonne, voll zögernder Nachdenklichkeit machte. Mir fiel ein anderes Bild ein, das sich mir in jenen Tagen eingeprägt hatte. Eine Familie, Vater, Mutter, die Kinder und einige Alte, die vor einem Ölbaum stehn und mit freudigen Gesichtern auf die Zweige schlagen, die schwer und dunkel sind von den Früchten. Und zur gleichen Zeit sah ich die schwarzgekleideten Frauen Portugals, wie sie mit hocherhobenem Haupt und dem wiegenden Gang, der ihnen eigentümlich ist, die Wäsche, Stöße von Wäsche, die sie auf ihren Köpfen balancieren, zum nächsten Brunnen oder Flußufer tragen. Ich sah diese Bilder vor mir, während ich auf die gewaltigen Konturen der Basilika blickte und nach einer Wahrheit forschte, die man wahrscheinlich niemals von außen empfangen wird. Und niemals dann, wenn man selbst voll Zweifel ist.

Santiago de Compostela

Es klingt absurd, aber ich sage die Wahrheit, wenn ich jetzt gestehe, daß ich immer schon vor Santiago de Compostela eine Art unerklärlicher Furcht empfunden habe. Keine einzige Wallfahrtsstätte dieses alten Kontinentes flößte mir, was ihre topographische Beschreibung und die Darstellung ihrer Biographie angeht, soviel Unbehagen ein wie die Jakobsstadt. Denn zu oft, zu liebevoll oder auch nur zu fanatisch ist das angebliche Geheimnis, der mythische Zauber dieser galicischen Provinzstadt schon dargestellt worden, zu nachhaltig hat sich das romantische Gemüt vor allem der deutschen Katholiken von der mittelalterlichen Legende, aus der heraus Santiago de Compostela gleichsam erst entstanden ist, beeinflussen lassen, und zu geschäftig, aber auch ein wenig zu einseitig scheint mir der Umgang mancher Kunsthistoriker mit der Architektur Santiagos zu sein. Es gibt eine Frömmigkeit, die zumindest in mir Unbehagen auslöst. Wer sich unvoreingenommen mit der Literatur beschäftigt, die es über Santiago gibt, wird wissen, was ich darunter verstehe. Ich empfand stets Furcht vor den Adepten, die im Schatten mittelalterlicher Chroniken existieren und nicht einzusehen bereit sind, daß sich auch auf frommen Pfaden die Verhältnisse manchmal grundlegend ändern können. Und ich kam mir in der letzten Zeit, als ich mich nicht nur theoretisch, sondern auch praktisch mit der Jakobsstadt beschäftigte, beinahe wie ein verkappter Atheist vor, der unbekümmert darangeht, ein Denkmal des europäischen Katholizismus zu zerstören. Dabei war es immer nur der Aberglaube, gegen den ich mich zur Wehr setzte.

Ich wählte, nur um allen Befürchtungen zumindest ansatzweise zu entgehen, den Weg von Süden herauf, also aus Portugal, und das hatte seinen Grund allein schon darin, daß fast alle Autoren, die über Santiago de Compostela berichten, mit gottgefälligem Enthusiasmus die alten Pilgerstraßen, Pilgerkreuze, Pilgergräber aufzählen, die es zwischen den Pyrenäen und Galicien gibt, und daß sie aus dieser Zusammenfassung historischer Details eine Ideologie abzuleiten versuchen, die der geschichtlichen Wahrheit kaum entspricht. Ich wanderte entlang der Atlantikküste nordwärts, bis zum legendären Kap

Villano, das in allen diesen Beschreibungen seltsamerweise nie oder nur beiläufig erwähnt wird, wo aber einem uralten Mythos zufolge das Boot mit dem Leichnam Jakobs gegen die zersplitterte Felsenküste Galiciens getrieben wurde, geschützt durch die Gnade Marias, die vorsorglich die meterhohen Wogen, die hier mit ungeheuerlicher Gewalt gegen die Steilküste donnern, ein wenig geglättet haben muß. Ich war längere Zeit im spanisch-portugiesischen Grenzgebiet in der Gegend von Valencâ unterwegs, mischte mich unter die Portugiesen, die hier zu Tausenden die Grenze überschreiten, um in den guteingerichteten spanischen Kaufhäusern alles das einzukaufen, was es in Portugal entweder nicht gibt oder das südlich des Minho zu teuer ist für portugiesische Brieftaschen. Ich verzehrte weißen, köstlich zarten, frischgefangenen Fisch in den kleinen Fischerkneipen der tiefeingeschnittenen Buchten, die Spaniens Atlantikküste wie eine allmählich zerreißende, abbröckelnde Halskrause umgeben, und ich zerschlug Muschelschalen, die aus dem Schlamm und dem felsigen Boden stammen, die von der abziehenden Flut freigegeben werden. Ich hielt mich auch in Pontevedra auf, der alten Küstenstadt mit den sonderbaren Bräuchen, die zwar tief im Landesinneren, aber trotzdem immer noch am Atlantik liegt, der hier mit der Kraft seiner scharrenden, saugenden und mahlenden Bewegungen einen Schlauch landeinwärts gegraben hat, durch den er mit der steigenden Flut seine salzigen Wassermassen, aber auch die Möwen, die Fische und die Schalentiere und natürlich die hochbordigen, buntbemalten Fischkutter gegen die grauen Mauern von Pontevedra schwemmt, wo man übrigens bis vor wenigen Jahren noch die Verstorbenen im Eilschritt und dabei doch mit tänzerischer Anmut, getreu einem tausendjährigen Zeremoniell, um die Stadt getragen hatte, bevor man den Leichnam in die steinige Erde Galiciens versenkte. –

Die ganze Zeit aber befand ich mich in der Gesellschaft spanischer und portugiesischer Christen. Von guten, vortrefflichen Katholiken, die zu manchem Opfer bereit gewesen wären für ihre Religion. Doch wen immer ich fragte, was er vom Jakobskult halte, gab mir ausweichende Antworten. Man lehnte es nicht ab, darüber zu reden. Nein, das war es nicht. Man respektierte auch die Legende rund um die Person dieses Apostels, man wußte Bescheid über seine Bedeutung für das katholische Spanien, für Europa. Aber fast übereinstimmend meinte man, daß das doch eher eine Attraktion für die Touristen wäre, eine Sehenswürdigkeit von besonderem kulturhistorischen Rang. Und das kam einem sanften Todesurteil gleich, soweit es die gegenwärtige Bedeutung dieser hochgelobten Wallfahrtsstätte betrifft.

Oh ja, ich war vorsichtig und stets auf der Hut vor meinen eigenen Gedanken, die nicht in jedem Fall mit den idealistischen Vorstellungen der Kunsthistoriker und Autoren übereinstimmen, für die Galicien ein gelobtes Land und Santiago de Compostela eine hochinteressante Stadt ist. Andererseits hütete ich mich, in das oberflächliche Urteil vieler Touristen einzustimmen, die in dieser Provinz nichts anderes erkennen wollen als einen wüsten Haufen grauen Steins, zwischen dem manchmal das giftige Grün salzgedüngter Wiesen aufschimmert, über die der Atlantik seine eisigen Sprühregen und Stürme verschwenderisch verströmt. Natürlich war auch ich betroffen von der steinigen Natur, vom herben und schroffen Charakter dieser Landschaft. Selbstverständlich begriff ich mit einem Gefühl wachsender und zugleich fassungsloser Bewunderung die unendliche Mühsal der Fischer und Bauern, so etwas wie eine bewohnbare und gelegentlich heitere Welt zwischen diesen Millionen von Steinen zu schaffen, und nicht zufällig findet man im galicischen Hinterland der Atlantikküste diese eigenartigen Vorratsspeicher, die mich immer an römische Sarkophage oder auch an die ägäischen Taubenhäuser erinnern. Das sind kleine Steinhäuser, Steinkammern auf hohen Steinstelzen, die man vor Jahrhunderten schon so konstruiert hatte, daß sie zwar luftdurchlässig, zugleich aber auch fest verschlossen sind, damit kein Vogel, kein hungriges Nagetier sich an das getrocknete Fleisch, an das Korn, an den aufgehängten Fisch heranmachen kann, was diese altertümlichen und doch vielfach bewährten Speisekammern der galicischen Bauern tatsächlich zu uneinnehmbaren Festungen für die Tiere macht.

In Santiago de Compostela selbst kam ich an einem grauen und kalten Dezembernachmittag an. Manche Autoren sind ja der reichlich puristischen Auffassung, daß man die Stadt nur bei Regen kennenlernen dürfe. Nun, sie wären diesmal zufrieden gewesen mit mir. Der Regen rauschte, die Dunkelheit wuchs, Wind blies vom Atlantik herein über die regennassen

Dächer und Türme, aber ich hatte trotzdem, während ich durch das schmale Winkelwerk der mittelalterlichen Gassen dem Kathedralbezirk entgegenfuhr, ein schlechtes Gewissen, weil ich von früheren Besuchen her ganz genau wußte, daß ich wiederum enttäuscht sein würde angesichts einer um sich greifenden geistigen Verwahrlosung und gewisser dürftiger Verhältnisse in und an dieser Kathedrale, in und an dieser Stadt, die doch viele Jahrhunderte hindurch ein Mittelpunkt aller religiösen und in mancher Hinsicht auch kulturpolitischen Vorstellungen der katholischen Europäer war. Ich empfand aber auch deshalb ein schlechtes Gewissen, weil ich die gleichsam ideologische Sehnsucht so vieler Besucher, die heute noch das Gefühl der Vergangenheit wiederholen wollen, nicht verstehen oder gar teilen konnte. Mir ging es da wie meinen spanischen und portugiesischen Gesprächspartnern, mit denen ich mich über den Apostel Jakob und seine Legende unterhalten hatte. Etwas endgültig an die Geschichte Zurückgefallenes, etwas, das nur aus historischen Zusammenhängen heraus verständlich wird, kann man nicht durch einen einfachen Taschenspielertrick für die Gegenwart reklamieren. Und die Inhalte und Voraussetzungen mittelalterlicher Gläubigkeit scheinen mir nicht übertragbar zu sein auf die gegenwärtigen Verhältnisse.

Ich war in diesem Dezember übrigens nicht zum erstenmal in Santio de Compostela. Aber ich hatte auch vorher noch nie sehr viel vom Geheimnis der Kathedrale – die mir eher verlottert, baufällig, vernachlässigt zu sein scheint –, von der Ausstrahlung ihrer Architektur und ihres frommen Inhaltes gespürt. Ich war unfähig, einem Zauber zu erliegen, den ich nicht begriff. Oder den ich erst gar nicht als Zauber betrachten konnte. Ich war nur neugierig, vielleicht sogar versessen darauf, noch einmal Wahrheit und Legende sorgfältig voneinander zu trennen und einige der politischen Hintergründe zu erfahren, die aus dieser galicischen Provinzstadt ein zweites Jerusalem gemacht hatten. Ein demütiger, gläubiger Pilger war ich hingegen nicht! Und ich fürchtete, daß auch dieser neuerliche Besuch des angeblichen Apostelgrabes in Santiago de Compostela nicht sehr viel an meinem mangelnden Enthusiasmus ändern würde.

Es läßt sich heute kaum noch exakt rekonstruieren, wann und unter welchen genauen Umständen das schöne Wort vom »Jerusalem des Westens« für Santiago de Compostela in Umlauf gebracht worden ist. Einer gewissen historischen Berechtigung entbehrt es allerdings nicht, und zwar allein schon deshalb, weil beide Städte das ganze Mittelalter hindurch das bevorzugte Ziel der Christenheit waren, wobei Jerusalem nicht oder nur sehr schwer erreichbar, Santiago de Compostela aber, abgesehen von einem kurzen Zwischenspiel, als die Mauren hier wüteten, stets erreichbar und der sogenannte Jakobspilger des Mittelalters immer eine unangreifbare, ihrer Frömmigkeit wegen rundum respektierte Person war. Zumindest theoretisch. Daß dennoch viele Pilger begaunert und bestohlen oder sogar erschlagen wurden, liegt freilich auf einer anderen Ebene.

Der Anfang aller Geschichte liegt hier wie so oft in einem Wunder begründet, nämlich im Wunder einer mysteriösen Bootsfahrt. Engel oder die Muttergottes selbst haben dabei eine wichtige Rolle gespielt, und der Zweck dieser Bootsfahrt war einzig und allein die Überführung eines Leichnams gewesen, des Leichnams jenes Apostels Jakob oder Jacobus, der unter allen Aposteln der erste Märtyrer gewesen war und der nunmehr zum ersten Heiligen der ganzen Iberischen Halbinsel werden sollte.

So müßte die Biographie der galicischen Jakobsstadt beginnen, wollte man sie ausschließlich unter dem Aspekt christlicher Interpretation erzählen. Die daraus resultierende Legende beschäftigt sich mit Leben und Sterben Jakobs des Älteren, Sohn des Zebedäus und der Maria Salome und jüngerer Bruder des Johannes, der wie er einer der zwölf Apostel war. Jesus soll die Brüder, die immer ungestüm, eifrig und kraftvoll die Sache des Herrn vertreten haben, die »Donnersöhne« genannt haben. Jakob, der um das Jahr 44 durch Enthauptung den Märtyrertod starb, war ja auch Zeuge jener mythischen Verklärung gewesen, die dem Heiland auf dem Berge Tabor widerfahren war. Nach dem Kreuzestod des Herrn war Jakob dann der erste aller Apostel, der ebenso leidenschaftlich wie vielleicht auch etwas unbesonnen Christi Tod und Auferstehung lautstark zwischen Samaria und Jerusalem verkündete, was ihn schließlich das Leben gekostet haben mag. Aber wie kommt der Leichnam eines Mannes, den man in Jerusalem enthauptete, nach Galicien? Entspricht der Mythos vom zerbrechlichen Boot, das als schwimmender

Sarg zuerst durch das Mittelmeer, dann durch die Straße von Gibraltar und schließlich sogar durch den gewalttätigen Atlantik schaukelt, vielleicht doch einer uns unbekannten historischen Wahrheit? Stimmen die Gerüchte, die lange Zeit wissen wollten, daß das, was sterblich war an Jakob, bald nach seinem gewaltsamen Tod im Schatten des Berges Sinai bestattet worden sein soll? Und gibt es da nicht auch noch eine historisch allerdings kaum nachweisbare Geschichte, die davon erzählt, wie das Gebein des Apostels, lange bevor ein Engel die Reliquie der heiligen Katharina zum Sinai trug, schon von den ersten frommen Ansiedlern und Mönchen verehrt worden war, bis es plötzlich nach Ägypten gebracht werden mußte, weil heidnische Banden sich der Klosterstätte näherten? Und daß dann, einige Jahrzehnte oder auch Jahrhunderte später, die Reliquie noch einmal – weil wieder, diesmal durch den Islam, Gefahr drohte – völlig überstürzt auf Wanderschaft gehen mußte? Und auf diese Weise tatsächlich nach Spanien gelangte?

Geschichten, Legenden, Gerüchte, alles kaum beweisbar oder nur auf Umwegen und durch kühne Spekulation mit den historischen Fakten irgendwie vereinbar. Alles ein Produkt der Phantasie, so gut wie nirgends ein Körnchen geschichtlicher Wahrheit. Den frommen Gläubigen bleibt es freilich gleichgültig. Sie verehren die Idee und das Ideal. Sie nehmen jedes abenteuerliche Detail über die Irrfahrten eines Leichnams zwar nicht als bare Münze, lassen sich aber auch durch eindeutiges Beweismaterial nicht von ihrem Glauben an ein Wunder abbringen. Denn aus historischer Sicht ist zumindest soviel einwandfrei festzustellen, daß Jakob der Ältere weder zu Lebzeiten noch als Leichnam – wenn man Zauberei ausschließt – auch nur in die Nähe Spaniens gekommen ist. Und noch nicht einmal zu jenem Zeitpunkt, als man unter höchst seltsamen Begleiterscheinungen sein galicisches Grab entdeckte, dachte irgend jemand in Spanien, wo man gerade den Einfall der islamischen Mauren zu überleben trachtete, an einen Apostel oder gar an den Apostel Jacobus. Selbst hundert Jahre später, als schon die ersten Pilger zum Grab wallfahrten und der erste Briefwechsel zwischen einem König und seinen Priestern stattfand, der sich mit dem beginnenden Jakobskult beschäftigte, verneinten alle Beteiligten die Möglichkeit einer Missionsreise des Apostels nach Spanien, fand man keinen einzigen Beweis dafür, daß Jakob vielleicht doch seiner eigenen Biographie entschlüpft und irgendwie nach Galicien gekommen war, wo er dann starb.

Und genau das ist einer der Punkte, an dem mein schlechtes Gewissen wirksam zu werden beginnt. Ich frage mich dann nämlich immer, ob ich wirklich einigen Millionen Europäern – und hier vor allem den Christen aus allen deutschsprachigen Landschaften zwischen Nordsee und Adria, aber auch den Franzosen, Italienern, Magyaren und Polen –, die im Verlauf eines halben Jahrtausends unter großer Mühsal und mit einem kostspieligen Aufwand an Zeit und Geld in die Jakobsstadt gepilgert waren, jetzt so ohne weiteres Unwissenheit, Massenpsychose und Hysterie vorwerfen kann. Ich frage mich das deshalb, weil es mir vor allem um die spirituelle Idee dieser Jakobslegende geht. Natürlich gibt es Unwissenheit, Massenpsychosen und Hysterie, die Geschichte der Menschheit ist erfüllt davon. Sie ist auch vom Wehklagen der Opfer dieser Auswüchse menschlicher Unvernunft erfüllt. Aber kann sich eine Massenpsychose wirklich über einen Zeitraum von mehr als fünfhundert Jahren ungebrochen behaupten? Beherrschen Unwissenheit und Hysterie tatsächlich ein halbes Jahrtausend lang und an den verschiedensten, voneinander weit entfernten geographischen Schauplätzen die unterschiedlichsten Gesellschaftsformen? Es pilgerte ja nicht nur der Fürst mit großem Gefolge, sondern auch der Bürgersmann mit durchlöchertem Wams und abgelaufenem Schuhwerk nach Santiago de Compostela. Es machten sich ja nicht nur norddeutsche Christen auf den monatelangen Weg, sondern hundert oder dreihundert Jahre später auch französische Kaufleute, italienische Priester, süddeutsche Dorfgemeinschaften. Es fand also keinesfalls das statt, was ich eine Organisation menschlicher Gemeinplätze nennen möchte, konzentriert auf ein Zeitalter, das ein übersinnliches Ziel brauchte, weil es mit der eigenen Realität nicht fertigwurde. Sondern es war eine Bewegung, die wie ein mächtiger Strom über viele Jahrhunderte, über alle Modeerscheinungen und die verschiedenen politischen Zustände hinweg unvermindert anhielt, ein Strom des Glaubens, der jeden Verdacht einer kurzfristigen Suggestion oder geistigen Verwirrung mit souveräner Gebärde hinwegfegte.

Dabei gab es immer schon kluge Köpfe, die mißtrauisch

waren, gab es Skeptiker oder ganz einfach neugierige Menschen, die nicht blindlings glauben wollten. Und die Zweifel anmeldeten an der offiziellen Biographie des Apostels und der Apostelstadt. Trotzdem schlossen auch sie sich von der umfassenden Pilgerbewegung keinesfalls aus. Es war ihnen also nicht so sehr die Chimäre einer eingebildeten Apostellegende wichtig, sondern sie begriffen aus sich selbst heraus die sittliche Notwendigkeit einer Wallfahrt nach Santiago de Compostela. Bedauerlicherweise wird nun mancher Katholik, aber auch mancher uneinsichtige Nationalist zum Protest ansetzen, wenn man dieses Phänomen auf unser Jahrhundert überträgt und dabei den Namen Auschwitz nennt. Aber gerade Auschwitz könnte heute eine ähnliche geistige und moralische Wirkung verströmen wie früher das galicische Santiago. Diese Behauptung ist keineswegs zufällig gemacht, sondern stützt sich auf den tragischen Umstand, daß in beiden Pilger- und Leidensstätten die Würde des Menschen auch durch Kriegsgreuel und wahnwitziges Berserkertum nicht verwüstet oder aus der Welt geschafft werden konnte. Im übrigen sollten diejenigen, die immer noch das Martyrium von Auschwitz verleugnen, sich der beispielhaften Existenz des Paters Maximilian Kolbe entsinnen, der freiwillig und um einen Familienvater zu retten in den berüchtigten Hungerbunker des Konzentrationslagers gegangen war.

Auch Santiago de Compostela verfügt in seiner Geschichte über eine solche Figur, über einen Pater, der ähnlichen selbstlosen Heldenmut bewiesen hatte. Es handelt sich um einen alten Mönch, der am 11. August 997 als einziger in der Stadt zurückgeblieben war und am Apostelgrab ausharrte, während die islamischen Truppen unter dem schrecklichen Heerführer Almanzur in Santiago eindrangen. Diese Geste beispielhaften Mutes machte auf Almanzur tiefen Eindruck. Die Stadt mit der Kathedrale wurde zwar geplündert und zerstört, aber das Apostelgrab blieb unangetastet.

Das Apostelgrab! Es taucht zwangsläufig in allen Überlegungen auf, die in einem ursächlichen Zusammenhang mit der geistigen Bedeutung Santiagos stehen. Immer wieder macht sich eine Art magischer Wirkung bemerkbar, die von der Jakobskathedrale ausgeht, wo in einer kleinen Nische unterhalb des Altars in einem Silberschrein einige bräunliche Knochen aufbewahrt werden, angeblich die sterblichen Überreste des heiligen Jakob. Etwas erhöht hinter dem Altar, gleichsam schon im ersten Stockwerk, aber auch oberhalb des Apostelgrabes, erhebt sich die hölzerne und gleichfalls mit Silber beschlagene Büste Jakobs, die neben dem Silberschrein das Zentrum aller Wallfahrten war und von allen Pilgern umarmt und geküßt wurde. Denn dafür nahmen die Pilger alle Strapazen und Entbehrungen auf sich, ertrugen sie geduldig niederstürzende Regengüsse, eisige Schneestürme und die Gluthitze des Sommers, überquerten sie hohe Berge und reißende Flüsse, wehrten sie wilde Tiere, aber auch die Überfälle marodierender Banden ab oder kämpften gegen das lebensgefährliche Elend eines Krieges, in den sie unterwegs auf ihrer Pilgerfahrt verwickelt wurden. Die feierliche Umarmung, der inbrünstige Kuß in der Kathedrale von Santiago de Compostela war dann der Lohn für alle Strapazen und Gefahren. Wer später behaupten durfte und beweisen konnte, die berühmte Jakobsbüste berührt und den Silberschrein mit seiner Reliquie gesehen und davor gebetet zu haben, war ein Christ, der geadelt schien, der den Höhepunkt einer frommen Existenz bereits zu Lebzeiten erreicht hatte.

Das Datum der ersten Auffindung dieser Reliquien ist allerdings nicht genau fixierbar. Es war jedenfalls anfangs des 9. Jahrhunderts, möglicherweise 812 oder aber auch 824. Die Angaben darüber differieren. Interessant erscheint in diesem Zusammenhang, daß noch Jahrhunderte später die Historiker abenteuerliche Zusammenhänge herzustellen versuchen werden zwischen der Tatsache, daß Santiago de Compostela praktisch auf einem weitläufigen Gräberfeld aus teilweise vorgeschichtlicher Zeit entstanden ist, und dem rätselhaften Umstand, daß einige der Skelette, die man noch unmittelbar nach dem Zweiten Weltkrieg unter den Fundamenten der Kathedrale fand, durch ihre ungewöhnliche Größe auf eine unbekannte Rasse von Riesen schließen lassen. Gab es hier vielleicht immer schon einen Anlaß zu Mythos und feierlichem Kult? War uralter, längst vergessener Aberglaube und mythischer Dienst an fremden Gottheiten irgendwann einmal nahtlos übergegangen in die christliche Praxis, in katholisches Brauchtum?

Und noch etwas ist sonderbar und bis heute nicht restlos geklärt. Vor wenigen Jahren nämlich entdeckten Archäologen in der südspanischen Stadt Mérida, die während der römischen Epoche eine der volkreichsten Städte der ganzen Iberischen Halbinsel war, eine geheimnisvolle Inschrift. Nach ihrer Entzifferung wußte man, daß es vermutlich in der ersten Hälfte des 7. Jahrhunderts in Mérida eine Kirche gegeben haben mußte, die der Muttergottes geweiht gewesen war und in der sich das Grabmal eines gewissen Jacobus befunden hatte, der möglicherweise ein heiligmäßiger Mann gewesen war. Die Inschrift bestand freilich nur noch aus Bruchstücken. Es war daher nicht möglich, nähere Einzelheiten über diesen Jacobus aus Mérida in Erfahrung zu bringen. Letzte Erforschungsergebnisse und langwierige Interpretationen scheinen allerdings die vage Möglichkeit zu bestätigen, daß es sich bei diesem unbekannten Jakobsgrab tatsächlich um eine wertvolle, wichtige Reliquie gehandelt haben könnte, die dann, als die Mauren im Jahre 711 über die Straße von Gibraltar nach Spanien eindrangen, von Mönchen vorsorglich geborgen und nach Galicien gebracht worden war, wo man sie noch einmal bestattet hatte. Und wo man dann mehr als ein Jahrhundert später das geheimnisvolle Grab eines geheimnisvollen Mannes von neuem entdeckte.

Die offizielle Legende lautet naturgemäß etwas anders! Sie hört sich viel mysteriöser an und enthält alle Ingredienzien eines Wunders. Außerdem ist sie selbstverständlich nicht frei von magischen Zwischentönen. Demnach bemerkte ein Eremit namens Pelagius eines Nachts über einem Hügel, der von dichter Macchia und Eichen bewachsen war, ein seltsames Licht. Der Hügel hieß Libredon, und er erhob sich genau an der Stelle, wo heute die Kathedrale von Santiago de Compostela steht. Übrigens gab es neben dem Lichtschein auch noch den Gesang eines unsichtbaren Engelchores. Das geschah entweder 812 oder 824 oder auch, wie manche Quellen vermuten lassen, erst im Jahre 829. Gleichviel aber, in welchem Jahr nun der fromme Eremit diese Erscheinung tatsächlich gehabt haben mag: Sie wiederholte sich! Mehrmals in den folgenden Nächten gab es diesen geheimnisvollen Lichtschein und diesen unsichtbaren Chor. Das alles lockte bald die ersten Neugierigen an, bis schließlich auch der zuständige Bischof, sein Name war Theodomiro, von diesen ungewöhnlichen Dingen erfuhr. Er suchte den bewaldeten Hügel auf, wo er zuerst eine Messe lesen und dann zwischen die Eichenbäume und in die wild wuchernde Macchia eine breite

Schneise schlagen ließ. Unter dem Gesang himmlischer Chöre und geleitet vom überirdischen Lichtschein, der auch tagsüber nicht erlosch, fand man schließlich einige Meter tief unter der Erde ein Mausoleum aus reinstem galicischen Marmor. In diesem Mausoleum aber, das zweifellos römischen Ursprungs war, stieß man auf einen bescheidenen Altar und auf ein Grab, das mit einem schweren und wuchtigen Stein verschlossen war, den man nur mit großer Mühe entfernen konnte. Dahinter lag die Reliquie des heiligen Jakob.

Alle Anwesenden, der Bischof, der fromme Eremit Pelagius, die braven Kanoniker und einige Knechte, die im Schweiße ihres Angesichtes das verfilzte Gestrüpp zur Seite geräumt und die steinige Erde aufgegraben hatten, scheinen also sogleich erkannt zu haben, welches Grab sie gefunden hatten. Sie fielen in die Knie und stimmten ein Dankgebet an, tiefbeeindruckt von der Feierlichkeit dieses historischen Augenblickes, an dem Spanien ein nationales Heiligtum geschenkt worden war.

So berichtet es die Legende, die sich über viele Jahrhunderte hinweg unverändert gehalten hatte. Tatsächlich aber dürfte man erst rund hundert Jahre später auf die glückliche Idee gekommen sein, dieses Marmorgrab, das sich rasch einer vorerst noch lokalen Beliebtheit erfreute, als die Begräbnisstätte eines Apostels zu deklarieren. Und sie eben dadurch erst in den Rang eines nationalen Heiligtums zu erheben. Archäologische Ausgrabungen im Kathedralbezirk und in der Jakobskirche selbst haben allerdings noch in unserem Jahrhundert bestätigt, daß Santiago de Compostela tatsächlich auf einem weitläufigen Gräberfeld gegründet worden ist. Manche der Gräber reichen sogar bis in die wenig erforschte Epoche vor der römischen Besiedlung Galiciens zurück. Eine vollkommene wissenschaftliche Auswertung ist freilich nicht möglich, weil man dazu auch die Kathedrale abtragen müßte.

Es bleibt also die unbestreitbare Tatsache, daß irgendwann im 9. Jahrhundert ein besonders sorgfältig ausgestattetes Grab gefunden wurde, und zwar unter recht ungewöhnlichen Begleiterscheinungen. Wie weit an der rasch wachsenden Popularität dieses Grabmals die Invasion des Islam sowie schwerwiegende Auseinandersetzungen innerhalb der christlichen Parteien mitgewirkt haben, ist heute nicht mehr feststellbar. Jedenfalls waren eindeutig politische Verhältnisse dafür verantwortlich, daß man das Grab als ein Symbol für die christliche Einheit und auch die Widerstandskraft Spaniens gegen den Islam zu verehren begann. Alle überlieferten Fakten bestätigen eine langsame, anfangs noch auf lokale Wirkung beschränkte Entwicklung in der Verehrung dieses Grabmals, bis es zur großen katholischen Weihestätte des mittelalterlichen Europa wurde. Dabei mag gewiß auch der erstaunliche Umstand eine Rolle gespielt haben, daß der islamische Heerführer Almanzur im Jahre 997 das Grab selbst verschont hatte, während die Stadt, die seit dem frühen 9. Jahrhundert verhältnismäßig rasch rund um die Grabstätte entstanden war, vollkommen zerstört wurde. Denn mußte den gedemütigten, militärisch geschlagenen und politisch ohnmächtigen Christen Spaniens, die sich nun in der Unzugänglichkeit der nordspanischen Bergwelt neu organisierten, diese Unversehrtheit eines Grabmals nicht als Wunder, als ein Fingerzeig Gottes erscheinen? Auch der Überfall räuberischer Wikinger zwischen dem 10. und 11. Jahrhundert, die wie eine Geißel Gottes vor den Toren der wiederaufgebauten Stadt erschienen und alles plünderten und zerstörten, was ihnen in die Hände fiel, spielt in diesem nationalen Zusammenhang eine wesentliche Rolle. Auch sie hatten nämlich das Grabmal nicht vernichtet, hatten es unangetastet gelassen, während ringsum die Welt in Schutt und Asche versank. Und so begann man beinahe zwangsläufig das Apostelgrab zu den großen Wunderstätten des Abendlandes zu zählen. Im Jahre 1075 oder auch 1078 hatte man mit dem Bau der Kathedrale in ihrer heutigen Form begonnen, und die Zahl der Pilger, die nun nach Santiago de Compostela strömten, nahm ständig zu. Anfangs des 12. Jahrhunderts dann weihte Bischof Gelmirez, eine der großen Persönlichkeiten in der Geschichte dieser Stadt, acht Altäre ein, während die Kathedrale selbst wahrscheinlich in den zwanziger Jahren des 12. Jahrhunderts fertiggestellt wurde.

Zu dieser Zeit hatte es gewiß längst schon die ersten Wunder auf privater Ebene gegeben, wozu natürlich auch plötzliche Heilungen oder die Befreiung von schwerem seelischen Leid gehörten, Wunder, die für sich allein genommen fraglos genügt hätten, um diese Kathedrale in den Rang einer vielfrequentierten Wallfahrtsstätte zu erheben. Aber Santiago de Compostela war eigentlich nie so sehr ein Wallfahrtsplatz, wohin man seines privaten Schicksals wegen pilgerte, wo man sozusagen egoistische Motive in den Vordergrund rückte. Die verehrungswürdige Stätte rund um das Apostelgrab gehörte vielmehr dem ganzen Abendland, und dementsprechend war auch der Wunschkatalog der Kirchenfürsten und weltlichen Potentaten orientiert. Es kam zum privaten Wunsch immer das Verlangen nach politischer Erfüllung hinzu, es konnte die Hoffnung auf ein privates Wunder immer nur die Basis sein, auf der sich gleichsam der nationale Überbau erhob. Almanzur hatte das Grabmal nicht zerstören können, die grimmigen Wikinger waren gleichfalls vor der Schändung der Reliquie zurückgeschreckt, und überall auf der Iberischen Halbinsel begann die Reconquista, die christliche Wiedereroberung Spaniens, entscheidende Fortschritte zu machen. Man begriff die Anwesenheit einer Apostelreliquie als himmlische Unterstützung im Kampf gegen den Islam und für die nationale Einheit, man sah in der Existenz dieses Grabmals einen Beweis dafür, daß die Sache der Christenheit – die im übrigen genauso mit Krieg und diplomatischen Intrigen zu tun hatte wie jede andere Politik – eine gerechte und Gott durchaus wohlgefällige Sache war. Und es war dann nur noch der Federstrich eines ehemaligen burgundischen Grafen notwendig, der als Papst Calixtus II. die Pilgerfahrt nach Santiago de Compostela unter die großen Pilgerzüge des Zeitalters reihte, ebenbürtig der Wallfahrt nach Jerusalem und Rom, daß die kleine galicische Stadt, die rund um das Grabmal entstanden war, ein geistiges und religiöses Zentrum des Abendlandes wurde.

Der lange Marsch nach Santiago de Compostela begann! Riesige Pilgergruppen sammelten sich in den deutschen Provinzen, an Rhein und Donau, aber auch in Frankreich, in der Schweiz und in Italien. Sie alle zogen über alte, verwahrloste, zum Teil noch aus der römischen Epoche stammende Straßen, die nunmehr sehr rasch zu wichtigen Pilgerpfaden und in Verbindung damit auch zu nützlichen Handelswegen zwischen den Völkern wurden. Denn mit der religiösen Wallfahrt nach Galicien begann sich auch die ökonomische Situation zu entwickeln. Brücken wurden geschlagen, schwierige Bergpässe ausgebaut, Hospitäler errichtet, neue Klöster etabliert, und in einigen Städten entlang der Pilgerstraße entstanden jetzt auch neue Handelsquartiere, in denen sich vor allem die deutsche und französische Kaufmannschaft ansiedelte. Andere Wallfahrtsziele wie etwa der katalanische Montserrat erlebten einen ungeahnten Aufschwung, da zahllose Pilger über den nahen Hafen von Barcelona ins Land strömten. Heimgekehrte Jakobspilger wiederum errichteten in ihrer Heimat eigene Dependancen, Kirchen und Pfarreien, die dem Gedächtnis des Apostels geweiht waren. Die Jakobswallfahrt wurde zu einer Massenbewegung, die das Denken der Menschen während des ganzen Mittelalters entscheidend beeinflußte. Hermann Hüffer, ein ehemaliger Professor für spanische Geschichte, der sich nachdrücklich mit dem Jacobuskult beschäftigt hatte, schrieb einmal: »Eigenartig und vom größten Wert für die Bildung des abendländischen Gemeinschaftsgefühls geworden ist die Entdeckung des vermutlichen Grabes des Apostels Jacobus major im spanischen Galicien und die ihm von der ganzen Christenheit überraschend schnell und in erstaunlich großem Umfang dargebrachte Verehrung. Sie hat nicht nur das historische Bild Galiciens, ja Spaniens, sondern weit darüber hinaus das einer Einheit der christlichen Länder Europas gestalten helfen. Das Apostelgrab, dies der ganzen Welt gehörende Heiligtum und seine Verehrung waren es, die nicht nur die abendländische Kultur, die schönen Künste, vor allem die Architektur, in unvergleichlicher Weise zum Erblühen brachten. Vielmehr erfaßte der Weg nach Santiago mit seinen gewaltigen Pilgerscharen aus aller Herren Länder die eigentliche mittelalterliche Christenheit. Er schuf wesentlich das mit, was wir heute Abendland nennen. Somit stellt Santiago de Compostela einen der entscheidenden Faktoren für die Einheit des Abendlandes dar.«

Und doch kann ich mein schlechtes Gewissen nicht unterdrücken, meine fast abergläubische Furcht vor einer Stadt nicht verschweigen, von der ich immer nachhaltiger den Eindruck habe, daß ihr auch von klugen Köpfen unseres Zeitalters diese erhabene Rolle, die sie im Mittelalter gespielt hatte, zugedacht wird. Aber es ist nur noch eine kunstvoll am Leben erhaltene Mumie, ein geschminkter Leichnam, der eine lebendige Wirkung vortäuschen soll, wo bestenfalls nur mehr die Gewohnheit erstarrten kultischen Denkens wirksam sein kann. Das mittelalterliche Santiago de Compostela war Ziel und Zentrum der Sehnsucht ganzer Völkerscharen, verkörperte eine umfassende Idee, die das erwachende und allmählich zu einer Einheit findende Abendland wie ein Lebenselixier in sich aufsog. Es lockte durch aufsehenerregende Wunder, die es in Verbindung mit solchen Massenbewegungen wohl immer geben wird, die Menschen an. Es war für mehrere Jahrhunderte jener einzigartige heilige Ort, wo sich der geistige Idealismus entfalten konnte, der zum Beispiel für die Niederwerfung des Islam auf spanischem Boden zumindest von ebensolcher Bedeutung war wie der Kampfeswille der Armeen. Es verkörperte das Ideal christlicher Einheit über alle politischen und sozialen Grenzen und Gegensätze hinweg. Es war eine der großen Stätten friedlicher Begegnung in der unglücklichen Geschichte der Menschheit, vergleichbar Delphi und Jerusalem, Olympia und Rom.

Aber heute ist das alles abgestorben und nur noch museal, weil es irgendwann im Verlauf seiner Vergangenheit jede lebendige Funktion verloren hat! Heute ist es seiner Würde entkleidet und zu einer touristischen Sehenswürdigkeit herabgesunken! Heute strömen nicht mehr die zerlumpten, erschöpften und tiefgläubigen Pilger des Mittelalters, bewegt von einer leidenschaftlichen Glaubensfähigkeit, in die dunkle Kathedrale, wo sie eine der geheimnisvollen Quellen menschlichen Glücks zu finden hofften. Heute machen sich gutgenährte, gelangweilte und meistens skeptische Kunstliebhaber und Zufallsbesucher auf die Suche nach interessanten kulturhistorischen und architektonischen Details und nach günstigen Bedingungen für die unvermeidliche Blitzlichtaufnahme. Ich erinnere mich an einen Spätnachmittag in Santiago de Compostela, es war vor vielen Jahren, draußen tobte ein warmer Sommersturm, ich befand mich zufällig bei der silberbeschlagenen Büste des Apostels oberhalb des Altars, als eine Gruppe ausländischer Besucher in die Kathedrale eindrang und ein Blitzlichtgewitter in den nächsten Minuten das Halbdunkel der Kirche taghell erleuchtete. Dann verschwand die Gruppe wieder so rasch, wie sie gekommen war. Niemand hatte den Weg zum Silberschrein des Apostels oder zu seiner Büste oberhalb des Altars gefunden. Vielleicht war auch gar keine Zeit dafür vorhanden gewesen. Und keinen dieser eiligen Besucher habe ich beten sehen, keiner ließ sich zur Nachdenklichkeit verführen, die an einem solchen Platz mitunter unendlich wichtig sein kann.

Die Welt hat heute längst schon andere Wallfahrtsziele und auch andere Gurus. Ich weiß noch, wie ich in jenem Dezember, als der böige Wind den Regen über den weiten Platz trieb, an dem das Bischofspalais, das ehemalige königliche Hospital, das heute in ein Luxushotel umgewandelt ist, und natürlich die Kathedrale selbst liegen, mitten durch diesen Sturm ging, der den Leuten die Hüte von den Köpfen riß und Steine von den Gesimsen kollern ließ, und wie ich mir hier ein paar Minuten lang vorzustellen versuchte, was mittelalterliche Pilger auf sich genommen haben müssen, bevor sie der Reliquie ansichtig wurden, bevor sie ihre Lippen voll frommer Inbrunst auf das Metall drücken konnten, das die hölzerne Apostelbüste umschließt. Ich konnte mich jederzeit in die behagliche Wärme meines Hotels flüchten. In meinem Zimmer warteten der Fernsehapparat, das heiße Bad, die voll aufgedrehte Zentralheizung. Die meisten Pilger – damals – hatten keinen anderen Unterschlupf als das flache Dach der Kathedrale oder eine der schmalen und düsteren Seitengassen im Kathedralbezirk, wo sie nächtigten, lebten, sich die Läuse aus dem zerrissenen Hemd knackten und vor dem atlantischen Sturm Schutz suchten, indem sie sich gegeneinander drängten.

Vielleicht hat mein schlechtes Gewissen auch damit etwas zu tun, daß wir, von einigen bewundernswerten Ausnahmen abgesehen, gar nicht mehr imstande sind, auch nur die geringste Entbehrung oder das bescheidenste Opfer auf uns zu nehmen, um einem imaginären Ideal zu entsprechen. Vielleicht sind wir wirklich längst schon von diesem Materialismus unheilbar angekränkelt, der immerzu handfeste Beweise fordert, auch und gerade für das geistige Erlebnis. Die Pilger des Mittelalters fragten nicht nach einem Zertifikat, das ihnen die unverletzliche Echtheit der Reliquie garantierte. Wir – und ich nehme mich davon nicht aus – machen nicht einmal das primitive Kreuzzeichen, wenn nicht eine wissenschaftliche Expertise die Heiligkeit eines Schauplatzes bestätigt. Wir sind ein Geschlecht von Kunstliebhabern geworden, unendlich aufgeklärt und auf einschüchternde Weise über alles informiert, was ursprünglich einmal wunderbar und geheimnisvoll gewesen ist. Dafür haben wir die Naivität des reinen Glaubens eingebüßt.

Lourdes

Wie vermeide ich die voluminösen Worte, die einem stets in den Sinn kommen, wenn man ein großes Thema behandelt? Und wie das sanfte Pathos, das unvermeidlich erscheint angesichts dieser sanften Gewalt, der sich fast niemand, der einmal in Lourdes war, entziehen kann? Woher nehme ich die Kraft zur Objektivität? Und auf welche Weise werde ich imstande sein, meine eigenen Gefühle darzustellen, ohne die Gefühle anderer Menschen zu verletzen?

Ich fuhr innerhalb weniger Wochen dreimal nach Lourdes. Einmal blieb ich in einem wütenden Schneesturm stecken, der von den Pyrenäen herunterwehte. Einmal verzauberte eine Sonne, die nach vorzeitigem Frühling schmeckte, die schreckliche Silhouette dieser unmäßig angeschwollenen Touristenstadt, die in gewissen entlarvenden Augenblicken fast nichts Menschliches mehr besitzt und durch die nur noch endlose Kolonnen von Schifahrern bergaufwärts fuhren, den tiefverschneiten Bergen entgegen, über denen ein aquamarinfarbener Himmel stand. Und einmal kam ich nach Lourdes, als zuerst Regen, dann Hagel und zuletzt prasselnder Schneeregen, begleitet von einem eisigen Sturm, mich hineintrieben in die schmale, kleine Grotte von Massabielle und mich stundenlang auszuharren zwangen, bis das dunkle Gewölk ein wenig aufriß und der frischgefallene Schnee auf den Bergen in der Dämmerung eines melancholischen Nachmittags schimmerte. Aber immer war ich furchtsam und skeptisch, war ich gleichsam vor mir selbst auf der Hut, während ich auf überfüllten Autobahnen oder scheinbar endlosen Überlandstraßen, aus deren Begrenzungsgräben die beschnittenen Platanen wie traurige Baumruinen emporwuchsen, in die Gegend von Tarbes und Lourdes fuhr, umgeben vom fahrenden Volk unserer Zeit, von kommunistischen, anarchistischen, sozialistischen und patriotischen Autofahrern, Spaniern, Franzosen, Deutschen, Italienern, Holländern, die ihre schweren Lastwagen kaum zum Ruhme Gottes und der Jungfrau Maria chauffierten, umgeben von einer Welt, von einer Gesellschaft, die voll wimmelnder Betriebsamkeit damit beschäftigt war, ihrer eigenen unbarmherzigen merkantilen Philosophie gerecht zu werden. In den Hotels, Gasthöfen und Kneipen, in denen ich übernachtete, manchmal unterwegs aus der Richtung Bayonne oder Bordeaux, manchmal von Toulouse kommend, einmal aus dem Spanischen herüberwechselnd, schien niemand auch nur einen einzigen Gedanken an das Wunder von Massabielle zu verschwenden, das an einem Donnerstag, am 11. Februar 1858, begonnen hatte. In meiner Heimat, wo ich voll hartnäckiger Beharrlichkeit mit Intellektuellen, einfachen Menschen, Geschäftsleuten, Bauern und sogar mit Kindern über Lourdes zu reden versuchte, damit ich meine eigene Unsicherheit vor mir selbst verbergen und die Schuld der Gedankenlosigkeit auf andere abwälzen konnte, erntete ich die stereotype Antwort eines verlegenen Achselzuckens oder, wenn ich mich Katholiken anvertraute, einige dieser altbekannten Phrasen, die zwar gutgemeint waren, die aber mir nichts nützten. Es waren bestenfalls Antworten, wie ich sie mir seit Jahren selbst gab. In Lourdes dann verirrte ich mich einmal auf der Suche nach der Grotte zwischen Hotels, Restaurants, Andenkengeschäften, verirrte ich mich hoffnungslos zwischen diesem ganzen niederdrückenden Elend einer Unterhaltungsindustrie, die sich voll flinker Anpassungsfähigkeit der Frömmigkeit und des Aberglaubens bedient, um damit ihren Umsatz zu halten. In einer Fernfahrerkneipe in der Gegend von Nantes kam ich mit Lastwagenchauffeuren ins Gespräch. Als ich ihnen erzählte, daß ich nach Lourdes unterwegs sei, verstummten sie höflich. In der Provence diskutierte ich mit dem Geschäftsführer eines Hotels die zeitgenössische Funktion von Lourdes. Er meinte, daß es vorteilhaft für die Belebung des Fremdenverkehrs sei. An Gott, so versicherte er, glaube er nur als eine Art Rückversicherung. Marienerscheinungen hingegen interessierten ihn überhaupt nicht. Und einmal, als ich fast schon frustriert war, aufgeben wollte, bereit war, vor dem Moloch oder Rätsel Lourdes, wie es sich mir jedesmal in seiner ganzen abstoßenden Scheußlichkeit anbot, endgültig zu kapitulieren, weil ich nur noch Neonreklamen und gutsortierte Geschäftsauslagen und überfüllte Restaurants und vierhundert, fünfhundert Hotels und Pensionen vor mir sah, wenn ich an Lourdes dachte, einmal fiel mir ein, was die zahllosen Kranken und Unglücklichen empfinden, die aus aller Welt nach Lourdes kommen und insgeheim auf ein Wunder hoffen, auch wenn dieses Wunder nur darin besteht, daß ihnen die Kraft geschenkt wird, ihre Krankheit und ihr Unglück weiterhin zu ertragen.

Das war der Augenblick, da ich mich noch einmal auf den Weg machte. Und noch einmal versuchte, das Geheimnis zu erfahren, das aus Lourdes ein Zentrum der katholischen Welt macht. Da ahnte ich allerdings schon, daß es gar kein Geheimnis gibt. Oder daß dieses Geheimnis einfach darin besteht, zu welcher Intensität des Glaubens wir selbst fähig sind. Oder daß alle Geheimnisse des Glaubens nichts anderes sind als eine Umschreibung für die Kraft und die Herrlichkeit, mit denen wir imstande sind, unsere Funktion als Geschöpfe einer höheren Ordnung und als Produkt einer übergeordneten sittlichen Macht zu begreifen.

Was ist Lourdes eigentlich? Oder woraus entstand es? Was war der erste historische Anlaß für seine heutige Existenz? Ich fürchte beinahe, daß es nicht allgemein bekannt sein dürfte, auf welchen abenteuerlichen geschichtlichen Umwegen zuerst die Festung, die jeden Besucher von weitem schon mit ihrem dunklen Gemäuer begrüßt, dann der Marktflecken und schließlich mit der kleinen Stadt auch der heutige Name entstand. Es begann nämlich in der Zeit der großen islamischen Invasion, die über Gibraltar und Spanien bis nach Südfrankreich vordrang, daß ein maurischer Stammesfürst namens Mirat hier an den Ufern der Gave, eines Flusses, der aus den Pyrenäen herunterkommt, sich in einer befestigten Stellung, die auf einem unzugänglichen Felsenkegel eingerichtet war, gegen die Truppen der christlichen Franken hartnäckig zur Wehr setzte. Die Festung, die allem Anschein nach damals schon den schönen romantischen Namen Mirambel trug, galt lange Zeit als uneinnehmbar, bis im Jahre 778 jenes erste und bis heute nicht restlos geklärte Wunder geschah, das aus der islamischen Maurenburg eine christliche Bastion machte. Angeblich war es eine freundschaftliche Grußbotschaft Karls des Großen, die Mirat so tief beeindruckte, daß er sich erstens seinen christlichen Belagerern ergab, zweitens die Burg der Gnadenmutter von Le Puy widmete, also einer der ältesten christlichen Kultstätten Frankreichs, und drittens nicht nur die Taufe, sondern damit natürlich auch einen neuen Namen annahm. Fortan hieß der maurische Stammesfürst schlicht und einfach Lorda, woraus im Verlaufe der Zeit für die allmählich entstehende Ansiedlung unterhalb des Burgfelsens Lourdes wurde. Im übrigen entbehrt es nicht einer gewissen Pikanterie, wenn man sich überlegt, daß Lorda, der Renegat, um das Jahr 778 seinen Besitz, den er ja anders nicht hätte halten können, der berühmten schwarzen Madonna von Le Puy zum Lehen gab, was insgesamt nichts anderes bedeutet, als daß hier schon seit rund zwölfhundert Jahren eine gewisse Beziehung zur Marienverehrung besteht.

Man sollte daraus freilich keine voreiligen Schlüsse ziehen. Es ist im Grunde völlig gleichgültig, daß am Anfang von Lourdes, der wahrscheinlich meistbesuchten und auch wirkungsvollsten Pilgerstätte der zeitgenössischen Christenheit, ein islamischer Stammeshäuptling und Überläufer ins christliche Lager steht. Und es hatte auch nie sonderlich viel zu bedeuten, daß Frankreichs vormals bedeutendstes Marienheiligtum, nämlich Notre Dame de Puy, die geistige, religiöse Schirmherrschaft über das an sich unbedeutende, ärmliche Lourdes besaß. Jene Bernadette Soubirous, damals gerade vierzehnjährig, eine schlichte Analphabetin und zu gut vertraut mit der Härte und Ärmlichkeit einer landproletarischen Existenz im 19. Jahrhundert – was man heute angesichts des Heiligenscheines, der sie verklärt, gerne vergißt –, jene Müllerstochter also, deren Eltern zwischen Hungerleiderlöhnen und Arbeitslosigkeit vegetieren mußten, Bernadette Soubirous, die zwischen Februar und Juni 1858 in der kleinen Felsengrotte von Massabielle rund achtzehnmal einer schönen, hoheitsvollen, geheimnisvollen Dame begegnete, war wohl kaum dazu befähigt, die verwirrenden Knoten der Geschichte auch nur im entferntesten zu begreifen. Ich bin mir sicher, daß sie keine Ahnung von einem Moslem namens Mirat alias Lorda hatte. Wir dürfen getrost annehmen, daß sie erst lange nach den Erscheinungen in der Grotte von Massabielle an den Ufern der Gave, als sie längst schon klösterliche Fürsorge und Erziehung erfuhr, erstmals vom Wallfahrtsort Le Puy hörte. Nein, aus der Geschichte heraus ist hier nichts konstruierbar! Und ähnlich wie in Fatima, wo einfache Bauernkinder einem Wunder begegneten, ohne etwas von den antiklerikalen politischen Verhältnissen ihres Landes zu wissen, kann man auch in Lourdes davon ausgehen, daß Bernadette Soubirous nicht die mindeste Ahnung hatte, was Begriffe wie Aufklärung oder Säkularismus bedeuteten und daß eine Marienerscheinung, wie sie ihr zuteil wurde, natürlich von enormer

Bedeutung war für den Existenzkampf der französischen Kirche. Ich weigere mich auch entschieden, die Meinung einiger Autoren zu teilen, die davon ausgehen, daß Bernadette Soubirous gewissermaßen von den Marienerscheinungen in La Salette hoch oben in den Französischen Alpen inspiriert worden sei. Das wäre eine unzulässige Vereinfachung. Es stimmt zwar, daß zwölf Jahre vor dem Wunder von Lourdes am anderen Ende Frankreichs, etwa siebzig Kilometer südlich von Grenoble und in einer Höhe von zwölfhundert Metern zwei halbwüchsigen Hirtenkindern in einer entlegenen Berghöhle eine Art Feuerball erschienen war, in dessen Zentrum eine »schöne unbekannte Dame« stand. Und es ist richtig, daß schon kurze Zeit nach dieser Erscheinung ein Strom von Pilgern aus ganz Frankreich nach La Salette unterwegs war – man spricht von 300 000 Besuchern in den ersten beiden Jahren –, aber es wäre vermessen, wollte man daraus so etwas wie ein Vorbild für die Müllerstochter aus Lourdes machen. Sie war arm. Sie war eine Analphabetin. Sie war, wenn wir es mit den üblichen unzulänglichen Kriterien beschreiben wollen, ein wenig einfältig oder naiv. Aber sie war reinen Herzens. Jeder Verdacht einer Spekulation oder auch nur der Hauch einer Unwahrheit muß im Falle Bernadettes also entschieden zurückgewiesen werden. Es wäre ja auch zu einfach, zu billig, wenn ein Wunder wie das von Lourdes – oder von La Salette, Fatima – als eine Art Folgeerscheinung oder Kettenreaktion dargestellt und erklärt werden könnte.

Nein, das Wunder von Lourdes ist so wenig oder so viel mit rationalen Methoden erklärbar wie das Wunder des Glaubens. Entweder bin ich imstande, außer an Gott auch an die Möglichkeit zu glauben, daß durch ihn oder in Verbindung mit seiner übergeordneten Existenz Irreales, Ungewöhnliches, Unfaßbares möglich ist, daß er nach seinem Belieben und nach seinem rätselhaften Wunsch Zeichen setzt, Alpträume und Gesichte über einige wenige Auserwählte wirft und also seinen Willen schrankenlos demonstriert, entweder bin ich imstande, das alles zu akzeptieren und daran zu glauben oder ich bin außerstande, diese Dinge jenseits meiner Vorstellungskraft, jenseits meines Verstandes und meines Gefühls zu akzeptieren und daran zu glauben. Ich kann das äußerliche Erscheinungsbild von Lourdes, wie es sich dem Besucher heute darbietet, entschieden ablehnen und trotzdem an das Wunder von Massabielle glauben. Aber es sollte mir andererseits unmöglich sein, etwa die mehr als fünfzig Wunderheilungen anzuerkennen, die bisher von der Wissenschaft und der grundsätzlich mißtrauischen Kirche bestätigt wurden, ohne nicht auch an die unglaubliche Geschichte von Massabielle zu glauben.

Oder gibt es hier vielleicht doch noch einen Ausweg? Kann ich das eine tun und das andere lassen? Kann ich mir die Dimension meines Glaubens aussuchen? Darf ich mir selbst gegenüber eingestehen, daß mich die Geschichte der Bernadette Soubirous in ihrer ganzen Tragik und grotesken Widersprüchlichkeit nicht besonders fasziniert, wohl aber das Resultat dieser Geschichte? Darf es mir möglich sein, über das riesige Areal von Lourdes hinwegzugehen, ohne auch nur einen Augenblick lang die Hand Gottes auf meiner Schulter zu spüren? Während mich der Anblick einer betenden Frau, die im herabprasselnden Eisregen vor der Grotte kniet, auf eine so entsetzliche, aufwühlende Weise bewegt, daß ich Mühe habe, die Tränen zu unterdrücken? Ist es denn wirklich vorstellbar, daß ich nichts empfinde, keine Furcht, keine Scham, nicht einmal die entscheidende Kraft meiner Phantasie, nicht einmal die eingebildete oder tatsächliche Präzision meiner intellektuellen Fähigkeiten, wenn ich über dieses weltberühmte Gelände gehe, das doch seit mehr als hundert Jahren so viele Gläubige in Entzücken oder sogar in Ekstase versetzt, ja, daß ich sogar so etwas wie leise Verachtung, Hochmut, Arroganz empfinde, wenn ich in der Grotte einen selbstherrlichen Priester sehe, wie er sich neben mir als zurechtweisender, ungeduldiger Polizist seiner Kirche aufführt, wenn ich eine geschäftige Helferin beobachte, die den Besuchern mit dünnem Zeigefinger und dünnen Lippen Disziplin befiehlt, während ich wenige Sekunden später zutiefst davon betroffen bin, einen jungen Mann mit asketischem Gesicht in dieser Grotte von Massabielle beten zu sehen, während ich selbst untertauche in einer Flut aus altvertrauter Seligkeit und einem Zugehörigkeitsgefühl, dem wir alle ein Leben lang nachjagen, wenn ich sehe, wie die Besucher der Grotte mit scheuen oder selbstbewußten Gesten den abgeschliffenen Stein der Felswand berühren, wie sie mitgebrachte Gegenstände an diesem Stein reiben, wenn ich sehe, wie der Glaube die Menschen vereint und so menschlich macht, daß man aufstehen und sie brüderlich umarmen möchte! Ist das alles normal im Sinne von gewöhnlich und überschaubar und alltäglich? Oder liegt es nur an mir, an dem seltsamen Verhältnis, das ich zum Glauben habe? Ist diese Grotte einer der wenigen Plätze in dieser Welt, auf denen alle Halbheiten und lauen Notlügen unwiderruflich aufhören? Springt mit der Quelle, die aus der Tiefe des Steins emporrauscht und deren Wasser leicht bitter schmeckt, auch der Glaube auf uns über, der uns von aller Erstarrung und von allen Frustrationen befreit, so daß wir uns endlich wieder dem eigenen Gefühl anvertrauen können?

Am Anfang des Wunders steht das Elend der Familie Soubirous. Man so arm, daß man in einer aufgelassenen Arrestzelle haust. Es hatte natürlich auch bessere Tage gegeben. Aber jetzt, 1858, ist man von einer Wirtschaftskrise, deren Mechanismen man nicht versteht, endgültig bezwungen. Später, wenn die Massen schon nach Lourdes strömen, wird man behaupten, die junge Bernadette habe zum Elend, in dem sie aufwuchs, nur zu sagen gewußt: »Wenn der gute Gott das zuläßt, darf man sich nicht beklagen.« – Spricht, denkt so eine Zwölfjährige, Vierzehnjährige? Andererseits wissen wir, daß sie die vergleichsweise brauchbare Existenz einer Schafhirtin freiwillig aufgibt, um aus der Einsamkeit der Hochweiden nach Lourdes zurückkehren zu können, wo sie sich auf ihre Erstkommunion vorbereiten kann. Es ist freilich erschreckend, mit solchen Klischees konfrontiert zu werden, mit solchen sozialen Verhaltensweisen, die sich fast unserer Vorstellungskraft entziehen, auskommen zu müssen. Aber alle diese Dinge zwischen erbarmungswürdiger Not und einer fast klischeehaften Gläubigkeit sind allem Anschein nach beweisbare Fakten. Man hungert oft im Hause Soubirous, das in jener Zeit eine Arrestzelle ist. Aber man betet auch oft in dieser dunklen feuchten Zelle.

Am Donnerstag, dem 11. Februar 1858, kommt es dann zur ersten entscheidenden Begegnung. Bernadette, ein etwas anämisches vierzehnjähriges Mädchen mit dunklen Schatten unter den Augen und einer gelblichen Haut, wahrscheinlich nicht nur ärmlich, sondern auch aus Gründen absoluter Not ziemlich verwahrlost, zweifellos kränklich, linkisch, unsicher, naiv, aber tiefgläubig, Bernadette ist mit ihrer Schwester und einer Freundin an das Ufer der Gave gegangen, deren Flußbett mit schmutzigbraunem Schmelzwasser aus den Bergen gefüllt ist, um etwas Brennholz einzusammeln. Auch Lumpen und Tierknochen kann man hier gelegentlich finden. Ihr Verkauf bringt ein paar Groschen, auf die man in der Familie Soubirous nicht verzichten kann. Zuerst waten ihre Begleiterinnen durch das eisige Wasser hinüber auf die andere Seite des Flusses. Bernadette sieht, daß sie drüben allem Anschein nach heftig weinen. Sie ruft hinüber und fragt nach der Ursache des Weinens. Man antwortet ihr, daß das Wasser so schrecklich kalt sei. Bernadette will ihnen helfen, sie blickt sich um, sieht eine kleine Grotte und beginnt, ihre Schuhe und Strümpfe auszuziehen, um durch das eiskalte Wasser ihrer Schwester und deren Freundin zu folgen. Aber kaum hat sie den ersten Strumpf herabgerollt, als plötzlich ein heftiger Windstoß zu hören ist. Bernadette hebt kaum den Kopf, ist vollauf mit ihren Strümpfen beschäftigt. Der Lärm nimmt zu. Jetzt erst hebt das Mädchen die Augen. Es wundert sich, denn es ist ein windstiller und ruhiger Spätwintertag. Sie sieht die kleine Grotte, die ihr durchaus bekannt ist. Sie war oft schon hier in der Gegend von Massabielle. Sie hat jetzt den Eindruck, daß der eigenartige Lärm aus dieser Vertiefung in den Felsen kommt. Und da bemerkt sie eine weißgekleidete Dame, die in dieser Nische reglos steht, und zwar am oberen Rand der Vertiefung. Die Dame trägt ein weißes Kleid, einen blauen Gürtel und eine gelbe Rose. Die Perlen des Rosenkranzes, den sie in Händen hält, sind gleichfalls weiß. Die fremde Dame gibt dem Mädchen ein Zeichen. Bernadette tritt näher heran. Aber die Distanz zur Erscheinung bleibt trotzdem dieselbe. Es ist Bernadette auch nicht möglich, selbst nach dem Rosenkranz zu greifen, den sie stets bei sich trägt. Ihre Hände sind wie gelähmt, ihr Körper ist erstarrt. Sie sieht nur, daß die weißgekleidete Dame das Kreuzzeichen macht. Später, nach einigen Sekunden oder Minuten, die Zeit hat keine Bedeutung mehr, ist aufgehoben, verliert sich in diesen unerhörten Augenblicken an die Ewigkeit, später kniet Bernadette doch noch auf den felsigen Boden hin und betet, wobei sie stets die Dame im Blickfeld hat. Auch die Erscheinung betet, ohne jedoch die Lippen zu bewegen. Endlich winkt sie dem Mädchen zu. Aber Bernadette rührt sich nicht von der Stelle. Einen winzigen Augenblick lang schlägt sie die Augen nieder. Und als sie wieder aufblickt, ist die Erscheinung verschwunden.

Ich habe mich hier streng an die Aufzeichnungen Bernadette Soubirous' gehalten, die sie Jahre später im Kloster von Saint Gildard in Nevers im Nordwesten Frankreichs macht. Alle nachfolgenden siebzehn Erscheinungen in dieser Felsennische an der Gave verlaufen ungefähr auf dieselbe Art und Weise. Das Erscheinungsbild der fremden Dame verändert sich nicht. Einmal hebt sie die Hände und erklärt dem Mädchen, daß sie die »Unbefleckte Empfängnis« sei. Bernadette weiß nicht genau, was das ist, hat Mühe, sich den ungewohnten Ausdruck zu merken, um ihn dem Pfarrer von Lourdes zu sagen. Dieser Pfarrer, Abbé Peyramale, scheint eine gefürchtete moralische Instanz zu sein. Einmal wird er Berndadette sogar auffordern, die fremde Dame zu bitten, einen wilden Rosenstock in der Grotte zum Blühen zu bringen. Aber als er dann endlich vom Wahrheitsgehalt der Erzählungen seines Schützlings überzeugt ist, wird er ihr Freund und entschlossener Befürworter. Einmal, als Bernadette bereits von zahlreichen Neugierigen zur Grotte begleitet wird, gleitet die Erscheinung vom oberen Rand der Nische herab zum Boden. Es muß eine einzige langgezogene, fließende Bewegung gewesen sein, die allerdings außer der kleinen Schafhirtin niemand wahrnimmt. Man zweifelt an ihren Angaben. Die Behörden mischen sich ein. Sie wird verhört, ihre präzisen Angaben werden lange Zeit ungläubig verlacht. Abbé Peyramale glaubt ihr. Er verteidigt sie auch und sorgt, soweit das noch möglich ist, für Ordnung, als plötzlich andere Kinder aus Lourdes in der Grotte von Massabielle gleichfalls Erscheinungen zu sehen glauben, als so etwas wie Hysterie sich ausbreitet. Einmal befiehlt die fremde Dame, Bernadette soll von dem Wasser trinken, das in einer Schlammpfütze am Boden der Grotte steht. Das Mädchen überwindet seinen Ekel, beugt sich über die Pfütze, kratzt ein wenig das steinige Erdreich beiseite, damit mehr Wasser hervorquellen kann, und trinkt schließlich aus der hohlen Hand, die sie ins bräunliche Wasser taucht. Es ist die Geburtsstunde der heiligen Wunderquelle von Lourdes. Es ist zugleich auch die Zeit, in der Bernadette Soubirous in der Pfarrkirche von Lourdes die Erstkommunion empfängt, die ja die Ursache war, daß sie ihre Beschäftigung als Schafhirtin aufgab und heimkehrte in die aufgelassene Arrestzelle von Lourdes.

Heute gehört übrigens das gleichmäßige Rauschen der

Quelle zum ungeschriebenen Ritual, zu den unverlierbaren Erinnerungen eines jeden Besuches in Lourdes. Einige Schritte neben der Grotte sind an der steinverkleideten Felswand Wasserhähne angebracht. An manchen Tagen drängen sich bis zu zehntausend Menschen vor diesen Wasserstellen Gottes. Wieder einige Schritte dahinter erhebt sich die Rosenkranzkirche, in deren geräumigem Kirchenschiff man oft stundenlang völlig allein bleibt. Und dann gibt es wieder diese berühmten Masseninszenierungen des Glaubens, da nicht nur diese Kirche, sondern auch die riesige Basilika sowie das ganze Areal vor dem heiligen Bezirk bis auf den letzten Platz besetzt sind und eine halbe Million und mehr Menschen einem feierlichen Hochamt beiwohnen. Vor allem in der Dunkelheit, wenn zahllose Lichter aufflammen, gewinnen diese Massenauftritte etwas ungemein Spektakuläres, ist die Suggestion, die davon ausgeht, besonders stark. Und die Fälle, da ein Lahmer plötzlich aufsteht und die Krücken fortwirft – einige Krücken, die an medizinisch bestätigte Wunderheilungen erinnern, hängen oberhalb der Grotte –, da ein Blinder sehend wird, da ein Todgeweihter wieder ins Leben zurückfindet, ohne daß es dafür jemals eine vernünftige wissenschaftliche Erklärung geben wird, diese und ähnliche Fälle sind vielleicht überhaupt nur aus dieser Massensuggestion heraus erklärbar, obgleich ich persönlich in diesem Zusammenhang einige Bedenken habe. So einfach kann es doch nicht sein, daß ein zerstörter Körper wieder geheilt, ein hoffnungslos gewordenes Leben wieder der Hoffnung überantwortet wird! Und das Quellwasser, mit dem ein manchmal schwerverständlicher Kult betrieben wird? Nun, es ist längst schon einwandfrei nachgewiesen, daß es sich dabei um ganz normales Leitungswasser handelt. Es gibt keine wie immer gearteten Zusätze. Es schmeckt ein wenig bitter, herb. Es hat überdies in den heißen Sommermonaten einen frischen Geschmack. Das ist alles.

Also bleibt wiederum nur die Selbstsuggestion durch den Glauben, bleibt die blinde Vertrauensseligkeit in die Kraft eines heiligen Schauplatzes, bleibt der fanatische Mut so vieler Menschen, sich vor dieser Nische im brüchigen Felsgestein von Massabielle auf eine Weise in Gott zu versenken, an ihn zu verlieren, daß über den Umweg einer spirituellen Ekstase das Unerhörte und auch das Unglaubliche möglich werden.

Es gibt keine andere Definition dafür. Ich habe keine andere vernünftige Erklärung für diese Dinge, die ich vielleicht noch am ehesten zwischen Himmel und Erde angesiedelt sehen möchte, weil ich mich davor ängstige, immer nur an die Begeisterungsfähigkeit und an die immense Glaubenskraft der Menschen zu erinnern. Ich habe freilich auch Besucher gesehen, die Christus verjagt hätte, wie er ehedem die Pharisäer aus dem Tempel gejagt hatte. Und es müssen nicht nur die Skeptiker sein, die unglücklichen Zyniker, die Hoffnungslosen und durch den Glauben Erniedrigten und Verstoßenen, deren Anwesenheit herausfordernd wirkt. Es gibt eine Art der Frömmigkeit, die mir unendlich verlogen oder zumindest unaufrichtig erscheint. Es gibt ein Pharisäertum, das unausrottbar ist.

Aber ich habe kein Recht, irgendein Urteil abzugeben. Ich habe auch nicht die Möglichkeit, irgend etwas zu beweisen oder zu leugnen. Ich kann nichts anderes tun, was schon zahlreiche Autoren vor mir getan haben: die Fakten aufzählen. Und an Lourdes glauben! Oder das Wunder von Lourdes negieren! Ich kann äußerstenfalls nur lernen, daß alle Bereitschaft zum Glauben in mir selbst vorhanden sein muß. Und ich kann das Beispiel bewundern oder ablehnen, das mir Menschen jeder Herkunft, jeder Rasse und Hautfarbe in dieser Grotte geben. Eine andere Möglichkeit habe ich nicht.

Bernadette Soubirous empfängt ihre Erstkommunion am 3. Juni 1858. Dieses Datum ist insofern bedeutsam, als sie unmittelbar davor ihre siebzehnte und vorletzte Erscheinung hat. Eine allerletzte Erscheinung, und acht Jahre später wird sie nach Nevers abreisen, wo sie in ein Kloster eintritt. Ihr Leben beginnt sich zu verändern. Sie besucht eine Elementarschule, sie steht im Mittelpunkt des Interesses, sie wird verspottet, nachgeahmt und bewundert. Ist sie auch glücklich? Begreift sie überhaupt, was mit ihr geschieht? Als sie am 16. April 1879 in Nevers stirbt, eine Frau von Mitte Dreißig, aber körperlich schon verbraucht und gepeinigt von Schmerzen, die unerträglich gewesen sein müssen, da ist Frankreich, da ist das katholische Europa längst schon vom Fieber des Glaubens an das Wunder von Lourdes erfaßt. Das Dogma von der Unbefleckten Empfängnis wird zum wichtigsten Impuls der Marienverehrung des 19. Jahrhunderts. Der Leichnam der Nonne Marie-Bernard ist übrigens auch noch im Jahre 1925, als man schon zum dritten Mal den Grabschrein zu Nevers öffnet, vollkommen unversehrt. Sie wird seliggesprochen. Acht Jahre später wird Marie-Bernard alias Bernadette Soubirous heiliggesprochen. Ein österreichischer Jude namens Franz Werfel wird die Geschichte dieser Heiligen zu einem berühmten Roman verarbeiten, dessen Verfilmung weltweites Aufsehen erregt. Und alle paar Jahre erreicht die Welt eine neue sensationelle Nachricht von der Kraft oder eigentlich vom Unerklärlichen, das in der kleinen Grotte von Massabielle stattfindet: Es begann mit der wunderbaren Heilung eines Steinmetzen namens Bouriette, der seine blinden Augen mit dem Quellwasser von Lourdes benetzte und plötzlich wieder sehen konnte. Der letzte bekannte Fall, den auch die Ärzte mehrerer Universitätskliniken untersucht und schließlich ratlos bestätigt hatten, war der Fall Bruns, die dramatische Geschichte eines sechsjährigen Mädchens, das unheilbar an Knochenkrebs erkrankt war und in Lourdes vollkommen geheilt wurde. Davon abgesehen aber gibt es mehrere Dutzend Beispiele für sogenannte Wunderheilungen, die derzeit noch von den Wissenschaftlern und der Kirche genau geprüft werden. Über die Zahl der spontanen Glaubensbekehrungen wird nicht gesprochen. Sie ist ohnedies nicht eruierbar.

Ich habe zuletzt an einem stürmischen Märznachmittag, durch den zuerst ein Hagelgewitter und dann Schneeregen flog, getrieben von einem eisigen Bergwind, der von den nahen Pyrenäen herunterkam, einige Stunden in der Grotte von Massabielle zugebracht. Ich saß auf der kurzen, leidlich gepolsterten Bank seitlich des schlichten Feldaltars, die bei besonderen Anlässen kirchlichen Würdenträgern vorbehalten ist, schräg vor mir ein hoher Kerzenständer, darüber die Statue der Muttergottes, dieses Urbild für Tonnen von Gips und Farbe und Abertausende von Statuen, ein Urbild, von dem Bernadette freilich stets kategorisch erklärt hatte, es habe nur wenig Ähnlichkeit mit der fremden weißgekleideten Erscheinung. In meinem Rücken rauschte die Quelle, erblühte ein ständig aufgefrischter Blumengarten. Es war wie eine Idylle, obgleich mich fröstelte und der Sturm immer wieder den eiskalten Regen in die Nische hineintrieb. Es war ein Wochentag, Freitagnachmittag, und es kamen in diesen paar Stunden, die ich dort zubrachte, annähernd tausend Gläubige vorbei. Manche zündeten nur eine Kerze an, bekreuzigten sich,

17 Magdalensberg: Wallfahrtskirche Vier-Berge-Lauf

19 Padua: Benediktinerkloster Santa Justina

◁ 18 Siena: Dom

20 Montserrat: Die Schwarze Madonna (Moreneta)

sprachen ein kurzes Gebet und gingen rasch wieder davon. Der Sturm verbiß sich in ihren schwarzen Regenschirmen. Andere wieder kramten alle möglichen Dinge aus ihren Taschen hervor, wickelten sie sorgfältig aus, brachten sie mit dem Felsen in der Nische in Berührung, mit diesem glattgeschliffenen Stein, der von den meisten Grottenbesuchern geküßt wurde. Es gab natürlich auch den Auftritt der Arroganz, wenn bestimmte Leute von sozial höherer Herkunft mit einigem Lärm und übertriebenem Selbstbewußtsein in die Nische kamen, besonders kostbare Kerzen mitbrachten und sie im innersten Hintergrund der Grotte aufstellen wollten, dort also, wo es schlichtweg untersagt ist. Manchmal kam es deshalb sogar zu einem kurzen Streitgespräch mit einer Frau, die den Boden rund um den Altar säuberte, die Blumen auswechselte und mit methodischen Bewegungen dieses winzige Stück Welt außerhalb der Welt in Ordnung brachte. Gelegentlich mischte sich auch ein Priester ein, der neben mir saß und mit langgezogenen Zischlauten Unmut und Zurechtweisung ausdrückte.

Wovor ich an einem solchen Ort wie Lourdes – oder Fatima, Mariazell, Altötting, Loreto – immer zutiefst erschrecke, worunter ich tatsächlich auf eine unvernünftige Weise leide, ist die routinierte Beiläufigkeit der religiösen Handhabungen. Als ich zum erstenmal in Lourdes war, aber auch als ich wenige Tage später zum zweitenmal in die Grotte von Massabielle kam, da erlebte ich diese Beiläufigkeit wie eine persönliche Beleidigung, wie eine Denunziation Gottes und des Glaubens, der mit ihm zu tun hat. Ich beobachtete zum Beispiel eine Gruppe von Besuchern, folgte ihnen über das ganze Areal, und ich sah mit wachsendem Befremden, wie diese Pilger stets kurz und routiniert das Knie beugten, wie sie an den vorgeschriebenen Stellen flüchtig das Kreuzzeichen schlugen und vor der Nische ein paarmal die Lippen murmelnd bewegten und dann mit einer mechanischen Bewegung den Felsen küßten, alles nur beiläufig und wie abwesend, mit den Gedanken schon unterwegs zum nächsten Punkt, wo man mechanisch reagieren konnte. Aber während ich mir darüber noch rechthaberische, zurechtweisende Gedanken machte, begann ich unversehens und erstmals auch zu verstehen, daß es mir ja eigentlich nicht zusteht, den selbstgerechten Richter zu spielen. Ich meine, ich empfand die Erfahrung nicht in

Verbindung mit der Religion und dem Ablauf der frommen Übungen in Lourdes, sondern ich begriff ganz allgemein und weit über den Anlaß hinaus, daß es nicht angeht, wenn wir uns stets zum moralischen Vormund unserer Nachbarn aufspielen. Es war eine naive Erfahrung. Ich hätte sie an jedem beliebigen Ort der Welt machen können. Aber der Zufall wollte es, daß ich diese Erfahrung in Lourdes in der Grotte von Massabielle machte. Und derselbe Zufall brachte mich so sehr zur Vernunft, daß ich die langgezogenen Unmutsäußerungen und Zischlaute des ungeduldigen Priesters an meiner Seite und auch das selbstbewußte, vielleicht sogar herausfordernde Auftreten einiger Privilegierter mit einer Gelassenheit akzeptierte, die mich selbst überraschte.

Das war die eine entscheidende persönliche Erfahrung. Die andere Erfahrung, der ich in Lourdes begegnete, war mir allerdings nicht mehr ganz neu. Nämlich der neugierige Blick auf das entrückte Gesicht eines Menschen, der intensiv betet! Und die Gefühle, die ich dabei selbst empfinde und die von ohnmächtigem Neid bis zur leidenschaftlichen Anteilnahme reichen, vom fassungslosen Erstaunen über die Kraft des Betens bis zur bedrückenden Erkenntnis, daß ein Mensch, der nur glaubt, daß er zum Glauben fähig sei, noch unendlich weit von der Wahrheit entfernt ist. Ich habe oft zugesehen, wenn Menschen beten. Mich fasziniert dieses Geheimnis, das sich hinter dem Aufsagen eingelernter Worte verbirgt. Ich weiß oder ich vermute, daß die Menschen seit Jahrtausenden immer auf eine ähnliche Weise beten. Und allmählich lerne ich auch eines der Rätsel besser kennen, die mit diesem Beten zusammenhängen. Ein Mensch, der betet, gleichviel in welcher Sprache und im Auftrag welcher Religion, ist so verletzlich und so schuldlos wie ein neugeborenes Kind. Aber erst in Lourdes – und zuvor vielleicht einmal in Mariazell und einmal in der Höhle von Sant'Angelo auf dem Gargano – gelangte ich über diese fundamentale Erfahrung hinaus und begriff, daß manchmal ein ganzes Leben, ein menschliches Schicksal auf die Dauer eines Gebetes reduziert werden kann, daß Beten unendlich viel mehr ist als nur die persönliche Zwiesprache mit Gott, nämlich Bitte und Dank und Demut und Auflehnung und vor allem wohl auch Herausforderung gegen sich selbst. Und ich ahnte, daß es vielleicht doch nicht so unerklärlich sein kann, wenn immer wieder Wunder geschehen, sondern daß die Kraft eines Gebetes mitunter ausreicht, um die sogenannte weltliche Ordnung entscheidend zu verändern.

Das waren übrigens auch die Augenblicke, in denen ich über alle diese Kinder nachzudenken begann, die in Fatima, La Salette und in Lourdes – um nur die berühmtesten Namen zu nennen – im Grunde stets dieselbe Erscheinung miterlebt haben. Und mich zu fragen begann, ob der Preis, den diese jugendlichen Schafhirten und Bauernkinder für ihre Visionen und Gesichte zahlen mußten, nicht doch zu hoch war. Aber das ist schließlich eine Frage, die nur sie selbst beantworten könnten . . .

Zuletzt wieder strömender Regen, als ich das Gelände des heiligen Bezirkes verließ. Ich muß daran denken, daß Abbé Peyramale den Nonnen in Nevers angeraten hatte, darauf zu achten, den möglichen Hochmut Bernadettes zu bekämpfen. Und daß man ihren Charakter als empfindlich bezeichnet hat. Bernadette alias Schwester Marie-Bernard scheint in Saint Gildard nicht sonderlich glücklich gewesen zu sein. Sie war seelisch und körperlich krank. Und es hat fast den Anschein, als ob ihr niemand hätte helfen können. Über ihre Erscheinungen sprach sie nur noch selten. Es war, als ob ihr eine Erfahrung, mit der sie nicht gerechnet hatte, den Mund verschloß. In Lourdes selbst war freilich die Entwicklung, die noch eingesetzt hatte, als Bernadette Soubirous sich in der kleinen Stadt aufhielt, längst nicht mehr aufhaltbar. Bereits 1872 zählte man jährlich über eine Million Pilger. Im Vergleich dazu waren es hundert Jahre später acht Millionen Menschen, die jedes Jahr nach Lourdes kamen. Zuletzt trieb mich der Regen, der wieder heftiger aus dem dichtverhängten Himmel fiel, zu meinem Wagen zurück. Später fuhr ich stundenlang durch strömenden Regen. In der Nähe von Toulouse schlief ich ein paar Stunden in einem billigen Landgasthof. Ich träumte von Bernadette Soubirous. Ihr Gesicht glänzte, als ob es tränenüberströmt wäre. Aber als ich genauer hinblickte, sah ich, daß es der Regen war, der auf ihr Gesicht fiel. Ich erwachte. Ich verließ das Gasthaus und fuhr die ganze Nacht und den darauffolgenden Tag, bis ich wieder in Österreich war.

Mont-Saint-Michel/Lisieux

Was verbindet den zeitlosen Glauben, der doch zweifellos in fast jedem von uns seine Wurzeln hat, der jeden nachdenklichen Menschen in der einen oder in der anderen Form beschäftigt, mit der zeitgenössischen Architektur einer französischen Basilika oder mit der Silhouette einer winzigen Insel vor der französischen Kanalküste? Ich fragte mich das wieder zuletzt in Lisieux, einer eher verschlafenen, friedlich besonnten Provinzstadt mitten in der Normandie und noch einmal einige Stunden später angesichts des alten Michaelfelsens ein paar Hundert Meter vor der Küste der Bretagne. Ich fragte mich das, weil ich verunsichert war, weil ich immer verunsichert bin, wenn ich sehe, wie etwa der perfekt funktionierende Mechanismus der Fremdenverkehrsindustrie zu arbeiten beginnt, wobei es dieser Industrie anscheinend vollkommen gleichgültig ist, ob sie ihr Angebot unter der Rubrik »kunsthistorische Attraktion«, »landschaftliche Schönheit« oder »religiöse Pilgerstätte« verkaufen kann. Und wenn einmal alles zusammentrifft, nämlich die kulturellen, historischen und religiösen Erinnerungen und die landschaftliche Schönheit wie in Mont-Saint-Michel und in gewisser Hinsicht auch in Lisieux, dann habe ich Mühe, unter der spektakulären Verpackung noch etwas von dem zu spüren, zu begreifen, zu akzeptieren, das den Glauben an eine höhere Macht oder an eine sittliche Ordnung ausmacht. Irgendwo zwischen Lisieux und Mont-Saint-Michel, als ich ein wenig ungeduldig und vielleicht auch unglücklich durch das spätwinterlich feuchte, dampfende Grün der nordfranzösischen Landschaft fuhr, begriff ich plötzlich, daß diese Schwierigkeiten, naiv und unreflektiert glauben zu können, in bestimmten Situationen und an einigen Pilgerstätten wohl damit zusammenhängen, wie sehr man selbst davon abhängig ist, an diesem Glauben auch die Demut und die Disziplin teilhaben zu lassen. Ich weiß nicht, ob ich ein demütiger Mensch bin. Aber weil ich mir einbilde, im Verlaufe meines Lebens mir etwas Disziplin angeeignet zu haben, bin ich fest davon überzeugt, daß mein langer Marsch durch alle Institutionen des Glaubens irgendwann einmal auch von der Gnade der Demut vor unserem Schöpfer belohnt sein wird.

Ich bin mir jetzt nicht sicher, ob ich mich allgemeinverständlich ausgedrückt habe. Ich habe zu viele Fragen, auf die ich keine Antwort erhalte. Ich fürchte mich vor dem Hochmut, der in mir wie in jedem anderen Charakter beheimatet ist und der mich scheelen Blickes auf die Rummelplätze blicken läßt, auf denen Religion, Aberglaube, Kunstgeschichte, Politik und nicht zuletzt auch das Unterhaltungsbedürfnis der Menschen zu einer recht unchristlichen Anthologie gesammelt und den Pilgern angeboten werden. Ich war, als ich endlich nach Lisieux kam, lange Zeit durch eine Landschaft gefahren, die wie aus einem tiefen und von sanften Träumen begleiteten Schlaf erwachte und nun in das diffuse Licht eines dunstigen Märzvormittags getaucht war, in ein Licht, das mit schrägen Schatten und verzerrten Konturen so etwas wie eine zitternde Unordnung in die leicht gewellte, dunkelgrüne und erdfarbene Normandie brachte, die auch mich jeder vermeintlichen Pflicht zur Ordnung enthob und mich scheinbar schwerelos über diese leicht gekrümmten Hügel und sanft gewölbten Ufer glitzernder Wasserläufe schweben ließ, als wäre für mich das Gesetz der Schwerkraft aufgehoben. Und wenn es wirklich eine Frage der eigenen hochmütigen Gedanken ist, daß man in solchen Augenblicken glücklich zu sein versucht, dann war ich auf meinem Weg nach Lisieux tatsächlich hochmütig. Und wenn auf ein solches Hochgefühl stets die Ernüchterung folgen muß, dann erlebte ich in Lisieux den tiefen Fall vom Glück in die Ratlosigkeit unbeantworteter Fragen. Warum hatte man einem der unauffälligsten und bescheidensten Geschöpfe, dem die Bürde der Heiligkeit um die schmalen Schultern gelegt wurde, auch noch die Belastung einer riesigen Basilika zugemutet? Wird Frömmigkeit erst durch die Größe einer Kirche und durch äußerliche Prachtentfaltung dokumentiert? Nimmt niemand mehr Rücksicht auf den schrecklichen Widerspruch, der zwischen dem unscheinbaren Leben der Karmeliterin Therese und dem erdrückenden Pathos herrscht, das sich über die Erinnerung an diese zeitgenössische Heilige stülpt und sie auf diese Weise nur sehr schwer erreichbar macht für das Gefühl, die Gedanken und das Verständnis eines durchschnittlichen Pilgers? Oder müssen Kirchen, in denen die irdischen Überreste von Heiligen bestattet sind, immer herausfordernd und pompös sein? Muß die Inszenierung unserer

Erinnerung an die Heiligen der katholischen Kirche so raffiniert oder bedachtsam ausfallen wie hier in Lisieux, wo ich länger als eine Stunde völlig allein mitten im riesigen Kirchenschiff saß, verwirrt, beunruhigt, unaufmerksam, und unaufhörlich das Bild dieser Therese anblickte, die mit knapp vierundzwanzig Jahren gestorben war und die jetzt – ich kann es nicht anders ausdrücken – im Dienste des Glaubens vermarktet wird? Es war die Vergrößerung einer Photographie, die ich unverwandt anblickte, während ich mich erschrocken fragte, wem die Ehre der Anbetung eigentlich gebührt.

Das sind keine atheistischen, ketzerischen oder frivolen Gedanken. Das ist schlimmstenfalls mein eigener Wankelmut und hat wahrscheinlich mit meiner Unsicherheit zu tun, die mich stets dann befällt, wenn ich der Erinnerung an einen außerordentlichen Charakter nachhänge und zugleich ein Schauspiel entziffern muß, das rund um diesen außerordentlichen Charakter inszeniert wird. Es ist nicht jedermanns Sache, vor einer feierlich aufgestellten Photographie das Knie zu beugen, ein Gebet zu sprechen und dabei ausschließlich an Gott zu denken. Ich bekenne offen, daß es mir persönlich ungemein schwerfällt, mich mit Gott auseinanderzusetzen, wenn meine Augen zuerst auf die Photographie einer Heiligen und dann erst auf den Altar einer Kirche fallen, wenn ich draußen vor dieser geräumigen Kirche unaufhörlich auf Hinweistafeln, Panoramen, Wandzeitungen und eine Reihe von pompösen Bauten stoße, die alle als Erinnerung an diese Heilige errichtet wurden und jetzt auf eine geheimnisvolle Weise so funktionieren, daß sie meine Gedanken von Gott ablenken. Es ist schwierig, Gott in sich zu spüren, in sich aufzunehmen, wenn man ständig damit beschäftigt sein muß, die Orientierung auf einem weitläufigen Kirchengelände nicht zu verlieren. Und es erschien mir überdies paradox, daß eine der beispielhaftesten und zugleich anspruchslosesten Figuren der jüngsten Kirchengeschichte ein Denkmal von so überragender Größe und Kostbarkeit erhalten hat, wie es die neue Basilika von Lisieux zweifellos ist.

Therese Martin, deren schmales Gesicht mich seit jenem Besuch in der Basilika mit sanfter Beharrlichkeit verfolgt, wurde am 2. Jänner 1873 in Alencon rund hundert Kilometer südlich von Lisieux geboren. Im Alter von fünf Jahren verlor sie ihre Mutter. Sechzehnjährig trat sie in den strengen Orden der Karmeliterinnen ein. Am 30. September 1897 starb sie, knapp vierundzwanzigjährig, an Lungenschwindsucht. Ihre Heiligsprechung erfolgte am 30. September 1925. Und mehr wäre darüber eigentlich nicht zu sagen.

Es ist dies zweifellos die dürftigste, inhaltlich bescheidenste Biographie einer heiliggesprochenen Christin, die mir bekannt ist. Es gibt keine aufsehenerregenden Begebenheiten und so gut wie gar keine Dramaturgie in diesem kurzen Leben, das so sanft und unauffällig erlosch. Die Banalität des Normalen, die Selbstverständlichkeit einer strengen Ordensdisziplin, die Überschaubarkeit geordneter Verhältnisse und das Fehlen eines jeglichen Mystizismus: das sind die Grundlagen eines Lebens, das so vollkommen der christlichen Idee gewidmet war, daß nicht einmal die Möglichkeit eines gewöhnlichen Vorfalles, einer leidenschaftlichen Bekehrung eruierbar ist. Therese Martin betrat diese Welt, durchmaß sie mit wenigen zielsicheren Schritten und verließ sie wieder, immer eingehüllt in die Sicherheit eines unveränderlichen, absolut ungefährdeten Glaubens. Es gab kein dramatisches Wunder, keinen Blitz der Erkenntnis, keine einzige revolutionäre Geste. Es gab nur diese bescheidene christliche Existenz, wobei ich mir nicht einmal sicher bin, ob dieses Leben nicht auch in jeder anderen Religionsgemeinschaft genauso verlaufen wäre, ob es also nicht Gläubige gibt, bei denen unauffällige Bescheidenheit das Selbstverständliche ist.

Ich habe auf dem weitläufigen Gelände und auch in der riesigen Kirche von Lisieux, deren dekorative Architektur mir zu geschmäcklerisch und ein wenig zu aufdringlich erschien, immer wieder darüber nachzudenken versucht, ob bei diesem unscheinbaren Leben, das die höchste Würde der katholischen Kirche erlangte, nicht für jeden von uns Vorbild und Beispiel zu entdecken wären. Will nicht auch der gleichgültige Christ insgeheim ein gottgefälliges Leben führen? Drängt es nicht auch den Agnostiker nach Charakterfestigkeit und sittlicher Korrektheit? Und haben wir durchschnittlichen Christen nicht alle das Bedürfnis, unsere geistige und moralische Existenz möglichst unauffällig und möglichst unbeschmutzt wieder in Gottes Hand abzuliefern?

So habe ich mir eines Tages in Alencon das Geburtshaus der Heiligen angesehen, weil ich der Meinung bin, daß man sich am nachhaltigsten über den Charakter eines Menschen dort informieren kann, wo dieser Mensch erstmals von seiner Umwelt und den daraus resultierenden Verhältnissen geprägt wurde. Und tatsächlich sah ich, daß sich das ehemalige Wohn- und Geschäftshaus des Juweliers und Uhrmachers Martin an eine Kapelle schmiegt, die von einer Kuppel mit einer Engelstatue gekrönt wird. Man mag nun einwenden, daß ein solcher Zufall noch nichts Entscheidendes über ein ganzes Leben aussagt. Und auch der Umstand, daß man vom Geburtszimmer Thereses direkt in die Kapelle blicken konnte und also auch das heranwachsende Kind stets die physische Nähe eines Gotteshauses spürte, sollte uns nicht dazu verführen, daraus eine erste magische Beeinflussung zu konstruieren. Aber eine Beeinflussung war es zweifellos, und zwar eine von dieser besonderen spirituellen Art, die weit über das hinausgeht, was gemeinhin in einem französischen katholischen Haus des gehobenen Mittelstandes Ende des 19. Jahrhunderts an lebendigem Christentum vorhanden war.

Damals, als ich von Alencon zurückfuhr nach Norden, gleichsam querfeldein durch diese nur scheinbar flache, in Wirklichkeit aber vielfach gegliederte, aufgelockerte und farbig nuancierte nordfranzösische Landschaft, damals überlegte ich mir die ganze Zeit, wie ich hinter das Geheimnis dieser kleinen, schmächtigen, ewig blutarmen, ewig mit ihrer tödlichen Krankheit kämpfenden Therese Martin kommen könnte. Denn daß es sich hier um ein Geheimnis, um ein Mysterium handelte, das sich auch dem durchschnittlichen Christen nicht ohne weiteres enthüllt, stand für mich fest. Später, nach Lisieux und schon auf dem schmalen Damm, der hinausführt zum Felsen von Saint-Michel, umgeben von einer maritimen Natur, eingehüllt ins Kreischen der Möwen und eingeschüchtert vom Blasen eines eisigen Nordwindes, später würde alles viel einfacher sein. Da gab es zwar eine unbeweisbare Legende, die man nur auf abenteuerlichen Umwegen mit christlichen Motiven in Verbindung bringen kann, aber zugleich existierten hier doch auch alle Ingredienzien einer gewalttätigen und zugleich inhaltsreichen Biographie, mit denen sich die eigene Phantasie hinlänglich beschäftigen kann. Vor dem Michaelfelsen war jedenfalls der Glaube trotz des Unbeweisbaren aller Religion stark und latent. Angesichts eines vierundzwanzigjährigen Mädchenlebens hingegen, das in jeder einzelnen Phase beweisbar und überschaubar ist, war ich eingeschüchtert und verunsichert. Welches Wunder erhob dieses blutarme und lungenkranke Geschöpf wirklich zum Ruhm der Altäre? Welche Kraft war hier wirksam, daß Therese Martin weit über ihre unmittelbare Umgebung hinaus zum vielbewunderten und mehr noch geliebten Vorbild wurde? Und wie war das alles in Einklang zu bringen mit der verschnörkelten Monumentalität dieser Basilika, die man ihr zu Ehren errichtet hatte?

Es gibt eine verhältnismäßig große Anzahl von Büchern über die Heilige. Ich habe einige dieser Arbeiten gelesen – so etwa das umfangreiche Buch von Ida Friederike Görres oder den analytischen Text Urs von Balthasars –, ohne daß ich deshalb auch nur um eine Handbreit einer möglichen Wahrheit nähergekommen wäre. Und ich scheue mich nicht, es offen auszusprechen, daß ich immer noch ratlos bin. Ist es wirklich vorstellbar, daß Gott die Zeichen setzt, wie er will? Und daß er sich nicht darum kümmert, ob wir diese Zeichen verstehen oder ratlos an ihnen scheitern? Und daß Heiligkeit etwas ist, auf das wir keinen Einfluß haben? Und das wir im übrigen nicht einmal durch unseren Übermut zerstören können, durch unsere Arroganz und Maßlosigkeit? Denn mich selbst irritiert der außerordentliche architektonische und dekorative Aufwand der Basilika von Lisieux. Aber wenn ich dann vor der Photographie der Heiligen stehe, wenn ich an das vierundzwanzigjährige Mädchen denke, es mir vorzustellen versuche, dann verstummt diese Irritation. Dafür beginnen dann freilich andere Fragen. Und es ist nicht immer ganz einfach, alle diese Fragen nur aus Gründen christlicher Disziplin und katholischer Demut auf sich beruhen zu lassen und trotzdem bereit zu sein, Unbeweisbares und manchmal auch Unglaubhaftes stillschweigend zu akzeptieren.

Ich fuhr damals zwischen Lisieux und Mont-Saint-Michel hin und her, ratlos und egoistisch, ein Wanderer zwischen den Möglichkeiten des Glaubens, nur unterbrochen von zeitraubenden Abstechern nach Alencon und in den Westen der Bretagne mit den rätselhaften Pardons und Calvaires, die so wenig mit den Kalvarienbergen Mitteleuropas gemeinsam haben. Aber im Grunde beschäftigte mich immer nur die unerhörte Spannweite derjenigen Motive und Anlässe, die unseren Glauben wachrufen und mitverantwortlich sind für die Bereitschaft der Menschen, auf Pilgerfahrt zu gehen, auch wenn das Ziel der Reise eine pompöse Basilika ist, darin der Leichnam einer lungenkranken Nonne aufbewahrt wird. Ich übersah nicht, daß auch Bildungsreisende und erholungssuchende oder einfach nur neugierige Touristen die Theresienbasilika von Lisieux und mehr noch den Michaelfelsen draußen vor der Küste aufsuchten, Menschen, die wahrscheinlich kaum eine besondere Beziehung zu den Fragen des Glaubens haben. Aber ebensowenig blieb mir verborgen, daß auf dem Mont-Saint-Michel und mehr noch in Lisieux sich an diesen Menschen etwas ereignete, das mit frommer Ergriffenheit allein nur ungenügend beschrieben wäre. Es hatte vielmehr mit Vergeistigung zu tun. Es hatte damit etwas zu tun, daß diese Touristen und Pilger unmerklich, aber eben doch verändert wurden, daß Nachdenklichkeit und Ratlosigkeit oder ein Gefühl des Glücks – je nachdem, wie gläubig oder skeptisch sie waren – sie plötzlich ergriffen und geformt hatte. Und das alles einer einfachen Nonne wegen? Die nichts anderes getan hatte, als den Regeln ihres Ordens und der christlichen Gemeinschaft, der sie angehörte, bedingungslos zu gehorchen! Und das alles eines Stückes bizarrer Natur wegen, eines Felsens wegen, der sich zwar geheimnisvoll aus der heranrollenden Flut erhebt, der aber, wenn man ihn erst einmal betreten hat, nicht viel mehr ist als ein raffiniert arrangiertes Museum mit allen Nachteilen einer vielbesuchten Sehenswürdigkeit?

Dabei ist die Bereitschaft, an ein Wunder, an ein übernatürliches Geheimnis zu glauben, angesichts der heiligen Insel, wie man den Michaelfelsen im Überschwang der Gefühle mitunter auch nennt, noch eher vorhanden als auf dem weiträumigen Areal rund um die Basilika von Lisieux. Seine heutige Form hatte dieser Felsen wahrscheinlich im Jahre 709 empfangen, als zuerst ein Erdbeben und dann eine Flutwelle die Küsten der Bretagne und Normandie erschütterten, zerstörten und veränderten und viel vom einstmals bebauten, fruchtbaren Küstenland unter Wasser setzten. Dort, wo sich heute während der Saison der internationale Touristenstrom hinaus auf den Mont-Michel ergießt und zu beiden Seiten des schmalen Straßendammes bei steigender Flut das salzige Wasser gurgelnd und seufzend höher steigt, erstreckte sich damals ein bescheidener Wald, aus dessen Mitte eine felsige Erhebung aufragte. Man darf annehmen, daß im Innersten dieses Waldes, der den Namen Sessiacum trug, und auch vor allem auf dem Felsen selbst keltische Beschwörungsriten vollzogen wurden, daß also die legendären Druiden und auserwählte Priesterinnen hier wie überall auf dem Kontinent, wo keltischer Kult praktiziert wurde, ihren geheimnisvollen religiösen Übungen nachgingen, die im Detail übrigens noch immer nicht restlos aufgeklärt sind. Es mag sich um Tier- und auch um Menschenopfer gehandelt haben, um feierliche Beschwörungen der Sonne, des Mondes, um mythischen Zauber, der die lebensgefährliche Flut bannen sollte, die seit Jahrtausenden in Winternächten brüllend das Festland bedrohte. Ein Jahr vor dem Erdbeben und dem Wasserschwall, der dann wirklich alles verschlang, also im Jahre 708, war übrigens auf diesem Felsen von Sessiacum auf Betreiben eines Bischofs, des heiligen Aubert, eine kleine Kapelle errichtet worden. Und das wiederum hing damit zusammen, daß der Schatten des Erzengels Michael, der Jahrhunderte zuvor auf dem Gebirgsmassiv des Gargano in Süditalien erstmals in den menschlichen Bereich eingedrungen war, jetzt auch auf diese nördlichen Gebiete fiel.

In diesem Zusammenhang ist es natürlich schwierig, historische Wahrheit und Legende immer auf einen gemeinsamen Nenner zu bringen. Andererseits hatte bereits im 5. Jahrhundert, und zwar auf dem süditalienischen Gargano, der bis dahin ein Zentrum antiker griechischer Götterverehrung war, die fromme Auseinandersetzung mit dem Engel begonnen. Diese Auseinandersetzung hatte stets auch handfeste politische Hintergründe. Die Erscheinung des Engels über den Küsten der Bretagne, Irlands und Englands und die klerikale Interpretation dieses Phänomens war nicht frei von politischen oder eigentlich religionspolitischen Absichten. Wenn ich es sehr vereinfachend sage, dann heißt das, daß überall dort, wo dieser mächtige Engel im Bewußtsein der Menschen auftauchte, ältere heidnische Kulte und die damit verbundenen politischen Realitäten zugunsten des jungen Christentums zerstört beziehungsweise neu organisiert wurden. Wir dürfen ja nicht vergessen, daß dieses Christentum seit seinen ersten demütigen und tatsächlich eindeutig pazifistischen Anfängen nunmehr, und zwar in der Hauptsache eben seit dem 5. Jahrhundert, auch eine militante Bewegung war, die notfalls mit Gewalt das schwierige Geschäft der Christianisierung betrieb. Das war in dieser Zeit – und auch in den nachfolgenden Jahrhunderten – freilich weder illegitim noch ungewöhnlich. Und welches andere Symbol hätte sich mehr und entschiedener Respekt verschaffen können als ein gewaltiger, furchteinflößender Engel, der flügelrauschend über den Kontinent flog und die alten heidnischen Kultstätten unbarmherzig aufspürte und zerstörte.

So wenigstens stellt man sich sein Wirken vor. So erzählten es die Mönche und später die weltlichen Priester den Gläubigen, die nur zu gern bereit waren, eine schwierige, kaum verständliche metaphysische Gottesordnung über den Umweg eines handfesten, jedoch stets begreifbaren militanten Gottesboten zu akzeptieren. Man fürchtete den Engel. Man verehrte den Engel. Man schlug sich seinetwegen mit jedem Gegner. Man fühlte sich unbesiegbar, weil man in einem höheren Auftrag handelte. Und man errichtete nicht zuletzt auch, animiert durch sein Beispiel und unwiderstehlich angezogen von seiner strahlenden Herrschergestalt, neben einigen Pilgerplätzen, wohin Nord- und Westeuropas Pilger zogen, einen so eigenartigen und widersprüchlichen Staat wie das Normannenreich an den Ufern des Mittelmeeres.

Hier im Wald von Sessiacum hatte man vorerst einmal nur eine Kapelle gebaut. Der Erzengel soll dabei seine Hand im Spiel gehabt haben, und zwar auf eine recht drastische Art und Weise. Er versetzte nämlich dem säumigen Bischof Aubert, der durch Träume und prophetische Gesichte längst schon aufgerufen war, die keltischen Götzendienste endgültig zu vertreiben, einige kräftige Kopfstücke, damit er rascher zur Tat schreite. Und wie wir gesehen haben, schaffte der Bischof es gerade um ein Haar, daß er Gottes und des Erzengels Wunsch realisierte. Als nämlich die große Flut nach dem schrecklichen Erdbeben genau ein Jahr nach der Errichtung der kleinen Kapelle über die Küste hereinbrach, da war es schließlich nur noch dieser Felsen, der über den Wassern stand und jetzt die Kapelle trug. Sie war freilich erst der Anfang für den gewaltigen Klosterbau, der in den folgenden Jahrhunderten den Felsen zu einer wahrhaften Bastion Christi machte. Wie oft der Erzengel dem Bischof und seinen Nachfolgern erschien, ist allerdings nicht bekannt. Dem Volk war es auch gleichgültig. Es begriff nur, daß hier ein Heiligtum entstand, das allen Pilgern zugänglich war. Und weil es bis zum Ursprung dieses abenteuerlichen Engelfluges, also bis zum Gargano am Rande Apuliens, ganz einfach zu weit und auch zu beschwerlich war für eine Pilgerreise, konzentrierten sich die mittelalterlichen Christen Westeuropas auf diese heilige Insel vor der Küste der Bretagne. Dabei war es völlig selbstverständlich, daß die Abtei, die rund ein Jahrtausend bis zum Zeitalter der Französischen Revolution existierte, immer auch als Festung diente. Es war eine unruhige Küste, man lebte bei aller Frömmigkeit in unruhigen Verhältnissen; Piraten, Spanier, Engländer, Glaubensfeinde oder einfach habgieriges, marodierendes Gesindel versuchten sich immer wieder in den Besitz der Klosterfestung und der darin aufgehäuften Schätze zu bringen. Der Michaelfelsen wechselte auch tatsächlich einige Male den Besitzer. Aber da kamen ohnedies kaum noch Pilger. Und eine vollkommene Ernüchterung und Verweltlichung trat ein, als man hier ein berüchtigtes Gefängnis etablierte, das erst 1863 aufgelassen wurde. Seither ist Mont-Saint-Michel so etwas wie eine nationale Pilgerstätte, ein riesiges Museum für das patriotische Bewußtsein der Franzosen, in dem die verschiedenen Epochen ihrer Geschichte und auch der westeuropäischen Mönchskultur nachlesbar sind. Die echten Pilger, die gleichfalls immer noch kommen und die Erinnerung an den Erzengel Michael hochhalten, auch wenn es vielleicht nur eine verschwommene, romantische Erinnerung ist, sind dabei im Verhältnis zu den schaulustigen Touristen eindeutig in der Minderheit.

Meine Erinnerungen sind anderer, wesentlich bescheidener Natur. Eine dünne Märzensonne, die im Geflecht aus durchsichtigem Dunst und tieffliegenden Wolken hängt. Der Übergang von der Küste zum Meer ist etwas Fließendes und Ungewisses, während im Landesinneren die grünen Mulden, die sich zwischen den kleinen Hügeln bilden, am frühen Morgen und gegen Vormittag sich noch mit dichtem Nebel füllen. Gegen Mittag beginnen dann die altehrwürdigen Städte in der westlichen Normandie, in der östlichen Bretagne unter dem Licht der Sonne zu glänzen. Gegen Abend hat der aufkommende Nordwind auch das letzte Gespinst feuchter, warmer Luft zerrissen, und der Felsen von Saint Michel liegt klar und überdeutlich im Watt, das übergangslos im Wasser des Ärmelkanals verschwindet. Drüben in Lisieux, ein paar Autostunden grünverfärbtes Apfelland entfernt, nimmt das bleiche Mauerwerk der Basilika einen gedämpften, feierlichen Farbton an. So stelle ich mir Pathos vor, das durch Architektur verdeutlicht wird. Es täuscht ein Alter vor, das es nicht im entferntesten besitzt. Hier an der Küste hingegen sehen die Mauern der Inselfestung aus, als wären sie gerade erst renoviert, gewaschen, angefärbelt und gleichsam jeden Tag von neuem in Dienst gestellt worden. Nachts dann, wenn ich wieder unterwegs bin zurück nach Lisieux, schleudert der Sturm salzigen Geschmack ins Landesinnere. Ich fahre durch eine Landschaft, die erfüllt ist von Geschichte. Aber meine Gedanken beschäftigen sich mit dem Widerspruch, der wie ein Stachel in mir sitzt. Mont-Saint-Michel oder Lisieux, der Mythos oder das Alltägliche, die Erinnerung an himmlischen Engelflug oder die Auseinandersetzung mit dem Wunder, das aus einer vierundzwanzigjährigen Nonne eine Heilige macht.

Ich bin weder der erste noch der klügste und ganz gewiß nicht der berufenste, der sich Gedanken über Therese Martin macht, der sich fragt, was aus einem Leben, das in keinem Augenblick unbeobachtet war, das nichts von einer mythischen Verzückung besaß, das aus mittelalterlichen Christen gelegentlich unbegreifbare Mystiker schuf, was aus einem solchen durchschnittlichen und unaufhörlich beaufsichtigten und immerzu überschaubaren katholischen Leben also etwas Unbegreifbares werden ließ. Ich bin imstande, mich mit dem Engelflug zu identifizieren, ja ich mute mir sogar zu, daran auf eine vernünftige Weise zu glauben, weil sich hinter der Legende ja auch so etwas wie politische Vernunft verbirgt. Aber ich bin nicht fähig, auch nur einen Augenblick lang einzusehen, weshalb eine kleine nordfranzösische Nonne sowohl zur Schutzpatronin des gegenwärtigen Rußland, als auch der Weltmission, aber auch Mexikos und schließlich sogar der radikalen französischen Arbeiterpriester werden konnte. Soviel an erschreckender Last, unter der doch die ganze Welt hilflos stöhnt, auf so schwachen Schultern! Soviel an Würden, die in Wahrheit erdrückende Bürden sind, innerhalb einer einzigen Biographie, die man, sofern man sich an die rationalen Gegebenheiten hält, mit drei Zeilen beschreibt! Während der mythische Engelsfelsen unantastbar in unserem Bewußtsein existiert! Während die unglaublichen Geschichten, die man sich über den Erzengel Michael erzählt, unsere Zustimmung finden, weil wir stets bereit sind, das Unglaubliche und vom

Mythos Umwehte als einen Teil der Höheren Wahrheit anzuerkennen, aus der unser Leben ja auch besteht!

Atlantischer Sturm, der mit seiner Urgewalt über die Apfelbäume der Normandie hereinbricht. Und dann die tödliche Monotonie der Gezeiten an der Küste. Man sagt, daß früher einmal, als man mit der Kutsche durchs Watt mußte, die heranrollende Flut manchen Pilger, der zu lange und zu verzückt auf den heiligen Felsen starrte, erbarmungslos verschlungen habe. Heute überrascht die Flut höchstens unvorsichtige Autofahrer, die der Perfektion der französischen Verwaltung entgehen wollen und ihren Wagen außerhalb der gekennzeichneten Parkplätze abstellen. Man sagt aber auch, daß im Calvados, in dessen Zentrum Lisieux liegt, immer noch soviel getrunken werde wie vor hundert Jahren. Ich weiß nicht, ob das zutrifft. Ich habe nur eine Vergleichsmöglichkeit von etwa fünfzehn Jahren. Die ärmlichen Verhältnisse damals und heute. Prachtvoll gedeiht hier anscheinend nur das Vieh. Und einige Schnapsbrennereien, deren Umsätze konstant sind. Hinter dem Verhau aus Apfelbäumen, zurechtgestutzten Hecken und grüner Wildnis verbirgt sich auch jetzt noch manches, das beinahe nach Elend aussieht. Ich blicke in dumpfe Gesichter, ich sehe in Lisieux die Ärmlichkeit der Geschäftsauslagen, ich bin immer wieder überrascht, wie wenig die prachtvolle, abenteuerlich verschnörkelte und große Basilika eigentlich in diese Landschaft paßt. Und wie wenig sie, bei allem Respekt vor der künstlerischen und handwerklichen Leistung, der kleinen Heiligen entspricht, dieser lungenkranken Uhrmacherstochter aus Alencon, die eine Gnade auf sich zog, nach der wir alle meist vergeblich suchen: nämlich die Wahrheit über uns selbst zu begreifen.

Alle Empfindungen, die ich auf dem Michaelfelsen und auch in der desillusionierenden Basilika von Lisieux habe, bleiben allerdings hinter meinen Erwartungen zurück, sind sozusagen theoretisch, dringen nicht bis ans Herz vor, das heißt, sie beschäftigen meinen Verstand, aber nicht mein Gefühl oder meinen Instinkt. Ich akzeptiere die schöne Legende vom zornigen Erzengel, der einem Bischof und nachmaligen Heiligen ein Kopfstück versetzt, damit rascher und konstruktiver zur Ehre Gottes gearbeitet wird. Ich glaube an die spirituelle Ausstrahlung einer blaßwangigen Nonne, die alle fehlende Lebenserfahrung durch Intensität des Glaubens ersetzt.

Aber ich begreife das alles nicht wirklich. Ich weiß, daß ich auf dem süditalienischen Gargano, wo die Michaelslegende ihren Anfang genommen hat, unter der Wucht der beweisbaren Fakten meine irritierende Abwehrstellung aufgeben muß. Ich weiß auch, daß eine Existenz wie die des spanischen Ritters Ignatius oder die des italienischen Färbersohnes Francesco oder die der gebildeten, leidenschaftlichen sienensischen Bürgerstochter Katherina mich auf eine Weise überzeugt, die jedes Mißtrauen ausschließt. Der Kleinbürgerin Therese Martin mißtraue ich, weil ich mich vor dem Mut ängstige, einer fremden Wahrheit zu glauben. Oder weil meine angebliche Vernunft nicht über den Schatten springen kann, hinter dem die Beweise beginnen. Ich möchte glauben, aber mich erschreckt die irdische Spur Therese Martins. Ich bin fähig, angesichts der schlichten Photographie vor dem Altar an das Unwahrscheinliche zu glauben. Aber wenn ich die Kirche verlasse und ihre wahren Dimensionen begreife, wünschte ich mir fast einen Erzengel, der meine Zweifel beseitigt. Kann Gott, kann die metaphysische Idee, die unser Leben mit Atem, Wärme, Furcht, Liebe erfüllt, solche Großspurigkeit als Beweis für die Bedeutung der kleinen Schritte hin zur Wahrheit dulden?

Einige Tage später, nachdem ich zum letztenmal in Lisieux gewesen war, ohnmächtig in meinem Bemühen, an etwas blind glauben zu können, wozu es mir vielleicht auch an Instinkt und Bereitschaft mangelt, werde ich in Lourdes eine Ahnung davon bekommen, daß aller Glaube immer nur in uns selbst verborgen liegt, stets nur aus uns heraus existieren kann. Aber was ich in Lourdes eine knappe halbe Stunde lang ahnungsvoll begreife, was ich im österreichischen Mariazell, wo ich eine betende Frau mit der Schamlosigkeit eines Verzweifelten beobachte, der auf der Suche nach sich selbst ist, was ich also in Mariazell für die Dauer eines kurzen Kirchenaufenthaltes ansatzweise verstehen lerne, was ich gleichfalls nur in Ansätzen auf dem Jasna Gora von Tschenstochau empfinde, wenn tausend Münder einen Gesang verströmen, der wie eine Wolke aus Mitleid und Gefühl ist, das alles verwehrt sich mir hier, verschließt sich in Lisieux meinem Verständnis. Heute glaube ich zu wissen, daß alle Schuld bei mir selbst liegt, daß ich, während ich in der Basilika von Lisieux kniete oder unruhig auf und ab ging, ratlos umherwanderte, mit zusammengekniffenen, mißtrauischen Augen die Photographie der Heiligen musterte, mich von der leuchtenden Farbigkeit der Glasmalereien ablenken ließ, während ich also, ohne im mindesten darauf vorbereitet zu sein, auf ein Zeichen wartete, hochmütig und von dieser Arroganz durchdrungen, die wir so oft als vermeintlichen Schutz für unsere Verletzlichkeit mißbrauchen, währenddem war ich viel zu sehr mit mir selbst beschäftigt. Ich wähnte mich auf der Suche nach einer Wahrheit, die ich doch nicht begriffen hätte, auch wenn sie mir zuteil geworden wäre. Und erst heute, da ich nur noch eine vage Erinnerung an die kleine verschlafene Provinzstadt in der Normandie habe, beginne ich darüber nachzudenken, daß mein entscheidender Fehler vielleicht darin bestanden haben könnte, nur das Sichtbare, Spürbare, Beweisbare anzuerkennen. Den Flug des Engels über den Kontinent nahm ich gelassen hin. Ich glaube an die Wahrheit, die sich in den Märchen verbirgt. Aber das unauffällige Leben einer schwindsüchtigen Nonne verunsicherte mich. Die Anstrengung der kleinen Schritte, die sie in die Nähe Gottes gebracht hatte, blieb mir verborgen. Vierundzwanzig Jahre, dachte ich hochmütig, was für Möglichkeiten enthält ein so kurzes, ereignisloses Leben, um den Sprung in die Unermeßlichkeit des Ruhmes zu wagen? Ich hatte in allen diesen Augenblicken, da ich über Therese Martin nachdachte und ihren Spuren folgte, keine Ahnung, daß manchmal schon eine winzige Sekunde genügt, um ein Leben mit Gnade zu überhäufen.

Es gibt verhältnismäßig viel an mittelalterlichen Aufzeichnungen und Interpretationsversuchen der Michaelslegende. Das Leben Therese Martins hingegen kulminierte in dem bezeichnenden Satz, den eine Nonne, die gemeinsam mit der heiligen Therese im Kloster zu Lisieux lebte, einmal ausgesprochen hatte: »Sie trat bei uns ein, lebte und starb. Mehr ist wirklich nicht zu sagen!« – Das Bauwerk der Klosterfestung auf dem Michaelfelsen ist von geschlossener, eindringlicher Großartigkeit, atmet gleichsam die dunkle, unglückliche Geschichte der Menschen, die anscheinend jeden Vorwand dazu mißbrauchten, um sich im Namen Gottes zu erschlagen. Der leicht verfärbte Marmor der Basilika in Lisieux, die zahllosen architektonischen Details, die von der Kunst und der Geduld der Steinmetze zeugen, die machtvolle Kuppel, die hochaufragende Fassade mit dem gewaltigen Portal, die sorgfältig gearbeiteten Arkaden, das alles täuscht eine Patina vor, die in eigenartigem Widerspruch steht zur selbstverständlichen Pflichterfüllung der Schwester Therese. Einer ihrer Bewunderer schrieb einmal, daß sie nur allmählich Gott nähergekommen sei. Aber daß wir, wenn wir dieses Näherkommen begreifen wollen, alle Äußerlichkeit vergessen und zum Zentrum dieses kurzen Weges in die Heiligkeit vorstoßen müssen. Und dieses Zentrum heiße »Liebe«. Das ist einleuchtend. Die Wunder, die in ihrem Namen, die manchmal unbegreiflichen Gebetserhörungen, die in ihrem Schatten geschehen, sind letzlich auch nur ein Beweis dafür, daß alle Liebe, alle seelische Kraft, aller Glaube aus uns selbst kommen muß. Den metaphysischen Rest werde auch ich nicht erklären können. Gott ist letztlich unerklärlich.

Irgendwann an einem Spätnachmittag, der von der Sonne fast vergoldet war, verließ ich endgültig Lisieux, wandte ich auch der heiligen Insel mit der alten Klosterfestung unwiderruflich den Rücken zu. Windstöße begleiteten meine Fahrt in den Süden. Die Nacht trieb mit Flammenzungen über die leicht gewellte Ebene der Normandie, der Bretagne, wo sich Dutzende kleinerer, unbekannter Pilgerstätten verbergen, von denen manche aus Aberglauben entstanden und einige aus der reinen Liebe des Menschen zu Gott ihre Existenzberechtigung haben. Und während ich meinen Wagen hinuntertrieb nach Rennes, Nantes, La Rochelle, während ich eintauchte in die Unendlichkeit französischer Überlandstraßen, begleitet von der Melancholie nächtlicher Einsamkeit, währenddem fragte ich mich ratlos, weshalb es eigentlich so schwierig sei, ganz einfach glauben zu können. Und zwar auch dann glauben zu können, wenn keine Legende, nichts Geheimnisvolles und kein Mythos unsere Phantasie anregt. Gott ist wirklich unerklärlich. Ich werde mich damit abfinden müssen.

Odilienberg

Ich kam an einem traumhaft schönen Wintertag über den Rhein, und zwar weniger wie ein demütiger Pilger als vielmehr wie einer dieser Tänzer und Gaukler in den schönen, melancholischen Romanen des Piemontesen Cesare Pavese, denen ich mich in diesen Augenblicken auf eine ganz eigentümliche Weise verwandt fühlte. Ich kam über den Grenzübergang von Breisach nach Frankreich hinüber, zwar neugierig und von einer seltsamen Beschwingtheit bewegt, aber nicht sonderlich erwartungsvoll, was das Ziel meiner Reise anging. Ich war geblendet von einer fast frühlingshaften Sonne, die aus den winterlichen Vogesen, die vor mir lagen, einen schwarzen Scherenschnitt machte. Ich fuhr durch das elsässische Neu-Breisach mit seinen rechtwinkelig zusammenlaufenden Straßen und diesen altmodischen Festungsanlagen, die mich an das venezianische Palmanova erinnerten, also mit freiem Schußfeld vor leeren Bastionen, leicht zu verteidigenden Stadttoren, martialischen Kasernen, überwachsenen Gräben und Kasematten, die keinen Sinn mehr besaßen. Ich streifte dann die alte, nutzlos gewordene Festung Colmar, wandte mich nach Norden, während die Sonne meinen Rücken wärmte. Ich kam durch elsässisches Wein- und Bauernland, durch Dörfer mit altdeutschen Namen, in denen die Leute, die ich nach Saint Odile fragte, ein merkwürdiges Französisch redeten, bis ich ihnen sagte, ich wollte auf den Odilienberg. Da wurden sie freundlich und erklärten mir in ihrem schwerverständlichen elsässischen Dialekt, den ich noch weniger verstand als ihr merkwürdiges Französisch, daß ich am schnellsten entweder über Barr und Le Hohwald oder aber am sichersten vielleicht doch über Obernai und Ottrott auf den Odilienberg käme.

Die ganze Zeit schien die Sonne auf grüne Wiesen und braune Äcker, sah ich die rötlichbraunen oder auch schwärzlichen Rebstöcke wie stacheligen Wildwuchs über die besonnten Hänge kriechen, erhob sich im Westen der dunkle, unregelmäßig gezackte Kamm der Vogesen, der den blassen blauen Winterhimmel in zwei unregelmäßige Hälften teilte. Irgendwo im Nordosten ahnte ich den Dunst über Straßburg. Irgendwo im Osten, jenseits des schmutzigfarbenen Rheins, lag ein Deutschland wie aus dem Bilderbuch, ein unwirkliches Deutschland der schönen Farben und romantischen Idyllen. Später kam ich durch eine kleine, nichtssagende Stadt namens Sełestat, verließ dort die Schnellstraße und verirrte mich dann zwischen Weinbergen und champagnerfarbenen Hügeln, die eilfertig zusammenwuchsen, bis ein wild schäumender Fluß, der das Schmelzwasser aus den Bergen in die elsässische Ebene hinuntertrug, mich mit seinem Rauschen empfing. Ich fuhr diesem Fluß, der zehn Monate im Jahr wahrscheinlich nicht viel mehr als ein zahmer, lieblich plätschernder Bach ist, immerzu bergaufwärts entgegen, ich konnte feststellen, daß er Andlau hieß, ich durchquerte ein Dorf gleichen Namens, das mit seinen Fachwerkbauten, verwinkelten Gassen, stetig rinnenden Brunnen und den zahlreichen Gastwirtschaften, in denen ein süffiger Lokalwein angeboten wird, zweifellos an jedes beliebige deutsche Weindorf jenseits des Rheins erinnerte, nur daß man hier einen ungefähren Eindruck von selbstauferlegter Zurückgezogenheit und beengten Verhältnissen gewann.

Die ersten kompakten Waldstücke begannen dann hinter den letzten Häusern dieses Dorfes. Die ersten Baumreihen drängten sich dicht an die nachgiebigen Ufer des Flusses, dessen Wasser sich lärmend überschlug. Der Wald trat nun dicht an die kurvenreiche Straße heran. Er schlug über meinem Kopf zusammen. Ich fuhr durch eine grüne Wildnis, kletterte bergan, die Bäume wurden höher und dichter und mächtiger, standen enger beisammen, der Wald begann undurchdringlich zu werden.

Es ist das große Waldgebiet von Obernai, das man als ahnungsloser Pilger, der nichts anderes als nur den Odilienberg sehen will, wie eine undurchdringliche Wildnis durchqueren muß. Ich begegnete den Schatten von Holzfällern. Ich hörte gelegentlich das kreischende Singen von unsichtbaren Motorsägen und das krachende Niederstürzen gefällter Bäume. Entlang der Straße, die vor allem nach Hohwald gefährlich schmal geworden war, stapelten sich immer wieder Stöße frisch geschlägerten Holzes. Hoch über mir, in einer unendlichen Höhe, sah ich noch die blaue Fahne des Himmels wehen. Alles andere, das ich sah, war ausschließlich ein Grün in vielen Nuancen und Variationen. Moos wuchs quer durch den Wald, Flechten hingen riesigen Bäumen wie Bärte von den Stämmen, Farnkraut drängte sich auf winzigen Lichtungen. Irgendwann fiel mir der Begriff Urwald ein. Und irgendwann, allerdings schon am Ende meiner Fahrt zum Odilienberg, entdeckte ich die ersten grünbemoosten Riesensteine in der Tiefe des Waldes, sah ich die ersten Blöcke, die etwas Künstliches oder auch Kunstvolles besaßen und wie Skulpturen wirkten. Mir fiel ein, daß ich in allen Broschüren über den Odilienberg etwas von vorgeschichtlichen Steinwällen und Menhiren gelesen hatte. Und daß stets von einer Riesenmauer die Rede war, rund zehn Kilometer lang und wahrscheinlich von den Kelten vor mehr als fünfundzwanzig Jahrhunderten errichtet, eine unheimliche Mauer aus kunstlos geschlichteten Steinen, die den Gipfel des Odilienberges ringförmig umschließt.

Später, nach einigen ausgedehnten Wanderungen in diesem scheinbar unergründlichen Waldgebiet und nachdem ich immer wieder auf keltische und römische Ruinen oder eigentlich auf unzerstörbare, nur von den Zeitaltern verwitterte Spuren ältester Kulttätigkeit gestoßen war, später kaufte ich mir im Souvenirladen des Klosters auf dem Odilienberg ein kleines Buch, das die Heiligenlegende rund um diesen Schauplatz mit einiger Emphase nacherzählt. Und auch hier entdeckte ich einen kurzen Absatz, darin von einer zweitausendjährigen kultischen Tradition gesprochen wurde. Selbstverständlich fehlte der wichtige Nachsatz nicht, daß alle Beispiele heidnischer Kultausübung längst von der christlichen Religion überwunden und vom Christentum sozusagen übernommen worden sind. Was mich dabei erstaunte, war der Umstand, daß man mit einem einzigen verniedlichenden Satz die Existenz ältester heidnischer Zeremonien abfertigen wollte, wobei es zum Beispiel noch zu beweisen wäre, ob der heilkräftige Zauber, den man einer gewissen Quelle auf dem Odilienberg nachsagt, nicht schon in römischer oder sogar in keltischer Zeit bekannt und wirksam gewesen sein mag.

Aber ich war nicht deshalb nach Saint Odile gekommen, um mich mit den Überresten einer untergegangenen Kultur und Religion zu befassen, so bemerkenswert diese riesigen Mauern und Steinblöcke auch sein mögen. Es war vielmehr das nahezu vollendete Beispiel christlicher Legendenbildung und dessen, was dann daraus an realen Möglichkeiten entstanden war, das mich angelockt hatte. Und erst meine Wanderungen quer durch den Urwald, der durchsetzt ist von diesen eigenartigen Zeugnissen aus vorgeschichtlicher Zeit, oder das überraschte Begreifen, daß ein schlichter Feldaltar vor der Klosterkirche auf einem viel älteren heidnischen Kult- und Opferstein der Kelten errichtet wurde, erst dieses allmähliche Hineingleiten in die verwirrende Geschichte des Odilienberges ließ mich begreifen, daß hier vor rund zwölfhundert Jahren eine dieser entscheidenden Wachablösen stattgefunden hatte, die aus den Kultstätten römischer und vorrömischer Jahrhunderte dann fast zwangsläufig einen der wichtigen Schauplätze für christliche Wallfahrt und christliche Meditation werden ließ. Eine andere Sache freilich ist es, daß man diese vorgeschichtlichen Wurzeln heute gelegentlich ganz gern unterdrückt. Als ob sich nicht gerade darin der Sieg des Christentums dokumentierte, daß über die Fratzen germanischer Dämonen, über die Austauschbarkeit römischer Götzenbilder die einigende Kraft eines Glaubens siegte, der seine ideale Erfüllung in Demut und nützlicher Pflichterfüllung findet. Und so verwies mich manches, was ich im Verlauf der nächsten Zeit über die Geschichte des Odilienbergs in Erfahrung bringen konnte, auch auf diese vorchristlichen Kulthandlungen, die dann durch einen besonderen Akt menschlichen Beharrungsvermögens und durch die Bewältigung eines außerordentlichen Schicksals, dessen sanftes Pathos auch heute noch nichts an Wirkung eingebüßt hat, eine völlig neue religiöse Form angenommen hatten. Oder die eigentlich unter dem Einfluß des Christentums ihre unbegreifliche Dämonie verloren und dann die natürliche Basis bildeten für die Entstehung eines Glaubens, dessen lokaler Anlaß für die Menschen des Mittelalters durchaus begreifbar und akzeptabel war. Der Odilienberg war, und daran kann kein Zweifel bestehen, mindestens ein Jahrtausend lang ein mythischer Berg, ein Verursacher von Aberglauben und Dämonie und freilich auch immer ein Zentrum irgendwelcher Religionen, bevor er durch eine Geschichte, deren legendärer Inhalt durchaus einen realistischen Kern enthält, zum heiligen Symbol des christlichen Elsaß wurde.

Aber was mußte geschehen, damit die Götter der Kelten und Römer und damit auch der furchtsame Aberglaube der Menschen, die sich innerhalb der gewaltigen Keltenmauer ihrem Götzendienst hingaben, sozusagen in eine christliche

Form gebracht werden konnte? Denn zweifellos hatte es lange vor Christi Geburt hier schon blutige Opferungen, Götteranbetung und andere Beispiele eines Zaubers gegeben, dem die Menschen immer unterliegen, wenn sie ihre Augen von der irdischen Mühsal emporheben in einen rätselhaften Himmel, von dem sie glauben, daß sie aus seinen Tiefen ihr Schicksal entgegennehmen müssen. Und zweifellos hatten die Römer mit ihrem Sinn fürs Praktische den älteren germanischen Kult einfach übernommen und ihn, nachdem sie ihn nur unwesentlich ihren eigenen religiösen Vorstellungen angepaßt hatten, mit hinreichendem Eifer fortgeführt. Die Überreste einer ehemals gutausgebauten Römerstraße, die aus der Gegend von Barr und Ottrott sich emporwindet auf den Berg, und die Fundamente eines römischen Kastells, auf denen sich zuerst eine merowingische Festung und dann das Kloster erhoben, bestätigen dieses Interesse. Aber auch die Keltenmauer, die rätselhaften Menhire, deren Geheimnis noch immer nicht gelöst ist, und einige seltsam geformte Felsblöcke, an denen vor mehr als zweieinhalb Jahrtausenden der fromme oder auch nur abergläubische Mensch seine Kunst versuchte, machen uns deutlich, wie verhältnismäßig jung das Christentum hier ist, das sich ja erst im 8. Jahrhundert endgültig dieses alten mythischen Berges bemächtigen konnte.

Aber da ist auch noch etwas anderes, das mir für eine etwas umfassendere Darstellung dieses idyllischen Wallfahrtsortes bedeutungsvoll zu sein scheint. Ich weiß nicht, ob ich berechtigt bin, es so einfach auszusprechen, aber ich meine, daß es rund um diesen Odilienberg eine eher ärmliche oder doch recht bescheidene ökonomische Situation gibt, die mir eigentlich im Widerspruch zu stehen scheint zur wirtschaftlichen Bedeutung des Wallfahrtsplatzes oben auf dem Berg, der ja tatsächlich eine Art Magnet ist für viele Tausende von Pilgern. Andererseits hat natürlich der Niedergang einer Industrie, wie er hier an vielen Fabriksruinen ablesbar ist, nichts mit der glanzvollen Existenz eines Gnadenortes zu tun. Schließlich sind auch die überwachsenen Ruinen herrschaftlicher Schlösser und Burgen, über die der Wald mit seinem Wurzel- und Rankenwerk und seinen rauschenden Baumkronen hinwegwächst, nichts weiter als ein Beweis für den unaufhaltsamen, hartnäckigen Untergang eines ganz bestimmten Lebensstils, eines ganz bestimmten Systems gesellschaftlicher Ordnung.

Die Landschaft der Vogesen ist in diesem Teil südlich, südwestlich von Straßburg von einprägsamer, ja romantischer Schönheit. Sie besitzt etwas Märchenhaftes, im besten Sinne Verzauberndes. Die soziale Situation ist von dieser Verzauberung allerdings ausgeschlossen, ebenso die materiellen Verhältnisse der Menschen, die hier leben. Und ich könnte mir schon vorstellen, daß tatsächlich, wie mir erzählt wurde, das Problem der Abwanderung nach Straßburg oder auch nach Paris allmählich eine gravierende Bedeutung erlangt. Jener begeisterte Besucher aus Hamburg, von dem die Lokalchronik berichtet und der Ende des 17. Jahrhunderts die Landschaft rund um den Odilienberg zu den größten Sehenswürdigkeiten der Welt zählte, hatte bei allem Überschwang seiner Meinung gewiß die Wahrheit ausgesprochen. Zumal damals die prachtvollen Schlösser mit ihrem unübersehbaren Prunk höfischer Architektur, mit ihren massiven Türmen und herrschaftlichen Fassaden noch voll in Funktion waren und dem Ganzen einen dekorativen Glanz verliehen. Auch einem einheimischen Poeten namens Lienhard, der den Odilienberg kurzerhand mit der Schönheit des Himmels vergleicht, mag man nicht unbedingt widersprechen. Nur hat das alles nichts mit den sozialen und gesellschaftspolitischen Verhältnissen zu tun, mit denen die Menschen dieser zauberhaften Landschaft zurechtkommen müssen. Und diese Verhältnisse scheinen immer noch durch eine Art irdischer Ungerechtigkeit oder fataler Unausgewogenheit belastet zu sein, unter der damals schon, als die christliche Legende rund um den Odilienberg wirksam zu werden begann, die Bauern, Hirten und Holzfäller der Vogesen gelitten haben. Es ist eine Landschaft der kleinen Dinge und kleinen Empfindungen. Aber gerade deshalb – und weil die äußerliche Ordnung, die hier herrscht, trotz aller Dürftigkeit beinahe mustergültig ist – empfindet man jeden Schatten, der auf das bescheidene Leben fällt, als besonders störend.

Aber das alles sind Gedanken, die im Grunde nicht dem Anlaß entsprechen, über den ich zu berichten habe. Man kann nicht mit wenigen Sätzen das Resultat einer jahrhundertealten Entwicklung beschreiben, wenn dieses Resultat von so vielen Zufälligkeiten abhängt. Man kann nicht das vielfältige Leben in einer Landschaft darstellen, wenn man nur die Landschaft und nicht auch die Hintergründe des Lebens kennt. Und man kann nicht immer so tun, als müßte überall dort, wo durch eine unerhörte Begebenheit oder durch die Kraft eines außerordentlichen Charakters im Verlauf der Zeit ein Gnadenort entstanden ist, nunmehr materieller Überfluß und vollkommener sozialer Frieden herrschen. Jene bemerkenswerte Frau zum Beispiel, Odilia, die längst schon als die bewunderte und geliebte Patronin des ganzen Elsaß gilt, war von ihrer sozialen Stellung her ein für die damaligen Verhältnisse eminent bevorzugtes Geschöpf. Sie gehörte Ende des 7. und anfangs des 8. Jahrhunderts ungeachtet ihres tragischen privaten Schicksals stets einer Klasse an, die über alle Privilegien verfügte und alle Macht besaß. Trotzdem erlebte gerade sie alle Niederlagen und fast traumartigen Demütigungen, die sie beinahe dem biblischen Hiob vergleichbar machten, bevor sie die Energie fand, aus ihrem persönlichen Elend etwas Unerhörtes und Beispielhaftes zu machen. Zumindest kommen wir zu diesem Schluß, wenn wir uns auf die Legende konzentrieren, die sich rund um diese Odilia entwickelt hat.

Welche Möglichkeiten haben wir nun, um das Leben dieser Frau wenigstens so weit glaubwürdig und überschaubar darzustellen, daß neben allem Legendären und kaum Beweisbaren auch die Umrisse eines außergewöhnlichen Charakters sichtbar werden, der durchaus in einer historischen Biographie eingebettet ist? Natürlich gibt es in diesem Zusammenhang zuerst einmal die Erzählungen des Volkes, die mündliche Überlieferung, deren Beweiskraft groß genug sein sollte, daß bei aller Spontaneität und romantisierenden Verehrung auch noch etwas von der Faszination spürbar wird, die Odilia auf ihre Zeitgenossen ausgeübt haben muß. Der erste schriftliche Beitrag zu dieser Biographie stammt jedenfalls aus der zweiten Hälfte des 9. Jahrhunderts, als unter dem Titel »Vita Santa Odilia« ein anonymer Geistlicher, der entweder auf dem Odilienberg selbst oder in dessen unmittelbarer Nachbarschaft tätig war – vielleicht im Stift Niedermünster, das halb ein Altenheim und halb ein Hospital war –, als also unter diesem Titel »Vita Santa Odilia« ein unbekannter Priester alle mündliche Überlieferung und möglicherweise auch einige schriftliche Quellen, die inzwischen freilich längst verschollen sind, zu einem ersten Kompendium zusammenfaßte.

Bereits diese frühe Darstellung, die bei weitem noch nicht alle legendären Beifügungen enthält, die später das Leben Odilias gelegentlich bis zur Unkenntlichkeit verfremdet und auch verschönt haben, enthält schlüssige Hinweise darüber, daß es in jener Zeit schon eine starke Pilgerbewegung auf den Odilienberg gegeben hatte. In diesem Zusammenhang sollte es auch von besonderer Bedeutung sein, daß es einzig und allein das Grab der geliebten und im besten Sinne volkstümlichen Äbtissin war, zu dem die Wallfahrer strömten, weil das ja nachhaltig beweist, daß zu diesem Zeitpunkt der Prozeß der geistigen Umwandlung und religiösen Neuorientierung auf dem alten mythischen Berg abgeschlossen gewesen sein mußte. Es waren also in diesem 9. Jahrhundert nicht mehr die Anhänger irgendwelcher Naturkulte oder Opferungsriten, die auf den Berg pilgerten, sondern Christen, die ein musterhaftes Beispiel an christlicher Lebenserfüllung zu verehren begannen.

Unbestreitbar ist natürlich, daß sich jetzt auch die Legende dieser elsässischen oder eigentlich merowingischen Herzogstochter zu bemächtigen begann und manche wichtige Wahrheit verwischte oder unter allzu frommem Übermaß begrub. Dabei ist Odilias Leben ein Hinweis darauf, daß sich persönlicher Mut, Charakterfestigkeit, hohe Intelligenz und Begeisterungsfähigkeit auch auf eine Frau vereinen lassen, was in jener Zeit, da das gesellschaftspolitische Bild der Frau schlichtweg irrelevant war, keinesfalls selbstverständlich gewesen sein kann. Ich persönlich habe ja den Verdacht, daß man von so mancher heiliggesprochenen Frau nur einmal etwas von den zwar gutgemeinten, aber verfälschenden Klischees entfernen müßte, um unter der Tünche aus schönem Vorurteil und falsch interpretierter Geschichte ein erstaunlich modernes, an Emanzipation und Feminismus erinnerndes Selbstbewußtsein und weibliches Selbstverständnis zu entdecken. Und ich habe mir auch manchmal überlegt, daß Odilia sowohl von den Christen des Mittelalters als auch von den Feministinnen des 20. Jahrhunderts auf eine durchaus legitime Weise für sich beansprucht werden könnte, wobei es beiden Gruppen nur zum Vorteil gereichte, wenn sie dem Leben und den Idealen dieser ungewöhnlichen Frau nacheiferten.

Trotzdem ist es schwierig, Wahrheit und Legende voneinander säuberlich zu trennen. Historisch nachweisbar ist in jedem Falle einmal die Geburt einer Herzogstochter namens Odilia im Jahre 663, der dann von ihrem Vater aus einem Anlaß, der geschichtlich nicht dokumentierbar ist, die sogenannte Hohenburg überlassen wurde. Diese Hohenburg, die von Odilias Vater, dem elsässischen Herzog Etticho, auf den Ruinen eines römischen Kastells errichtet worden war, wird irgendwann in der Zeit zwischen Ende des 7. und anfangs des 8. Jahrhunderts zu einem Nonnenkloster umgestaltet, dessen erste Äbtissin Odilia wurde. Über die Gründe, die sie zu dieser betont christlichen Lebensführung animierten, sind wir nicht informiert. Es scheint nur erwiesen zu sein, daß sie eine fromme, tatkräftige und sehr intelligente Frau war, die möglicherweise den Vorzug ihrer aristokratischen Geburt vor allem auch für karitative Leistungen ausnützte. So wissen wir mit einiger Sicherheit, daß sie am Fuße des Berges, auf dem sich das Kloster erhob, das Stift Niedermünster baute, um alten und kranken Menschen, denen hier eine Heimstatt gegeben wurde, die Mühsal des schwierigen Weges auf den Berggipfel zu ersparen. Von Niedermünster existieren heute freilich nur noch Ruinen. Odilia selbst starb im Jahre 722, und zwar im Alter von neunundfünfzig Jahren.

Das sind die wenigen gesicherten Fakten, über die wir verfügen. Die Frage erhebt sich nun, was geschehen sein konnte, daß Odilia solche Verehrung genoß. Und was sie wirklich dazu verführt haben mochte, alle Möglichkeiten ihrer adeligen Herkunft ausschließlich auf eine klösterliche Existenz zu konzentrieren. War es, wie ich persönlich vermute, die ernüchternde Einsicht, daß Tatkraft, Energie und Intelligenz einer Frau lediglich im Klosterbereich wirksam zur Geltung kommen konnten? War es eine unglückliche Liebe, der dieses berühmte Kloster seine Existenz verdankt? Das wäre wohl zu billig, entspräche auch kaum dem charakterlichen Bild, das wir uns von Odilia machen dürfen. Das Volk, das einen feinen Instinkt besitzt für alle psychologischen Möglichkeiten, die sich hinter einer sonderbaren Geschichte verbergen, hat in seinen Erzählungen auch dementsprechend auf die Figur dieser Herzogstochter und Äbtissin reagiert. Es schenkte ihr ganz einfach eine zweite Biographie, in der jetzt auch der Schlüssel zu ihrem ungewöhnlichen Lebensweg enthalten war.

Diese andere, legendäre und volkstümliche Biographie

wirkt nun freilich auf den ersten Blick genauso unglaubwürdig und übertrieben phantasievoll wie viele der frommen Legenden, die man sich über die Entstehung von Wallfahrtsplätzen erzählt. Und weil der zeitgenössische Mensch in seiner Ungeduld und ein wenig wohl auch in seiner Bequemlichkeit sich nur selten der vergleichsweise bescheidenen Mühe unterzieht, die Inhalte solcher Legenden auf die Möglichkeit einer wahren Begebenheit, also auf ihren möglichen historischen Kern zu untersuchen, entsteht gegenüber den Biographien mancher Wallfahrtsorte häufig ein Gefühl achselzuckender Gleichgültigkeit. Man hört von seltsamen Wundern und rätselhaften Ereignissen, aber man verweist sie, ohne genau darüber nachzudenken, in den Bereich der Fabel. Und man übersieht vor allem, daß auch heute noch die Welt voll von Wundern und seltsamen Begebenheiten ist, wobei alles Irrationale oder zumindest Ungewöhnliche heute wie vor tausend Jahren fast immer eine natürliche, logische Erklärung findet.

Ich habe mich lange und ausführlich auf dem Odilienberg umgesehen. Ich bin quer über das romantische Felsplateau gewandert, auf dessen höchster Plattform sich das Kloster erhebt und heute noch an eine Festung erinnert. Ich habe die Quelle aufgesucht, die sich wie durch ein Wunder unter Odilias Berührung erschlossen hatte und deren Wasser heilkräftig sein soll. Ich habe aber auch versucht, mich vom Zauber dieser ungewöhnlichen Landschaft beeinflussen zu lassen, einer Landschaft, die etwas Urtümliches, Zeitloses besitzt und die, so stelle ich es mir vor, immer schon die Phantasie der Menschen angeregt haben muß. Was für Bilder von stiller Schönheit das doch sind, wenn man auf dieser höchsten Plattform steht und weit hineinblickt ins Elsässische, das sich, leicht vom Dunst verhüllt, mit seinen feinen Farbnuancen unten in der Ebene zwischen den Vogesen und dem Rhein ausbreitet.

Und ich vergegenwärtige mir, daß alle diese durchaus realistischen Eindrücke und alle daraus resultierenden Empfindungen sich natürlich auch dem mittelalterlichen Menschen eingeprägt haben. In einem viel stärkeren Maße sogar, als das heute der Fall ist. Wäre es da nicht vorstellbar, daß gemeinsam mit dem Zauber der Natur auch eine Art Verzauberung der Seelen entstanden sein könnte? Und geht diese nicht immer vom Beispiel aus, das ein Ideal liefert? Und war Odilia nicht ein solches Ideal? Eine der schönsten Geschichten, die man sich über sie erzählt, handelt von einer vergitterten Vertiefung im felsigen Gestein vor dem Altar in der sogenannten Tränenkapelle. Diese Kapelle steht ein wenig abseits von der übrigen Klosteranlage. In ihrem Schatten kann man übrigens einige Merowingergräber besichtigen. Die Kapelle selbst wirkt wie angeschmiegt an die Felswand, die hier wie überall auf dem Odilienberg steil in die Tiefe stürzt, und ihr Äußeres ist eher unscheinbar. Aber kein Pilger, der auf den heiligen Berg der Elässer kommt, unterläßt es, dieser Kapelle einen Besuch abzustatten. Und das wiederum hängt direkt mit der Geschichte zusammen, die man sich über die Heilige erzählt. Odilia soll nämlich an dieser Stelle so lange und so innig um ihren Vater geweint haben, bis ihre Tränen den felsigen Boden aufweichten und eine kleine Mulde schufen, die in späterer Zeit von den Pilgern, die ein Steinchen oder ein Stück Erdreich daraus als Souvenir herausscharrten, noch erheblich vertieft wurde. Die Historiker meinen zwar, daß diese Vertiefung ursprünglich einmal zu einem heidnischen Opferritus gehört habe, also vielleicht eine Mulde gewesen sei, in der sich das Blut der Opfertiere gesammelt habe. Aber das widerspricht ja keineswegs der volkstümlichen Erzählung von den Tränen Odilias. Vielleicht war wirklich zuerst der heidnische Opferstein, in den dann die Tränen der Äbtissin fielen? Ende des 16. Jahrhunderts, als sich in dieser Mulde das Regenwasser sammelte, das wohl durch das schadhafte Dach der Kapelle fiel, wuschen die Pilger sogar ihre Augen in diesem Wasser, das als ebenso heilkräftig galt wie das Wasser der berühmten Odilienquelle unterhalb des Klosters. Und um 1700 war es dann bereits notwendig geworden, diese Vertiefung in der Tränenkapelle durch ein Gitter vor der handgreiflichen Liebe der Gläubigen abzusichern.

Aber warum weinte die Äbtissin auf so maßlose Weise? Und warum gerade um ihren Vater? Ein Sarkophag, der wohl die Erinnerung an ihre Eltern symbolisieren soll, befindet sich in der sogenannten Kreuzkapelle neben der Tränenkapelle, übrigens dem ältesten Bauwerk des Klosters. Diese Kreuzkapelle ist wahrscheinlich um die Mitte des 12. Jahrhunderts entstanden. Der Sarkophag selbst ist leer, soll aber früher einmal die sterblichen Überreste der Eltern Odilias enthalten haben. Kunsthistoriker erbrachten nach eingehenden Untersuchungen den Nachweis, daß dieses Grabmal des Herzogs Etticho und seiner Frau Bereswinda die älteste noch erhaltene elsässische Skulptur aus dem frühen Mittelalter sei.

Also warum diese Tränen, dieses wilde, beinahe unmenschliche Weinen um einen Vater, der doch, was historisch ziemlich einwandfrei beweisbar ist, die Festung Hohenburg, die immerhin einen beträchtlichen materiellen Wert dargestellt haben mußte, seiner Tochter zur völlig freien Verfügung überschrieben hatte? War es ein Weinen der Trauer um einen geliebten Menschen? Oder spielte da noch etwas anderes mit hinein, das über jedes normale Maß an Trauer weit hinausging?

Und genau hier setzt die Legende ein, die sich das Volk erdacht hatte, um eine Erklärung für manches Unerklärliche zu finden. Denn alle diese Geschichten entstehen ja nicht aus einem Zufall heraus, sind ja in der Regel nicht das Produkt literarisch-intellektueller Einbildungskraft, sondern fast immer ein Versuch, das Irrationale zumindest ansatzweise verständlich zu machen. Wir müssen davon ausgehen, daß es auch im 7. Jahrhundert so ungewöhnlich wie heute war, wenn eine junge Frau aus vornehmem, begütertem Hause ganz plötzlich den Wunsch äußerte, sich in eine selbsterwählte Einsamkeit zurückzuziehen und ein meditatives Leben zu führen, das vor allem der Religion und vielleicht auch noch dem karitativen Dienste am Menschen gewidmet sein sollte. Eine Mutter Teresa, um es so zu sagen, wird nicht beliebig jeder neuen Generation geschenkt. Es ist auch ein Unterschied, ob wir von solchen Beispielen einer moralischen Tätigkeit nur hören, ohne uns besondere Gedanken über Ursache und Wirkung zu machen, oder ob wir zu ergründen versuchen, welche seelischen Vorgänge der Ursache all dieser Wirkungen vorangegangen sein könnten. Viele Biographien über heiliggesprochene Menschen der katholischen Kirche, die neben ihrer besonderen Frömmigkeit immer auch außergewöhnliche Charaktere gewesen sein müssen, gehen stets davon aus, daß es als selbstverständlich zu betrachten sei, wenn sich ein solcher Protagonist dazu entschließt, dem weltlichen Leben zu entsagen. Aber nichts im Leben – auch nicht in dem eines Heiligen! – ist selbstverständlich. Alles hat seine begründeten Anlässe, seine Wurzeln, an die man sich herantasten muß, damit man jede überraschende Wendung in der Biographie, jeden scheinbar unerklärlichen Sinneswandel, jede Veränderung in der materiellen Existenz auch wirklich begreift.

Odilias Schicksal scheint es gewesen zu sein, daß sie nicht als der heiß erwartete Sohn und Erbe zur Welt kam, sondern als Mädchen, mit dessen Existenz der enttäuschte Vater sich anfangs nicht abfinden wollte. So wenigstens beginnt der legendäre Teil der Geschichte, und ich persönlich sehe keine Veranlassung, hier der volkstümlichen Erzählung widersprechen zu wollen. Väter, denen die Enttäuschung ins Gesicht geschrieben steht, wenn sie statt des erhofften Stammhalters ein Mädchen in der Wiege sehen, gibt es schließlich auch heute noch. Und ein elsässischer Herzog des 7. Jahrhunderts, der ungeduldig einen Erben erwartete, wird möglicherweise mit ziemlich drastischen Mitteln seine Enttäuschung ausgedrückt haben. Da kommt es dann nur noch auf den Grad der Ausschmückung an, um aus einem enttäuschten Herzog einen erbarmungslosen Mörder zu machen. Und hier war es ein ganzes Bündel solch drastischer Mittel, die der Volksmund dem armen Herzog andichtete, als dieser, nachdem er einmal von der Jagd heimkehrte, eine gerade erst geborene Tochter in die Arme schließen sollte. Und weil dieser Volksmund immer pfiffig ist, einfallsreich und nie um eine dramatische oder rührselige Variation verlegen, die der ganzen Geschichte erst den rechten dramatischen Elan verleiht, vertiefte man kurzerhand das Unglück Ettichos noch dadurch, daß dieses neugeborene Mädchen blind war.

In seinem Schmerz wünschte der Vater nun sogleich den Tod des Mädchens. Aber die Mutter, Bereswinda, rettete das Kind, indem sie es durch eine treue Amme in ein Kloster im Burgundischen bringen ließ, wo es ausgerechnet in dem Augenblick, als es auf den Namen Odilia – was immerhin »Die Lichtreiche« oder »Sehende« bedeutet – getauft wurde, auf wunderbare Weise tatsächlich die Augen aufschlug und fortan so normal sah wie jeder andere Mensch mit zwei gesunden Augen. Es ist also kein Zufall, daß man Odilia, die im Elsaß übrigens auch als Beschützerin der Weinberge gilt, als Fürsprecherin bei Augenleiden und Blindheit verehrt.

Die Geschichte geht allerdings noch weiter! Der Vater, weit davon entfernt, sich nun wenigstens damit zufriedenzugeben, daß seine Tochter wieder sehen konnte, verfolgte sie auch weiterhin mit zorniger Feindseligkeit, die zuletzt in blanken Haß umschlug. Sogar den eigenen Sohn tötete er eigenhändig, nur weil dieser sich für seine Schwester einzusetzen versuchte. Etticho scheint nach diesem Mord zwar für kurze Zeit zur Besinnung gekommen zu sein – oder sagen wir, der Volksmund, der diese Erzählung erfindet, gönnt ihm eine kurze Atempause –, aber kaum, daß sein Sohn und Erbe begraben war, verfolgte er Odilia von neuem. Sie flüchtete jetzt nach Süden, flüchtete sich vor der Wut ihres Vaters in eine Felswand, die sich auf wunderbare Weise öffnete und dann hinter der verfolgten Frau wieder verschloß. Und erst nach einigen anderen schrecklichen Begebenheiten und wohl auch unterm Einfluß eines Verwandten des Herzogs, eines wortgewaltigen Bischofs, scheint Etticho endlich umgestimmt worden zu sein. Es gibt in diesem Zusammenhang einige Versionen, die man sich erzählt, wobei als sicher angenommen werden kann, daß die Felswand, in der sich Odilia auf wunderbare Weise vor der Wut ihres Vaters rettete, in der Nähe von Freiburg anzusiedeln ist.

Nun, welche Version man auch glaubt, welcher Abschnitt der Legende am interessantesten und lehrreichsten sein mag, etwas ist jedenfalls nicht von der Hand zu weisen: daß sich die verschiedenen Phasen dieser Erzählung immer hautnah an der Wirklichkeit bewegen. Denn was spricht dagegen, daß ein augenkrankes Kind – wir befinden uns im Mittelalter! –, bei dem man weder Ursache noch Zustand der Erkrankung genau festgestellt hatte, während der Taufzeremonie gesundet? Und warum soll nicht in einer zerklüfteten Felswand eine erstaunliche, ans Wunderbare grenzende Rettung aus höchster Not vorstellbar sein? Und was den fast schon pathologischen Haß des Vaters gegen die Tochter angeht, dem sogar der eigene Sohn zum Opfer fällt, so kennen wir aus der Geschichte genügend Beispiele solcher Raserei gegen die eigene Natur. Ebenso erscheint es nur natürlich, daß ein Kind angesichts dieser Wutanfälle und Verfolgungen keinen Wert mehr legt auf väterliche Autorität oder auf ein Leben in einer Gesellschaft, die das alles stillschweigend duldet. Odilia war intelligent, kritisch und allem Anschein nach auch fähig zur nüchternen Analyse ihrer eigenen privaten und der allgemeinen gesellschaftspolitischen Situation. Wer weiß, zu welcher Art Leben sie sich nach ihren ernüchternden Erfahrungen

21 Montserrat: Berg und Kloster

23 Monte Sant'Angelo: Hl. Michael

◁ 22 Monte Sant'Angelo: Teilansicht des Ortes

24 Guadalupe: Das Kloster

entschlossen hätte, wenn nicht diese tiefe Gläubigkeit gewesen wäre, die sie zu spiritueller Frömmigkeit und tätiger Nächstenliebe befähigte.

Damals an diesem traumhaft schönen Wintertag, der eher an einen mediterranen Frühlingsanfang erinnerte, damals, als ich zum ersten Mal auf den Odilienberg gekommen war, ging ich kurz vor meiner Abreise noch einmal rund um die Klosteranlage. Plötzlich hörte ich aus den dicken, massiven Mauern der Klosterkirche Gesang hervordringen. Es schien einen Augenblick lang, als würden diese festgefügten Mauern tatsächlich singen, als entströmte den zusammengefügten Backsteinen ein Lied, dessen Worte ich nicht verstand, dessen Melodie aber von schlichter Einprägsamkeit war. Ich lehnte an der Brüstung, blickte in die Tiefe auf Tausende dunkelgrüner Baumwipfel, wußte in meinem Rücken hoch über mir die überlebensgroße Statue der Heiligen und hörte den Gesang, der scheinbar aus einer unsichtbaren Quelle strömte und mich verwirrte. Natürlich wußte ich, konnte ich es mir zumindest vorstellen, daß in der Kirche eine Messe gelesen wurde und der Gesang, der hier draußen auf der Brüstung, über die der elsässische Wind pfiff, einen so seltsamen Eindruck auf mich machte, ein Teil dieser Messe war und damit eine völlig natürliche Erklärung hatte. Aber ich schloß die Augen und suchte mir vorzustellen, wie seit rund tausend Jahren immer wieder dieser feierliche Gesang durch die dicken Mauern des Klosters hinaus in die Welt getragen wurde, und wie vorher schon tausend, anderthalbtausend Jahre lang die Stimmen der Menschen, die alle nach einer Sinngebung ihres Daseins suchten, auch wenn ihr Suchen manchmal primitiv und heidnisch war, dieses felsige Plateau mitten in den Vogesen mit einer feierlichen Melodie erfüllten. Für einen kurzen Augenblick, während die Steine hinter mir immer noch sangen und der Wind immer noch durch mein Haar flog, bildete ich mir sogar ein, das Wesen aller Religion zu begreifen. Oder zumindest eine Ahnung davon zu haben, daß wir Menschen ärmer wären, wenn wir ohne jede Religion und ohne den Glauben an eine höchste Macht, an eine übergeordnete sittliche Instanz auskommen müßten.

Maria Einsiedeln

Damals in Einsiedeln, als ich angesichts der konzentrierten Ansammlung von Bankgebäuden, Hotels, Versicherungsanstalten und Zunfthäusern allmählich verwirrt wurde, angesichts dieser stattlichen Häuser, die eine respektgebietende Kulisse schweizerischer Solidität bildeten, wie sie da mit ihren ordentlich gefärbelten Hausfassaden und glänzenden Portalen den weiträumigen, leicht abgeschrägten Platz umrahmten, von dem der breite Anstieg zur etwas erhöhten Bühne hinaufführt, auf der sich das Kloster in seiner ganzen Größe und Schönheit erhebt, damals in Einsiedeln, mitten im urschweizerischen Kanton Schwyz, wo sich die Menschen in einer Sprache ausdrücken, die mich immer wieder in Verlegenheit stürzt, weil ich sie nur mit beschämender Mühe oder sogar überhaupt nicht verstehe, damals in Einsiedeln also übernachtete ich in einem Hotel an diesem weiträumigen, leicht abgeschrägten Platz unterhalb des Klosters. Mein Zimmer war bequem eingerichtet, war hell und besaß vier oder sogar sechs Doppelfenster, die alle auf den Platz hinausgingen, an dessen oberem, erhöhtem Rand das berühmte Kloster wie ein aristokratisches Schloß mit dem Fächer seiner Kolonnaden, Seitenflügel, Treppenaufgänge und allem anderen unerläßlichen Beiwerk einer Architektur stand, die nur den einen Zweck zu haben schien, mögliche Schwächen wie etwa hoffärtige Eitelkeit durch pompöse Schönheit zu ersetzen und mehr noch zu verdecken. Und das Hotelzimmer damals in Einsiedeln diente mir eine halbe Nacht lang zu nichts anderem, als daß ich abwechselnd auf das schwach erleuchtete, riesige Klostergebäude blickte, dessen Konturen sich in der nächtlichen Dunkelheit verloren, und meine Gedanken zu ordnen versuchte, die von diesem Kloster und seiner undurchsichtigen Geschichte nicht loskamen.

Ich hatte am Nachmittag schon vergeblich versucht, in der Buchhandlung eines bekannten schweizerischen Verlagshauses, das in Einsiedeln ansässig ist und für seine religiöse Literatur allgemein geachtet wird, eine nützliche Broschüre über den Ort und das Kloster zu bekommen, was mir vollkommen mißlungen war. Ich hatte auch einige kürzere Spaziergänge gemacht, auf denen ich überrascht sogenannte Landgasthäuser kennenlernte, die eigentlich acht- bis zehnstöckige Hochhäuser waren. Außerdem wurde ich von einem seltsamen Lärm verfolgt, von Glockengeläut' und fremdartigem Rasseln, von dem ich bald erkannte, daß es etwas mit der legendären Fasnacht zu tun haben mußte, die man ja überall in der deutschen Schweiz mit hingebungsvollem Ernst und strenger Disziplin zelebriert. Ich ging auch in die Klosterkirche, hatte nur einen ersten flüchtigen Blick in das Kirchenschiff geworfen, ohne mich freilich um Einzelheiten zu kümmern, weil ich einigen Nonnen und alten Leuten, die an einer Messe teilnahmen, nicht lästig sein wollte. Und ich ging dann auch prüfend, neugierig um den sogenannten Frauenbrunnen herum, der ein gutes Beispiel barocker Kunst ist, unterhalb des Klosters steht und angeblich an die legendenhaften Anfänge dieser ganzen unglaublichen Geschichte erinnern soll.

Aber alles, was mir an ersten Eindrücken und Erfahrungen tatsächlich haftenblieb, war der klägliche Verdacht, daß ich mit Maria Einsiedeln, also mit dem Kloster und der kleinen Stadt, nicht sonderlich gut zurechtkam. Deshalb saß ich dann auch nachdenklich die halbe Nacht am Fenster des Hotelzimmers und beobachtete das massige Gebäude. Und deshalb bin ich mir auch jetzt nicht sicher, ob ich die Biographie dieses Wallfahrtsortes wirklich ohne jeden skeptischen Vorbehalt nacherzählen kann. Das beginnt ja schon mit den Fragen, die ich mir damals in Einsiedeln stellte, als ich voll Unbehagen auf den nächtlichen Platz und das Kloster blickte. Sind die Schweizer in diesem Kanton Schwyz zum Beispiel überhaupt imstande, leidenschaftliche Katholiken zu sein? Waren die beredten Klagen, die ich hier vom Hotelpersonal, aber auch von den Verkäuferinnen in der Buchhandlung und an einem Zeitungskiosk und schließlich von Leuten mitten in der Stadt über das fremdenverkehrsfeindliche Föhnwetter gehört hatte, nicht auch ein Beweis dafür, daß die Schwyzer zuerst marktgerecht, marktorientiert und dann erst katholisch denken? Lebt Einsiedeln nicht schon längst mehr oder minder ausschließlich vom Fremdenverkehr und betrachtet also die Pilger nur unter diesem materiellen Aspekt? Und war dieses Kloster, dessen imponierende Größe ja nicht zu übersehen ist, vielleicht ein Potemkinsches Dorf, eine Vorspiegelung falscher Tatsachen, auf die ich nur hereinfiel, weil ich weder die Sprache noch die Gedanken der Menschen in Einsiedeln genau verstand?

Für gewöhnlich macht sich ja der Pilger wie der Bildungsreisende, der wiederum in erster Linie auf sein intellektuelles Vergnügen bedacht ist, keine besonderen Gedanken über die bodenständige Atmosphäre eines Wallfahrtsortes, über das menschliche Klima im Schatten aller Attraktionen. Ein Wallfahrtsort ist ein Wallfahrtsort! Auf diese im Grunde recht vernünftig klingende Formel reduziert jedermann seine Vorstellungen, der an eine Pilgerstätte kommt. Nur das Ziel der Pilgerfahrt ist wichtig, nur das spirituelle Erlebnis zählt, nur der Kontakt mit Gott oder die Dankesschuld, die man einem Heiligen oder auch nur einer metaphysischen Idee abzustatten hat, beherrscht Gedanken und Gefühle eines Gläubigen.

Ich aber wollte mehr erfahren! Ich betrachtete mich nicht als Pilger im durchschnittlichen, ausschließlich frommen Sinne, der sich nicht weiter darum kümmert, ob der Boden, auf dem sich das Ziel seiner Reise befindet, gewissermaßen von der Idee durchdrungen ist, der er selbst anzugehören glaubt. Ich hatte mich auf Maria Einsiedeln vorbereitet und dabei, wie ich jetzt erst bemerkte, eine völlig falsche Vorstellung gewonnen. Ich hatte mir Einsiedeln anders gedacht, anders vorgestellt, als es nun in Wirklichkeit zu sein schien. Das galt sowohl für das Kloster als auch für die Stadt. Vor allem aber hatte ich immer wieder angenommen, daß Einsiedeln selbstverständlich eine christliche Gemeinde sei, und zwar in der umfassendsten Weise, die dieses Wort zuläßt. Nun, da ich angekommen war, da ich die ersten Beobachtungen machte und die ersten Vergleiche anstellen konnte, war ich mir dieser theoretischen Meinung nicht mehr so sicher. Das heißt mit anderen Worten, daß ich überhaupt an der katholischen Substanz zu zweifeln begann, die eigentlich in einem so weltberühmten Wallfahrtsort ganz selbstverständlich vorhanden sein sollte. Denn alles, was ich spürte, anfangs zögernd vermutete und dann so gut wie bestätigt fand, war strenger Bürgersinn und merkantiles Denken, war biedere Geschäftigkeit und eine Neigung zum kaufmännischen Realismus, die mich an manchem irrealen Element in der Biographie dieser Stadt zweifeln ließ. Einsiedeln als einen Ort, an dem Unerklärliches geschehen war, konnte ich mir nicht mehr einbilden. Einsiedeln als den Schauplatz dieses ewigen Kampfes zwischen franziskanischer Armut und Demut einerseits und genußvollem Herrschaftsdenken andererseits, aus dem heraus dann überhaupt erst der Anlaß zur ersten Wallfahrt entstanden war ... das war mir nicht vorstellbar. Ich fühlte mich, wenn auch auf einer anderen Ebene, ein wenig an das St. Wolfgang des »Weißen Rössl« erinnert, vielleicht auch noch an das heutige Santiago de Compostela oder an das italienische Loreto: Pilgerströme, die weniger Gott oder die Religion im Sinn haben als vielmehr eine Befriedigung ihres Unterhaltungsbedürfnisses und ihrer Neugier. Ein natürlicher Übergang von der Geschäftigkeit des Alltags in die meditative Zurückgezogenheit einer Auseinandersetzung mit Gott, ein fließender Übergang vom lauten Lärm der Geldwechsler zur Lautlosigkeit der Gedanken, mit denen man das Phänomen Christi zu erfassen sucht, das alles, was ja auch zur Religion gehört und neben dem lauten Halleluja und dem Chor der Besucher ein Teil dieser großen spirituellen Herausforderung ist, war mir hier nicht mehr vorstellbar.

Aber wozu eigentlich die vielen Worte? Ich hatte ja nicht vor, über einen so rätselhaften Mann wie Paracelsus, der 1493 hier in Einsiedeln geboren wurde, oder über die Stadt selbst eine Abhandlung zu schreiben, sondern ich wollte die Biographie einer Wallfahrt nacherzählen, die in der einen oder anderen Form schon unzählige Male erzählt worden ist. Was Paracelsus betrifft, so möchte ich allerdings schon sagen, daß es mich nicht sonderlich überrascht, wenn man seinen Spuren, abgesehen vom Augenblick seiner Geburt, überall in Norditalien, Süddeutschland und Österreich begegnet, nur nicht in Einsiedeln, über das er in seinem späteren Leben keinen Gedanken mehr verlor.

Einsiedeln, das wie das britische Walsingham und das italienische Loreto über ein Haus der Muttergottes verfügt, das natürlich das Ziel aller Wallfahrten ist – abgesehen von der Madonnenstatue – und über dem sich wie in Loreto eine Kirche erhebt, zählt heute immer noch zu den großen Wallfahrtsplätzen Europas, und zwar sowohl, was die Zahl der Pilger angeht als auch hinsichtlich der geistigen Wirkung. Der Ort selbst scheint mir davon nicht berührt zu sein.

Der Anfang dieser geistigen und religiösen Wirkung war freilich von recht handgreiflicher Art. Es begann nämlich mit einem Mord. Begangen wurde er an einem Einsiedler namens Meinrad, einem Mann von adeliger Herkunft, der sich aus Gründen, die wir heute nicht mehr mit Sicherheit beschreiben können, irgendwann in der ersten Hälfte des 9. Jahrhunderts in die Abgeschiedenheit dieser urtümlichen Gebirgslandschaft an den Ufern des Sihlsees zurückgezogen hatte. Es war eine Flucht aus der Welt, die dann noch ungeahnte Folgen für diese Welt haben sollte. Meinrad, dem man eine verwandtschaftliche Bindung zur Familie Karls des Großen nachsagt und der einer der Ahnherren der nachmaligen Zollerngrafen war, richtete sich unmittelbar neben einer Quelle – die heute durch den barocken Frauenbrunnen unterhalb des Klosters symbolisiert wird – häuslich ein, das heißt, er mußte mit einer primitiven Hütte aus Baumstämmen, geschälter Rinde und getrocknetem Moos vorliebnehmen, vergleichbar jenem ersten Mönch, der sich im Hochtal von Mariazell angesiedelt hatte. Die Gegend, in der er die nächsten sechsundzwanzig Jahre betend und meditierend zubrachte, nannte man zu seiner Zeit übrigens den »Finsteren Wald« oder »Finsterwald«, was uns eine ungefähre Vorstellung von den tatsächlichen Verhältnissen vermittelt, unter denen Meinrad lebte. Ich habe mir manchmal vorzustellen versucht, daß er vielleicht so etwas wie ein Vorläufer des unsterblichen Franz von Assisi gewesen sein könnte, ein Mann der wahren Liebe und der wahren Demut, der mit den Vögeln redete, die Vernunft der Tiere achtete und die Stimmen der Natur entzifferte, ein sanftmütiger und beharrlicher Heiliger, der aber auch durchaus praktisch dachte und vielleicht gerade deshalb ein tiefes Mißtrauen gegenüber der Gesellschaft der Menschen empfand, was ihn dann allerdings wieder vom Franz von Assisi unterscheiden würde. Aber wir wissen natürlich viel zu wenig über Meinrad – und wohl auch nicht genügend über Franz von Assisi –, als daß diese Meinung mehr als eine bloße Vermutung sein könnte. Lediglich soviel glaubt man mit einiger Sicherheit annehmen zu dürfen, daß er zwei Vögel, wahrscheinlich Raben – sie schmücken heute das Wappen des Klosters und der Stadt –, abgerichtet hatte, die dann seine Einsamkeit teilten. Und als er im Jahre 861 von Marodeuren überfallen wurde, die wohl aus Wut darüber, daß sie bei dem Einsiedler nichts Kostbares entdeckten, ihn kurzerhand umbrachten, da sorgten die Vögel für posthume Gerechtigkeit. Die dressierten Raben folgten den Tätern so lange mit Gekreisch und flügelschlagender Wut, bis die Mörder aufgegriffen und überführt werden konnten. Zu diesem Zeitpunkt war Meinrad durch sein einfaches, ja ärmliches eremitisches Dasein schon hinlänglich berühmt geworden, so daß jetzt immer wieder fromme Einzelgänger oder auch politisch Verfolgte – wie etwa jener von seinen Feinden geblendete Bischof von Metz – in den »Finsteren Wald« kamen, um hier im Geiste Meinrads das unaufhörliche Zwiegespräch mit Gott zu suchen. Einsiedeln, das es damals als Ort noch gar nicht gab, begann jetzt aber doch als Name ein Begriff zu werden. Es war die Gegend der Einsiedler, der frommen Männer, die aus der Welt geflüchtet waren, um in der Abgeschiedenheit dieser alpinen Landschaft eine Antwort auf die vielen Fragen zu erhalten, die ihnen allen auf der Seele brannten. Und es war natürlich der verehrungswürdige Ort, an dem der Begründer dieser Dynastie von Einsiedlern, nämlich Meinrad, ärmlich gelebt hatte und erbärmlich gestorben war.

Dieser Ort blieb dürftig, so gut wie unzugänglich und wohl auch unheimlich – denken wir nur an die Ermordung Meinrads, an die beiden Raben, die den Mördern ums Haar kreischten –, bis rund hundert Jahre nach dieser Bluttat ein anderer bedeutender und vor allem auch tatkräftiger Mann hier erschien und gleichsam den Grundstein dafür legte, daß Einsiedeln in seiner ganzen Bedeutung entstehen und ein wichtiges, lebendiges Zentrum der mittelalterlichen Mönchsbewegung werden konnte. Der Schritt zum berühmten und vielbesuchten Wallfahrtsort war dann nur noch eine Frage von sekundärem Rang, wenn man vom Wunder einmal absieht, das ihn auslösen sollte.

Dieser Mann, dem Einsiedeln praktisch seine Existenz zu verdanken hat, hieß Eberhard, war usprünglich Domherr zu Straßburg und scheint über bemerkenswerte organisatorische Fähigkeiten verfügt zu haben. Denn er, der »mit zahlreicher Begleitung und großem Vermögen«, wie es in einer zeitgenössischen Erzählung heißt, in diese Eremitenkolonie am Sihlsee kam, wo neben Benno, dem blinden Bischof von Metz, der die schlichte Klause Meinrads als erster wieder einer nützlichen Funktion zugeführt hatte, noch eine ganze Reihe von Weltflüchtigen und Einsiedlern verstreut über die Waldeinsamkeit lebte, er, der reiche und gewiß selbstbewußte Domherr, ehrgeizig, ein Mann eher der Tat als der scheuen Zurückgezogenheit, er brachte wieder eine produktive Ordnung in diese Schar vollkommen vereinsamter, vielleicht auch unglücklicher und verwahrloster und von ihrer selbsterwählten Einsamkeit wohl auch verwirrter Männer. Diese Männer – wie ich mir das heute melancholisch und doch verständnisvoll vergegenwärtige – verstrickten sich in nutzloses Grübeln, in Selbstanklage und Jammer über die böse Welt, ohne daß es ihnen gelungen wäre, ein moralisches Gegengewicht oder eine geistige Alternative zu finden.

Aus einigen Biographien kann man heute eine leichte Geringschätzung mancher Autoren gegenüber diesem Straßburger Domherrn herauslesen, so etwas sie Skepsis angesichts seiner Betriebsamkeit. Vielleicht entsprach er tatsächlich nicht in jedem Punkt den strengen Forderungen einer asketisch orientierten Kirche, die im übrigen das ganze Mittelalter hindurch so wenig asketisch und weltabgewandt war wie heute, da ihre politische Enthaltsamkeit lediglich andere Ursachen hat. Es hat auch den Anschein, als verarge man ihm ganz im geheimen seine unbestreitbare Tüchtigkeit, als zögere man, ihm, der nach seinem Tod sehr bald als Heiliger verehrt wurde, die legitime Rolle eines Nachfolgers des unglücklichen Meinrad ohne jede Einschränkung zu bestätigen. Warum eigentlich? Der Domherr Eberhard war reich an Einfluß und Vermögen. Das steht außer jedem Zweifel. Aber auch Bischof Benno, der blinde Eremit aus Metz, der bei diesen Anfängen eine gewisse Rolle spielt, kam aus einer einflußreichen Familie, war ein Mann von Rang und Distinktion und hatte übrigens noch vor der ehrgeizigen Initiative des Straßburger Domherrn diese ärmliche und wohl auch verlotterte Gesellschaft um sich und um die Mönchsklause des verstorbenen Bruder Meinrad zu sammeln gesucht. Und wenn wir es ganz genau nehmen, dann müssen wir auch zugeben, daß selbst Meinrad, mit dem alles angefangen hatte, vor seiner Flucht in die Einsamkeit durchaus ein Mann der großen Welt war, aus adeligem Geschlecht stammte und verwandt war mit vielen Notabeln des Reiches. Einsiedeln scheint also immer schon ein Zufluchtsort oder eigentlich mehr noch ein Sammelpunkt einflußreicher Männer gewesen zu sein, und ich bin mir beinahe sicher, daß damals im 9. und 10. Jahrhundert, als aus den ersten primitiven Anfängen bereits die Umrisse dessen deutlich wurden, was heute den Ruhm dieses Schauplatzes ausmacht, hier auch manches politische Geschäft in die Wege geleitet und abgewickelt wurde. Ich kann mir nicht vorstellen, daß Männer wie ein ehemaliger Bischof von Metz oder ein Domherr, der über allerbeste Verbindungen zu seinem König Otto I. verfügte, sich nunmehr nur noch aufs Beten, Meditieren und Betrachten der Natur beschränken und darüber das Handwerk vergessen, das sie als einziges wirklich beherrschen, nämlich die Politik.

Aber halten wir uns an die Fakten, dic beweisbar sind. Eberhard vereinigte die frommen Einsiedler zu einem Konvent, erhielt von Otto I. die Erlaubnis zum Bau eines Klosters, das nach der benediktinischen Regel geführt werden sollte, und wurde zum ersten Abt dieses Klosters, das um das Jahr 984 offiziell seiner Bestimmung übergeben werden konnte und schon zu Beginn seiner Existenz durch ausgiebige Schenkungen an Grundbesitz und Geld eine solide ökonomische Basis besaß. Es gibt leider keine Darstellung dieses ersten Klosters, die sich erhalten hätte. Man weiß nur, daß einige Neubauten folgten, weil verheerende Brände immer wieder alles Errichtete bis auf die Grundmauern zerstörten. Allein bis in die Mitte des 16. Jahrhunderts scheint es sechs größere Feuersbrünste gegeben zu haben, die stets das Kloster mit allen Nebengebäuden vernichteten.

Ich habe mir damals in Einsiedeln, als ich vom Hotelzimmer hinunterblickte auf den nächtlichen Platz und das Kloster, ungefähr auszumalen versucht, wie diese Gegend ausgesehen haben könnte, als unter Eberhards Leitung der Grundstein zum ersten Bauwerk gelegt wurde. Überall muß in jenem 10. Jahrhundert der Finsterwald als eine dunkelgrüne und undurchdringliche Mauer vor den schneebedeckten Hochalmen und Bergen gestanden sein, ein dichter Zaun der Natur, in den man nur mühsam einige Breschen schlagen konnte. Überall muß man diese Natur als etwas Gefahrvolles, Feindseliges betrachtet haben. Überall lauerten ja auch wirklich Gefahren, etwa durch Lawinenabgänge, Überschwemmungen, Steinstürze und in den heißen Sommermonaten auch durch Waldbrände. Man lebte bis zur Fertigstellung der ersten Hütten und Holzhäuser in frugaler Anspruchslosigkeit, primitiv bis zu einem Punkt, der unsere Vorurteile gegen ehrgeizige Adelige und Kirchenmänner, die vermittels der Religion ihren Anteil am zeitgenössischen politischen Geschehen zu wahren suchten, ein wenig mildern sollte, wobei noch hinzukommt, daß diese Art von Politik, die von den bedeutendsten Klöstern des Mittelalters ganz selbstverständlich und gleichsam in Übereinstimmung mit der öffentlichen Meinung betrieben wurde, in erster Linie eine Politik der Kultur war, eine Verfechtung ideologischer Standpunkte unter dem Aspekt der kulturellen Durchdringung aller religiösen Bereiche.

Mir wurde damals in Einsiedeln zwar nicht das Abenteuer einer Vision zuteil, aber ich war doch imstande, mir ungefähr auszudenken, unter welchen Voraussetzungen und in welcher Umgebung diese mittelalterlichen Klöster entstanden sind. Es war das Chaos, in das sie eine erste Ordnung brachten. Es war neben der religiösen Motivation immer auch ein erster zivilisatorischer Schritt. Es wurde ein Akt der Bewußtseinsänderung und Bewußtseinsvertiefung gesetzt, von dessen wahrer Bedeutung wir uns heute, da uns alle kulturellen Schätze, über die wir verfügen, als selbstverständlich erscheinen, kaum noch ein informatives Bild machen können. Diese adeligen Mönche, Domherren und Bischöfe, aus deren organisatorischer Begabung, privater Tatkraft und politischem Ehrgeiz Einsiedeln letztlich in seiner einflußreichen und weithin wirksamen Schönheit entstanden ist, diese Männer der Kirche waren nicht nur Herren in einem allgemeinen gesellschaftspolitischen Sinne, nicht nur Protagonisten ihres Zeitalters, sondern sie waren auch – möglicherweise vielfach unbewußt und vielleicht sogar gegen ihren Willen – Diener einer zivilisatorischen und kulturellen Entwicklung, die ohne ihr Wirken einen anderen, weniger spektakulären Verlauf genommen hätte. Wir sehen immer nur das Pompöse solcher Klöster, erkennen und verurteilen stets nur den politischen Ehrgeiz gewisser einflußreicher Äbte und Domherren, reden mit einem leisen Unterton des Neides immer nur vom materiellen Überfluß solcher Klöster. Aber wir vergessen gerne, daß ohne diese pompöse Architektur, die zum Ruhme Gottes gedacht war, ohne den politischen Ehrgeiz, der ja auch den Menschen jener Zeit nützlich war, und ohne den materiellen Reichtum, der viele Veränderungen und entscheidende Entwicklungen überhaupt erst ermöglichte, die gesellschaftlichen Verhältnisse, die ökonomischen, sozialen und politischen Strukturen sich wahrscheinlich anders entwickelt hätten, schwerfälliger, primitiver und ganz gewiß weniger glanzvoll und ohne jene

Basis eines kulturellen und damit geistigen Reichtums, den wir heute noch zu bewahren suchen und voll Stolz auch bewundern.

Weshalb sollte also ein Mann wie Eberhard, dessen Ehrgeiz durchaus Schritt hielt mit seiner Begabung, nicht eine wichtige Rolle in diesem uralten Spiel übernehmen, das zuerst die unerklärlichen Wunder ermöglicht und dann auch, und zwar aus diesen Wundern heraus, die Existenz einer großen religiösen Bewegung? Ein Kloster namens Maria Einsiedeln in einer einsamen Waldgegend, die Finsterwald heißt, idyllisch gelegen an einem Alpensee, dem Sihlsee, ein solches Kloster war für sich allein genommen noch kein Anziehungspunkt für die Masse der Christen. Aber ein Engel, der vor Maria einherschritt und den Abt davor bewahrte, die gerade erst fertiggestellte Klosterkapelle mit feierlichem Zeremoniell einzuweihen, weil das in der Nacht vor dem Festakt schon Christus besorgt habe, unauffällig und doch unendlich wirksamer als jeder irdische Weiheakt, eine solche Erscheinung, ein solches Wunder, geschehen im Jahre 984, als sogar von Konstanz ein Bischof heruntergekommen war in diese Gegend, um an der Weihe des Hauses teilzunehmen, das war schon ein Fingerzeig Gottes, den niemand mehr übersehen konnte. Jedenfalls begann von diesem Augenblick an das Interesse der Christen für Einsiedeln zu wachsen, ein Interesse, das zuvor schon durch Meinrad erweckt worden war. Jetzt freilich ging es nicht mehr um die schlichte Klause eines Eremiten, sondern um ein Haus Gottes, das durch Christus, den Herrn, selbst eingeweiht worden war. Im übrigen glaubte man damals, knapp vor der Jahrtausendwende, durchaus an die Möglichkeit eines irdischen Auftritts Christi, glaubte man an Engel, die Botschaften überbringen, und an eine Maria, die den Menschen erscheint und zu ihnen spricht. Warum auch nicht? Man wird noch tausend Jahre später daran glauben!

Es geschah also schon im Augenblick der Eröffnung dieser allerersten Klosterkapelle ein so aufsehenerregendes und in jeder Hinsicht wirksames Wunder, daß von diesem Jahre 984 an Einsiedelns Bedeutung als Wallfahrtsplatz gesichert schien. Die Klosterkapelle brannte zwar wenige Jahre nach ihrer Fertigstellung ab, wurde durch eine neue, größere Kapelle, die eigentlich schon eine Kirche war, glänzend ersetzt, die dann gleichfalls wieder durch Brände zerstört wurde, aber jene beiden Schauplätze, von denen die Menschen jener Zeit überzeugt waren, daß es heilige Schauplätze wären, nämlich die primitive Klause Meinrads, an deren Stelle sich heute der schöne barocke Frauenbrunnen unterhalb des Klosters erhebt, und die Nachfolgekapelle jener ersten Kapelle, die von Christus selbst eingeweiht worden sein soll, verloren sich fortan nicht mehr aus der Erinnerung der Christenheit.

Ich muß jetzt allerdings versuchen, etwas Ordnung in meine Überlegungen zu bringen. Denn zuviel widersprüchliches Material, zu viele gegensätzliche Erzählungen sammeln sich da an, so daß man, wenn man die Geschichte der Wallfahrt nach Maria Einsiedeln einigermaßen korrekt erzählen will, unter Umständen leicht in die Verlegenheit käme, Widersprüchliches mitzuteilen und aus mehreren völlig eigenständigen Geschichten gewaltsam eine einzige, in sich abgeschlossene Fabel zu gestalten. Genau das aber widerspräche der Biographie dieses berühmten Klosters.

Was also war wirklich geschehen? Ein frommer Mann, von Marodeuren ermordet, rückt den »Finsteren Wald« erstmals ins Interesse einer christlichen Gemeinschaft. Andere Einsiedler folgen, darunter auch Männer von großem politischen Einfluß. Ein Kloster entsteht, das dann durch einen tatsächlich spektakulären Eingriff der höchsten religiösen Instanzen, also durch Christus, seine Mutter Maria und auch durch einen Engel, zu einer Sehenswürdigkeit von europäischer Berühmtheit wird. Oder zu werden verspricht, wie man vorsichtig hinzufügen muß. Denn immer neue Feuersbrünste, die das Kloster und damit auch die legendäre Kapelle zerstören, in der sich das Wunder der Weihe durch Christus ereignet hatte, und auch noch andere Katastrophen hemmen den Aufschwung von Einsiedeln. Nur im 13. und 14. Jahrhundert, als im süddeutschen Raum die Marienverehrung machtvoll eingesetzt hatte, kommt der Pilgerstrom auch in diese Waldeinsamkeit, die überdies den Nachteil hat, an keiner der wichtigen Handelsstraßen zu liegen. Trotzdem wird Einsiedeln vorübergehend sogar zum Sammelpunkt jener süddeutschen und schweizerischen Pilger, die von hier aus über Südfrankreich den langen, beschwerlichen Weg nach Santiago de Compostela nehmen. In der zweiten Hälfte des 15. Jahrhunderts begegnet man in Einsiedeln auch immer wieder einem seltsamen Mann mit asketischem Aussehen. Es handelt sich dabei um Nikolaus von Flüe, der als Bruder Klaus zum großen Visionär und Nationalheiligen der Schweiz wird.

Andererseits wird das Kloster durch die Reformation im Jahre 1526 offiziell aufgelöst, wobei es von besonderer historischer Pikanterie ist, daß der leidenschaftliche Reformator Zwingli zwei Jahre lang, und zwar 1515 und 1516, in Einsiedeln als sogenannter Leutepriester tätig war, also an der Basis arbeitete, bevor er dann, und möglicherweise an diese praktischen Erfahrungen anschließend, in Zürich mit seiner für damalige Verhältnisse revolutionären und letztlich auch erfolgreichen Reform der Kirche begann.

Im Jahre 1526 also wird das Kloster geschlossen. Ein Jahr zuvor schon hatte der letzte Mönch Einsiedeln verlassen. Pilger kamen zu diesem Zeitpunkt schon längst nicht mehr. Mitentscheidend für diese resignative Haltung mag neben der politischen Situation wohl auch gewesen sein, daß die legendäre Gnadenkapelle, das Haus Christi und Marias, ein Menschenalter zuvor wieder einmal völlig ausgebrannt war. Man hatte das alte Gnadenbild durch eine spätgotische Madonnenfigur ersetzt, die schon um 1440 entstanden sein dürfte und heute noch der verehrte Mittelpunkt der kleinen Gnadenkapelle in der riesigen Stiftskirche ist. Es ist eine stehende Gottesmutter mit einem sehr menschlichen, irdischen Gesichtsausdruck, darin man sich unschwer das Antlitz schweizerischer Frauen jener Zeit vorstellen kann. Aber der rechte Schwung, die mitreißende religiöse Begeisterung, die sich den Pilgern mitteilte und von diesen wiederum überging auf die Mönche, das war dahin, war einem Gefühl der Ohnmacht und Furcht gewichen, einer erschöpften Hilflosigkeit gegen den neuen Zeitgeist, gegen militantes Ketzertum und politisch motivierte Reformen. Man hatte nicht mehr die Kraft, etwas Entscheidendes gegen alle diese Tendenzen zu unternehmen. Und auch die Gunst der Katholiken scheint sich damals anderen Wallfahrtsplätzen zugewandt zu haben, denn während noch um die Mitte des 15. Jahrhunderts und auch zur Zeit, als Bruder Klaus hier in Erscheinung trat, vierhundert Beichtväter buchstäblich Tag und Nacht damit beschäftigt waren, innerhalb von vierzehn Tagen mehr als 130 000 Pilgern die Beichte abzunehmen, sind nun, wenige Jahrzehnte später, Beichtväter und Pilger aus Einsiedeln verschwunden.

Die triumphale Erneuerung ereignete sich dann in einem Augenblick, als niemand mehr damit rechnete und das Ende von Einsiedeln unabwendbar schien.

Ich neige ja allen Ernstes dazu, diese Erneuerung als das wahre Wunder von Einsiedeln zu bezeichnen. Überlegen wir uns einmal: Die Verhältnisse rundum im Lande sind chaotisch. Die alten, organisch gewachsenen Traditionen werden bewußt zerstört, neue Ideale tauchen auf, eine völlig neue Beziehung der Menschen zu Gott und zur Kirche wird gleichsam obligatorisch. Manche Klöster brennen, manche werden barbarisch geplündert, viele werden fluchtartig verlassen. Wallfahrten, die ja keine christliche Erfindung sind, sondern dem uralten Bedürfnis der Menschen nach vermeintlicher oder wirklicher Gottesnähe und Zwiesprache mit seinen höchsten religiösen Idealen entsprechen, Wallfahrten gelten nicht mehr als zeitgemäß. Und das Bekenntnis zur Idee dieser Wallfahrten kann plötzlich sogar lebensgefährlich werden.

In diesem entscheidenden Augenblick der Geschichte Einsiedelns betritt ein Mann, Blarer von Wartensee, der sich als Abt später Ludwig II. nennt, den verwüsteten, geschändeten und von Chaos und Resignation beherrschten Schauplatz. Denn noch im Jahre 1526, als durch die neuen reformatorischen Kirchengesetze die Klöster aufgelassen werden, beginnt er mit Laien, mit bürgerlichen Novizen, die sich in den Dienst der gefährdeten Sache stellen, mit dem Aufbau des Klosters. Sieben Jahre später, als der große Umschwung im religiösen Denken der Menschen zögernd einsetzt, wird er von Rom aus als neuer Abt bestätigt und beginnt zugleich die zweite Phase in der Geschichte der Wallfahrt von Einsiedeln. Jetzt tritt nämlich entgültig die Gnadenmutter in den Vordergrund der religiösen Verehrung, wird Maria zum Ziel der Pilger, verflüchtigt sich die Erinnerung an das unglaubliche Phänomen einer Weihe durch Christus, besinnt man sich auf eine realistischere Basis des Glaubens und unterwirft man sich in gewisser Hinsicht freiwillig dem Zeitgeist. Der aber zielt eindeutig in Richtung der umfassenden Marienverehrung. Außerdem will man das, woran man glaubt, auch begreifen können. Man schreckt davor zurück, Christus selbst in die Arena der religiös-politischen Auseinandersetzung zu ziehen. Auch die Zeit der spektakulären Engelserscheinungen scheint endgültig vorbei zu sein. Dafür wendet sich die Liebe der Menschen in besonderer Weise der Muttergottes zu. Eine neue, intensivere Form der marianischen Glaubensbewegung entsteht. Jetzt wagt man es auch wieder, den verschiedenen Madonnenstatuen Geschenke anzubieten, jetzt beginnt die große Zeit der Votivbilder und öffentlichen Dankesbezeugungen. Ende des 16. Jahrhunderts versinkt die spätgotische Statue von Einsiedeln bereits unter der Fülle kostbarer Stoffe, Kleider und Juwelen, die man ihr stiftet. Und anfangs des 18. Jahrhunderts kulminiert diese Entwicklung schließlich im Baubeginn des Klosters, wie wir es heute kennen. Ein aus dem österreichischen Bregenzerwald stammender Bruder, also ein Mitglied des mönchischen Konvents, der zugleich auch ein begnadeter Baumeister war, Caspar Moosbrugger, beginnt mit der Neugestaltung von Einsiedeln. Er unterläßt es freilich nicht – bei aller Abhängigkeit von gewissen modischen Erscheinungen, bei allem barocken Überschwang –, der ersten und ältesten Legende zu gedenken, aus der heraus Einsiedeln ja überhaupt erst entstanden war. Über dem Eingang zur Gnadenkapelle, die jetzt zum fünften oder sechsten Mal erbaut wird und über die sich wiederum die prachtvolle Stiftskirche wölbt, wird ein schlichter Stein mit fünf Löchern angebracht, der allem Anschein nach alle Brände und Zerstörungen der Vergangenheit unbeschadet überstanden hatte. Die fünf Löcher im Stein bezeugen angeblich das Handzeichen Christi, als er die erste bescheidene Kapelle im Jahre 984 persönlich einweihte.

Einsiedeln ist seit der Mitte des 18. Jahrhunderts, als Kloster und Kirche mit den riesigen Dimensionen, schönen Fassaden, breiten Freitreppen, Arkaden und auch dem neuen Frauenbrunnen endgültig fertiggestellt waren, auch ein Ziel der Kunstfreunde geworden. Zwar wird während der Franzosenzeit im Jahre 1798 die Gnadenkapelle noch einmal teilweise zerstört – diese Kapelle ist eine der am meisten zerstörten und am häufigsten wiederaufgebauten Pilgerstätten –, aber da hatte man die verehrte Madonnenstatue bereits nach Vorarlberg vorübergehend in Sicherheit gebracht. Ein neuer Abschnitt der religiösen Entwicklung setzt dann anfangs des 19. Jahrhunderts ein, und heute hat es den Anschein, als ob die teilweise unterdrückte und verfolgte Ostkirche in Einsiedeln ihren europäischen Anlaufpunkt sieht. Ein äußerliches Indiz dafür sind die großen Stiftungskerzen, die von osteuropäischen Diözesen stammen. Da wird die Verbundenheit slowakischer, ungarischer, kroatischer, tschechischer oder rumänischer Katholiken mit Einsiedeln und der Idee einer weltweiten Marienverehrung, die alle Bereiche der menschlichen Existenz umfaßt, auf eine recht nachdrückliche Weise dokumentiert. Ich war ein wenig nachdenklich, als ich diese kostbaren Kerzen aus den Ländern der kommunistischen Welt betrachtete. War das nicht ein Beweis dafür, daß Einsiedeln im Grunde niemals seine politische oder eigentlich kulturpolitische Bedeutung eingebüßt hat?

Natürlich darf ich jetzt wohl auch nicht verschweigen, daß ich mich in der barocken Stiftskirche mit ihren außerordentlichen Dimensionen, die das schlichte und kleine Gebäude der Gnadenkapelle fast erdrücken, stets ein wenig unbehaglich fühlte, mir verloren vorkam und vergeblich auf dieses Gefühl einer Sinnlichkeit hoffte, das nach meiner naiven Vorstellung aus dem abstrakten Glauben erst etwas Persönliches macht. Es war gewiß meine Schuld. Ich war zuerst am frühen Morgen, als gerade wieder eine Messe gelesen wurde, und dann am Vormittag noch einmal in die Kirche gekommen, und ich war durchaus beeindruckt von den Exvotos, Votivtafeln, Bildern, Dokumenten des Dankes, den Krücken, Medaillons, die zum Teil oberhalb der Eingangstür angebracht sind und an das vielfache Unglück der Menschen erinnern, die hier entweder den Glauben an sich selbst oder manchmal sogar die Überzeugung ihres eigenen Glückes wiedergefunden haben. Aber während ich noch über den glatten, kalten Marmorboden schritt und Mühe hatte, mich in dieser prunkvollen Ausstattung zurechtzufinden, erschienen mir alle diese vergilbten Danksagungen nur noch als eine historische Erinnerung. Sie entsprachen nicht dem herrschaftlichen Bild, das sich mir hier einprägte. Und auch das war natürlich meine Schuld. Mir war das alles, was ich sah, spürte, vermutete, zu groß oder eigentlich zu überwältigend. Ich fühlte mich eingeschüchtert durch die Vielzahl und Schönheit bemalter Fassaden, Gewölbe und Kuppeln, durch die kunstvoll erarbeiteten und freilich etwas maskenhaft wirkenden Statuen, ich empfand Respekt, aber keine Ergriffenheit, ich dachte mir, daß meine Bereitschaft zur Nachdenklichkeit, zur Auseinandersetzung mit dem Glauben doch nicht nur von der überreichen Ausstattung oder der herrschaftlichen Architektur einer berühmten

Klosterkirche abhängen dürfe. Ich fragte mich mutlos, ob ich vielleicht unfähig zum wahren Glauben sei, nur weil ich in diesem imposanten und zugleich auch einschüchternden Gotteshaus nicht diese selbstverständliche Demut in mir aufsteigen fühlte, die man im Umgang mit Gott braucht.

Die Bedeutung Einsiedelns als Wallfahrtszentrum der Schweiz ist unbestreitbar. Und auch die kulturpolitische Ausstrahlung dieser Abtei ist groß, geht weiter über die Landesgrenzen hinaus, reicht bis in die Länder des Kommunismus und der Dritten Welt. Aber für mich persönlich – und ich wäre ein Lügner und Heuchler, wollte ich das verschweigen – war tatsächlich nur Respekt und andachtsvolles Staunen möglich. Das Wunder des reinen Glaubens, der über einem zusammenschlägt wie eine rauschende Woge, dieses Wunder naiven Selbstvergessens, aus dem heraus dann vielleicht ein aufrichtiges Verständnis für die Existenz Gottes entsteht, dieser kleine und doch so entscheidende Schritt vom bloßen Zeremoniell in die Tiefe des eigenen Erinnerns und der schmerzlichen Sehnsucht nach einer Gewißheit, nach einem Ziel, das man sein ganzes Leben lang vor Augen hat und doch nie wirklich erreicht ... das war mir inmitten dieser gediegenen Prachtentfaltung nicht möglich. Ich hätte es vorher wissen müssen. Ich erstarre immer angesichts pompöser Architektur und herrschaftlicher Verhältnisse. Ich erstarre vor allem, was zum Ruhme Gottes veranstaltet wird, mich aber von Gott unendlich weit entfernte, weil es mich mutlos macht.

Draußen auf dem weiten, leicht abfallenden Vorplatz hatte damals, als ich endlich wieder aus der Kirche trat, ein Fasnachtszug Aufstellung genommen. Ich mischte mich unter die Masken der Narren. Ich fühlte mich nackt und gedemütigt.

Flüeli-Ranft

Am sogenannten Gallustag des Jahres 1467, also Mitte Oktober, wenn auf den Hochalmen der Zentralschweiz schon die ersten Nachtfröste auftreten und der kalte Morgennebel über den Tälern sich erst gegen Mittag zu lichten beginnt, nahm auf einem Almboden südlich von Luzern, der wie eine gewaltige Naturschanze über einer langgezogenen, schmalen und fruchtbaren Ebene liegt, durch die ein Fluß namens Sarnen fließt, ein etwa fünfzigjähriger Mann von seiner Familie Abschied. Es war schon gegen Abend, der Mann hatte allem Anschein nach Ursache, die Dunkelheit abzuwarten. Die Dämmerung kroch aus der Tiefe der Landschaft allmählich hangaufwärts, während auf den höchsten Berggipfeln im Hintergrund, auf denen seit Tagen der erste frühe Schnee lag, noch einmal die Sonne leuchtete, bevor sie hinter den vielen Bergen, die diesen Teil der Schweiz bedecken, spurlos verschwand. Der Almboden, auf dem diese Abschiedsszene stattfand, gehörte zu einem Gebiet, das man auch damals schon mit einem Doppelnamen bezeichnete, Flüeli-Ranft, das heißt, der vordere und tiefere, dem Tal nähere Teil, einige verstreut liegende Bauernhäuser, hieß Flüeli, während einige tiefeingeschnittene Schluchten und ins hochalpine Gebiet reichende Almböden, auf denen um diese Jahreszeit noch Kühe weideten, unter dem Sammelbegriff »In der Ranft« oder auch »Im Ranft« bekannt waren. Alles zusammen ergab eine landschaftliche Idylle von charakteristisch schweizerischem Zuschnitt, deren herbe Schönheit auch heute noch eindrucksvoll ist.

Der Mann, der sich hier darauf vorbereitete, seine Heimat, seine Familie zu verlassen, hieß Nikolaus von Flüe, was man freilich nicht unbedingt als Adelsprädikat verstehen soll, sondern mehr als eine geographische Bezeichnung, als einen konkreten Hinweis auf die Herkunft dieses Mannes, der ein Bauer war, wenngleich er es in seinem Leben zu einigen wichtigen Ämtern und Ehrungen gebracht hatte, die fast jeder seiner zahlreichen Biographen und Bewunderer später einmal sogar als Regierungsgeschäfte bezeichnen wird. Man muß sich vorstellen, daß dieser Nikolaus von Flüe im Gebiet der Urner Alpen südlich des Vierwaldstätter Sees, also in dieser

Talschaft von Sarnen, Sachseln und Kerns und wohl auch noch über diesen verhältnismäßig engen Lokalbereich hinaus politisches Gewicht besaß, ein Politiker von bäuerlicher Herkunft zwar – wie man das, wenn man in heutigen Kategorien denkt, bezeichnen müßte –, aber rechtschaffen und ziemlich erfolgreich, was ihn einmal sogar für das hohe Amt eines schweizerischen Landammans vorstellbar machte, eine fragwürdige Ehre, die er kategorisch abgelehnt hatte, nachdem er einige schlimme Erfahrungen hatte machen müssen, was die Unabhängigkeit des Gerichtswesens im besonderen und die Gerechtigkeit im allgemeinen betraf. Nikolaus von Flüe hatte, als er am Abend des 17. Oktober 1467 seine Familie ein letztes Mal umarmte, manche Ehrung genossen und manche Demütigung eingesteckt. Er war, was das Politische betraf, kein Anfänger mehr. Er hatte seinen Beitrag geleistet, und zwar in jeder Hinsicht. Er hatte sich nichts vorzuwerfen, er hatte mitgetan beim lustvollen Spiel um die Macht, bis er endlich begriffen hatte, daß sein Charakter für dieses Spiel völlig untauglich war.

Außerdem gab es da auch noch diese Visionen, die ihn seit seiner Jugendzeit heimsuchten, Bilder von bestürzender Genauigkeit der Inhalte, auch wenn diese Inhalte schrecklich waren und er sie nicht immer verstand. Aber darüber schwieg er sich ohnedies aus.

Die Frau, die Nikolaus von Flüe umarmte, hieß Dorothea. Viel mehr wissen wir nicht über sie. Zehn lebendgeborene Kinder hatte sie ihm geschenkt. Jetzt waren die älteren Söhne erwachsen und konnten die Lücke, die der reisefertige Vater hinterlassen würde, wahrscheinlich ausfüllen. Auf einem Bauernhof, wo alles in allem ein Dutzend Mäuler zu stopfen ist, gibt es immer zuviel Arbeit und zuwenig Hände, die diese Arbeit bewältigen. Nikolaus von Flüe scheint das nicht bedacht zu haben. Er hatte ein höheres Ziel vor Augen.

Dorothea also! War sie hübsch, klug, vital oder nur verzweifelt dumpf ergeben in ihr Schicksal? Wir wissen es nicht. Sie stand und steht immer im Schatten ihres Mannes. Sein Gesicht, obgleich es kein einziges authentisches Porträt von ihm gibt, ist uns gegenwärtig. Dorothea können wir uns nicht einmal auf einen bloßen Verdacht hin vorstellen. Später einmal wird es sogar einen Versuch geben, sie zu verleugnen. Man wird so tun, als habe sie nicht mindestens zehnmal die

Lust und den Samen eines sonderbaren Mannes empfangen, der als einer der großen Visionäre des verlöschenden Mittelalters und heute längst schon als Nationalheiliger der Schweiz gilt, heiliggesprochen zwar erst in den vierziger Jahren unseres Jahrhunderts, aber als Vater des Vaterlandes gepriesen seit nunmehr bald fünfhundert Jahren. Vieles ist widerspruchsvoll, das man nur zögernd erzählt, um das Leben dieses Nikolaus von Flüe verständlich zu machen. Manches ist nicht nur widerspruchsvoll, sondern schlichtweg unbegreiflich. Und einige Passagen dieses Lebens, dieses Charakters eines erwachsenen Mannes mit Lebenserfahrung, der soeben damit beschäftigt ist, seine Familie für immer zu verlassen, können überhaupt nur durch die eifrige Beredsamkeit seiner Biographen einem erstaunten Publikum vorgeführt werden. Ob das immer auf Anteilnahme und Verständnis beim Publikum stößt, zumal dann, wenn es nicht aus der Schweiz stammt, ist eine andere Frage. Es ist schwierig zu verstehen, daß der Weg zur Heiligkeit ausgerechnet über das Glück einer Familie führt, die man verläßt, um seinen Dienst für eine abstrakte Sache anzutreten.

Übrigens wird die Zeit der Abwesenheit des Nikolaus von Flüe, der jetzt am Abend des 17. Oktober 1467 so umfänglich und bedachtsam Abschied von seiner Familie nimmt, als wollte er in eine andere Provinz oder gar ins Heilige Land auswandern, nur von kurzer Dauer sein. Nicht einmal vierundzwanzig Stunden später wird er wieder vor seinem Haus in Flüeli stehen. Allerdings wird man erst viel später etwas über diese heimliche Anwesenheit erfahren. Er übernachtete nämlich wie ein Fremder verstohlen im Stall und verschwand am anderen Morgen endgültig hinauf in die Berge. Er machte sich sozusagen unsichtbar. In diesem Zusammenhang fällt einem ein, was ein Zeitgenosse dieses Mannes, der sich spätestens seit dem Gallustag 1467 nur noch Bruder Klaus nannte, über die geheimnisvolle Art des Reisens notiert hatte, für die Nikolaus von Flüe alias Bruder Klaus berühmt wurde. Es war das der deutsche Ritter Hans von Weilheim, der anläßlich eines kurzen Aufenthaltes bei Bruder Klaus einmal geschrieben hatte: »Man sagt auch, daß er oft und viel bei Unserer Lieben Frau zu Einsiedeln gesehen wird, aber kein Mensch begegnet ihm unterwegs, weder auf dem Hin- noch auf dem Rückwege. Wie er aber oder durch welche Wege er hinkommt nach Einsiedeln, ist Gott dem Allmächtigen wohl bekannt!« – War Bruder Klaus ein Engel, der hoch am Himmel und damit unsichtbar für die Menschen über die Zentralschweiz hinwegflog? Oder ist er, um den herum nicht nur eine Legende, sondern auch ein Mysterium entstanden ist, nur ein Produkt unserer Phantasie, ein Spiegelbild unserer geheimsten Wünsche?

Nun, Nikolaus von Flüe wurde im Jahre 1416 geboren, und zwar auf dieser gewaltigen Naturschanze oberhalb des fruchtbaren Taleinschnittes, durch den der Fluß Sarnen fließt. Sein sorgfältig renoviertes Geburtshaus in Flüeli darf man zumindest im Sommer eingehend besichtigen. Im Winter ist es leider versperrt. Und in der Nachbargemeinde Kerns, wohin man den Knaben zur Taufe brachte, kann man in der Kirche noch den verwitterten Taufstein sehen, an dem sozusagen die christliche Existenz dieses schweizerischen Nationalheiligen begonnen hatte. Wilhelm Tell, der andere nationale Held der Schweiz, mag eine Erfindung literarischer Phantasie sein. Nikolaus von Flüe oder eigentlich Bruder Klaus aber war ein Wesen aus Fleisch und Blut. Das Merkwürdige daran ist nur, daß so vieles an seiner Biographie, die insgesamt doch recht geordnet und überschaubar vorliegt und nahezu jedes Jahr durch ein weiteres analytisches, tiefschürfendes und beschreibendes Werk ergänzt wird, rätselhaft anmutet oder überhaupt unbekannt ist.

Sein Geburtshaus kann man also aufsuchen, darf man im Sommer sogar besichtigen. Auch das Wohnhaus des Bauern Nikolaus von Flüe, das sich nur knappe zweihundert Meter neben dem Geburtshaus befindet, ist renoviert worden und kann besichtigt werden, sofern man nicht gerade im Winter nach Flüeli kommt. Dazwischen gibt es eine kleine Ansammlung von einfachen, schindelgedeckten Häusern, einigen Kiosken, zwei oder drei Gaststätten und einer kleinen, schlichten, langgestreckten Kapelle, die auf einem Felsenvorsprung oberhalb dieses weiten Almbodens steht. Im Hintergrund dieser Szene hat man ein großes Hotel erbaut, das einen etwas düsteren und strengen Eindruck macht. Es vermittelt dem unvorbereiteten Besucher das Gefühl, als ob man sich in der Heimat des Bruder Klaus zu keinerlei übertriebener fröhlicher Äußerung hinreißen lassen dürfte. Immerhin hat man an einem besonders schönen Aussichtspunkt, von wo aus der Blick völlig frei auf die Bergwelt fällt, ein Fernrohr aufgestellt. Eine Tafel mit der lakonischen Aufforderung, Ruhe und Ordnung zu bewahren, vervollständigt diese Szene. Als ich zuletzt in Flüeli war, an einem sonnigen Wintertag, donnerten alle paar Minuten zwei oder drei Hubschrauber über den Almboden, über die Ranft und verschwanden zwischen den Bergen. Wahrscheinlich waren es Schifahrer, die sich zu den höhergelegenen Gletscherpisten bringen ließen. Hier auf dem Almboden lag kein Schnee mehr. Und unten in der Ebene roch es sogar frühlingshaft, war die Sonne warm und zutraulich.

Was war Bruder Klaus für ein Mensch, daß man seinetwegen heute Gebotstafeln aufstellt? Denn unterhalb der Aufforderung, Ruhe und Ordnung zu bewahren, steht noch ein Satz angeschlagen, daß es sich hier um ein Gelände von nationaler Feierlichkeit handle. Man wirft den Franken ein, blickt durch das Fernrohr, erkennt ein Stück Natur, durch das Bruder Klaus gewandert ist, und erst dann, wenn man sich umwendet und das ehemalige Wohnhaus des Bauern Nikolaus von Flüe sieht, versteht man, was mit dem Gelände von nationaler Feierlichkeit wirklich gemeint ist.

Walter Nigg, einer der wichtigsten modernen Biographen des Bruder Klaus, beginnt seine Abhandlung mit dem Hinweis darauf, daß Nikolaus von Flüe im 15. Jahrhundert gelebt habe, also in einer Zeit großer Entdeckungen, im sogenannten Herbst des Mittelalters, »in dem die Kirche in einen Zustand der Schwäche und Verwirrung fiel«. Daraus läßt sich natürlich, soweit es die Person des Bruder Klaus betrifft, noch kaum sehr viel ableiten. Ein schweizerischer Bauer, der sich mehrfach als Soldat verdingt, als Fähnrich zuerst, dann als Rottmeister und schließlich als Hauptmann. Ein Familienvater, der zwar zehn Kinder zeugt, aber auch, was als erwiesen angenommen werden darf, in mancher Nacht plötzlich das Ehebett verläßt, um in einem entlegenen Winkel des Hauses zu beten. Und ein Mann schließlich, der für das Gemeinwohl manches leistet, auch in politischer Hinsicht, bis er plötzlich alles hinwirft, alles aufgibt und, nachdem er Abschied genommen hat von seiner Familie, verschwindet. Um einige Stunden später wieder aufzutauchen und wieder zu verschwinden. Was für ein Mensch ist das eigentlich? Und ist das alles wirklich nur aus der Zeit heraus zu verstehen, in der er lebt?

Wir wissen, daß er Ratsherr war. Und dann auch noch bis zum Tagsatzungsabgesandten avancierte, was immerhin einige politische Macht darstellte. Wir wissen aber auch, daß Nikolaus von Flüe immer ein Bauer blieb, nie seine bäuerliche Herkunft, seine bäuerliche Existenz verleugnete, weder als Soldat noch als Politiker. Irgendwann dann nahe dem vorstellbaren und durchaus möglichen Höhepunkt seiner politischen Karriere scheitert er an sich selbst, an der eigenen kategorischen Vorstellung von Moral. Manche Autoren suchen den Anlaß zu diesem Scheitern in einer schmutzigen Bestechungsaffäre, in die zwei Richter verwickelt waren, die einen unschuldigen Armen verurteilten und den schuldigen Reichen freisprachen. Nikolaus von Flüe soll an diesem Prozeß beteiligt gewesen sein. Vielleicht in einer politischen Funktion, durchdrungen von seiner kategorischen Moral, die zu abstrakt oder zu idealistisch war, als daß sie den realen Gegebenheiten entsprochen hätte. Er schließt die Augen entsetzt von der Ungerechtigkeit, die sich vor ihm abspielt. Zugleich aber sieht er auch, wie aus dem Mund der beiden bestochenen Richter ein Feuer hervorbricht. Unter Protest verzichtet er auf alle Würden, Ämter, Vorrechte. Er geht auf seinen Hof zurück. Zwei Jahre später, am Gallustag 1467, beginnt sein langer Abschied.

Was für ein Mensch ist das also wirklich? Einer, der sich umtut und den Erfolg sucht? Und der, als er ihn nicht so findet, wie es seinem Ideal entspricht, resigniert? Bauer, Soldat, Amtmann, Politiker? Bis ihn die Visionen einholen und für jede normale bürgerliche Karriere untauglich machen? Oder einer, der einfach nach der Wahrheit forscht und darüber immer wieder ins Straucheln gerät? Wir wissen, daß er nie ein großer Verbraucher war. Er war ein bescheidener Mensch mit bescheidenen Ansprüchen. Die Schweizer sind im allgemeinen bedürfnislos. Er war es auf eine fanatische Art. Später, nach dem langen Abschied, wird er jahrelang so gut wie nichts mehr zu sich nehmen. Vielleicht ein paar Kräuter und täglich einen tiefen Schluck klaren Quellwassers. Also ein Magier, der sich selbst verzauberte? Ich weiß es nicht. Denn dem gegenüber steht die erstaunliche Tatsache, daß er allen Ernstes Dorothea, seine Frau, um die Erlaubnis bat, sich entfernen zu dürfen. In den frühen Hinweisen über sein Leben findet sich eine diesbezügliche Anmerkung. Ein Heiliger, der seine Frau zuerst darum bittet, ein heiligmäßiges Leben führen zu dürfen? Oder einfach ein biederer Schweizer, der auch auf der Vorstufe zur Unsterblichkeit nicht über seinen Schatten springen kann?

Als ich dort oben auf dieser Anhöhe war, die breit hingelagert, behäbig über dem Sarnental liegt, ein begrenztes Paradies der engen Verhältnisse, da versuchte ich mir vorzustellen, wie diese letzte Szene sich abgespielt haben mag, als aus Nikolaus von Flüe endgültig Bruder Klaus wurde. Die Frau, Dorothea, lehnt am Türpfosten. Ihr Gesicht ist streng, sie weint nicht, hat alle Tränen schon vergossen in den letzten beiden Jahren, als der Mann, der sonderbar geworden ist, sie immer wieder darum gebeten hatte, davongehen zu dürfen. Die Kinder, fünf Töchter, fünf Söhne, drücken sich verlegen ums Haus. Sie begreifen gar nichts. Sie sehen nur die Arbeit, die ihnen zu tun bleibt. Und Dorothea wird den Mann vielleicht an die Schande erinnern, die er ihr und den Kindern antut. Was werden die Nachbarn sagen? Noch weiß sie nicht, daß ihr Mann den ersten Schritt zum Ruhm unternimmt.

Und er, Nikolaus, jetzt schon Bruder Klaus? Ein hageres, zerquältes Gesicht auf einem hageren, ausgeschundenen Leib. Die Augen ratlos, aber zugleich entschlossen. Denkt er in diesen Augenblicken an die Visionen, die ihn heimsuchen, seit er sich erinnern kann? Er ist unfähig, der Frau mit klaren, überzeugenden Worten sein Vorhaben zu erklären. Er ist kein Intellektueller. Und wüßte er, daß er schon nach wenigen Stunden heimkehren würde in seine Bergwelt, wer weiß, ob er nicht vor Scham und Ratlosigkeit sein Gesicht mit den knochigen, abgearbeiteten Händen bedeckte und aufschluchzte vor Verzweiflung. Oh ja, er war gewiß ein Heiliger. Aber er war auch ein armer, verwirrter Mensch.

Dann endlich schritt er »in seinem einfachen, grauen Rock, der ihm bis zu den Knöcheln reichte, barfuß und ohne Kopfbedeckung, mit einem Stab in der Hand, in die dunkle Nacht hinaus und entschwand den Blicken seiner Angehörigen«. – So erzählt es Walter Nigg, ein religiös motivierter Autor, dem man Glauben schenken sollte, weil er Übung hat in der Darstellung solcher und ähnlicher Szenen. Und dann? Ich habe mich umgesehen in der Literatur über diesen seltsamen Bruder Klaus, ich bin sogar einen Teil der Strecke abgefahren, die er damals vermutlich gegangen ist. Er wollte angeblich ins

Elsässische, ihn dürstete nach Erkenntnis und Anteilnahme durch Gleichgesinnte. Aber irgendwann unterwegs in der Gegend eines kleinen Marktfleckens namens Liestal, wo er übrigens wieder einmal eine Vision hatte und dieses Liestal in hellen Flammen vor sich sah, eine Tagesreise von seinem heimatlichen Almboden entfernt, kommt er mit einem Bauer ins Gespräch. Es muß in einem Nachbardorf von Liestal gewesen sein. Oder vielleicht auch auf freiem Feld. Nähere Hinweise fehlen. Der Bauer, dem sich der angehende Eremit anvertraute, muß überdies ein charakteristischer Schweizer Landmann gewesen sein, also wortkarg, bedachtsam, etwas mißtrauisch, konservativ, den Himmel achtend, aber mit beiden Füßen in der Erde verwurzelt. Er wird sich stumm angehört haben, was der hagere Fremde ihm erzählte. Vom heiligen Dienst für Gott wird die Rede gewesen sein, von der Verpflichtung, künftighin ausschließlich der Religion alles unterzuordnen, was an Kraft, Mut und Ausdauer in einem menschlichen Körper vorhanden ist. Die Antwort des Bauern ist nicht überliefert.

Zumindest nicht im genauen Wortlaut. Aber sie muß drastisch ausgefallen sein, denn ihre Wirkung auf Bruder Klaus war beachtlich. Wahrscheinlich knurrte der einfache, bodenverwurzelte, nüchterne schweizerische Bauer ein paar Worte, etwa in der Art, daß es erstens klüger und zweitens gottgefälliger sei, wenn man seinen Dienst für Gott inmitten der eigenen Familie ausübe. Ich kann mir denken, daß er dazu mürrisch den Kopf schüttelte. Und den hageren Fremden mit mißtrauischen Blicken musterte.

Die Wirkung, ich sagte es schon, war beachtlich. Bruder Klaus unterbrach auf der Stelle seine Reise, deren fiktives Ziel wir leider nicht genau kennen, Elsaß oder auch Süddeutschland oder gar etwas Exotischeres, wer weiß schon, was im Kopf eines solchen Mannes wirklich vorgeht, der ein rechtschaffenes und erfolgreiches Leben führt und trotzdem die Nächte betend in einem verborgenen Winkel seines Hauses verbringt, bedrängt von Visionen und Gesichten, während der Atem seiner schlafenden Kinder, seiner argwöhnischen Frau an ihm vorüberstreicht, als wäre er, Nikolaus von Flüe, nicht mehr für diese Welt verantwortlich. Jetzt verkroch er sich jedenfalls am Wegrand und begann nachzudenken. Es muß, wenn ich mir das richtig ausgerechnet habe, die Nacht vom 18. auf den 19. Oktober 1467 gewesen sein. Angeblich lag er unter einer wilden Hecke, das Gesicht dem herbstlichen Sternenhimmel zugewandt, die Augen tränenblind, gegen Morgen – die Nächte sind in dieser Gegend um diese Jahreszeit schon empfindlich kühl – mit den Zähnen klappernd. Was er sich gedacht, eingebildet hat? Das wissen wir nicht. Ob er Visionen gehabt hat? Wir können keine vernünftige Antwort darauf geben. Unbestritten ist nur, daß er am nächsten Morgen von Liestal zurückging, den ganzen Tag und die halbe Nacht unterwegs war, gegen Mitternacht sich im Stall seines Hauses verkroch und am anderen Morgen über die Ranft auf eine Hochalm ging, wo er sich vor der Welt verbarg.

Ich habe das zu überprüfen versucht. Alles kann nicht so gewesen sein, wie es die Überlieferung erzählt. Das Wohnhaus des Nikolaus von Flüe ist ganz einfach nicht groß, nicht geräumig genug, damit sich ein nächtlicher Gast unbemerkt im Stall verbergen kann. Und fast habe ich den Verdacht, daß Dorothea, seine Frau, in dieser Nacht zwar den Atem angehalten hatte, als sie ihren Mann heimkommen hörte, aber stumm blieb. Sie wird der Auseinandersetzung müde gewesen sein. Sie hatte lange genug gelitten. Jetzt war ein Schlußstrich gezogen. Jetzt entließ sie ihn von sich aus in seine neue und schwierige Existenz als Eremit und Visionär.

Ich erwähne das deshalb, weil es reizvoll wäre, einmal darüber nachzudenken, was gewesen wäre, wenn Dorothea in den Stall geeilt wäre, um den verzweifelten Mann durch ihre Umarmung zu trösten. Oder wenn die Kinder den Vater hereingeholt hätten in die warme Schlafstube. Vorsehung, Zufall oder absichtsvolle Gleichgültigkeit? Niemand rührte sich im Haus, niemand dachte daran, den überraschend heimgekehrten Mann zu begrüßen. Und Bruder Klaus fiel es leicht, beim Morgengrauen wieder zu verschwinden.

So weit also einige Details aus dieser Biographie eines schweizerischen Anachoreten, eines Waldbruders, der fortan nur noch für Gott lebt. Genau überprüfbar ist das alles natürlich nicht. Aber wenn man es abschließend zusammenfaßt, so kommt man jedenfalls zum Ergebnis, daß Nikolaus von Flüe nach einem abwechslungsreichen Leben jetzt auch noch den entscheidenden Schritt zur Unsterblichkeit unternimmt. Als Soldat war ihm Erfolg beschieden gewesen. Als Lokalpolitiker hatte er Rang und Ansehen besessen. Als Bauer hatte er seine beträchtliche Familie ernährt. Was blieb ihm nun noch zu tun, da die Visionen nicht aufhören wollten und seine Frömmigkeit absonderliche Formen annahm? Außerdem gehört es zu den Standardfloskeln aller Lebensbeschreibungen heiliger Menschen, daß sie meist erst nach einem prallen, gleichsam übererfüllten irdischen Leben in die Lage kämen, sich vorsichtig, schrittweise dem Stadium der Heiligkeit zu nähern. Und das träfe auf Bruder Klaus natürlich prachtvoll zu. Sein Leben war erfüllt, als er es eintauschte gegen ein eremitisches Dasein.

Ich freilich bezweifle ein wenig diese Meinung. Ich bezweifle nicht die außergewöhnliche Charakterstärke und die ungewöhnliche seelische Begabung dieses Visionärs, der in der Abgeschiedenheit seiner Bergheimat ein Beispiel geben wollte – und trotzdem oft in Einsiedeln und auch anderswo in der Schweiz gesehen wurde –, aber ich lehne es ab, ihn mir anders als einen biederen Bauern vorzustellen, der, solange der Trieb ihn beherrschte, Kinder zeugte und der, solange Ehrgeiz in ihm war, einer weltlichen Karriere nachjagte wie wir alle. Damals am frühen Morgen, als er heimlich den Stall seines Hauses wieder verlassen hatte und hinaufging in den Bergwald, wo er sich aus frischem Laubholz eine primitive Hütte baute, damals dauerte es nur zwei Jahre, bis die Bauern und Bürger ihn sichtbar zu verehren begannen. Man errichtete ihm in schöner Übereinstimmung mit den eigenen frommen Wünschen eine menschenwürdigere Klause und eine Kapelle, die er bezeichnenderweise der Büßerin Maria Magdalena widmete. Wofür wollte er büßen? Für das Unrecht, das er seiner Frau angetan hatte? Sie stieg noch gelegentlich in die verborgenen Schluchten der Ranft hinab, um mit ihm über die Kinder, den Hof, die neuen schwierigen Verhältnisse zu reden. Hatte sie ihm also verziehen? Und begriffen seine ehemaligen Nachbarn, Freunde, die schweizerischen Bergbauern und Almhirten, daß am Rande ihrer ärmlichen Existenz jemand lebte, der eine Verbindung mit Gott herzustellen suchte?

Die Zelle, in der Bruder Klaus fortan lebte, kann man noch besichtigen. Sie gehört zu den nationalen Heiligtümern der Schweiz. Seine Zeitgenossen, die ihn aufsuchten, schildern den Mann als »völlig von Gott beherrscht«. In seiner Behausung soll sich nur ein Sack und ein Stein befunden haben.

Der Stein diente als Kopfpolster, der Sack im strengen Winter als wärmender Überwurf. Natürlich fehlte der Bußgürtel nicht, auch nicht die Asche, dieses Symbol aller Vergänglichkeit. Und selbstverständlich verzichtete Bruder Klaus auf Kamm und Seife – was damals nicht ungewöhnlich war, eher die Regel, auch bei sozial höhergestellten Menschen –, verzichtete er auf jeden weltlichen Gedanken. Vor allem aber, und hier beginnt das Mysterium, verweigerte er jedes Essen. Ich sagte schon, daß ich vermute, Bruder Klaus habe lediglich ein paar Kräuter und einen Schluck Quellwasser zu sich genommen. Selbst das wird von den Zeitgenossen und ersten Biographen entschieden in Abrede gestellt. Er habe keinen Bissen gegessen und keinen Schluck getrunken, heißt es übereinstimmend. Sein Fasten sei von einer Radikalität gewesen, die man nur nacherzählen, aber kaum nachempfinden könne.

Ich will es als Faktum hinnehmen. Wer bereit ist, an das eine oder andere Wunder zu glauben, weil erst dadurch die spirituelle Idee, die sich hinter allen Heiligenlegenden verbirgt, verdeutlicht wird, dem sollte es nicht mehr darauf ankommen, die bis zum schieren Wahnsinn vorangetriebene Askese eines Mannes als etwas Moralisches und Nützliches zu akzeptieren, noch dazu dann, wenn sich der Mann seiner Sache sicher war. Aber es gibt da auch noch einen anderen Punkt, der meine Skepsis beseitigt! Erstens war Bruder Klaus zwar aus der Welt fortgegangen, wenn auch nicht gerade, wie ich meine, unter besonders rühmlichen Begleitumständen. Doch die Welt hatte ihn wieder eingeholt. Es verging nämlich bald kein Tag, an dem nicht Pilger bei ihm erschienen, Neugierige, Spötter, Sensationslüsterne, aber vor allem Gläubige und Bewunderer, die seinen Segen wollten. Die einfach in seiner Nähe diese Gewißheit erlangten, daß ihr Glaube aufrichtig und ihre Frömmigkeit Gott gefällig sei. Und dann war da noch eine Sache, die seinen Ruhm endgültig festigte. Etwas, das ihn weit emporhob über alles Sektiererische und Mysteriöse und seine exzentrische Außenseiterposition vor aller Welt glänzend rechtfertigte.

Es war das Zeitalter der Burgunderkriege, die von den Eidgenossen, die im eigentlichen Sinne dieses Wortes um ihre Existenz kämpften, erfolgreich bewältigt worden waren. Aber nun, etwa um 1481, da der Sieg unwiderruflich erfochten war und die Beute verteilt werden sollte, kam keine Einigung zustande. Die Gefahr eines Bürgerkrieges drohte, nur weil die Sieger, die auf dem Schlachtfeld so vernünftig und besonnen gewesen waren, jetzt unvernünftig und habgierig waren. Das war an sich noch nichts Außergewöhnliches, denn diese Art der Unvernunft ist weitverbreitet. Außergewöhnlich war nur, daß nach dreißig ergebnislosen Sitzungen in Luzern, wo diese Konferenz stattfand und auf der jeder Kantonsvertreter seinen Anteil an der Beute forderte und keiner der Sieger von seinem törichten Justamentsstandpunkt abrücken wollte, einer von ihnen voll Angst und gepeinigt von düsteren Bildern, wie sich die braven Schweizer selber zu zerfleischen begannen, zum Bruder Klaus in die Ranft eilte. Es war Ende Dezember, der Weg war eisig, die Luft kalt, die Berge ersoffen im frischgefallenen Schnee. Eine Nacht lang redete der Abgesandte mit dem Einsiedler, erklärte er dem Bruder Klaus die Situation, die so verfahren war, daß nur noch ein alexandrinischer Schwerthieb diesen gordischen Knoten hätte lösen können. So schien es zumindest, so empfanden es die ratlosen Tagsatzungsherren in Luzern, die längst schon an kein glückliches Ende ihrer Probleme mehr glaubten. Es wird erzählt, daß viele von ihnen bereits ihre Pferde gesattelt hätten und zum Aufbruch aus Luzern bereit gewesen wären, als endlich der Abgesandte aus der Ranft zurückkehrte. Dann geschah das, was man füglich wohl auch als ein Wunder bezeichnen darf. Innerhalb vonwei Stunden war Einigung erzielt, war die schwierige, von Streit und Auflösung bedrohte Versammlung auf einen gemeinsamen Nenner gebracht, war der Friede in der Schweiz endgültig gerettet worden.

In der Schweiz, wo man damals dem Bruder Klaus den Ehrennamen »Vater des Vaterlandes« schenkte, diskutiert man zuweilen heute noch darüber, was eigentlich der Inhalt seiner Botschaft gewesen sei, die der Visionär und Einsiedler den Kantonsvertretern zuteil werden ließ. Es gibt kein schriftliches Protokoll von der letzten, alles entscheidenden Sitzung. Es gibt nur Gerüchte, Hinweise, einen schönen Verdacht, daß diese Lösung in letzter Sekunde einzig und allein dem drängenden Einspruch des Bruder Klaus zu verdanken sei, der davor gewarnt habe, die frisch erworbene, blutig erkämpfte Einigkeit durch Habgier und Dummheit zu gefährden. Damals im Jahre 1481 sind Solothurn und Freiburg in den Bund aufgenommen worden, gewannen die Städte ein politisches

Übergewicht über die Landkantone, was freilich den Ausschlag für den Frieden ergab. War das sein Lösungsvorschlag? Oder genügte einfach seine religiöse Autorität, daß man sich zu Luzern im allerletzten Augenblick doch noch auf eine einvernehmliche Lösung einigte?

Vater des Vaterlandes: Soviel ich weiß, ist Nikolaus von Flüe alias Bruder Klaus der einzige Schweizer dem diese Ehrung widerfahren ist. Was für ein glückliches Land, das einem halbverhungerten, abgerissenen, ungewaschenen Mystiker und Einsiedler eine solche Ehrung zuteil werden läßt, einem Bauern, dessen Visionen schrecklich gewesen sein müssen, weil er fast nie davon sprach, und dessen Glaube von schlichter Selbstverständlichkeit gewesen sein muß, weil er von der Wahrheit seiner Visionen überzeugt war. Als er starb, am 21. März 1487, nach heftigen Schmerzen, nach Stunden tiefsten Elends, da schlug man zu Wien den Stephansdom mit schwarzen Tüchern aus. In Mailand, in Straßburg, überall, wo man katholisch und rechtschaffen war, herrschte Betroffenheit. Und in der Schweiz selbst scheint man den Verlust fast als einen intimen Schmerz begriffen und gespürt zu haben. Es waren auch alle diejenigen Menschen betroffen, die nicht sonderlich gläubig waren oder denen es nie in den Sinn gekommen wäre, den sonderbaren Mann in seiner Klause aufzusuchen, seinen Rat zu erbitten, im Lichte seiner Frömmigkeit zu stehen. Aber das Gefühl des Verlustes, das man allgemein empfand, war aufrichtig. Niemand hatte ihm in den letzten Jahren seines Lebens Respekt und Hochachtung versagt. Jetzt spürte man, daß der Verlust auch noch etwas anderes freilegte, nämlich Liebe. Man liebte diesen Visionär, den man zeitlebens vielleicht nicht immer ganz verstanden hatte. Walter Nigg schreibt einmal, Bruder Klaus habe ein ganz bestimmtes Bild von der Eidgenossenschaft in sich gesehen, das ihn zu einem tieferen Nachdenken über deren Sinn veranlaßt habe. Ein Heiliger also, der auch politisch zu denken imstande war! Das ist wahrscheinlich der entscheidende Vorzug dieses Mannes, der fast die Hälfte seines Lebens in der Abgeschiedenheit seiner engeren Heimat zubrachte und doch die Welt begriff und durchschaute. Und zwar mit bitterer Liebe durchschaute. Das ist unendlich viel mehr, als von berühmteren, populäreren Heiligen gesagt werden kann. Es macht verständlich, daß auch heute noch, fünfhundert Jahre nach seinem Tod, die Menschen zu seiner Klause kommen.

Castelmonte

In der Lagune von Grado liegt eine winzige Insel namens Barbana. Sie ist ziemlich dicht bewachsen, sogar Bäume stehen auf ihr, und das ganze Jahr über ist sie völlig verlassen. Manchmal legen ein paar Fischer an oder flüchten sich einige Bauern vor einem aufziehenden Unwetter unter das Vordach der Kirche Santa Maria, deren stilistischer Überschwang fast ein wenig zu pompös und zu ausladend für dieses kleine Eiland mitten im trüben Brackwasser der Lagune anmutet. Einmal im Jahr freilich, und zwar stets am ersten Sonntag im Juli, bewegen sich von allen Seiten festlich geschmückte Boote auf diese einsame Insel zu, kommen Pilger aus allen Gegenden des Friaul und Venetiens nach Barbana. Sie verehren dann eine byzantinische Holzfigur der Muttergottes, die vor vielen, vielen Jahren nach einem schweren Unwetter gegen das morastige Ufer Barbanas geschwemmt worden sein soll. Das hat sich angeblich im Jahre 582 abgespielt, und die Legende berichtet auch, daß es der Patriarch Elias gewesen sei, der dann eine erste bescheidene Kirche über diese Madonnenstatue errichtet habe. Später hat man diese Kirche ausgebaut und vergrößert. Nachweisbar ist allerdings nur das historische Datum der ersten Schiffsprozession nach Barbana. Und das war im Jahre 1232.

Am entgegengesetzten, nördlichen Ende des friaulanischen Amphitheaters, und zwar oberhalb der alten Straße, die hinauf zum Plöckenpaß führt, oberhalb auch der alten römischen Ansiedlung von Zuglio, liegt auf halber Höhe eines wuchtig ins Tal vorspringenden Bergbuckels die Pieve von San Pietro di Carnia. Das ist eine der ältesten Kirchen des ganzen Friaul. Sie wurde im Jahre 620 erstmals urkundlich erwähnt, ist aber zweifellos schon im frühen 5. Jahrhundert errichtet worden. Ihre ursprüngliche Bedeutung als Zentrum und Ziel uralter Bauernwallfahrten ist heute verlorengegangen, obgleich man immer noch, wenn man sich auf diese abseits gelegene Anhöhe verirrt, gelegentlich einen frischen Blumenstrauß oder eine mit ungelenker Hand geschriebene Nachricht entdecken kann, was im Grunde nichts anderes beweist, als daß hier seit mehr als zweitausend Jahren die Menschen immer auf irgendeine Weise im Dienste irgendeiner Religion gestanden sind.

In Cervignano wiederum, einer kleinen schläfrigen Landstadt an der Straße nach Aquileia und Grado, wo im Jahre 340 der römische Kaiser Konstantin II. von seinem Bruder Constans besiegt und getötet wurde, wobei man den verstümmelten Leichnam des Ermordeten kurzerhand in den Fluß Ausa warf, was durchaus den Gepflogenheiten jener Zeit entsprach, in diesem Cervignano errichteten die Langobarden unter ihrem König Grimoald im Jahre 668 die sogenannte Badia di San Michele Arcangelo. Das war nicht nur die älteste Benediktinerabtei des ganzen friaulanischen Gebietes bis hinüber nach Istrien und bis hinauf zu den Alpen, sondern auch eine der ersten Pilgerstätten für die Verehrung des Erzengels Michael, dessen geheimnisvoller Flug quer über den Kontinent zwar auf dem apulischen Gargano an der süditalienischen Adriaküste seinen Anfang genommen hatte, dessen Mythos aber zurückverfolgbar ist bis zu geheimnisvollen asiatischen Kulten. Vierzig Jahre nach der Entstehung dieser Badia di San Michele Arcangelo würde der Erzengel dann übrigens auch an der bretonischen Küste Frankreichs in Erscheinung treten und einen Bischof namens Aubert auf recht drastische Weise dazu ermutigen, mit dem Bau einer Kapelle zu beginnen. Das Resultat dieser Ermutigung ist der berühmte Mont-Saint-Michel. Und im Friaul selbst würde der Engel neben mancher anderen Station auch den uralten kultischen Hügel besetzen, der sich im Nordosten Cividales erhebt und in jener langobardischen Epoche immer noch ein Zentrum geheimnisvoller und wohl auch blutiger keltischer Opferbräuche und religiöser Handlungen war. Aber die Geschichte von Castelmonte, wie die höchste Erhebung auf diesem geheimnisvollen Hügel heute heißt, war damit freilich noch lange nicht abgeschlossen.

Mit dem Erzengel Michael war übrigens auch eine andere, inzwischen in Vergessenheit geratene Wallfahrtskirche verbunden, und zwar die sogenannte Friedhofskirche San Giuliana von Castello d'Aviano im Westen des Friaul, wobei man vielleicht hinzufügen sollte, daß dieser geheimnisvolle Erzengel immer schon der verehrte Schutzpatron der ganzen Region war, was vor allem darauf zurückzuführen ist, daß es die Langobarden waren, die dem Friaul nach keltischem Götzenkult und römischem Tempeldienst eine dauerhafte Form christlicher Religionsausübung schenkten. Die Langobarden

25 Fatima

27 Assisi: Gesamtansicht

◁ 26 Assisi: S. Chiara

28 a Mont-Saint-Michel

28 b Kathedrale von Lisieux

waren von der Figur des Erzengels Michael, dessen Zentrum in Monte Sant'Angelo in Apulien liegt, zutiefst beeindruckt. Nicht einmal die byzantinische Auffassung von religiöser Pflichterfüllung und Legendenbildung konnte sich dagegen durchsetzen. Das Beispiel von Barbana, wo eine byzantinische Madonna verehrt wird, ist in diesem Zusammenhang fast schon wieder eine Ausnahme.

Aber dann gibt es in dieser Region, die nicht mehr und nicht weniger katholisch ist als irgendeine andere italienische Provinz, nur daß hier vielleicht der Aberglaube nicht so skurrile Blüten treibt wie im meridionalen Süden, hier also gibt es auch noch Wallfahrtsplätze, deren scheinbare Zufälligkeit, provisorische Architektur und Schlichtheit herzergreifend sind und die doch so tief und fest im Bewußtsein des Volkes verankert sind, daß sie eine größere Bedeutung für die Religiosität der Menschen haben als alle großen Wallfahrtszentren des katholischen Europa. Ich denke da vor allem an das primitive Santuario des heiligen Antonius in Gemona, der alten, hochberühmten und ehemals wunderschönen Stadt, die wie das benachbarte Venzone, mit dem man im Mittelalter ständig verfeindet war, heute buchstäblich dem Erdboden gleichgemacht ist. Das Erdbeben von 1976 hat diese einstmals wichtige Zoll- und Grenzstation zwischen der romanischen und deutschen Welt, die unter anderem einen der schönsten gotischen Kirchenbauten Norditaliens besaß – den Dom von Santa Maria Assunta –, genauso wie das tiefer in der Ebene gelegene, gleichfalls pittoreske und mittelalterliche Venzone so gründlich, so radikal zerstört, daß man heute Mühe hat, sich zwischen den Trümmern und planierten Schutthalden noch zurechtzufinden. Ich kenne Gemona wie das gesamte Friaul seit mehr als einem Vierteljahrhundert, aber wenn ich jetzt in diese Trümmerstädte komme, fühle ich mich verloren.

Mitten in dieser erschreckenden Wildnis, in dieser Wüstenei aus Schutt, Trostlosigkeit und Hilflosigkeit, mitten zwischen den einsturzgefährdeten Fassaden und den weiten leeren Flächen, auf denen einmal die schönsten mittelalterlichen Häuser der ganzen Region standen, erhebt sich nunmehr aus den Trümmern einer zusammengestürzten Kirche, deren Umrisse nicht einmal mehr zu erahnen sind, ein einfacher Altar, der durch ein Bretterdach vor Regen und Wind geschützt ist. Eine billige Farblithographie des heiligen Antonius aus Padua verdeutlicht, wem dieser Altar geweiht ist. Einige Krücken, die oberhalb des Altars angebracht sind, beweisen den Umstand, daß es hier bereits einige aufsehenerregende Ereignisse, ja sogar fast so etwas wie Wunder gegeben hat. Die Menschen, denen diese Ereignisse widerfahren sind, beschwören freilich, daß es Wunder seien, auch wenn die übergeordneten Kirchenbehörden bisher noch keine Stellungnahme zu den Heilungsprozessen und Gebetserhörungen veröffentlichten, die hier in den letzten Jahren seit dem Erdbeben stattgefunden haben. Das ändert freilich nichts an der wachsenden Zuneigung des Volkes, und längst schon sind die ersten kleinen Pilgergruppen aus dem benachbarten Venetien, aber auch aus Österreich und Slowenien vor diesem primitiven Altar erschienen.

Ich war zuletzt an einem regnerischen Märzvormittag dort. In den Bergen schneite es. Vom nahen Meer flog ein kalter Wind herauf über die Ebene, brandete heulend gegen die Hügel, zerschlug sich am Geröll der Berge, aus denen sich mitunter noch immer Steine und Felsblöcke lösen und herabstürzen auf die Trümmer, die alle etwas Gespenstisches besitzen. Ich stand allein und ein wenig verunsichert mitten im erdfarbenen Morast des Platzes, den früher, vor 1976, das Kirchenschiff des Gotteshauses ausgefüllt hatte, das jetzt vom Erdboden verschwunden ist. Der Wind, der in hastigen Stößen über mich hinwegsprang, blähte das blütenweiße Altartuch. Und als ich langsam nähertrat, hörte ich auch das monotone Trommeln der Regentropfen auf das hölzerne Schutzdach. Es war ein Geräusch von ungeheurer Gleichnishaftigkeit. Schräg im Hintergrund dieses seltsamen Wallfahrtsplatzes befindet sich eine hölzerne Baracke, in der eine primitive Kaffeebar untergebracht ist. Etwas dünner Rauch flog aus dem provisorischen Kamin. Mich fröstelte. Und doch begriff ich an diesem erbärmlichen Ort, dessen Trostlosigkeit kaum noch überbietbar ist, daß der Glaube, den die Menschen haben, etwas sein kann, das tatsächlich unzerstörbar ist. Denn wer hier zu seinem Gott betet, wer an diesen Platz kommt, um seinem Heiligen die Wünsche aufzuzählen, die man in solcher Umgebung hat, wo nur noch Untergang und Zerstörung herrschen, wer also durch die Kraft seines Gebetes, seines unverlierbaren Glaubens inmitten dieser Trümmerstätte sogar noch an Wunder zu glauben bereit ist – und die aufgehängten Krücken beweisen es ja –, der ist in Wahrheit unverlierbar von Gottes Hand umschlossen.

Ich weiß nicht, ob es eine zusammenfassende Aufstellung aller Wallfahrtsplätze, aller Pilgerstätten gibt, denen man im Friaul begegnen kann oder die es jemals in dieser Region gegeben hat. Es wäre eine Aufstellung von beträchtlichem Umfang und unzweifelhafter Originalität, wobei die Frage offenbleiben muß, ob das mit der tiefen Religiosität der Menschen in diesem Raum zusammenhängt oder daraus abzuleiten ist, daß das Friaul in seiner bewegten Geschichte immer eine Grenzzone war, ein Aufmarschgebiet für die Heere so vieler Völker, Religionen und ideologischen Absichten, für keltische Nomaden und römische Legionäre, für Awaren und Magyaren, Türken und Franzosen, Österreicher und Slawen, die alle mit einer Geste imperatorischer Besitzergreifung oder zumindest aus einem zutiefst menschlichen Gefühl der Habgier heraus über diese grünen Ebenen und leicht gewellten Hügel hinwegtobten und dann das Eroberte doch nicht halten konnten. Das Friaul ist vor allem anderen ein Bauernland. Es ist aber auch übersät mit Friedhöfen, bekannten und unbekannten, in denen die schuldlosen Opfer zahlreicher Kriege und Schlachten liegen. Und es birgt in den Falten seiner Landschaft immer noch etwas vom alten Glauben, von seiner unveräußerlichen Kraft, die dieser Glaube besessen haben muß, als das Christentum seine ersten Schritte auf diesem Kontinent machte. Manche Schriftsteller, Politologen und Volkskundler meinen, die Menschen in dieser Region seien stets nur beharrlich, nur dem Alten verpflichtet und selbstverständlich allem Modernen gegenüber mißtrauisch. Ich bin mir nicht sicher, ob diese geläufige Definition tatsächlich der Wahrheit entspricht. Ich glaube vielmehr, daß die überall noch spürbare Gläubigkeit, das Beharren auf den strengen Formen einer überlieferten Katholizität, deren Tradition bis in die Anfänge des Christentums zurückreicht, sehr viel mit dem Charakter der Menschen zu tun hat. Und daß die vielen Pilgerstätten, die es hier gibt, nur ein Ausdruck für diesen Charakter sind.

Ich bin im übrigen gar nicht imstande, alle diese Plätze genau aufzuzählen. Manche sind mit der Zeit aus dem Gedächtnis der Menschen verschwunden, wie etwa jene schöne kleine Kirche am überwachsenen Ufer des Tagliamento in der Gegend von Tolmezzo, die man heute nur noch durch Zufall findet und die früher einmal mehrmals im Jahr das Ziel großer Bauernwallfahrten war. Andere Gotteshäuser wieder, wie zum Beispiel die Wallfahrtskirche auf dem Monte Luschari oberhalb von Tarvis im Schnittpunkt der deutschen, slawischen und romanischen Kultur, reichen bis in die Zeit zurück, als aus heidnischen Kultvorstellungen und mystischen Naturreligionen auch hier das Christentum als einzige siegreiche Kraft hervorging. Dann wieder gibt es bäuerliche Wallfahrtsplätze wie etwa die kleine Kapelle zwischen Tarcento und Nimis, wo die Landbevölkerung seit Generationen schon um eine gute Ernte bittet oder, seit dem Ersten Weltkrieg, ihre Toten beklagt und für deren Seelenheil betet. Und wer sich in der Gegend von Udine einmal genau umsieht, wird bald erkennen, daß immer noch der Erzengel Michael auf vielen Kirchen thront, auch wenn seit dem Erdbeben viele dieser martialischen Engel zu Boden stürzten und zerbrachen. Manche von ihnen kennzeichnen übrigens einen religiösen Ort, dessen Tradition bis ins 6. und 5. Jahrhundert zurückreicht, als der Engel aus Süditalien erstmals auch in der großen Ebene südlich der Alpen erschien und die Menschen mit seinen frommen Kunststücken beeindruckte, aus denen dann die abenteuerlichsten und auch schönsten Legenden entstanden.

Eine dieser Legenden, heute fast schon in Vergessenheit geraten und nur noch in der Erinnerung einiger alter Menschen aufbewahrt, handelt auch von Castelmonte oberhalb des alten römischen und langobardischen Cividale. Demnach flog vor langer Zeit einmal der Erzengel Michael auch über diesen entlegenen Teil des Friaul, über die stillen und ein wenig melancholischen Hügel im Osten dieser Landschaft, und sein Flügelschlag muß dunkel und streng gewesen sein. Die Menschen, die damals hier lebten, Slawen, Veneter, Langobarden, und die wahrscheinlich nicht genau wußten, welchen Gott sie fürchten und welche Religion sie respektieren sollten, duckten sich anfangs ängstlich unter dem Engelsschatten. Das ist weiter nicht erstaunlich, wenn man sich überlegt, daß es um diese Zeit in den rasch anwachsenden Sümpfen am Rand der Lagune von Grado, die damals ihre heutige Form annahm, noch die ehemalige Weltstadt Aquileia gab, die zwar viel von ihrer einstigen Größe und Bedeutung eingebüßt hatte, von der man aber wußte, daß sie aus dem Schatten eines Adlers entstanden war. Und wer unterschied schon genau zwischen Adler und Engel? Geheimnisvoll, aber auch mächtig und sieggewohnt waren beide, und mythische Dinge spielten stets eine große Rolle im Leben der Menschen. Mancher Zauber, manches slawische oder germanische Brauchtum erfuhr nun in christlicher Verkleidung eine neue Bedeutung, die sich allerdings nicht sehr viel von den alten Traditionen unterschied. Jetzt entwickelte sich ja auch plötzlich auf einem Hügel, der steil aus der Ebene aufbuckelt, die bei Cividale allmählich zu einem geschlossenen Gebirgszug ansteigt, aus den Überresten eines uralten heidnischen Opferplatzes ein christliches Heiligtum, das dem strengen Erzengel gewidmet war. Cividale war damals wohl schon langobardisch und hieß Caput Venetiae, das Land ringsum nannte man Civitas Austriae. Und alle Erinnerungen an die Zeit, als hier noch die Römer und davor die geheimnisvollen Kelten gelebt hatten, waren noch verhältnismäßig unverfälscht. Der Engel aber, der auf diesem Hügel gelandet war und die heidnische Opferstätte zornig zerschlug, verlor dabei eine kleine weiße flaumige Feder. Man erzählt sich, das sei das Zeichen dafür gewesen, daß er den alten Heidenberg endgültig für die junge christliche Religion erobert habe. Die Gegend, wo das alles stattgefunden hatte, nannte man aber fortan Monte San Michele.

Aber es gab natürlich auch abergläubische, mißtrauische Menschen, die sich fragten, wann der Engel wohl wiederkommen und seine verlorene Feder zurückholen werde. Seit damals, so heißt es, wachsen im Friaul auf den hohen schlanken Glockentürmen die steinernen Engel und starren mit einem rätselhaften Blick in den Himmel. Unten in der meernahen und fruchtbaren Ebene aber, in der Gegend des heutigen Cervignano, entstand das erste große Zentrum Norditaliens der langobardischen Engelsverehrung, und in den Hügeln von Cividale entwickelte sich daraus eine besondere Art der Religionsausübung, in der keltische, römische und auch frühchristliche Motive miteinander untrennbar verschmolzen.

Ich habe vor einiger Zeit in einem Buch über das alte Venetien ausführlich die Geschichte Cividales und Castelmontes darzustellen versucht, wobei ich jetzt vielleicht noch hinzufügen sollte, daß im Mittelalter aus dem langobardischen

Engelshügel ein Monte del Bosco und schließlich das heutige Santa Maria di Monte wurde, was zweifellos nicht nur mit religiösen, sondern auch mit politischen Veränderungen zusammenhängt, die für die Verhältnisse in dieser Region wirksam gewesen sind. Dazu gehört das allmähliche Erlöschen langobardischer und damit germanischer Kultvorstellungen und das immer stärkere Aufkommen der lateinischen Form der Heiligenverehrung, in deren Mittelpunkt nun die Person Marias rückte und dabei bekanntlich eine sehr bedeutsame Rolle spielte. Das alles ändert aber nichts daran, daß Castelmonte, also der Michaelberg, wie er vor mehr als einem Jahrtausend noch geheißen hatte, ursprünglich eine heidnische Pilgerstätte war, die vom Erzengel Michael für das Christentum erobert wurde, wobei man nicht genau weiß, ob schon die Kelten oder erst die Römer hier zuerst ihre Götter und Dämonen angebetet haben.

Es war zuletzt immer im Spätwinter, Ende Februar, Anfang März, wenn ich nach Castelmonte kam, das ein winziges Dorf oder eigentlich nur eine Ansammlung von einigen wenigen festungsartigen Häusern rund um die Wallfahrtskirche »La Madonna di Castelmonte« ist. Und der einzige Unterschied zwischen meinem vorletzten und dem letzten Besuch war, daß nunmehr einige Autobusse aus dem Venetianischen eine größere Pilgergruppe auf den Hügel gebracht hatten, während ich im Jahr vorher völlig allein über den erdbraunen Hügel geschritten war, nur von einigen Soldaten der italienischen Armee mißtrauisch beobachtet, die hier einen Horchposten gegen die nahe Grenze besetzt hielten und sich wahrscheinlich schrecklich langweilten. Im übrigen gilt für alle Besuche das, was ich schon beim erstenmal schrieb. Castelmonte ist auf keiner der gängigen Landkarten eingezeichnet, und ich erinnere mich noch an die Verlegenheit der Reiseredaktion einer großen deutschen Zeitung, die einen Bericht über diesen altehrwürdigen Pilgerort veröffentlichen wollte und dazu eine Kartenskizze anfertigen ließ, auf der Castelmonte eingetragen sein sollte. Aber niemand in der Bundesrepublik, auch nicht die offizielle Vertretung der italienischen Reiseveranstalter, konnte der Redaktion genau sagen, wo Castelmonte wirklich lag. Schließlich einigten wir uns telefonisch: Es throne hochmütig und zugleich weltverloren irgendwo in der Nähe des 46. Breitengrades, der über den alten Grenzfluß

Idrija herüberkommt, rund zehn Kilometer nordöstlich und oberhalb Cividales und schon dicht an der Grenze zu Jugoslawien. Die Karte, die dann nach diesen telefonischen Angaben gezeichnet wurde, war erstaunlich präzise. Und sie hatte den Erfolg, daß ein aufmerksamer Leser mir schließlich doch noch eine italienische Regionalkarte zusandte, auf der Castelmonte tatsächlich eingetragen ist.

In der Wallfahrtskirche selbst sind alle Spuren des Erzengels längst schon getilgt. Lediglich die unvermeidlichen Votivtafeln und rührenden Danksagungen der Pilger bestätigen das Besondere dieses Schauplatzes. Da gibt es die üblichen Darstellungen höchster leiblicher und gelegentlich wohl auch seelischer Not, aus der anscheinend wirklich nur noch die Muttergottes einen Ausweg für die Verzweifelten und Hoffnungslosen weiß, da flammen Feuersbrünste auf und finden dramatische Schiffsuntergänge statt, da bedanken sich glückliche Mütter bei der Madonna für eine allem Anschein nach gut verlaufene Niederkunft und versprechen die heranwachsenden Söhne ewige Treue, weil sie auf wunderbare Weise aus einem Krieg oder auch nur aus einem Verkehrsunfall mit unverletzter Haut und geraden Gliedern davongekommen sind. Es sind die üblichen Beweise für den manchmal egoistischen und manchmal freilich auch selbstlosen Glauben an eine übergeordnete Macht, die allen irdischen Institutionen überlegen ist. Es ist ein Abbild dieses Glaubens, wie man es in allen Pilgerkirchen Europas findet, mit eingeschlossen die säuberlich geordneten und aufgefädelten Krücken und orthopädischen Hilfsmittel oder die immergrünen Blumensträuße. Die unstillbare Sehnsucht so gut wie aller Menschen nach einem Zauber, der wie ein gutmütiger Schatten ihr Leben begleitet und behütet, findet hier jedenfalls wieder einmal einen rührenden Niederschlag. Trotzdem bedaure ich es, daß alle Erinnerung an den Erzengel verschwunden ist. Anscheinend akzeptiert man tatsächlich nur noch an den historischen Engelsheiligtümern seine bemerkenswerte Existenz, also im kleinasiatischen Chonae oder Hierapolis, dann auf dem sagenhaften Mount Michel im englischen Cornwall, auf dem Mont-Saint-Michel vor der bretonischen Küste und selbstverständlich auf dem Monte Gargano im süditalienischen Apulien. Dabei ist gerade diese symbolträchtige Figur – die ja unter anderem auch auf dem katalonischen Montserrat oder auf dem elsässischen Odilienberg nachhaltig in Erscheinung trat – wirklich das beste und überzeugendste Bindeglied zwischen heidnischem Götterglauben und Götzendienst einerseits und christlichen Religionsvorstellungen andererseits. In irgendeiner Beschreibung seiner romanhaften, weitgehend abstrakten und zugleich doch auch wieder durchaus realistischen Existenz las ich einmal den charakteristischen Satz, daß die Menschen heute noch fühlten, wie sehr dieser Erzengel Michael ein Wesen sei, das eine Tat vollbracht habe, ohne deren Vollzug die Menschheit einem Abgrund hätte entgegenschreiten müssen. Das ist ein schöner, wahrer Satz, des Nachdenkens wert, nur übersah der Autor, daß mit dem fortschreitenden Materialismus, mit der Industrialisierung und Technisierung dieser Welt es immer schwieriger wird, im Zusammenhang mit dem Erzengel noch an Wunder zu glauben. Er wurde von den neuen Verhältnissen gleichsam entmythologisiert, er mußte seine Aufgabe an andere begnadete Geschöpfe oder wichtige Institutionen abtreten, er unterlag schließlich vor allem der Figur der Muttergottes. Und er unterlag allerdings auch dem Mangel an Phantasie der zeitgenössischen Gesellschaft, die zwar wundergläubig wie fast nie zuvor in ihrer Geschichte ist, die aber immer häufiger die Demut einbüßt, die es braucht, wenn man an Wunder glauben will. Es unterlag oder scheiterte also in Wahrheit das Publikum, und zwar an sich selbst, an seinen Gewohnheiten, was bekanntlich stets die bitterste Niederlage ist.

Ich finde ja auch, daß Michaels Wirken am schönsten in einer Legende zum Ausdruck kommt, die man sich mit geringen Unterschieden sowohl in der Bretagne als auch im Friaul, sowohl in Süditalien als auch in Cornwall erzählt, was vielleicht auch daher rührt, daß dies alles typische Bauernlandschaften sind. Es ging wie immer bei solchen Geschichten um die Vorherrschaft über die Welt, wobei der Satan, der bei solchen imaginären Auftritten nie fehlen darf, beharrlich behauptete, daß seine Macht keine Grenzen habe, während der Erzengel darauf beharrte, daß nur Gott wirklich allmächtig sei. Nun, man kann sich unschwer ausmalen, wie dieser Streit endete. Der Erzengel versetzt dem Satan einen Fußtritt, der ihn zuerst tausend Meilen weit fortschleuderte und ihn dann zum Hinkefuß machte. Bemerkenswert daran aber ist die Übereinstimmung nord- und südeuropäischer Vorstellungen über das Wirken und die Kraft Michaels, der etwa imstande war, nicht nur den Satan, sondern auch einen deutschen Kaiser, eine heidnische Venus und einen frommen Bischof in Hinkende und Lahme zu verwandeln. Ich habe in diesem Zusammenhang stets den Eindruck, daß er so etwas wie ein Spürhund Gottes war, der die alten heidnischen Plätze zwischen Mittelmeer und Atlantik aufstöberte und unbarmherzig vernichtete, ein unbesiegbarer Streiter für den wahren und einzigen Glauben in einer Zeit, als dieser Glaube noch längst nicht überall Fuß gefaßt hatte. Manchmal denke ich mir, daß es vielleicht auch heute wieder an der Zeit wäre, wenn dieser streitbare Erzengel über die Welt flöge und die Lauen und Lahmen im Geiste durch ein paar Kopfstücke oder Fußtritte, wie er das früher einmal getan hatte, zur Besinnung brächte, zu neuem Denken erweckte oder wenn er den Heuchlern, die unübersehbar geworden sind, ein wenig von der Apokalypse des Johannes beibrächte, damit sie endlich begriffen, daß sich niemand seiner Verantwortung als Mensch und Christ entziehen kann.

Aber das alles sind nichts weiter als ewig unerfüllbare Wünsche, die man besser gleich wieder vergißt. Auch auf Castelmonte sieht die Wirklichkeit heutzutage natürlich anders aus als vor tausend oder gar anderthalbtausend Jahren, da man auf diesem friaulanischen Hügel noch dem Erzengel seine Gebete und Danksagungen widmete und furchtsam auf ein Zeichen hoffte, das die Welt begreifbar und den Himmel erreichbar machen sollte. Heute kann es, vor allem im Winter, wenn die Regenwolken bleiern und undurchdringlich über der Ebene hängen und der Ostwind durchs kahle Gestrüpp der Weiden, Erlen und Birken bläst, gelegentlich schon vorkommen, daß auf Castelmonte nur noch ein einsamer Pater die Heilige Messe zelebriert, beobachtet oder begleitet von zwei blassen, gichtgekrümmten Kapuzinermönchen, die Mühe haben, das Knie zu beugen. Der Nachwuchs bei den Mönchen, also die Novizen, ist an einem so entlegenen Ort nur dünn gesät. Im Frühling dann und den ganzen Sommer über kommen freilich zahllose Pilger aus allen Teilen des alten schönen venezianischen Landes, auch aus dem benachbarten Ausland, und nehmen manche Mühe auf sich, bevor sie in die bauchige Krypta der Wallfahrtskirche hinabsteigen, wo ein frommer Mann begraben liegt. Da kann es dann durchaus vorkommen, daß diese Pilger von der Ebene herauf betend und singend an den vierzehn Kreuzwegstationen vorbei und immerzu in die Höhe klettern, was den eigenartigen Anschein erweckt, als wollten sie geradenwegs in den seidigen, aquamarinfarbenen Himmel marschieren. Und da werden dann auch die alten, fast schon vergessenen Erinnerungen wieder wach an jenes ferne Zeitalter, als es hier auf diesem windüberschwemmten Hügel im imaginären Grenzbereich der romanischen, germanischen und slawischen Völker rätselhafte Erscheinungen gab, die sich die Menschen jener Zeit nur in Verbindung mit dem Wirken eines ebenso gewalttätigen wie übermächtigen Engels erklären konnten.

Diese Dinge sind allem Anschein nach endgültig vorbei und verweht. Aus einer geheimnisvollen Pilgerstätte, deren mythische Kraft bis vor die Zeit reichte, da Christus auf die Welt kam, wurde nach manchen Umwegen eine Stätte der christlichen Begegnung, die heute längst im Zeichen Marias steht. Ob damit eine vage, unausgesprochene Erinnerung an irgendeinen Venuskult, an eine vorchristliche matriarchalische Ideologie verbunden sein könnte? Es soll auf dem Hügel und auch unten im uralten Cividale solche Tempel gegeben haben, in denen Vestalinnen das heilige Feuer schürten und die Zeichen zu deuten versuchten, die nur ihrem Aug' und ihrer Vorstellungskraft sichtbar waren. Aber mit ausschließlicher Bestimmtheit läßt sich darüber nicht mehr viel sagen. Der Erzengel hatte wohl zu gründlich aufgeräumt und zu energisch für eine neue Ordnung gesorgt. Die Frage ist jetzt nur, ob diese Ordnung nicht schon wieder brüchig geworden ist und ob es nicht doch wieder eines Tages eines Erzengels bedarf, damit die Menschen begreifen, daß sie auch dort noch Verantwortung tragen, wo sie aus Bequemlichkeit oder Dummheit blind und taub zu sein versuchen. Ich weiß freilich nicht, wie diese Frage zu lösen wäre. Ich weiß ja nicht einmal, ob ich überhaupt berechtigt bin, sie auf diese Weise zu stellen.

Padua

Eine gewisse Skepsis, aber auch die latente Neigung zum Rebellentum, die, wie die gegenwärtigen Verhältnisse es nachdrücklich beweisen, bis zur Selbstvernichtung eskalieren kann, sowie als Widerspruch dazu ein gesunder Sinn für alles Praktische, Handgreifliche und jederzeit Beweisbare, das sind einige der hervorstechendsten Charaktereigenschaften der Menschen nördlich des Apennin und zumal in den küstennahen Landstrichen an der oberen Adria. Vor ungefähr einem Dreivierteljahrtausend versammelte sich zum Beispiel einmal eine größere Menschenmenge an der Küste vor Rimini, um einem damals bereits ziemlich bekannten Franziskanermönch bei dessen Predigt zuzuhören, was freilich insofern auf gewisse Schwierigkeiten stieß, weil zuviel Geschrei und Lärm die Stimme des Mönches übertönte, der natürlich große Mühe hatte, sich auf den Inhalt seiner frommen Predigt zu konzentrieren. Da kam ihm ein merkwürdiges Ereignis zu Hilfe. Die Fische des Meeres trieben plötzlich in Strandnähe, schwammen zu Tausenden ans Ufer heran, hoben ihre schuppenbekleideten Leiber und Köpfe aus dem Wasser und schienen den Worten zu lauschen, mit denen der Franziskanermönch die Menschen von der Allmacht Gottes zu überzeugen versuchte. Der Erfolg seiner Predigt war durchschlagend, denn es gab kaum einen Christen in Rimini und bald auch in der ganzen Region, der nicht von diesem Wunder beeindruckt gewesen wäre. Ein anderes Mal hatte derselbe Mönch Schwierigkeiten mit einem störrischen Atheisten, der sich kategorisch weigerte, die Existenz Christi im Sakrament anzuerkennen, weil, wie er sich ausdrückte, nicht wahr sein könne, was man sich nicht praktisch vorzustellen vermöchte und weil er es für einen schlimmen Zauber halte, wenn sich ein ausgewachsener Mensch wie Christus in eine winzige Hostie verwandle; an Zauberei glaube er nun einmal nicht ... Da ließ der Prediger, der übrigens ein gebürtiger Portugiese war, einen halbverhungerten Esel herbeischaffen, der seit Tagen kein Futter mehr erhalten hatte. Diesem Tier schritt er mit einer geweihten Hostie entgegen. Und zum grenzenlosen Erstaunen des einen Ungläubigen und aller anderen Umstehenden fiel der Esel vor dem Mönch mit der Hostie in die Knie und schrie kläglich sein Elend in die Welt hinaus, was das Unglaubliche der Szene noch steigerte.

In beiden Fällen handelte es sich natürlich weniger um Zauberei als um ein Beispiel dafür, wie man Schlagfertigkeit, Intelligenz und ein tüchtiges Maß an naturwissenschaftlichem Wissen praktisch anwendet. Der Mönch war einfach klüger als seine skeptischen Zuhörer. Und er besaß neben dem üblichen Hausverstand auch genügend psychologisches Einfühlungsvermögen, um zu wissen, auf welche Weise er sein Publikum überzeugen konnte.

Sein Name, unter dem er in Italien auftrat, war übrigens Antonio. Durch seine Mutter war er ursprünglich sogar mit dem Königshaus im fernen spanischen Asturien verwandt, was die republikanischen Norditaliener freilich herzlich wenig kümmerte. Sehr wohl hingegen waren sie vom Auftauchen der Fische vor Rimini und diesem erstaunlichen Kniefall eines graufelligen Esels vor einer Hostie beeindruckt, denn das waren Dinge, Ereignisse, die man aus unmittelbarer Nähe beobachten konnte oder die einem doch aus erster Hand erzählt wurden. Und es interessierte sie nicht, ob da ein blitzgescheiter Hausverstand oder so etwas wie Magie eine Rolle spielte, ob also der redegewandte Franziskanermönch schon genau gewußt hatte, daß ein halbverhungerter Esel in jedem Fall eine dramatische Geste machen würde oder daß es zu bestimmten Zeiten gewaltige Fischschwärme gab, die in die Nähe des Ufers drängten, oder ob Gott da vielleicht seinem Diener auf Erden ein wenig geholfen hatte. Es war etwas anderes, von dem sich das Publikum in Rimini, Padua und im übrigen Italien beeindrucken ließ: die eminente rhetorische Begabung dieses Mannes, der seine aufsehenerregenden Predigten durch unerhörte Begebenheiten und staunenswerte Wunder würzte. Wie es dazu kam, war dem Publikum letztlich gleichgültig. Was zählte, war der Erfolg. Außerdem kann man in Italien bekanntlich seit den Tagen der Römer allein schon dadurch Karriere machen, daß man ein ausgezeichneter Redner ist. Und genau das war dieser gebürtige Portugiese. Nicht umsonst wird seine einbalsamierte Zunge heute noch als besonders wertvolle Erinnerung in der Basilika von Padua, die seinen Namen trägt, aufbewahrt, wo sie immer noch ein Mittelpunkt andachtsvoller Bewunderung ist.

Antonio, der Portugiese also, der sich in Venetien und in

der Emilia umtat, aber auch als Wanderprediger durch das übrige Italien zog, ein wortgewaltiger Franziskaner, dessen Zunge von einer leidenschaftlichen Kraft gewesen sein muß, wie sie nur den großen und berühmten Rednern der Weltgeschichte zu eigen war, Antonio kam im Jahre 1195, und zwar am 15. August, in Lissabon zur Welt. Er war der Sohn durchaus achtbarer, angesehener, ja einflußreicher und wahrscheinlich auch vermögender Eltern. In der Kathedrale seiner Heimatstadt, wo man ihn heute noch glühend verehrt, war er übrigens auf den Namen Fernando getauft worden. Und eigentlich hatte nichts in seinem Leben darauf hingedeutet, daß er unter dem Namen Antonio eines Tages nicht nur zum volkstümlichsten Redner und Prediger, sondern auch zu einem der beliebtesten Heiligen Italiens aufsteigen würde.

Aber Padua, das seine zweite Heimatstadt werden sollte, war und ist eine Stadt, in der das Überraschende selbstverständlich anmutet. Und zwar im Guten wie im Bösen, im Normalen wie im Absonderlichen. Wer würde sich schließlich vorstellen wollen, daß hier, wo so originelle, geniale oder seltsame Figuren wie Lovato Lovati, der Geizhals Scrovegni, Giotto di Bondone oder Erasmo de Narni alias Gattamelata gelebt und gewirkt haben, wo Wallenstein zur Schule ging, Albertus Magnus lehrte und Galilei forschte und wo eine der ältesten und angesehensten Universitäten Europas den Ruhm dieser Stadt unterstützt, nicht nur eines der beliebtesten Pilgerziele Italiens, sondern auch ein intellektuelles Zentrum für alle Wissensdurstigen zu sein, auch wenn sie Skeptiker, Zyniker, Agnostiker sind, – wer würde sich also vorstellen wollen, daß hier heute der illegale Terror seinen Sitz hat und kaum ein Tag vergeht, an dem nicht aus sogenannten politischen, ideologischen Motiven heraus rücksichtslos gemordet, geplündert und gebrandschatzt wird. Padua, die Stadt des homerischen Helden Antenor, die Pilgerstätte und Universitätsstadt von buchstäblich weltweitem Ruf, ist seit Mitte der siebziger Jahre eine der unsichersten Städte Italiens geworden, eine Hölle der Perversionen, die dadurch nicht besser oder moralischer werden, wenn man ihnen ein soziales oder ideologisches Etikett anheftet. Und niemand, der heute zum heiligen Antonio von Padua pilgert oder die Fresken des Giotto bewundert oder Europas erstes Reiterstandbild seit der Antike besichtigt, kann noch sicher sein, daß er beim Verlassen der Basilika nicht in eine wilde Schießerei gerät oder das unschuldige Opfer einer Straßenschlacht wird.

Padua ist also in mancher Hinsicht ein Rätsel – sofern man die italienischen Verhältnisse der letzten Jahre als rätselhaft bezeichnen will –, so bezaubernd oder bedeutsam diese Stadt auch sein mag, wenn man sie auf ihr kulturhistorisches und auch religiöses Gewicht hin überprüft. Ich persönlich vertrete ja seit langem schon die Meinung, daß sie außerdem auch noch ein Palimpsest darstelle, und zwar in der klassischen Art Alexandrias oder Istanbuls, vergleichbar auch mit Venedig, gegen dessen übermächtigen Schatten man sich hier schon seit mehr als einem Jahrtausend keinen vernünftigen Rat mehr weiß, obgleich man ursprünglich mitgeholfen hatte, dieses Venedig aus dem Nichts der lagunaren Wildnis überhaupt erst entstehen zu lassen. Wenn nun aber Padua tatsächlich ein palimpsestartiges Kulturdenkmal ist und wenn solche vielfach beschrifteten Denkmäler immer nur schwer zu entziffern sind, dann sollte hier zur Liebe, die man einer solchen Stadt entgegenbringt, auch die Geduld kommen, mit der man das Rätselhafte an ihr auflöst. So habe ich meine recht persönlichen Kindheitserinnerungen an Padua, wobei ich mir heute, dreißig oder vierzig Jahre später, ernsthaft einbilde, daß es vor allem die Wallfahrten zum heiligen Antonio waren, diese naiven Vergnügungen, die mich an Padua als an etwas Einmaliges zurückdenken lassen. Ich erinnere mich zum Beispiel an gargantueske Mahlzeiten nach getaner Pilgerpflicht, wobei es pompöse sieben oder acht Speisenfolgen gab, wenn man alle Arten von Pasta und dicken Gemüsesuppen hinzuzählte, und zwar immer in hoffnungslos überfüllten Extrazimmern, von denen ich nur noch die prachtvollen Rotweinflecken auf den blütenweißen Tischtüchern deutlich vor mir sehe. Ich erinnere mich auch daran, wie irgendeine Großmutter oder ältliche Tante Salz über diese verräterischen Spuren streute. Und wenn ich mich nicht irre, saßen zwischen diesen Frauen, die nach Moschus und ein wenig auch nach Schweiß dufteten, einige rotgesichtige und sanft rülpsende Priester, die zur Verwandtschaft gehörten, ja zur bewunderten Zierde dieser weitläufigen Verwandtschaft zählten und von den Kindern meist ein wenig kritisch betrachtet wurden, weil sie streng rochen und trotzdem immer respektvoll geküßt werden mußten oder weil sie sich selbst unaufgefordert mit ihren welken weinbefeuchteten Lippen über die jüngsten Pilger beugten und schmatzende Küsse verteilten. Und während ich noch an diese Bilder denke, diese Erinnerungen aus meiner italienischen Kindheit zusammenzufassen versuche – da gab es einen strengen Vater, der ein militanter Monarchist in der Uniform eines Offiziers der königlichen Garde war, den rechten Arm durch eine Verwundung beeinträchtigt, die er sich am istrianischen Doberdò-Plateau geholt hatte, was ihn dazu zwang, stets linkshändig gegen einen dieser Priester zu wüten, die damals längst schon und ausnahmslos den Duce verteidigten, während die Frauen Kochrezepte austauschten oder die Heiratsabsichten der jungen Nichten und der anderen fernen Verwandten besprachen, und da war auch die gute alte Amme namens Angelina, die Frau des Chauffeurs meines Vaters, eines gebürtigen Norditalieners, der bei der faschistischen Partei eine kleine wichtigtuerische Rolle spielte, aber auf Drängen seiner Frau und aus Respekt vor meinem Vater diese alljährliche Wallfahrt nach Padua mitmachte, und da gab es diese Kusine, die nach einem Sturz vom Pferd gelähmt war und jetzt das ganze Jahr von einer Pilgerstätte zur anderen geschleppt wurde, ohne daß sich an ihrem beklagenswerten Zustand irgend etwas änderte –, und während ich mich heute mit einem Gefühl der Rührung und des Erstaunens daran zurückerinnere, fällt mir plötzlich ein, daß über den Heiligen selbst, dem man gerade erst stundenlang seine Aufwartung gemacht hatte, so gut wie nichts gesagt wurde. Er, Antonio, der Portugiese, den die Italiener leidenschaftlich für sich reklamieren und dessentwegen man alljährlich nach Padua kam – worauf meines Wissens eine strenge Großmutter bestand –, er verschwand aus unseren Gesprächen und Gedanken, nachdem das Ritual des Kirchenbesuches in seiner Basilika erst einmal abgeschlossen war. Und nur eine halbvergessene Musik geht noch durch meinen Kopf, eine Melodie, die ich mir nur so erklären kann, daß es entweder der Wind vom nahen Meer war, der durch die schmalen gekrümmten Gassen mit ihren Laubengängen blies, oder daß es vielleicht doch die Vielzahl der Geräusche war, die von der nahen Basilika und den vielen Verkaufsbuden herüberdrangen und eine Art Melodie erzeugten, die mir seit damals nicht mehr aus dem Kopf will.

Aber was läßt sich über diesen Heiligen, der in mehr als einer Hinsicht die üblichen Grenzen kirchlicher Autorität und hierarchischen Denkens sprengte, jetzt wirklich Vernünftiges und Glaubwürdiges sagen, über einen Außenseiter, der zu seiner Zeit anscheinend so etwas Ähnliches gewesen sein muß wie ein »Maschinengewehr Gottes«, obgleich ich diesen speziellen Vergleich für nicht sonderlich geglückt halte. Andererseits erzählt man sich über den Franziskanermönch Antonio eine solche Fülle von unglaublichen Geschichten, die nicht so ohne weiteres nur durch das übliche Vokabular frommer Heiligendarstellungen beschreibbar oder auch unter dem vagen Sammelbegriff »Wunder« erklärbar sind. Immer verbirgt sich nämlich hinter diesen Geschichten auch ein Gleichnis, enthalten sie eine Wahrheit, die man sozusagen über den Umweg einer abenteuerlichen Erzählung zur Kenntnis nehmen muß. Er heilte unglückliche Ehefrauen, die von ihren Männern brutal niedergeschlagen wurden und die von keiner irdischen Instanz Genugtuung oder Gerechtigkeit erfuhren. Und er erweckte Tote zum Leben, damit sie eine nützliche Tat vollbringen konnten, so etwa einen jungen Mann, der nach seinem Wiedereintritt ins Leben Zeugenschaft ablegen konnte für seinen Vater, den man irrtümlich des Mordes angeklagt hatte. Antonio scheute aber auch nicht davor zurück, den erkalteten Leichnam eines berüchtigten Geizhalses öffnen zu lassen, um seinen Zuhörern drastisch zu beweisen, daß im Körper des Toten anstelle des Herzens nur ein Geldsack lag. Und gerade diese Geschichte, die sich doch ziemlich absurd, unglaubhaft anhört, entbehrt nicht eines gewissen historischen Hintergrundes, wenn man sich überlegt, daß Padua erstens jene europäische Stadt war, in der man zuerst in Europa anatomische Studien und Leichensezierungen im größeren Umfang unternahm und daß hier zweitens wirklich ein berühmter oder berüchtigter Geizhals und Zinswucherer lebte, dem wir schließlich einen der schönsten Freskenzyklen der abendländischen Kultur verdanken, weil er glaubte, sich dadurch von seinen Sünden freikaufen zu können.

Natürlich entbehrt eine solche Definition, eine solche Erzählweise, wie ich sie jetzt hier betreibe, an sich jeder historischen Legitimation, weil zwischen den einzelnen Ereignissen nicht nur keine Zusammenhänge bestehen, sondern auch allzu große Zeitunterschiede liegen, weil andererseits manches Unglaubliche mitunter einen durchaus plausiblen Hintergrund besitzt, den wir heute nicht mehr genau kennen, und weil man überhaupt vorsichtig sein sollte, wenn man Fragen des Glaubens, die immer ins Abstrakte hineinspielen, realistisch darzustellen versucht. Und doch ist die Fülle der Beweise, die aus dem Prediger und Franziskanermönch Antonio eine fast magische Erscheinung machen, so erdrückend und in vielen Fällen so glaubwürdig, daß man nur sehr schwer dagegen opponieren kann. Er reparierte zum Beispiel einem jungen Mann den abgehackten Fuß – ich wüßte nicht, mit welchem anderen Ausdruck ich das beschreiben sollte –, er reparierte also diesen Fuß, nachdem der Jüngling im Jähzorn seiner Mutter einen Fußtritt versetzt hatte und dann, von Reue geplagt, den Fuß selbst mit einer Hacke abgeschlagen hatte. Ist das nicht ein großartiges Symbol, das, ob wahr oder nur als Gleichnis erfunden, die Moral der Gesellschaft auf eine ihrer wichtigsten Voraussetzungen reduziert? Er schenkte einem Neugeborenen vorzeitig die Sprache, damit es die Ehre seiner Mutter bezeugen konnte. Und ist das nicht einer der schönsten Beweise dafür, wie wichtig, ja wie fundamental gegenseitiges Vertrauen für die Existenz der menschlichen Gesellschaft sein kann?

Immer wenn ich die verschiedenen Berichte über die Wunder dieses Heiligen nachlese, entdecke ich an mir ein Gefühl der Verblüffung darüber, wie praktisch, wie realitätsbezogen und im Grunde auch wie alltäglich alle diese Wunder eigentlich waren. Sie dienten ausschließlich dem vernünftigen Zweck, den Respekt der Menschen füreinander zu erwecken, die gegenseitige Sympathie zu vertiefen, das Mißtrauen abzubauen. Es mag durchaus sein, daß dieser Franziskanermönch gelegentlich zu Taschenspielertricks, zu kleinen Zauberkunststücken gegriffen hatte, um sein Publikum, das oftmals schwierig war, zuerst zu verwirren und dann zu überzeugen. Aber stets, so denke ich, heiligte der Zweck die angewendeten Mittel. Und was immer wir über Moral, Sittlichkeit, Ethik zu wissen glauben, findet in allen diesen vermeintlichen oder wirklichen Wundern eine tiefe symbolische Erklärung. Der portugiesische Italiener, dieser Fernando alias Antonio, war in Wahrheit ein profunder Praktiker der Seele und des Glaubens, der begriffen hatte, daß man den Menschen nicht immer nur die nackte Wahrheit zumuten darf, wenn man sie dahin bringen will, daß sie diese Wahrheit auch tatsächlich akzeptieren. Er ging einen Schritt weiter und verbrämte oder verschönte jede Wahrheit durch gewisse Inszenierungen, die sich seinem Publikum dann als Wunder einprägten. Er hatte Mitteilungen an die Gesellschaft zu richten. Nun kam es darauf an, daß diese Mitteilungen auch gehört und richtig verstanden wurden. Und war es da nicht nur folgerichtig, daß man, um die Todsünde des Geizes zu charakterisieren, einem verstorbenen Geizhals einen Geldbeutel in den geöffneten Brustkorb zauberte? Oder daß man einem mißtrauischen Ehemann durch die Stimme eines Neugeborenen mitteilen ließ, wie wenig er Anlaß habe, an der Treue seiner Frau zu zweifeln? Es gibt meines Wissens kein Wunder, das in Verbindung mit Antonio geschah und das nicht einen doppelten Sinn besäße, eine Art höherer Wirklichkeit also, hinter der sich dann auch die Wahrheit verbirgt. Die lauschenden Fische vor Rimini, der halbverhungerte Esel, der vor einer Hostie in die Knie geht, die Wunderheilungen und Totenerweckungen, manches davon geschickt inszeniert, manches gut erfunden, einiges der Natur abgeschaut: Alles ist im Grunde nur ein Gleichnis. Alles dient dem ehrenwerten, vernünftigen Zweck, die Tugend der Menschen aufzuwerten, ihren Instinkt auf das Wesentliche auszurichten, sie vor Gemeinheit und Charakterlosigkeit zu bewahren. Ein solches Programm kann natürlich nur dann erfolgreich verkauft werden, wenn man es möglichst publikumswirksam über die Bühne bringt. Das ist durchaus legitim und ändert nichts an der spirituellen Bedeutung, an der moralischen Wertigkeit des Programms und dessen, der es verkauft.

Aber es gibt auch dunkle Tage im Leben dieses erstaunlichen Mannes, ernsthafte Anfechtungen und sogar Beweise für seine zwiespältige Moral. Es wäre töricht und zweifellos dem Genie Antonios unangemessen, wollte man das alles verschweigen, was er mit seiner Begabung, mit seiner unvergleichlichen Sprachgewalt und den flinken, intelligent arrangierten und stets so plausiblen Zauberkunststücken – die ja alle, wie er glauben mußte, einem guten Zwecke dienten – in Wahrheit angerichtet hatte. Man muß auch seine anfechtbarste Leistung, die zugleich einen seiner spektakulärsten Erfolge ausmachte, unter dem Aspekt jener Zeit betrachten, in der das alles passierte. Unversöhnliche Gegner des Christentums würden wohl sagen, daß es sich dabei um glatten Mord, um

Anstiftung zum Totschlag vieler Tausende von Unschuldigen gehandelt habe. Und selbst ein neutraler Beobachter würde es schwer haben, die völlige Schuldlosigkeit Antonios zu beweisen, sofern man hier mit normalen juridischen Maßstäben operierte. Aber eben das ist nicht möglich. Denn alles an Anfechtbarem und Häßlichem geschah im Dienste Gottes oder zumindest der Kirche und in jedem Fall im allerbesten Glauben, was auch immer man heutzutage darunter verstehen mag.

Antonio predigte in Südfrankreich und in Norditalien gegen die angeblichen oder tatsächlichen Ketzer der Albigenser oder Katharer. Er rief zum Kreuzzug gegen diese religiöse Minderheit auf und hatte damit einen durchschlagenden Erfolg. Es waren wütende Predigten, es war ein Ausschütten von leidenschaftlichem Haß, es war ein permanentes Aufstacheln zum Massenmord – man kann es nicht anders formulieren, wenn man die Zahl der Opfer kennt, die in die Hunderttausende ging –, es war ein schriller und wortgewaltiger Radikalismus, der sich gegen Christen richtete, die dem Ideal des frühen Christentums vielleicht stärker verpflichtet waren als die saturierten Katholiken mit ihren politischen Machenschaften und ökonomischen Verflechtungen, es war alles in allem ein ebenso genialer wie maßloser, ebenso ungestümer wie sorgfältig vorbereiteter Auftritt gegen eine Minderheit, was dann letztlich auch zur Vernichtung, zur Ausrottung dieser Minderheit führte. Der Heilige, der heute vor allem von Brautpaaren und Ratsuchenden angerufen wird, war der unerbittlichste Prediger, den die Kirche im Mittelalter jemals gehabt hatte. An dieser Schuld oder an diesem verhängnisvollen Irrtum ändert auch unser Wissen über die Summe an Wohltaten nichts, die derselbe Heilige den Menschen zuteil werden ließ.

Antonio war beim heiligen Franz von Assisi gleichsam in die Lehre gegangen. Er war durch das überragende Beispiel des »Poverello« für die franziskanische Idee endgültig gewonnen worden, nachdem ihn bereits der Märtyrertod der Franziskaner im islamischen Marokko nachhaltig beeindruckt hatte. Anscheinend wollte er seinen Lehrmeister, das unerreichbar scheinende Ideal und Vorbild noch übertreffen, denn auch Heilige entbehren manchmal nicht des Ehrgeizes. Und was Menge und Bedeutung der Wunder betrifft, die man ihm nachsagt, so scheint dieses Übertreffen sogar gelungen zu sein, denn Antonio ist unter denjenigen Heiligen der katholischen Kirche, die sich im Umgang mit dem staunenswerten Wunder auszeichneten, jener Glückliche, dem die meisten solcher Wunder zugeschrieben werden.

Nichts von einem Wunder hatte allerdings die Bekehrung der Albigenser an sich. Antonio wütete mit all seiner rhetorischen Begabung und mit der gefährlichen Kraft seiner wachsenden Popularität gegen diese unglücklichen Menschen, deren einziges authentisches Verbrechen darin bestand, die Lehre Christi zuerst einmal als eine zutiefst menschliche Botschaft verstehen zu wollen. Natürlich gab es bei ihren Zusammenkünften Dinge, die eindeutig aus heidnischen Quellen stammten, entwickelte sich ein Brauchtum, das den Intentionen der katholischen Kirche entgegengesetzt war. Aber Christen im reinen und ursprünglichen Sinne des Wortes waren sie alle, die jetzt durch das Feuer und das Schwert eines riesigen katholischen Kreuzzugheeres umkamen. Die Ursachen für diesen vehementen Angriff des Heiligen gegen Unschuldige, von denen er wußte, daß sie getötet werden würden, ja deren Ausrottung er sogar unmißverständlich forderte, deren Tod er von den Kanzeln schrie, landauf und landab quer durch Norditalien und Südfrankreich voll zorniger Eloquenz eine Verdammnis predigend, deren erbarmungslose Wut uns heute noch erschreckt ... die Ursachen dafür müssen wir erstens in seinem Gehorsam gegenüber der Kirche erkennen, von der er zu diesem Kreuzzug aufgefordert worden war, und dann auch in seiner eigenen geistigen Entwicklung. Und natürlich auch in der Zeit, in der er lebte. Und im Charakter, den Gott in seinen Leib gesenkt hatte und der ein seltsam widersprüchlicher, von Ehrgeiz zerfressener und zugleich kindlich naiver Charakter gewesen sein muß.

Erinnern wir uns daran, daß anfangs nichts darauf hingedeutet hatte, diesem Sohn aus vornehmen Hause, Fernando, einmal in Italien als wortgewaltigem und leidenschaftlichem Prediger zu begegnen, der die Wunder beinahe am Fließband produziert und die Massen für Christus begeistert. Er entschied sich, dem Stil der Zeit gehorchend oder auch nur einer Abstimmung in der Familie, für den geistlichen Stand, trat den portugiesischen Augustinern bei, kam nach Coimbra, jener portugiesischen Stadt, die bis heute ein Zentrum der katholischen Idee und aller daraus resultierenden Politik ist, und wurde dort im Alter von dreiundzwanzig Jahren zum Priester geweiht. Nichts wies in jenen frühen Jahren auf seine späteren Leistungen und Erfolge hin. Er zeichnete sich weder durch eine ungewöhnliche Beredsamkeit noch durch besonderen Fanatismus aus. Lediglich eine gewisse Exaltiertheit seines Gemüts wird überliefert und läßt ahnen, was in diesem jungen Mann an ungestümen Leidenschaften schlummerte. Aber es war eine Exaltiertheit, die vorerst noch nicht zum Ausbruch kommen konnte.

Das änderte sich allerdings von einem Augenblick zum anderen, als er die dramatische Geschichte jener Franziskanermönche erfährt, die in den marokkanischen Maghreb gegangen sind, um dort freiwillig und durchaus bewußt den Märtyrertod zu erleiden. Sie drangen in die islamischen Moscheen ein, schmähten Allah und predigten die Lehre Christi. Derlei hört sich heute vielleicht ein wenig sonderbar an, aber wir dürfen nicht vergessen, daß alle diese Geschichten in einem Zeitalter spielen, da man allen Fragen der Religion eine ähnlich große Aufmerksamkeit schenkte wie heute den Fragen der Politik. Und wie es heute allenthalben in den Ländern der Dritten Welt oder im Herrschaftsbereich des Kommunismus die ideologischen Märtyrer gibt, so gab es damals die Leidenschaft vieler Christen – vor allem der Mönche –, das Wort Gottes in der islamischen Welt zu verkünden, obgleich jedermann wußte, daß eine solche Art der Missionierung zwangsläufig den glatten Selbstmord bedeutete. Aber gerade diese Art von Selbstmord war als Märtyrerschicksal fast erstrebenswert.

Derlei mag heutzutage schwerverständlich sein, entsprach aber durchaus der Realität jener Jahrhunderte, da man allmählich zu ahnen begann, daß die heiligen Stätten der Christenheit in Palästina an den Islam verlorengegangen waren und gegen die kämpferische Ideologie des Islam nur die forcierte Leidenschaft katholischer Glaubensbrüder erfolgversprechend war. Es war immerhin das rätselhafte Zeitalter jener Frauen und Männer, denen die Wundmale Christi am eigenen Körper oder sogar der Tod im Dienste der Religion als das absolute und erstrebenswerteste Glück erschienen, während zugleich die politische Situation der Kirche und damit auch ihrer geistigen Ordnung unaufhaltsam einem Chaos entgegentrieb, das dann mit der Zersplitterung des Papsttums und seiner Exilierung aus Rom seinen tragischen Höhepunkt haben sollte.

Fernando also, ein junger und begeisterungsfähiger Mann, gerade erst zum Priester geweiht, ein Mensch von empfindsamem Charakter und einer unstillbaren Leidenschaft für Gott und den wahren Weg in die Seligkeit, wie wir annehmen müssen, – Fernando also begeisterte sich – so merkwürdig sich das auch anhört, wenn man sich seine wache und äußerst kritische Intelligenz vergegenwärtigt – für den Märtyrertod der Franziskaner in Marokko, denen ein wütender Sultan höchstpersönlich die Schädel entzweischlug. In diesem Zusammenhang sollte man sich, bevor man ein vorschnelles und damit geringschätziges Urteil abgibt, vielleicht doch einmal fragen: Wie war das eigentlich im Spanischen Bürgerkrieg, jetzt, in unserem aufgeklärten Jahrhundert, als Tausende junger Menschen von überallher nach Spanien eilten, um die Sache der Freiheit gegen den aufziehenden Faschismus zu verteidigen, obgleich sie ahnten oder sogar wußten, daß der Kampf aussichtslos und höchstens ein elender Tod zu erwarten war? Oder wie war das mit der Partisanenbewegung im Europa der Hitlerzeit, als Zehntausende einen hoffnungslos anmutenden Kampf aufnahmen, obgleich sie begriffen, daß der Galgen oder das Fallbeil auf sie wartete? Warum sollte es nicht auch Partisanen Gottes geben, obgleich mir persönlich dieser militante Ausdruck nicht sehr gut gefällt? Und wenn es Partisanen Gottes gibt, woran ich nicht zu zweifeln wage, dann wird es auch diesen uralten Widerstreit zwischen Intelligenz und Gefühl, zwischen Vernunft und irrealer Emotion geben. Eine Leidenschaft, die bei aller romantischen Empfindsamkeit vom Kopf ausgeht, vom Gehirn gesteuert wird, widerspricht scheinbar immer noch aller Vernunft, und zwar dann, wenn die Religion die Ursache dieser Leidenschaft ist, obgleich sie möglicherweise das Vernünftigste ist, was einem Menschen passieren kann. Wir sollten vielleicht doch einmal begreifen lernen, daß es neben der Leidenschaft für den Autorennsport oder für den Krieg, für das Abenteuer oder für die Kunst auch eine Leidenschaft für Gott gibt. Daran ist nichts Außergewöhnliches. Die meisten oder eigentlich alle Biographien von Heiligen beginnen und enden mit dieser Leidenschaft. Nur wir übersehen das, weil wir nicht daran glauben. Weil wir das Ungewöhnliche nicht als ein Zeichen für die Existenz Gottes ansehen wollen.

Fernando machte sich nun jedenfalls unverzüglich auf den Weg nach Marokko, das Herz voll süßer Todessehnsucht, was sich abstrus anhört und was man allerdings nicht mißverstehen sollte. Es war eine fröhliche Sehnsucht, es war nichts Finsteres oder Berserkerhaftes in diesem Entschluß, in der islamischen Welt zum höheren Ruhme Gottes den Tod zu suchen. Es war exaltiert, das ja. Aber es war diese Art von Exaltiertheit, die viele junge Menschen besitzen, wenn sie sich ein ungewöhnliches Ziel gesteckt haben. Der eine will als erster durchs Ziel rasen oder zuerst eine Felswand durchklettern, der andere will Gott verstehen lernen. Und hier war es Christus, dem der junge Portugiese sein Leben opfern wollte.

Das Opfer wurde nicht angenommen. Zuerst erkrankte der junge und ungestüme Mönch aus Coimbra, der aus Begeisterung für die mutige Tat der Franziskaner den Orden gewechselt hatte und noch vor seiner Abreise aus Portugal den Franziskanern beigetreten war, wo er wahrscheinlich auch schon den Namen Antonio angenommen hatte, zuerst erkrankte er also lebensgefährlich, dann geriet das Schiff, das ihn zurückbringen sollte nach Portugal, in einen Sturm und wurde an eine fremde Küste verschlagen, die sich als die Südküste Siziliens herausstellte. Antonio nahm das als einen Fingerzeig Gottes und blieb fortan in Italien. Er kam nach Assisi, wo er 1221 am Ordenskapitel des heiligen Franz teilnahm. Dann wanderte er quer durch die Halbinsel. Er begann zu predigen. Und er war, wie alle seine Zeitgenossen sehr bald übereinstimmend bezeugten, nicht nur der berühmteste und begnadetste, sondern auch der erfolgreichste Prediger seiner Zeit. Es war völlig gleichgültig, ob er dreißigtausend Menschen oder nur ein Dutzend Zuhörer vor sich hatte, die es zu beeinflussen und zu bekehren galt. Seine rhetorische Kunst war stets unvergleichlich, wobei man sich noch überlegen muß, daß er anfangs weder das Italienische noch das Französische beherrschte, sondern mit dem üblichen Kirchenlatein auskommen mußte. Trotzdem ging er im Auftrag des Papstes von Italien nach Frankreich, wo er vor allem im Süden für die Sache der Kirche und gegen die unglücklichen Albigenser eintrat, bis er dann schließlich, zurückgekehrt in seine zweite Heimat, Provinzial der Franziskaner in Norditalien wurde.

Sein Einfluß nahm dabei unaufhaltsam zu, erstreckte sich jetzt auch auf die politischen Angelegenheiten, und manches seiner aufsehenerregenden Wunder oder Gleichnisse diente dazu, den Menschen die Zusammenhänge zwischen Religion und Politik zu demonstrieren, ihnen zu beweisen, daß Politik ohne den Glauben an eine höhere Ordnung nicht vorstellbar sei. Er war ein hervorragender Propagandist seiner Sache, woran man gar nichts Seltsames sehen darf, nur weil diese Sache der Glauben war. Und als Antonio anfangs 1231, nachdem er sich gerade erst von allen öffentlichen Auftritten zurückgezogen und das Predigen weitgehend eingestellt hatte, unweit von Padua ernsthaft erkrankte und auf einem gewöhnlichen Ochsenwagen heimkehrte zu den Klosterfrauen von Arcella – das heute längst schon ein integrierter Stadtteil Paduas ist –, da säumten Zehntausende die Straßen. Es war, als ob die Menschen ahnten, daß einer der großen Heiligen seine letzte Reise angetreten habe. Sein Tod am 13. Juni 1231 – immerhin nur fünf Jahre nach dem Tod seines verehrten Vorbildes Franz von Assisi – wurde in ganz Italien betrauert. Ein Jahr später erfolgte bereits die Heiligsprechung, was gleichfalls die Bedeutung Antonios für das religiöse, aber auch für das öffentliche Leben in seiner Wahlheimat unterstreicht.

Arcella oder eigentlich das Franziskanerkloster Santa Maria in Arcella lag zum Zeitpunkt des Todes Antonios außerhalb Paduas. Im 19. Jahrhundert trennte dann die Eisenbahnlinie diesen Ortsteil von der übrigen Stadt, während er heute, bedingt durch die allgemeinen politischen Verhältnisse in Padua und ganz Italien, immer wieder zum Aufmarschplatz radikaler Studenten wird, die von der nahegelegenen Universität hierherströmen und ihre Vorstellungen von einer schönen Utopie gewaltsam verwirklichen wollen. Das Franziskanerkloster selbst war bereits im Jahre 1513 von den Truppen des deutschen Kaisers Maximilian zerstört und durch eine Gedenkkirche ersetzt worden, in der man die angeblicche Sterbezelle des Heiligen besichtigen kann. Mit dem Bau der Wallfahrtskirche, die Padua in der ganzen katholischen Welt berühmt gemacht hatte, begann man am 30. Mai 1232 unmittelbar nach der Heiligsprechung Antonios. Die Kirche wurde dann freilich erst im 14. Jahrhundert fertiggestellt, wobei es vielleicht bemerkenswert zu wissen ist, daß die

Grabkapelle, die sogenannte »Capella dell'Arca del Santo«, wie wir sie heute kennen, bereits die zweite, auf einem älteren Projekt basierende Grabkapelle ist.

Es war für mich früher einmal stets selbstverständlich, daß diese Grabkapelle und die Grabkirche des Heiligen neben und mit Rom, Loreto und Assisi zu den meistbesuchten Pilgerstätten Italiens gehört. Meine Kindheit ist erfüllt von Erinnerungen an Wallfahrten zum heiligen Antonio von Padua, die ein festgefügtes Zeremoniell im Ablauf eines Familienjahres darstellten. Ich erinnere mich vor allem an den einen Umstand, daß ich immer wieder angehalten wurde, eine Kerze in der Grabkirche anzuzünden und ein Gebet zum Heiligen zu sprechen, weil das, so wurde mir jahrelang eingeschärft, eine Unterstützung bedeutete für das Wiederauffinden verlorener Sachen. Dieser Brauch hatte sich bei mir so eingeprägt, daß ich noch Jahre später automatisch diesen Prediger und Franziskaner anrief, wenn ich etwas verlegt oder vergessen hatte. Erst viele Jahre danach lernte ich auch die andere wesentliche Bedeutung Antonios kennen, nämlich die des Schutzpatrons für jungverheiratete Ehepaare.

Im Volk ist die Bedeutung des heiligen Antonio unangetastet. Und es gibt kaum eine italienische Durchschnittsfamilie, die sich seiner nicht immer wieder entsinnen würde, ihn anrufend, wenn etwas verlorengegangen ist, ihn um Beistand bittend, wenn eine neue Ehe geschlossen wird, ihn mit Bitten und Beschwörungen bestürmend, wenn es darum geht, das Lebensglück der einzelnen Familienmitglieder vor allen möglichen Gefahren zu schützen. Er, der wahrscheinlich einer der großen Intellektuellen der Kirchengeschichte war, wurde zum populären Heiligen, den das Volk liebt und verehrt.

Lucca/Siena

Es ist mir ganz gewiß nicht leicht gefallen, das legendäre Christuskreuz von Lucca, das »Volto Santo«, mit Katharina von Siena in eine scheinbar willkürliche, von mir sozusagen frei erfundene Verbindung zu bringen. Hier ein riesenhafter Christus aus Nußbaumholz, dort eine zerbrechliche Frau, hier das zurechtgeschnitzte und bemalte Holz, dort der fanatische Wille ... nein, es war nicht einfach, es ist mir unter anderem deshalb nicht leichtgefallen, wie ich mich davor hüten möchte, religiöse Fragen mit diesem literarischen Optimismus zu behandeln, der aus jedem Wunder eine Kurzgeschichte und aus jeder metaphysischen Idee ein publikumswirksames Manifest macht. Ich weiß auch nicht, ob es mir künftighin gelingen wird, dieser Gefahr einer Verallgemeinerung und Verflachung religiöser Themen zu entgehen. Aber auch die Furcht vor dem Abgleiten ins gefällige Geschichtenerzählen war eigentlich ein Grund dafür, daß ich davor zurückschreckte, das »Volto Santo« von Lucca der schmächtigen Heiligen aus Siena über die Schultern zu legen.

Und daß ich es trotzdem getan habe oder jetzt zu tun beabsichtige? Es hängt wohl mit der Ratlosigkeit zusammen, die man immer empfindet, wenn man sich das Leben dieser Katharina Benincasa aus Siena überlegt. Denn wenn jemals eine Frau, die zum Ruhme der Altäre erhoben und also offiziell zur Heiligen erklärt wurde, imstande war, das schwerste, geheimnisvollste und schmerzensreichste Kreuz Christi ein Leben lang mit sich zu schleppen, um damit die Welt zumindest ein wenig, zumindest einen Gedanken breit aus den eingerosteten Angeln zu heben, dann war es diese Frau, die vor allen anderen Menschen den Ruhm für sich beanspruchen darf, eine wahre Braut Christi zu sein. Diesen Rang kann ihr niemand streitig machen, weder ein Christ noch ein Agnostiker, weder ein sogenannter Taufschein-Katholik noch ein überzeugter Atheist. Und wenn ich mir bei aller kritischen Nachdenklichkeit ein Kreuz als Symbol aller menschlichen Leidensfähigkeit vorstelle, das auf ihren Schultern, auf ihren zerbrechlichen und halbverhungerten Leib gehörte, dann ist es dieses Christuskreuz, das im Dom von San Martino in Lucca hängt und jeden Betrachter, der unvorbereitet davor hintritt, mit der vollen Wucht seines Elends überfällt. Auch hier ist es gleichgültig, welcher Konfession man angehört. Das Elend, das durch dieses Kreuz versinnbildlicht wird, braucht keinen religiösen oder atheistischen Stempel.

Nichts deutet darauf hin, daß Katharina von Siena jemals in Lucca gewesen und diesem Kreuz gegenübergetreten sein soll. Damals, zu ihren Lebzeiten, also im 14. Jahrhundert, wurde der Dom von San Martino, der erst rund zweihundert Jahre zuvor erbaut worden war, schon wieder renoviert. Die achteckige Kapelle des Matteo Civitali aber, die heute das Kreuz enthält und naturgemäß das Ziel aller Pilger ist, die immer noch nach Lucca kommen, diese Kapelle, die stets der religiöse Mittelpunkt Luccas war, wurde immerhin erst ein rundes Jahrhundert nach dem Tod der Heiligen von Siena errichtet. Die Geschichte des Kreuzes freilich, das von ungeheuerlicher Eindringlichkeit ist und dessen wahres Gewicht ich mir jetzt immer entschiedener im Zusammenhang mit der zierlichen Mantellata aus Siena, also mit Katharina, vorzustellen und einzuprägen beginne, diese Geschichte ist viel älter, reicht bis zu orientalischen Ursprüngen zurück und verliert sich schließlich in einer Zeit, als man Gott und seinen gedemütigten, gepeinigten Stellvertreter noch als eine untrennbare Einheit von furchteinflößender und zugleich verzaubernder Größe empfunden hatte.

Das »Volto Santo« – der Begriff kommt aus dem Lateinischen und wird in der Regel mit »Heilige Gestalt« übersetzt, obgleich es mit derselben Berechtigung auch »Strahlendes Antlitz« heißen könnte –, das Christuskreuz von Lucca ist fast viereinhalb Meter hoch und mehr als zweieinhalb Meter breit. Seine Ausmaße sind also gewaltig. Die Figur des Heilands, der hier tatsächlich die Physiognomie eines im unbeschreiblichen Schmerz erstarrten Gottes angenommen hat, ist mit einer Höhe von genau zweieinhalb Metern überlebensgroß und wirkt riesenhaft, wenn man sich ihm nähert. Eine solche Annäherung ist allerdings nur einige wenige Tage im Jahr möglich, und zwar am Karfreitag, ferner ein paar Abende lang im September sowie am letzten Freitag im November. Historisch nachweisbar ist ferner der Umstand, daß bereits im Jahre 780 hier in Lucca – dessen Bedeutung früher einmal wesentlich größer war als heute – für das »Volto Santo« eine eigene Kirche errichtet wurde, die aber schon zweihundert Jahre später aus Gründen, die wir nicht kennen, sozusagen spurlos aus der Geschichte der Stadt verschwand.

Natürlich gibt es in Verbindung mit diesem Riesenkreuz, das während des Mittelalters vor allem in Deutschland und England durch zahlreiche Nachahmungen ungewöhnlich populär gemacht wurde, auch eine abenteuerliche Legende, die davon ausgeht, daß Nikodemus, angesehener Schriftgelehrter aus Palästina und Mitglied des Hohen Rates zu Jerusalem, der übrigens an der Kreuzabnahme Christi beteiligt gewesen sein soll, dieses christliche Symbol aus einem uralten Nußbaum geschnitzt habe, und zwar unter Mithilfe von Engeln, die sich ausschließlich auf die Darstellung des heiligen Antlitzes konzentrierten. Irgendwann zu einer Zeit, als sich der endgültige Verlust der heiligen Stätten in Palästina an den Islam abzuzeichnen begann – andere Quellen sprechen allerdings von Karl dem Großen oder auch von den Westgoten als den Überbringern des »Volto Santo« –, irgendwann schwamm das Kreuz auf einem Geisterschiff quer durch das Mittelmeer bis an die toskanische Küste unweit von Lucca, wo bereits wilde Stiere darauf warteten, es in die Stadt zu bringen.

Alle diese Erzählungen sind voll dunkler Andeutungen und verraten eine erstaunliche Nähe zu vorchristlichen Kulterzählungen, was zumindest das historische Alter dieses ungewöhnlichsten aller Christuskreuze bestätigt, denn es muß in einer Zeit entstanden sein, als die Verehrung heidnischer Götter und asiatische beziehungsweise ostmediterrane Stierkulte noch frisch im Gedächtnis der Menschen hafteten. Auch seine ungewöhnliche, zutiefst beeindruckende und wohl auch heute noch furchteinflößende Größe verweist seine Entstehungsgeschichte in das Zeitalter der endgültigen Eroberung Italiens durch das Christentum, als man gegen letzte Götterideale und hartnäckige römische Kultvorstellungen sozusagen zwangsläufig übertriebene, herausragende und gewaltige Symbole des Christentums errichtete, um dieser jungen Religion, die zwar schon staatlich sanktioniert und angeordnet, aber nicht überall befolgt wurde, den notwendigen Respekt zu sichern. Das »Volto Santo« hatte die Menschen des Altertums zweifellos durch Furcht überzeugt, und alle späteren Legenden, die sich mit diesem Kreuz von Lucca beschäftigen, haben dementsprechend auch einen tragischen, düsteren Hintergrund. So gab es zum Beispiel in meiner Jugend – ich weiß nicht, ob sich das auch heute noch so verhält – ein kleines altertümliches Handbeil, das in unmittelbarer Nähe vor dem Christuskreuz an einer Säule befestigt war. Dieses Beil war vor vielen Jahren einmal einem Angeklagten um den Hals gehängt worden, als Zeichen seiner Schuld und Verurteilung, woran auch der Umstand nichts änderte, daß der Mann verzweifelt seine Unschuld beteuerte. Man führte ihn auf den Richtplatz, der Henker hob das Beil und schlug zu. Aber die tödliche Waffe erreichte nie das Leben dieses Unschuldigen, es glitt ab von der Haut, vom Körper des Verurteilten, es zerschnitt die Luft, es vollführte eigenartige Bewegungen in der Hand des Henkers und krümmte dennoch dem verurteilten Delinquenten kein Haar.

Eine ähnliche inhaltliche Struktur weist eine andere Legende auf, bei der gleichfalls das Christuskreuz von Lucca eine Rolle spielt. Demnach spielte einmal ein armer Wandermusikant vor dem »Volto Santo« zu Ehren und zur Freude des Gekreuzigten, und zur grenzenlosen Verwunderung des Musikanten fiel plötzlich ein kostbarer silberner Schuh vor seine Füße. Die Geschichte kam an die Öffentlichkeit, und natürlich glaubte man dem Musikanten nicht, sondern bezichtigte ihn des unerhörten Frevels, klagte ihn der Kreuzesschändung an, bis er es, schon zum Tode verurteilt, doch erreichte, noch einmal vor dem »Volto Santo« spielen zu dürfen. Und wieder flog, jetzt für jedermann sichtbar, ein kostbarer silberner Schuh dem armen Spielmann vor die Füße und bezeugte so seine Unschuld. Auf dieses Ereignis verweist übrigens die volkstümliche deutsche Legende vom Geiger aus Gmünd oder Gemünd, was wiederum gewisse Zusammenhänge bestätigt, die es im Mittelalter zwischen dem geheimnisvollen Original von Lucca und den zahlreichen Nachbildungen gegeben hatte. Man darf ja auch nicht vergessen, daß die toskanische Stadt früher einmal, als die große Heer- und Paßstraße über den Apennin, an der sie lag, die einzige Verbindung über das Gebirge war, nicht nur ein wichtiges Handels-, sondern auch ein Pilgerzentrum war. Im Hochmittelalter besaß die Stadt elf und die umliegende Region mehr als fünfzig Pilgerhospitäler und Pilgerherbergen, was darauf zurückzuführen ist, daß seinerzeit die Pilger aus dem Norden auf ihrem Weg nach Bari, Rom und zum Gargano mit der berühmten

Höhle des Erzengels Michael zuerst einmal in Lucca Station machten und vor dem »Volto Santo« beichteten und beteten. Aus dieser Zeit rührt ja auch der Brauch her, der an spanische Verhältnisse erinnert, nämlich das Kreuz mit kostbaren Gewändern und mit Schmuck zu bedecken, was den irrationalen Schrecken, den es verströmte, gewiß noch sublimiert hatte.

Das Kreuz von Lucca wird immer noch verehrt, auch wenn es heutzutage ein wenig in Vergessenheit geraten zu sein scheint und obgleich niemand genau weiß, aus welchem geistigen Nährboden es tatsächlich kommt und was es, abgesehen von der überaus realistischen Darstellung der Leiden Christi und seiner außerordentlichen Größe, so erdrückend und bedrohlich wirken läßt, so daß es wie ein Monument aus einer fernen Vergangenheit in unsere heutigen Vorstellungen von Religion und Frömmigkeit hineinragt. Es ist so etwas wie ein Zauberkreuz, ohne daß man sagen könnte, woraus der Zauber eigentlich besteht. Meine Erinnerungen, sofern sie mich nicht täuschen, lassen mich, wenn ich an dieses Riesenkreuz von Lucca denke, stets an eine erbarmungslose Religion denken, an eine barsche Aufforderung zur bitteren Einkehr und Buße. Trost, Erbauung und fromme Einkehr darf man sich in seinem Schatten nicht erwarten! Es wäre für mich auch unvorstellbar, daß ein einzelner Mensch, und wäre er ein Riese an Kraft und Ausdauer, dieses gewaltige Stück Nußbaumholz von der Stelle bewegte ... mit einer Ausnahme: Katharina Benincasa, diese alters- und geschlechtslose Frau, die wie ein Schatten durch ihr Jahrhundert glitt und es doch nachhaltig beeinflußte, die mehr an politischer und moralischer Wirkung erzielte als irgendeiner ihrer männlichen Zeitgenossen, obgleich sie keine Partei oder Armee hinter sich hatte, Katharina Benincasa, die nur dreiunddreißig Jahre alt wurde und sich, wie die Legende berichtet, jahrelang ausschließlich von Hostien ernährte, die sie bei der heiligen Wandlung empfing. Ihr, der ungekrönten Königin von Siena und Schutzpatronin Italiens, mute ich also zu, was ich keinem Sterblichen zutraue. Sie schleppte das »Volto Santo« für ihre Heimat und die Christenheit, trug es von ihrer frühesten Kindheit an bis zu dem Augenblick, da das Gewicht der Welt, das auf dem Kreuz lastete, sie in die Erde zurückdrückte. Aber da war, so meine ich, diese Erde schon ein wenig verändert, schon aufnahmebereit für gewisse Ideen, ohne deren praktische Durchführung Italien vollends verödet und die katholische Kirche endgültig eine chaotische Versammlung einander widersprechender Interessengruppen und Machthaber gewesen wäre.

Vielleicht ist es töricht, was ich mir hier einbilde? Vielleicht habe ich kein Recht, auf diese Weise meine Furcht abzuschütteln, sie bedrückten Herzens abzureagieren und gegen eine beliebige Legende einzutauschen, die ich mir selbst erfinde, diese Furcht, die namenlos bleibt und doch von erschreckenden Bildern bewegt wird, die in mir emporquellen wie dunkler Qualm, wenn ich an das mächtige Kreuz in Lucca zurückdenke. Aber wozu, frage ich mich, wäre das Elend Christi nützlich gewesen, wenn man jetzt nicht auch die Last der eigenen Angst auf einen fremden Rücken verteilen könnte? Wenn man sich nicht einbilden dürfte, daß immer wieder einmal ein Mensch unter uns lebt, der die übermenschliche Kraft und auch die Gnade besitzt, mit einem solchen Kreuz auf den Schultern die Welt ein wenig zu verändern?

Von Lucca nach Siena, unentwegt südwärts durch das alte schöne Hügelland der Toskana mit den grünen Schriftzeichen der Pinien und den dunklen Wimpeln der Zypressen, dazwischen die sich ausbreitende rötlichfarbene Erdhaut einer Landschaft, die mit großem und feierlichem Ernst ihre unbekannten Schätze ausbreitet, ihre vergessenen Geschichten erzählt und die Phantasie der Menschen, die ihrer Verzaubehrung erliegen, auf eine Weise verwirrt, in Unruhe versetzt, daß man sich später einmal kaum erklären kann, was einen eigentlich im Detail an diesem einsamen Land zwischen dem Meer und den Bergen so bewegt hatte, von Lucca nach Siena, unentwegt südwärts, ist es nur eine verhältnismäßig kurze Wegstrecke. Trotzdem durchmißt man mindestens fünfundzwanzig Jahrhunderte ununterbrochener Menschheitsgeschichte, ohne daß man dessen im ersten Augenblick gewahr würde. Es ist der Geruch, der aus der Erde aufsteigt, es ist das Licht, das vom Himmel fällt und sich in der Landschaft zu spiegeln scheint, es ist die gelassene Bewegung der Hügelkämme, auf denen uralte Städte kauern, deren Namen man erstaunt buchstabiert, es ist mehr ein Gefühl, eine irritierende Ahnung, daß man mit jedem Schritt, den man macht, zugleich in diese Landschaft und in die eigene Geschichte eintaucht.

Es ist vieles, das man nicht mit den üblichen literarischen Chiffren ausdrücken kann, weil man hilflos wird, wenn das, was wir die Seele oder das Gemüt nennen, plötzlich ein Eigenleben zu führen beginnt ... und Siena, die rote Stadt mit der unverwechselbaren Signalwirkung ihres Doms, Siena, der karminfarbene Strich am grünen Horizont, bedeutet inmitten dieser toskanischen Verzauberung eine allerletzte und entscheidende Herausforderung. Nach Siena ist alles einfach und leicht. Nach Siena werden sogar die Geheimnisse der Toskana wieder beschreibbar. Und für mich persönlich ist Siena sogar der Schlüssel, mit dem ich den Bann, den Alptraum entziffere und beseitige, der durch das Kreuz von Lucca auf mir lastet. In Siena – und während ich voll Egoismus an Katharina Benincasa denke – verliert das »Volto Santo« zumindest vorübergehend seinen magischen Schrecken.

Sie war eines von zweiundzwanzig Geschwistern. Katharina wurde am 25. März 1347, an einem Palmsonntag, als Tochter des Tuchhändlers und Färbers Benincasa zu Siena geboren, wobei ich dieses Geburtsdatum mit aller gebotenen Vorsicht zitiere, weil es immer wieder Stimmen gibt, die darauf verweisen, daß Katharina, sofern man dieses offizielle Geburtsdatum anerkennt, zu jung gewesen sei für die enormen Leistungen, die freilich alle historisch verbürgt sind und die sie im Dienste der Kirche und letztlich wohl auch Italiens vollbracht hat. Als ob Genialität, auch wenn sie sozusagen religiösen Ursprungs ist, nach dem Alter fragt! Sie soll sieben Jahre alt gewesen sein, als sie den Entschluß faßte, ihr Leben fortan Christus zu weihen. Und sie war siebzehn Jahre alt, als sie den sogenannten Mantellatas, einer Laiengenossenschaft des Dominikanerordens, beitrat und ihre Existenz einem praktischen Christentum und mehr noch einem Mystizismus unterordnete, der sehr bald weit über Siena hinaus Aufsehen erregte. Es ereigneten sich Wunder oder doch seltsame Vorkommnisse, die mit den üblichen Vorstellungen, die sich die Gesellschaft gegenüber ihren moralischen Verpflichtungen einbildet, nicht mehr übereinstimmten. Diese Wunder umfassen die ganze Palette christlicher Legendenbildung, reichen von der überraschenden Friedensstiftung zwischen den rivalisierenden Adelsfamilien Sienas bis zur Bekehrung hartnäckiger Sünder und auch zu prophetischen Gesichten, dieser Spezialität des Mittelalters, und die Katharina vor allem im Au-

29 Santiago de Compostela: Hl. Jakob

30 Odilienberg: Altar auf keltischem Opferstein

31 Ein Engel fliegt über den Kontinent (Aquileia) ▷

32 Flüeli-Ranft: Hl. Nikolaus-Kapelle

genblick der heiligen Wandlung hatte, wenn sie mit der Hostie den Leib des Herrn in ihrem Mund aufnahm.

Ich weiß nicht, ob ich dazu legitimiert bin, solche Überlegungen anzustellen, aber immer dann, wenn ich von rätselhaften Ereignissen in Verbindung mit den Heiligen der katholischen Kirche höre und mir keine logische Erklärung einfällt, keine Entzifferung dieser Wunder mit rationalen Methoden, immer dann denke ich an die Mutter Teresa in Indien, deren unvergleichliche Tatkraft, deren beispielloses Wirken für die Ärmsten und Elendsten für mich etwas von diesem Wunderhaften oder Wunderbaren besitzt, das uns in den Lebensdarstellungen vieler Heiliger manchmal unwahrscheinlich vorkommt. Die Leistung dieser Mutter Teresa akzeptieren wir, weil Massenmedien und authentische Augenzeugenberichte uns darüber ausführlich informieren. An der Leistung eines Antonio von Padua, Franz von Assisi oder einer Katharina von Siena wird gelegentlich von gewissen Kreisen eine leise, hartnäckige Kritik geübt, werden Zweifel formuliert, nur weil wir es uns nicht mehr vorzustellen vermögen, daß es tatsächlich Menschen gibt, deren einzige und übermenschliche Leidenschaft darauf ausgerichtet ist, Hilfe in jeder Form anzubieten. Ich stelle mir vor, daß es wirklich nur darauf ankommt, diese Hilfe stets und überall zu leisten, den halbverhungerten Obdachlosen und Waisenkindern in Kalkutta oder den verzweifelten Menschen im mittelalterlichen Italien. Dabei dürfte das Zeitalter, in welchem eine solche Hilfe stattfindet, nur eine untergeordnete Rolle spielen.

Im Jahre 1374 wird Katharina, deren Wirken und deren unglaubliche Erfolge in moralischen und jetzt auch schon in politischen Fragen inzwischen über Siena und die Toskana hinausgedrungen sind, nach Florenz gerufen, wo sie sich vor dem Generalkapitel des Dominikanerordens verantworten muß, wo man von ihr mehr oder minder Rechenschaft fordert für das Aufsehen, das sie in Italien erregte. Man ist in der Führungsspitze dieses Ordens mißtrauisch, beunruhigt geworden angesichts der sich häufenden Nachrichten über die gleichermaßen rätselhafte und suggestive Wirkung dieser Frau aus Siena. Man ist aber auch vorsichtig, denn es wäre peinlich, müßte man in den eigenen Reihen eine Hexe entdecken, die durch Scharlatanerie die Menschen verwirrt. Die Prüfungen sind außerordentlich streng und umfassend. Die besten Köpfe des Ordens werden aufgeboten, die raffinierte sten Argumente vorgebracht, die hinterhältigsten Fragen gestellt. Aber Katharina reagiert mit traumwandlerischer Sicherheit. Die Überprüfung fällt so aus, daß ihr zuletzt jede Anerkennung zuteil wird. Vor allem aber beginnt man sich mit der Idee anzufreunden, die wachsende Popularität dieser kleinen Mantellata, die Bischöfen, Herzögen, Regierungen und sogar dem Papst in Avignon dramatische Briefe schreibt und mit wütender Vehemenz das Gewissen der Kirche wachzurütteln versucht, für die kirchen- und mehr noch für die machtpolitischen Pläne des toskanischen Klerus einzusetzen. Das heißt, man versucht über sie eine Beeinflussung des französischen Papstes Gregor XI., der anfangs gar nicht daran denkt, ins feindliche Italien, ins fremde Rom heimzukehren. Wie weit bei diesem Spiel kirchliche und weltliche Politiker nur Werkzeuge in der Hand Katharinas waren, wie sehr sie möglicherweise aber auch von ihren vermeintlichen Förderern benützt und ausgenützt wurde, das läßt sich heute im Detail nur schwer nachweisen. Jedenfalls entfaltete sie neben ihren literarischen Arbeiten – viele ihrer Briefe sind dichterische Meisterwerke – auch eine hektische Reisetätigkeit. Pisa, Florenz, Avignon, Genua, Rom sind die einzelnen Stationen, von denen jede für ein wichtiges Kapitel in der Entwicklungsgeschichte der italienischen Kirche steht. Nur in Lucca war, soweit sich das noch recherchieren läßt, Katharina Benincasa nie, nur das furchteinflößende Riesenkreuz im Dom von San Martino, das sie unsichtbar auf ihren Schultern schleppte, hat sie in Wahrheit wahrscheinlich nie zu Gesicht bekommen.

Man darf bei alledem ja nicht vergessen, daß Katharina drei wesentliche Forderungen aufgestellt hatte, und zwar lange vor ihren Ordensoberen, lange vor den langwierigen Verhören im Ordenskapitel zu Florenz, Forderungen von elementarer Bedeutung, die sie nun mit leidenschaftlicher Zielstrebigkeit vertrat und die ihr ganzes Leben hindurch ihre uneingeschränkte Kraft und Intelligenz erforderten. Zuerst einmal verlangte sie die Rückkehr des Papstes aus dem französischen Einflußbereich in Avignon nach Rom, was für sie eine sittliche und politische Voraussetzung für das Überleben der Kirche überhaupt war. Dann verlangte sie eine grundlegende Reform der Kirche, was freilich seit langem schon eine allgemeine und weitverbreitete Idee in jener Zeit war, da man hauptsächlich in Italien selbst allmählich erkannt habe, daß die Verweltlichung der Kirche ein so exzessives Stadium erreicht habe, daß der Verfall nicht mehr aufzuhalten sei, weil sich die einfachen Gläubigen fast zwangsläufig von dieser Kirche loszusagen begannen. Und schließlich forcierte Katharina einen neuen Kreuzzug ins Heilige Land, der von der ganzen Christenheit getragen sein, aber natürlich vom Papst in Rom angeführt werden mußte.

Das alles, wenn man sich vorstellt, wie jung und auf welche verzweifelte Weise einsam und im Grunde auch politisch ohnmächtig diese militante, hartnäckige Heilige war, das alles wären bereits hinreichende Gründe, daß man ihr das Riesenkreuz von Lucca heute noch im Geiste wortlos auf die Schultern legte, daß man plötzlich daran glaubte, sie hätte als einziges menschliches Wesen die Kraft besessen, es als Beispiel für das Gewicht der Welt ihr kurzes ereignisreiches Leben lang mit sich zu tragen, um seine Last uns allen zu ersparen. Aber Katharina, die sich stets als eine »Populana« begriffen hat, als ein Kind des Volkes, das nichts anderes besitzt als seinen Stolz und seine Würde, um gegen den Adel und auch gegen den hohen Klerus bestehen zu können, Katharina war neben und über ihre politische Mission hinaus auch noch von der schmerzhaften Begabung heimgesucht, das Kommende zu erahnen. Das muß nicht unbedingt etwas mit Wunderglauben oder der schwierigen, doppelbödigen Kunst der Prophetie zu tun haben. Das kann auch eine Sache des überwachen Instinktes sein, des scharfen Blickes für die Realität, des Einfühlungsvermögens in gewisse Strömungen, in den Zeitgeist, wie man das ein wenig verallgemeinernd zu nennen pflegt, obgleich gerade am Beispiel dieser jungen asketischen und fanatischen Frau aus Siena die Frage aktuell wird, was eigentlich dieser Zeitgeist sei, was er tatsächlich bedeute, wenn es einer einfachen Mantellata, einer Einzelgängerin gelingt, ihn buchstäblich auf den Kopf zu stellen. Manchmal sehe ich sie vor mir, diese Heilige aus Siena, die eine machiavellistische Politikerin und zugleich eine Törin des reinen Herzens gewesen sein muß, wie sie mit ihrem Riesenkreuz, das sie fast erdrückte, unter dem sie fast verschwand, obgleich es niemand zu sehen bekam, zwischen den Kardinälen und Herzögen, Ordensoberen und Ministern hin und her wieselte, wie sie zu Avignon oder Rom ihre aufsehenerregenden Auftritte hatte, wenn sie einem Papst, der Gregor oder Urban hieß, leidenschaftlich ins Gewissen redete, eine gnadenlose Zwischenträgerin und erbarmungslose Intrigantin im Dienste Gottes, eine Zuchtrute nicht nur der beiden Päpste, denen sie jeweils gegen deren Willen zu helfen imstande war, sondern auch des hochmütigen Adels und der selbstgefälligen Kardinäle, eine Art Urmutter dieses unglücklichen und doch so schönen Landes, das sie als ihre einzige Heimat begriff. Und wenn jemals in der Geschichte Italiens das Wort vom Gewissen der Nation auf einen Menschen zutraf, dann auf Katharina von Siena! Daneben, zur gleichen Zeit, immerzu mit den Dämonen ihrer Alpträume und Gesichte beschäftigt, gab es noch die sogenannten Wunder, ereigneten sich die Heilungen von Kranken und Gottlosen, die überraschenden Bekehrungen, gab es dieses ganze Arsenal an Möglichkeiten, sich durch äußerste Selbstaufgabe und eine nahezu barbarische Disziplin die dünne Basis zu schaffen für den scheuen Respekt, den man ihr zollte und den sie brauchte, um ihre politischen, religiösen Ziele zu erreichen. Es war ein Leben voll Qual, das ihr wie Wasser durch die Finger glitt. Es waren Jahre der atemlosen Aufopferung, ohne daß sich immer ein sichtbarer Erfolg einstellte. Es war ein Beweis dafür, daß Gott die Menschen nicht sich selbst überläßt, obgleich die Gesellschaft, die damals zwischen frommer Hysterie und krasser religiöser Verwahrlosung schwankte, diesen Beweis nicht immer anerkannte oder begriff.

Man sollte mit Vergleichen immer vorsichtig sein, denn es führt zu nichts, ein Zeitalter gegen das andere, eine gesellschaftliche Leistung oder Situation gegen die andere auszuspielen. Aber manchmal, wenn ich den angestrengten Lärm des heutigen Feminismus höre und dann die Ergebnisse sehe, wenn ich fast zwangsläufig zu Vergleichen animiert werde und mir dabei Namen einfallen, mit denen die Repräsentantinnen einer neuen Zeit entweder nichts anzufangen wissen oder die ihnen nur ein nachsichtiges Lächeln abnötigen, Namen wie Hildegard von Bingen, Elisabeth von Thüringen oder jene unglückliche Äbtissin vom elsässischen Odilienberg oder auch Klara, die Freundin des heiligen Franz aus Assisi, dann ahne ich, ohne daß ich ein überzeugter oder blindgläubiger Katholik zu sein brauche, ohne daß ich die Augen niederschlüge vor manchen katastrophalen Fehlern der Kirche und manchen absurden Mängeln der Gesellschaft, dann ahne ich die geistige und moralische Überlegenheit jener Heiligen über die modisch politische Attitüde einer zeitgenössischen Frauenbewegung, die es für bedeutsam erachtet, zuerst ihre eigene Position in den Vordergrund zu rücken, ihr eigenes Umfeld abzustecken, ihre eigenen Parolen als bedeutende Phrasen zu artikulieren, bevor sie an das Nächstliegende denkt, nämlich an die Situation der Allgemeinheit. Ihre Wortführerinnen behaupten zwar, daß sie das tun, aber ich habe den Verdacht, daß ihr Egoismus größer ist als ihr Altruismus. Und dieser Verdacht wird durch das Beispiel genährt, das Frauen wie Hildegard von Bingen, Elisabeth von Thüringen oder Katharina von Siena gegeben haben und das sowohl an moralischer Substanz als auch an gesellschaftsverändernder Effizienz die egoistischen Sandkastenspiele des sogenannten Feminismus bei weitem übertrifft.

Eine Frau wie Katharina Benincasa, die ihre politische Erfahrung und ihr gesellschaftskritisches Bewußtsein aus ihrer intimen Kenntnis der spätmittelalterlichen italienischen Gesellschaft gewann und die sich ihrer bürgerlichen und sozialen Rechte gegenüber dem Adel und der Kirche stets bewußt war, eine solche Frau war nicht nur in religiöser, sondern auch in gesellschaftsformender Hinsicht den heutigen Feministinnen eklatant überlegen, weil sie bei allem, was sie an politischer Bewegung leistete und in sozialer Hinsicht unternahm, immer zuerst an den Menschen dachte, an das Individuum Gottes und an das Glück ihrer Zeitgenossen, wobei sie mit unabdingbarer Sicherheit wußte, daß ein solches Glück nur durch die Integrität des Charakters ermöglicht wird.

Ich weiß natürlich, daß es nutzlos ist, solche Vergleiche anzustellen und solche Meinungen zu vertreten. Ich weiß auch, daß alle Worte, die man zur Verteidigung eines Frauenideals verwendet, das heutzutage als nicht mehr zeitgemäß und als konservativ angesehen wird, ins Leere fallen, weil erstens die Bereitschaft fehlt, sich solche Worte anzuhören, und weil zweitens gelegentlich auch das Wissen fehlt, um den gesellschaftlichen und politischen Hintergrund zu erkennen, vor dem solche Worte an Realität gewinnen. Trotzdem beharre ich auf meiner Meinung, die nichts mit Patriarchentum, Männlichkeitswahn oder religiösem Eifer zu tun hat, daß eine einzige politische Verhandlung, die von Katharina Benincasa inszeniert wurde – oftmals unter Lebensgefahr, immer unter den allerschwierigsten Verhältnissen –, im allgemeinen relevanter und auch für die gesellschaftliche Position der Frau erfolgreicher war als die hektische und häufig sinnentleerte Betriebsamkeit heutiger Feministinnen oder Politaktivistinnen. Ich erinnere nur an die diplomatische Energie, mit der Katharina den berüchtigten britischen Söldnerführer Hawkwood für einen Kreuzzug nach Palästina zu gewinnen suchte, was unter anderem zumindest vorübergehend dazu führte, daß Hawkwood, der eine Art Attila des 14. Jahrhunderts war und namenloses Unglück über die Städte und Dörfer Italiens brachte, seine mörderische Tätigkeit einschränkte und diejenigen Städte verschonte, die unter dem erklärten Schutz der kleinen Mantellata aus Siena standen. Und solche Beispiele könnte man häufig anführen! Natürlich war sie von Gott gezeichnet, aber sie war durchaus imstande, realitätsbewußt zu handeln oder zu argumentieren. Natürlich waren ihre Ekstasen in der Hauptsache durch ihr verströmendes Verschenken an die Religion motiviert, aber sie begriff auch sehr genau, daß es für ihre Aufgabe nützlicher wäre, ein Mann zu sein. Es gab sogar Augenblicke, da diese zutiefst weibliche Frau daran dachte, sich durch Männerkleidung zu tarnen und in den Orden der Dominikaner einzutreten – dem sie ja nur durch eine Laiengenossenschaft entfernt angehörte –, um so mehr Einfluß auf die politische Situation in ihrem Lande gewinnen zu können.

Dem Ausländer, der nach Siena kommt und sich vielleicht über den Andrang der Besucher wundert, die an einem beliebigen Wochentag in die Altstadt strömen – die für jeden Verkehr gesperrt ist –, wird es unter Umständen an Verständnis fehlen für diese Art der Zurschaustellung patriotischer Leidenschaft, mit der die Italiener ihre Schutzpatronin verehren. Menschentrauben im Dom und an jenen Plätzen, an denen die Heilige lebte oder wo es noch Hinweise auf ihre Existenz gibt, sind hier keine Seltenheit. Immer geht es dabei lärmend und mit einem großen Aufwand an Gestikulationen zu, als ob hier ständig eine Kirchweih stattfände und nicht eine Pilgerbewegung zu den Schauplätzen einer Heiligenlegende. Es gehört ja auch zu den Eigenarten unseres Kulturverständnisses, daß Siena außerhalb Italiens vor allem als die Stadt eines mittelalterlichen Pferderennens berühmt ist, während die Italiener selbst, die durchaus ihr Vergnügen an diesem Spektakel finden, Siena zuerst einmal als Geburts- und Heimatstadt der Heiligen verehren und sich dabei so fröhlich und ausgelassen aufführen, daß mancher ernsthafte deutsche Pilger – wie auch in Loreto, Padua, Assisi – einen strengen Blick auf diese Ausgelassenheit wirft. Die besonderen Umstände einer italienischen Wallfahrt – und hier vor allem einer Wallfahrt nach Siena – ist für Ausländer eben nur schwer verständlich und vorstellbar. Es ist eine Mischung aus althergebrachter Pilgerreise und patriotischer Versammlung, aus Kulturbesuch und religiöser Erbauung, aus irrationalem Mystizismus und einem sehr realistischen Vergnügen an einer attraktiven Stadt, die zugleich auch – so groß können manchmal die Widersprüche sein – eine Kultstätte besonderer Art ist, und zwar für so gut wie alle Italiener, für die Katholiken genauso wie für die Atheisten. Es gibt eine böse Anekdote, die davon ausgeht, daß selbst Terroristen gelegentlich nach Siena kommen und hier Kraft schöpfen für ihre Unternehmungen, weil manche von ihnen in der Heiligen die erste erfolgreiche Rebellin Italiens sehen. Natürlich fehlen aber auch die Monologe frommer Beter nicht, die sich von der Heiligen irgendeine Gnade oder Erleuchtung erflehen. Natürlich gibt es die geschlossenen Pilgergruppen, vergleichbar den deutschen Wallfahrtsvereinen, die mit Fahnen, Musik und den lokalen Reliquien nach Siena kommen. Aber daneben strömt auch die Jugend Italiens in die alte schöne toskanische Stadt, und hier sind es nicht immer nur religiöse Überlegungen, sondern auch, wie ich das schon anzudeuten versuchte, sehr politische oder eigentlich soziologische Voraussetzungen und gesellschaftskritische Denkanstöße, die diese jungen Menschen zu einem Besuch der klassischen Gedenkstätten Katharinas animieren. Man betrachtet die Heilige, die sich mutig gegen die Hierarchie der Machthaber ihrer Zeit stellte und das instinktive Verlangen des Volkes nach Überschaubarkeit und sittlicher Ordnung innerhalb der Machtstrukturen überzeugend artikulierte, die aber auch den Papst zurückbrachte nach Rom und dann einen ersten entscheidenden Anstoß zur Reform der katholischen Kirche gab, man betrachtet sie ja vielfach unter dem Aspekt ihrer moralischen und kulturhistorischen Leistungen. Es ist auch durchaus keine Ausnahme, wenn man in Siena plötzlich einer sozialistischen, faschistischen oder kommunistischen Jugendgruppe aus Turin, Bologna oder Rom begegnet, die hier auf den Spuren Katharina Benincasas Indizien sammelt für die Existenz einer italienischen Nation und für die historischen Grundlagen des jeweils eigenen Programms. Denn die Art ihres Rebellentums, ihrer ebenso spontanen wie hartnäckigen Auflehnung gegen verknöcherte Strukturen und gegen den Pragmatismus einer Unmenschlichkeit, die auch von den kirchlichen Instanzen nicht mehr bewältigt worden war, dieses Rebellentum begreifen viele junge Menschen aus allen ideologischen Lagern heute als ein mögliches Vorbild für die Durchsetzung der eigenen Ideale.

Auf einer etwas anderen Ebene findet dann auch noch der Prozeß einer literarischen Langzeitwirkung statt, also einer mehr artifiziellen Auswirkung auf die nachfolgenden Generationen. Denn die Briefe Katharinas sind ja nicht nur zeitgeschichtliche Dokumente von unschätzbarem Wert, man kann sie auch nicht nur ausschließlich als moralische Traktate klassifizieren, deren leidenschaftliche Wucht heute noch beispiellos anmutet, sondern es sind Texte von hohem literarischen Niveau, voll Poesie und sprachlicher Ausdruckskraft, die weit über den jeweiligen religiösen oder gesellschaftskritischen Anlaß hinaus wirksam geblieben sind.

Dabei muß man sich vergegenwärtigen, daß Katharina, was für die damaligen Verhältnisse nicht ungewöhnlich war, außerstande war, auch nur einen einzigen dieser Briefe selbst zu schreiben. Sie konnte nämlich gar nicht schreiben. Erste mühsame Versuche in dieser Richtung fanden erst wenige Jahre vor ihrem Tode statt und hinterließen kaum Spuren in ihrem Werk. Das heißt also, daß sie alle ihre Briefe und Dokumente diktieren mußte, was uns wiederum daran erinnern sollte, wie sehr sie ein Produkt ihrer Zeit und ihrer Umgebung war. Die Sprache, die ihr geläufig war, die sie perfekt beherrschte und in der sie sich auch politisch artikulieren konnte, war die Sprache des Volkes, war ein Toskanisch sienensischer Herkunft, angesiedelt in der sozialen Niederung der kleinen Leute, des politisch rechtlosen unteren Mittelstandes, der allerdings genaue Vorstellungen davon hatte, wie eine mögliche Neuordnung der gesellschaftlichen und kirchlichen Strukturen aussehen sollte, und der sich im übrigen, wenn es um die Wahrung seiner Interessen ging, kein Blatt vor den Mund nahm. Das alles manifestiert sich ja auch in den sechs Originalbriefen Katharinas, die man bisher entdecken konnte. Alle anderen Briefe, die sie ihren Mitarbeitern oder Anhängern diktierte und die man bei den unterschiedlichsten Anlässen gefunden hatte, stammen ausnahmslos aus einer späteren Zeit, sind Kopien, die entweder unmittelbar nach ihrem Tod angefertigt wurden, oder kalligraphisch verfremdete Abschriften aus den nachfolgenden Jahrzehnten. Diese Briefe sind in einem reinen Hochitalienisch geschrieben, wie es Katharina Benincasa niemals beherrscht oder gesprochen, geschweige denn gedacht oder diktiert hätte.

Trotzdem ist an der Authentizität dieser literarischen Dokumente nicht zu zweifeln, wobei man sie in zwei Gruppen einteilen muß: in die Briefe mit rein religiösem Inhalt, die sich nur um kirchliche Probleme kümmern, liturgische Überlegungen zur Diskussion stellen oder ein ziemlich getreues Abbild ihrer rätselhaften Ekstasen sind, und dann in die politischen Briefe, in denen sie unbeirrbar ihr Programm der kirchlichen Erneuerung und der Rückkehr der Päpste von Avignon nach Rom verfolgte. Diese politischen Briefe, in denen sie oftmals an die Grenze dessen ging, was noch angebracht, schicklich oder diplomatisch vernünftig war, in denen sie eine politische Moral forderte, die für damalige und wohl auch für heutige Verhältnisse mitunter fast utopisch anmutete, Briefe, die eher den Rang von großartigen Pamphleten als von bloßen Sendschreiben haben und deren Lektüre für jedermann – und für jeden nachdenklichen Politiker – zur Pflicht gemacht werden sollte, diese politischen Briefe also begründeten ihren nationalen Ruhm. Da war etwas, das man mit Händen greifen konnte, wo man mitreden, mitdenken durfte, eine eigene Meinung vertreten, oppositionell oder konspirativ sein mußte, alles Dinge, die der einen Hälfte des italienischen Temperaments ungemein entgegenkommen. Das andere Moment, das mythische, irrationale, die Ebene, auf der die Ekstasen und Wunder geschahen, Mörder in ihren Armen zu schluchzenden Sündern und grausame Söldnerführer durch ihre Persönlichkeit zu frommen Werkzeugen Gottes wurden ... das alles entspricht der anderen Hälfte des italienischen Temperaments, findet aber doch in einer Sphäre statt, wo man nicht immer und nicht unbedingt mit Hausverstand und politischem Durchschnittsdenken auskommt. Es ist natürlich gar keine Frage, daß das Volk – die Unterprivilegierten und Rechtlosen – diese zweite Seite an Katharina Benincasa mehr schätzte als ihre eindeutig politischen Ambitionen. Aber erst die erfolgreiche Durchsetzung der politischen Ambitionen verschaffte ihr diese einmalige Ausnahmestellung, diesen spektakulären Rang unter allen Heiligen Italiens, die sehr oft auch große Politiker waren. Es ist ja kein Zufall, daß das italienische Volk in seiner Gesamtheit zwei Heiligen vor allen anderen den Vorzug gibt: Franz von Assisi und Katharina von Siena. Selbstverständlich strömt die Menge nach Padua zum heiligen Antonio, ist Loreto immer noch eine der meistbesuchten Pilgerstätten des Landes, finden in der Engelshöhle von Monte Sant'Angelo auf dem süditalienischen Gargano die unglaublichsten Szenen statt, die mit normalen Maßstäben nicht zu fassen sind, weil es sich hier um eine exaltierte Gläubigkeit handelt, die in vorchristlichen Kultvorstellungen begründet sein dürfte, und natürlich sind Plätze wie Rom, Turin, Bari oder Neapel – um nur die auffälligsten zu nennen – nach wie vor Zentren einer Frömmigkeit und einer Pilgerbewegung, die eher noch zunimmt. Aber das alles ändert nichts an der singulären Erscheinung der Heiligen aus Siena, an ihrer Stellung als Vorkämpferin für ein besseres politisches und religiöses Modell und an dem einzigartigen Umstand, daß sie Mechanismen in Bewegung setzte, die vielfach heute noch wirksam sind. Wir brauchen uns nur einmal vorzustellen versuchen, welche Rolle die Kirche in der Welt heute spielte, wenn Papst Gregor XI. nicht dem Drängen der kleinen Mantellata aus Siena nachgegeben hätte und in Avignon geblieben wäre. Oder wenn es nicht immer wieder Menschen wie sie gäbe, die das Kreuz Christi zwar unsichtbar, aber nützlich für uns alle, stellvertretend für uns alle, auf ihre Schultern nehmen.

Assisi

Was für ein hübsches Klischee mir doch einfällt, wenn ich an diese eine Fahrt im März zurückdenke, die mich nach Assisi brachte! Was für abgegriffene, verbrauchte Worte mir doch unter die Finger kommen, wenn ich die Umstände dieser einen Reise beschreibe! Dabei entspricht alles der Wahrheit, brauche ich nichts zu erfinden, kann ich die Dinge so darstellen, wie sie sich abgespielt haben. Drüben an der Adria vergoldete die Abendsonne die gewaltige Kuppel der Wallfahrtskirche von Loreto, dieser riesigen Basilika, die in ihrem dunklen Bauch eines der vielen ungelösten und nur durch den Glauben begreifbaren Rätsel der Christenheit trägt, nämlich das angebliche Haus der Muttergottes, das Engel zuerst nach der kroatischen Adriaküste und von dort nach Loreto getragen hatten. Ich war den halben Tag über durch strömenden Märzregen gefahren, der über Venetien und die norditalienische Tiefebene rauschte und die Seebäder entlang der Küste südlich von Ravenna mit seinen grauen Fontänen zudeckte. Die untergehende Sonne, die seit Ancona in meinem Rücken hing, war so etwas wie eine verspätete Rechtfertigung für den Frühlingsbeginn an diesem Tag. Über den Bergen im Montefeltro, in den Marken und über dem Umbrischen Apennin hingen freilich schon wieder dicke schwarze Wolken, aus denen manchmal ein Feuer brach. Es mußten die ersten Frühlingsgewitter sein, die auf die höhergelegenen Berge Schnee und auf die Pässe und Hochtäler mit den raschen Blitzen auch Unmengen von eisigem Wasser schütteten. Hinter diesen Gewittern, so dachte ich noch in Loreto, lag Assisi. Ich fuhr noch einmal eine Art Ehrenrunde hier um die Basilika, sah noch einmal auf das schöne, grüne und leicht marmoriert wirkende Land, das sich unterhalb des Hügels von Loreto ausbreitet. Dann fuhr ich entschlossen hinein in den aufziehenden Abend, in diese Wand aus kompakter Dunkelheit und ununterbrochenem Wetterleuchten. Ich fuhr über Iesi, die Geburtsstadt Kaiser Friedrich II., eines der großen ehrgeizigen Männer in der unglücklichen Geschichte Süditaliens, der hier in einem primitiven Zelt mitten auf dem Marktplatz zur Welt gekommen war und später von sich behaupten durfte, das Staunen der Welt zu sein, ich fuhr an versteckten romantischen Kirchen vorbei, deren Schönheit atemberaubend ist, ich fuhr durch eine schlafende Bauernlandschaft bis in die alte Keramikstadt Gualdo Tadino, die schon in Umbrien liegt. Und hier verließ ich die klassische Via Flaminia und folgte dem lautlosen Feuer, das den schwarzen Nachthimmel zerriß. Das Erstaunliche oder eigentlich Unheimliche aber war, daß immer dann, wenn ich diesen Nachthimmel prüfend musterte, weil sich vor mir fahlfarbene und lautlose Feuerschlünde öffneten, ein dünner, gekrümmter Neumond durch den Himmel schlich, ein Mond wie eine Karikatur und stets bedrängt von wild gezackten Wolkenrändern, was ihm schließlich das Aussehen eines merkwürdig geformten Fisches schenkte, der voll panischer Furcht diesen gierig aufgerissenen Wolkenmäulern zu entrinnen suchte. Der Wind lärmte, die nächtliche Landschaft, die aus Einöde, braunen Hängen, abgedunkelten Dörfern bestand, schwamm wie trübes Wasser an mir vorbei, und ich fuhr wie ein Pilger, der keine Zeit mehr hat, der zu egoistisch oder auch nur zu neugierig ist, um sich mit Meditation und frommer Nachdenklichkeit zu beschäftigen, nach Assisi, das nach meinen Vorstellungen völlig von diesem lautlosen, unaufhörlich aufzuckenden weißen oder fahlen Feuer eingehüllt sein mußte. Denn vor mir, hinter irgendwelchen Bergen, die nur als schwarze Schatten, als bizarre Konturen auftraten, hinter den Bergpässen, auf denen noch schmutziger Schnee lag, tobte dieses Feuer. Es waren zügellose Blitze. Und lange dünne weiße Schneisen, rasch aufleuchtend und wild verglühend in der Dunkelheit. Ich fuhr und wartete auf das erlösende Herabprasseln des Regens.

Aber in Assisi, das ich spätabends durch ein mittelalterlich anmutendes Stadttor betrat, schüttelte nur der umbrische Nachtwind die letzten dicken Regentropfen aus den Bäumen. Und ein paar gelangweilte Nachtschwärmer, lange dunkle Schals um die wetteranfälligen Hälse gebunden, schlenderten scheinbar ziellos durch das alte und verbrauchte Gemäuer, von dem ich erst am anderen Tag entdeckte, daß es eine feine rötliche Maserung besitzt, die bei einem gewissen Lichteinfall und in manchen überraschenden Augenblicken die Stadt zum Leuchten bringt. Jetzt stieg ich im erstenbesten Hotel ab, das noch offenhielt. Es lag genau gegenüber der Basilika der heiligen Klara, jener Kirche also, in der Franziskus einige

Zeit begraben lag, bis seine eigene Grabkirche fertiggestellt war. Ich ging auf mein Zimmer, fiel ins Bett und schlief augenblicklich ein. Später erinnerte ich mich daran, daß ich von etwas Unvermeidlichem geträumt hatte, vom Heiligen, der mit den Vögeln redete und die Menschen liebte. Am anderen Morgen dann weckte mich das wilde Gurren der Tauben.

Was soll, was darf ich jetzt, da ich mich schreibend an Assisi erinnere, über diesen Heiligen sagen? Daß ich ihn für den bewundernswertesten und allerdings auch widersprüchlichsten Heiligen der Kirchengeschichte halte?

Früher einmal, am Anfang meiner gedankenlosen Verunsicherung, die mit allem und jedem zusammenhing, was Kirche und Religion war, stellte ich ihn mir beiläufig so vor, wie er am häufigsten abgebildet wird. Ein ovales, am Kinn spitz zulaufendes Gesicht mit scheinbar fleischigen Lippen, einer etwas schiefen Nase und asymmetrischen Ohren, das alles beherrscht von einer häßlichen Tonsur und einem Augenpaar, das der gottesfürchtige Meister Cimabue auf seinem berühmten Fresko in der Unterkirche von Assisi besonders eindrucksvoll gestaltete. Ich fürchte nur, daß ich in den ersten fünfundzwanzig, dreißig Jahren meines Lebens nicht einen einzigen längeren Blick auf dieses Fresko warf. Auch nicht auf eine der zahllosen Reproduktionen, die es davon gibt. Ich wußte nicht einmal den genauen Namen des Mannes, den es darstellt. Giovanni »Francesco« Bernardone, das sagte mir nichts. Ich war jung, ehrgeizig und viel zu sehr mit mir selbst beschäftigt. Ein Heiliger, der mit den Vögeln redete ... Ich zuckte ungeduldig die Achseln, als ich zum erstenmal nach Assisi kam.

Später begann mich das Leben, die Existenz dieses Heiligen zu interessieren. Ich betrachtete sein Porträt genauer. Es war ein halbes Jahrhundert nach seinem Tod entstanden. Das ist eine lange Zeit. Es gefiel mir nicht. Es entsprach nicht der vagen Vorstellung, die ich mir von einem Mann machte, von dem ich ahnte, daß er mir wie Wasser durch die Finger gleiten würde. Ich hatte inzwischen ein paar Bücher über ihn und auch die wenigen Texte gelesen, die von ihm überliefert sind. In den Büchern empfing mich stets ein Gefühl der Ratlosigkeit. Und je inniger oder je intimer die Autoren, die ihn zu beschreiben suchten, mit ihm umgingen, um so ratloser schienen sie mir in Wahrheit zu sein. Diese Ratlosigkeit, der auch ich kaum entgehen werde, ist es ja, vor der ich mich heute ängstige.

Ich möchte übrigens mit dem Augenblick beginnen, da Giovanni »Francesco« Bernardone bereits seit einem Jahr im Gefängnis zu Perugia lag. Weshalb? Weil ich gesehen, gelesen habe, daß fast alle Autoren, die sich mit ihm beschäftigen, der stillen und melancholischen Landschaft Umbriens eine so große Bedeutung beimessen. Sie sind nahezu ausnahmslos davon überzeugt, daß der Heilige dadurch entscheidend beeinflußt worden sei. Ich glaube das nicht. Ich bin vielmehr davon überzeugt, daß sein Weg in die Unsterblichkeit in diesem Gefängnis von Perugia begann. Giovanni »Francesco« Bernardone war in mancher Hinsicht ein völlig normales Kind seiner Zeit. Und Ende des 12. Jahrhunderts, anfangs des 13. Jahrhunderts haben nicht einmal die Poeten einen sonderlich interessierten Blick auf die Natur geworfen. Und seine Augen gewöhnten sich erst an die Landschaft, als er bereits zu erblinden drohte.

Nein, ich beginne mit seinem Aufenthalt im Gefängnis, weil ich glaube, daß hier der entscheidende Umschwung der Gefühle und Ideen eingesetzt hatte. Ich beginne auch mit der Ursache dafür, daß der junge Mann aus gutem Hause seit zwölf Monaten auf fauligem Stroh liegen mußte, während zwischen Assisi und Perugia langwierige Verhandlungen über den Preis seiner Freilassung stattfinden. Perugias Soldaten hatten ihn vom Pferd heruntergeholt. Jetzt argumentierten die Unterhändler, daß ein Mann, der auf einem Pferd in die Schlacht ritt, aus vermögenden Verhältnissen stammen mußte. Dementsprechend waren ihre Forderungen.

Mir wäre es lieber, wenn ich eine Begebenheit erzählen könnte, die das Entzücken aller Christen hervorruft, auch der unglücklichen, zögernden und verunsicherten Christen, die davon überzeugt sind, daß die Welt, wie Franz von Assisi sie dargestellt hatte, noch immer eine Chimäre sei. Vielleicht erinnern sich jetzt manche dieser Unglücklichen und Verunsicherten, daß gerade um diese Zeit, als der junge Mann im Gefängnis lag, also um das Jahr 1203, einige Dinge vorbereitet wurden, die später in Südfrankreich und in Konstantinopel Ströme von Blut kosten sollten. Ströme von unschuldigem Christenblut, das christliche Kreuzheere vergossen. Ich fürchte, daß es im Leben dieses Mannes, den wir ausweichend

»Poverello« und »Il Santo« nennen, nicht sehr viele Begebenheiten gibt, die Entzücken hervorrufen.

Auch ich weiß noch nicht genau, wie ich ihn nennen soll. Auf den Namen Giovanni erfolgte die Taufe. Das war im Dezember 1181 oder im Februar 1182. Der Weber, Färber und Tuchhändler Pietro Bernardone, viel unterwegs in Frankreich, wo er nützliche Geschäftsverbindungen besaß, ein Liebhaber französischer Verhältnisse, nannte seinen Sohn, als er ihn bei seiner Heimkehr von einer langen Geschäftsreise vorfand, voll Freude seinen kleinen Franzosen. Und hatte nicht auch die Mutter französisches Blut in den Adern? Francesco also wurde zuerst zum Kose- und dann zum gebräuchlichen Rufnamen. Rund zwanzig Jahre später, 1203, wird der herangewachsene Tuchhändlerssohn aus Assisi im Gefängnis von Perugia einmal sagen, daß die Welt über ihn noch staunen würde. Ich bin überzeugt, daß er dabei noch nicht an Gott oder an ein heiligmäßiges Leben gedacht hatte. Es war wohl eher eine Schutzbehauptung, die er machte, um seine Verzweiflung zu verbergen.

Denn was hatte Giovanni »Francesco« Bernardone bisher schon zustande gebracht, um voll Vertrauen auf seine Zukunft zu blicken? Das Vermögen seines Vaters hatte ihn vor jeder Niederlage bewahrt. Es würde ihn auch aus dem Gefängnis befreien. Aber es waren schlimme Zeiten, nicht nur im allgemeinen, nicht nur dort, wo Bauern und Bürger wirklich Not litten, sondern auch, um es mit einem heutigen Begriff auszudrücken, auf internationaler Ebene. Überall wurde gestritten, wurde auf rabiate, unbarmherzige Weise intrigiert und gekämpft, überall ging es vordergründig um das Antlitz Gottes oder zumindest um die Ehre, wobei jedermann eine andere Interpretation durchgesetzt haben wollte, und ging es in Wahrheit doch nur um politischen Einfluß und ökonomische Interessen, um mehr Macht und Privilegien, Steuern und Finanzen, um die Aufteilung von Besitz, was bekanntlich wiederum Zinsen brachte und neuen Machtzuwachs versprach. Auch in Assisi hatten die Bürger dieses Spiel natürlich durchschaut, war man bereit mitzutun, hatten die Bürger die Burg der verhaßten Zwingherren gestürmt und auf eine Veränderung gehofft, die ihnen etwas mehr an politischer Freiheit und einige ökonomische Vorteile einbringen sollte. Man hatte sogar, besessen vom allgemeinen Größenwahn, eine kleine Armee aufgestellt und das reichere, mächtigere Perugia angegriffen, das zwar im Grunde dieselbe Politik betrieb, aber sich dazu anderer, viferer Hintermänner bediente. In einer Schlacht am Tiberübergang unweit der Brücke San Giovanni und unterhalb des kleinen Hügeldorfes Collestrada, schon in Reichweite der waffenstarrenden Mauern Perugias, auf einem Feld, um das sich heute neugegründete Industrien und Arbeiterhäuser drängen, verlor Assisi im Jahre 1202 und innerhalb weniger Stunden den Krieg, in den es so große Hoffnungen gesetzt hatte. Den jungen Färber- und Tuchhändlersohn Giovanni »Francesco« Bernardone aber, der vermögend genug war, um sich eine stattliche Rüstung zu kaufen, zerrten die fremden Söldner vom Pferd und warfen ihn ins Gefängnis. Das erste Vermögen, das er verbraucht hatte, um sich für die Schlacht auszustatten, wurde nun durch das Lösegeld verdoppelt, das der Vater schließlich bezahlen mußte, um den Sohn freizukaufen. Eine Bauernfamilie, eine Arbeiterfamilie, die in den Werkstätten der vermögenden Bürger schuftete, hätte mit den Summen, die hier für Franz von Assisi ausgegeben wurden, sich von aller lebenslangen Sklaverei freikaufen können.

Und trotzdem möchte ich nicht einstimmen in den Chor derjenigen Biographen, die ihm das angeblich wüste, leidenschaftliche Leben in seiner Jugend vorwerfen. In Assisi war und ist man nie sonderlich ungestüm. Und war es nicht die Pflicht eines Bürgers, patriotisch zu sein? Ich kann mir auch nicht vorstellen, daß Giovanni »Francesco« Bernardone auf irgendeine Weise ausschweifend gewesen sein soll. Hitzköpfig, das ja! Ehrgeizig und vielleicht auch eitel, das alles! Aber nicht böse oder schändlich in dem, was er in seiner temperamentvollen Jugend anstellte. Und daß er ein Jahr lang im Gefängnis von Perugia schmachten mußte, war in jedem Fall eine zu harte Strafe. Er konnte nichts für den Reichtum seines Vaters. Er begriff oder ahnte jetzt vielleicht erstmals, daß Reichtum auch nachteilig sein kann. Trotzeem war er überglücklich, als ihn das Geld seines Vaters aus der Gefangenschaft erlöste. Er kehrte heim, wurde krank, kämpfte wieder fast ein Jahr lang gegen den Dämon und begann, nachdem er endlich wieder gesundete, ein wenig eigenartig zu werden. Der Flügelschag eines Engels hatte ihn berührt. Er wußte es nur noch nicht. Aber er ahnte, daß sich in seiner Seele etwas zu verändern begann.

Ich kann es nicht lassen, immer wieder in die kleine, altehrwürdige Stadt zu kommen. Der März in Assisi, in Umbrien ist voll Widerspruch und Erwartung. Dunkelgrauer Nebel kriecht vom Monte Subiaso, vom benachbarten Monte della Croce auf die Stein- und Marmorwürfel der Häuser. Einmal sah ich ihn wie einen zauberhaften Vorhang zwischen den Säulen des Minervatempels hängen, der mitten im Stadtzentrum zwar in eine Kirche umgewandelt ist, aber immer noch an jene Epoche erinnert, als hier die Ablöse der älteren etruskischen durch die römische Kultur stattgefunden hatte. Unten in der Ebene, durch die der lehmfarbene Chiascio dem Tiber entgegeneilt, verbreitet sich allerdings unaufhaltsam ein Stück besonnter Helligkeit, während die mittelalterlichen Mauern hier oben in der Feuchtigkeit beinahe ertrinken, die unsichtbar aus dem Nebel, aus den herabgedrückten Wolken fällt. Es ist eine Feuchtigkeit, die sogar aus der braunen Erde aufsteigt und die rauhe Luft durchtränkt. Ich bin seit sechs Uhr auf den Beinen, unterwegs im scheinbar planlosen Gewirr schmaler Gassen, eingesperrt in diese Welt aus grauem Stein, dessen rötliche Faserung nur unter der Sonne aufleuchtet. Aber das erfahre ich erst am späten Vormittag, wenn die dünne umbrische Sonne den sanft abfallenden Berghang erreicht. Und doch ist dieser rötliche Widerschein auch jetzt schon erkennbar, lebt der Stein auch am frühen Morgen, besitzt er eine eigentümliche Kraft, der man sich nur schwer entzieht. Ein Stein, der sich zu bewegen, der zu atmen scheint und von elementarer Eigenwilligkeit ist. Eine Stadt, die bei aller kunstvollen und durchaus beabsichtigten Erstarrung doch auch voll spannungsgeladener Lebendigkeit ist. Sogar einem zerlumpten Stadtstreicher begegne ich in einem kleinen Park außerhalb der Stadtmauer, wo er zwischen Oleander und immergrünem Lorbeer fröstelnd den Kragen seines zerschlissenen Mantels hochschlägt, während er auf einer schöngeschwungenen Marmorbank, auf der er anscheinend die Nacht zugebracht hatte, in hellbraunem Packpapier wühlt und stückweise Käse und bröseliges Brot zum Mund führt. Ich gebe ihm eine Zigarette, er lächelt mir zu und greift unter die Bank, von wo er eine bauchige Weinflasche hervorholt. Ich trinke ihm zu, er trinkt mir zu, wir lächeln beide, das Leben kann manchmal von erschreckender Natürlichkeit sein.

Gegen neun Uhr vormittags, spätestens gegen zehn, füllt

sich Assisi mit Besuchern, Pilgern, Touristen, die mit Autobussen in die Stadt des Heiligen kommen. Die Parkplätze werden knapp, das Gedränge auf der ansteigenden Straße zur zweigeteilten Grabkirche wird bedrohlich. Ich fahre auf die Rocca hinauf, auf diese erinnerungsträchtige Burg, an der die freiheitstrunkenen Bürger von Assisi damals zuerst ihren Mut verschwendeten, bevor sie sich gegen das übermächtige Perugia wandten. Und mitten unter ihnen, verzückt von der Aussicht auf Ruhm und Ehre, Giovanni »Francesco« Bernardone, der zu diesem Zeitpunkt noch davon träumt, ein bedeutender Kriegsmann zu werden. Oben streicht der Bergwind kühl und streng über das fahle Gras, Gruppen von Jugendlichen klettern singend bergan. Der feuchte Nebel streift die nutzlos gewordenen Mauern. Tief unter mir liegt Assisi, eine flache Schüssel voll marmorgrauer Kuben, aus deren Mitte die Kirchen streng und schön emporwachsen, die Basilika und Santa Chiara und dann natürlich vor allem die Doppelkirche mit dem Franziskanerkloster, die Grabkirche des Heiligen, die von der Ebene aus wie eine vielfach gegürtete Festung aussieht. Ich werde, bevor ich wieder abreise nach Norden, in dieser Ebene, in diesem vorsichtigen Frühlingsgrün und Erdbraun, vergeblich über das Phänomen Franz von Assisi nachdenken, ich werde nichts begreifen, ich werde nur versuchen, blindlings glauben zu können, während ich den steinernen Aufbau einer mittelalterlichen Stadt vor mir sehe und mir einbilde, daß dieses Bild, wie ich es jetzt sehe, unverändert ist seit achthundert Jahren, seit dem Augenblick, als Giovanni »Francesco« Bernardone seinem entsetzten und freilich auch völlig verständnislosen Vater die Schmach antut, ihn vor aller Welt lächerlich zu machen.

In der Stadt selbst, die wie eine Bühne ist, auf der man alles spielerisch nachvollziehen könnte, was die äußeren Voraussetzungen waren für die unglaubliche Existenz des Heiligen, beginnt man sich diese Situation lebhaft vorzustellen. Giovanni »Francesco« rebelliert gegen den gesunden Sinn fürs Praktische und Nützliche. Er wehrt sich gegen eine althergebrachte Ordnung, weil er sie instinktiv als falsch erkennt. Aus dem gutbürgerlichen Sohn wird plötzlich ein Revolutionär, der voll unnachahmlicher Grazie – wie sie wohl nur die Italiener besitzen – aus seinen Kleidern steigt und sie dem Vater zurückgibt, weil er, der sich für Armut und Aufrichtigkeit entscheidet, Gott erkannt zu haben glaubt. Und das Volk, das sich stets zu einem solchen Schauspiel versammelt, wo seine eigenen Probleme, Wünsche, Hoffnungen dargestellt werden, spendet lebhaften Beifall. Was gibt es auch Köstlicheres, Unterhaltsameres – außer den Liebesgeschichten natürlich – als den uralten Konflikt zwischen den Generationen, der hier wieder einmal ausgetragen wird. Sogar der Bischof der Stadt schmunzelt insgeheim, findet das alles noch nicht tragisch und bedeckt nur rasch die Blöße des jungen Mannes. Er ahnt nicht, daß Gott hier längst schon eingegriffen hat.

Eine Woche später, und zwar auf den Tag und fast auch auf die Stunde genau, komme ich wieder nach Assisi. Diesmal strömt der Regen sintflutartig aus dem verdeckten umbrischen Himmel. Ich sehe die ersten halbblinden Lichter der Stadt erst in dem Augenblick, als ich schon dicht unterhalb des Hügels angelangt bin, der das Kloster mit der Grabkirche trägt und der mir jetzt aus der Dunkelheit entgegentritt wie ein Tier. In der Nacht dann vertreibt ein heftiger Wind den Regen, am nächsten Morgen liegt wieder dünner Sonnenschein über der Ebene, während die Stadt selbst neuerlich in einen Umhang aus Nebel und tiefhängenden Wolken eintaucht, der sie düster, abweisend, aber auch melancholisch aussehen läßt. Die Art, wie sich hier die Bilder gleichen, ist von gelassenem Selbstbewußtsein. Trotzdem ist diesmal das Licht plötzlich von irritierender Helligkeit. Unten in der Ebene wölbt sich die Schraffur dieser protzigen Wallfahrtskirche, die man über Portiunkula, über dieses unvergleichliche Denkmal menschlicher Beharrlichkeit, errichtet hat. San Damiano hingegen verbirgt sich hinter dunkelgrünen Zypressen und einem feinen Gespinst aus farblosem Dunst, in den erst die Sonne etwas silbrige Farbe schüttet. Nonnen, denke ich mir, wenn sie jetzt im Innenhof erschienen, würden wie schwarze Vögel aussehen. Nur oben auf dem Berg, auf dem Monte Subiaso, ballt sich eine schwere bleifarbene Wolkenwand über der Einsiedelei zusammen, wo neugierige Besucher manchmal den Atem anhalten, wenn sie das Steinbett des Heiligen erkennen.

Diesmal bin ich unverlierbar eingebunden in den Ablauf einer deutschen Pilgergruppe. Ich begegne ihr zuerst abends in einem Hotel, das oberhalb des weitläufigen Parkplatzes liegt und dessen alte, brüchige Fensterläden in der Nacht, als der Wind stöhnend den Regen vertreibt, zu singen beginnen. Ich stoße auf die Deutschen, als ich in die Krypta der Unterkirche steige, um vor dem Steinsarkophag des Heiligen in meine Gedanken etwas Ordnung zu bringen. Die Deutschen singen lauthals und voll Andacht ein frommes Lied. Es klingt abscheulich falsch, sehr laut und sehr selbstbewußt. Ich bemitleide den Priester, der ihnen wortlos den Rücken zuwendet und wahrscheinlich den Heiligen in seinem Steinsarg um Verzeihung bittet für diese unmusikalischen Schreihälse. Und schließlich versperren sie mir den Eintritt in die Kapelle von Portiunkula, wo ihnen derselbe Priester eine wortreiche Predigt hält. Eine oder anderthalb Stunden zuvor hatte ich sie noch in der Gegend von San Damiano vermutet. Ich war sogleich wieder geflüchtet, als ich eine größere Gruppe von Besuchern sah, die sich dort um einen gestikulierenden Priester drängte. Es ist jetzt, nachdem der Winter vorbeigeflossen ist mit seinen Sturzregen und Eistagen und Nebelwänden, schwierig, in Assisi an irgendeinem Platz mit seinen Gedanken noch allein zu sein.

Was bewegt eigentlich alle diese Menschen einschließlich der Italiener, die natürlich auf ihr Anrecht, auf ihre Zugehörigkeit zur Stadt des Heiligen, verweisen dürfen, zum Besuch Assisis? Sind es nur die Fresken Giottos und Cimabues? Und die letzten irdischen Erinnerungen an einen Heiligen, die man von dem Augenblick an bewundern kann, da man unmittelbar nach dem Eintritt in die Unterkirche zur linken Wandseite eilt, wo sie hinter bruchsicherem Glas ausgestellt sind und von denen ich bei aller Ehrfurcht nicht glauben kann, daß sie tatsächlich echt sind? Ein vielfach geflickter Kittel, ein weißer Umhang aus Schafwolle, Werkzeug für den religiösen Gebrauch. Der Garten in San Damiano schließlich, wo Giovanni »Francesco« Bernardone angeblich seinen *Sonnengesang* geschrieben hatte? Die schlichte Form des Backsteinbaus der Kapelle von Portiunkula? Das Steinbett, in dem er auf dem Monte Subiaso schlief? Oder ist es einfach die Erinnerung an seine unglaubliche, beispiellose Existenz, die tatsächlich die Menschen danach süchtig macht, diese Schauplätze aufzusuchen? Ist es also nicht nur Neugier, sondern auch Ergriffenheit, Anteilnahme, Respekt? Und nicht nur Frömmigkeit, sondern auch tiefer Glaube, der Zehntausende in die mittelalterliche Stadt treibt?

Manchmal denke ich mir, daß es nicht so sehr eine Frage der vorhandenen Zeit, der Gelegenheit, sondern ausschließlich eine Frage des Glaubens ist, die einen dazu bringt, alle Plätze aufzusuchen, an denen der Heilige irgendein Zeichen setzte, alle Spuren und Augenblicke noch einmal zu erleben, die Franz schon beispielhaft vorgelebt hat. Und manchmal überlege ich mir, daß man eigentlich nicht einmal ein Katholik, ja nicht einmal ein Christ zu sein braucht, um von der Beweiskraft dieses Vorbilds beeindruckt zu sein. Denn selbst dann, wenn man sich ausschließlich an die Fakten hält, die historisch beweisbar sind, wenn man alle Legenden einmal vergißt und sich nur von denjenigen biographischen Details beeinflussen läßt, die eindeutig und unmißverständlich sind, wenn man also sozusagen auf dem strengen Pfad der tugendsamen Realität wandelt, immer nur die irdische Person des Heiligen aus Assisi im Auge behaltend, die durch Dokumente und zeitgenössische Zeugenaussagen beweisbar ist, selbst dann ist dieses Leben und das daraus resultierende Werk von solcher Einmaligkeit und einer so unüberbietbaren Prägnanz, daß dem nichts Vergleichbares entgegenzusetzen wäre. Giovanni »Francesco« Bernardone, der Sohn aus vermögendem oder sogar reichem Hause, der angebliche Tunichtgut und Bruder Leichtfuß, woran gelegentlich doch wohl zu zweifeln ist, der Schwadroneur und Prasser, der Prahlhans und Bösewicht, was man alles nicht unbedingt so wörtlich nehmen sollte, der verhinderte Kriegsheld, der plötzlich nachdenklich gewordene junge Mann, der sich auf den Weg macht, um zuerst die Stimmen einer übergeordneten Natur, dann die Stimmen der Menschen und zuletzt, wenn überhaupt, die Stimme Gottes zu verstehen: Er setzt immer nur auf die Liebe zum Menschen, er riskiert seine bürgerliche Existenz, um hinter das Geheimnis zu kommen, aus dem angeblich alles Glück besteht. Er war vermögend bis zum Überdruß, jetzt verkroch er sich in Armut. Er war übermütig wie alle jungen Menschen seines Alters quer durch die Zeitalter. Jetzt verbiß er sich in die absolute Demut. Er war das Musterbeispiel dieser uralten Entwicklung, die aus Söhnen und Erben gutgehender Verhältnisse wieder nur Verwalter und Abhängige gutgehender Verhältnisse macht. Aber er warf alles ab, materielle Sicherheit und gesellschaftliche Solidität. Und umarmte verzweifelt einen Aussätzigen, um sich zu beweisen, daß er fähig sei, ein

Mensch im Sinne Gottes zu sein. Und baute mit seinen arbeitsungewohnten Händen eine Kapelle auf, um zu zeigen, daß seine Existenz nicht völlig nutzlos sei. Und zwang sich in ein schmales, hartes Steinbett, um zu demonstrieren, daß nur der Geist von wesentlicher Bedeutung sei. Und wehrte sich vor allem und mit zorniger Vehemenz gegen die Verbannung seiner Ideale in die Regeln eines Ordens, weil er triumphierend beweisen wollte, daß die Liebe den Menschen unbesiegbar macht. Es ist wahrlich nicht seine Schuld, daß ihm nicht auch dieser letzte Triumph noch gelungen ist, daß die Kirche aus seinen faszinierenden Ideen zuletzt nur wieder einen weiteren Orden, nämlich den der heute so reichen und einflußstarken Franziskaner gemacht hat.

Giovanni »Francesco« Bernardone, den ich mir stets nur aus seiner Zeit und Umgebung heraus vorstellen kann, wenn ich ihn wenigstens andeutungsweise begreifen will, war kein Übermensch im Sinne irgendeiner spirituellen Philosophie. Er war zuerst Italiener, allerdings auf dem Weg zum Weltbürger, er war empfindsam und schließlich des seltenen Glückes teilhaftig, lange vor allen anderen Zeigenossen, Gott als etwas zu verstehen, das ausschließlich aus der Liebe kommt. Das ist sein ganzes Geheimnis. Und vielleicht noch eine lebhafte Phantasie, eine wache Intelligenz, die ihn schärfer hinter die Dinge sehen, die ihn genauer begreifen ließ, was die Mechanismen sind, unter denen Menschen zu jeder Zeit leiden, denen sie immer hilflos ausgesetzt bleiben. Seine Begabung bestand darin, daß er wahrscheinlich den einzig passenden Schlüssel zum Erfolg entdeckte, wenn man akzeptiert, daß Erfolg letztlich aus persönlichem Glück besteht. Er erfand nicht die Liebe. Aber er begriff sie als Medizin gegen Gleichgültigkeit und Dummheit.

Es gibt eine Geschichte von nahezu simpler Einfachheit, die ich erzählen möchte, um darzulegen, wie sich diese franziskanische Liebe auch ausdrücken kann. Eines Tages beobachtete ich in einer Fernfahrerkneipe einen alten Mann, einen Lastwagenchauffeur, der mir durchaus ungewollt, völlig aus dem Zufall heraus etwas vom Geheimnis des Heiligen aus Assisi begreifbar machte. Es war um die Mittagszeit, der alte Mann hatte gerade seine Mahlzeit beendet und wischte sich mit einem Ausdruck unbeschreiblicher Behaglichkeit über den Mund. Dann nahm er das Messer, mit dem er kurz zuvor noch das Fleisch zerschnitten hatte, und fegte damit säuberlich die Brotkrumen auf dem Tischtuch zusammen, schabte mit unendlicher Geduld und Sorgfalt jeden Winkel, jede Falte dieses Tischtuches ab und strich schließlich mit einer einzigen langen und sozusagen genießerischen Bewegung die angesammelten Krümelreste in seine hohle Hand, die er dann über dem Aschenbecher ausleerte. Er legte das Messer zurück und machte rasch, beinahe beiläufig ein Kreuzzeichen. Hinterher zündete er sich eine Zigarette an.

Ich erzähle diese kleine Begebenheit mit ebensoviel Betroffenheit wie mit Besorgnis, weil ich befürchte, daß man sie mißverstehen könnte. Dieser alte Mann, den ich so fasziniert beobachtete, war nichts weiter als ein Chauffeur und ein Christ, der genußvoll gegessen hatte und nun seine Pflicht tat. Er räumte den Tisch auf und bedankte sich instinktiv für das tägliche Angebot an Leben, das ihm zuteil geworden war. Wahrscheinlich dachte er sich gar nichts dabei. Wahrscheinlich war der Ausdruck äußersten Wohlbehagens und befriedigter Sättigung auf seinem Gesicht das einzige, was er sinnlich wahrnahm, während das Aufräumen des Tisches und das flüchtig geschlagene Kreuzzeichen nur noch eine Folge langjähriger Übung war, ein Reflex, der eher aus den Muskeln als aus dem Verstand kam. Und doch reduzierte sich alles, was wir im allgemeinen über Religion, Glauben, Frömmigkeit, Christentum und Menschlichkeit zu wissen vermeinen, für mich auf diesen einen Augenblick, da der alte Lastwagenchauffeur, bevor er seine geliebte Zigarette anzündete und sich entspannt zurücklehnte, noch einmal seinen selbstverständlichen Dank abstattete für die Gnade oder das Recht, daß er leben und dieses Leben auch empfinden durfte.

Ich bin jetzt tatsächlich in Verlegenheit, weil ich sehe, weil ich annehmen muß, daß diese winzige Begebenheit nur ungefähr nachzuerzählen ist. Sie ist nur ihrem äußeren Ablauf nach erzählbar. Der wahre Inhalt wird verschwiegen. Ich muß nämlich zu gewichtige, zu pathetische Worte verwenden, um mich überhaupt auszudrücken. Ich muß zu viele Worte benützen, um auch nur annähernd andeuten zu können, was mich damals in der Fernfahrerkneipe so tief bewegte. Es ist die uralte Frage des Genusses des Lebens, den wir haben, und des immer wieder vergessenen, unterschlagenen Dankes dafür. Es ist die Frage der Liebe, die nicht unbedingt ein Ziel braucht, einer Liebe, die sich manchmal in winzigen Gesten ausdrückt, in altgewohnten Selbstverständlichkeiten, in mechanischen Abläufen, die wir alle längst schon unterdrückt oder aufgegeben haben. Es ist auch die Frage des Respekts vor der einfachsten Form der Menschlichkeit, die wir stets übersehen. Und wenn ich künftighin die Wirkung – oder eine der wesentlichsten Wirkungen –, die das Beispiel des »Poverello« auf mich ausübt, in eine möglichst realistische, zeitgenössische Ausdrucksweise umsetzen soll, dann werde ich mich immer an diese kleine Szene mit dem alten Lastwagenchauffeur erinnern, an die methodische Sorgfalt, mit der er das Tischtuch säuberte, an die selbstverständliche Handbewegung, mit der er Gott, der Religion, ja vielleicht nur seinem Aberglauben dafür dankte, daß er wieder vor einem auskömmlich gedeckten Tisch sitzen konnte.

Ist das, was ich hier betreibe, jetzt nicht schon ein Grenzfall von Blasphemie? Fehlt es mir an Achtung und Respekt vor einer der überragenden Figuren der Kirchengeschichte? Und ist es wirklich vermessen, die etwas eigenwilligen Tischmanieren eines einfachen Mannes nur deshalb mit Franz von Assisi und der Idee, die er verkörpert hatte, in Verbindung zu bringen, weil dieser einfache Mann zufällig in aller Öffentlichkeit das Zeichen des Kreuzes über sein Gesicht schlägt? Ich weiß es nicht, weil ich verunsichert bin, weil ich mir nicht mehr einbilde, den Unterschied zu kennen zwischen Pilgerstätten, die aus einer gewissen Mode heraus existieren, und Schauplätzen, an denen wir vielleicht die Möglichkeit hätten, uns selbst zu erkennen. Und weil ich davon überzeugt bin, daß Assisi ein Ort der Selbsterkenntnis ist, bin ich vielleicht auch deshalb nicht mehr imstande, diese Stadt gleichsam topographisch zu beschreiben, Gasse für Gasse, das alte Mauerwerk entlang bis hin zu den berühmten Plätzen und Kirchen, bis hinab in die Krypten, wo die Heiligen schlafen.

Es ist möglicherweise aber auch nicht ganz einfach, in Assisi selbst und unter dem Eindruck einer Vermarktung, wie sie überall an diesen Pilgerplätzen selbstverständlich geworden ist, die sogenannte franziskanische Idee als etwas zu verstehen, das nicht nur abstrakt und von irgendwelchen religionswissenschaftlichen Theorien abhängig ist, sondern das man auch auf den Alltag anwenden kann. Die berühmten Schauplätze, die mit Giovanni »Francesco« Bernardone zu tun hatten, sind in der Regel von Besuchern überfüllt. Und immer dann, wenn die Religion zum Anlaß wird für etwas Jahrmarktähnliches, ist es schwierig, eine kontemplative Stimmung aufkommen zu lassen. Aber auch die Widersprüchlichkeit in der Darstellung des Lebens dieses wohl menschlichsten aller Heiligen erleichtert nicht gerade den Zugang zu seiner Lehre. Doppelt schwierig wird es dadurch, daß diese Lehre eigentlich nur aus der Bereitschaft der Menschen zur Liebe besteht, zu einer Liebe, die auch den Ekel und das Elend völlig selbstverständlich mit einbezieht.

Es gibt eine Fülle legendenhaft verklärter, romantisch ausgeschmückter Erzählungen über das Leben des Heiligen und die aufsehenerregenden Wunder, die ihm zugeschrieben werden. Das reicht von seiner Augenzeugenschaft bei einem Blutbad in Palästina, das christliche Kreuzfahrer angerichtet hatten, über spektakuläre Auftritte im Beisein des Papstes und der kirchlichen Hierarchie bis zu den üblichen Krankenheilungen, von Gleichnissen, die es über Gottes hilflose Kreaturen, also die Tiere, und die Natur gibt, bis zur geheimnisvollen Gnade der Stigmatisierung, die Franz von Assisi kurz vor seinem Tode zuteil wurde. Aber ich meine, daß dies alles allein, nur für sich genommen, noch nicht das wirklich Entscheidende sein kann, nicht die Basis ist für die unermeßliche Liebe, die uns aus der schmächtigen Person dieses Menschen und sogar noch aus der Erinnerung an ihn entgegenströmt. Denn was war sein Anliegen? Gott selbst dort noch zu dienen, wo die scheinbare Geringfügigkeit des Anlasses einen solchen frommen Dienst angeblich überflüssig macht. Es kann ja kein Zufall sein, daß dieser verwöhnte, eitle, ehrgeizige Bürgersohn sich mit voller Absicht einem Aussätzigen näherte, um ihn zu umarmen und den Eiter aus seinen widerlichen Wunden zu entfernen. Oder daß er auf seinem mühsamen Weg in die Unsterblichkeit in Rom einmal das erniedrigende Gewerbe der Bettler ausübte, nur weil er begreifen, lernen wollte, was sich eigentlich hinter dieser undurchsichtigen Phraseologie von der sozialen Ungerechtigkeit verbirgt. Und ebensowenig kann es ein Zufall sein, daß er, der seit seiner Kindheit den Wert des Geldes kaum begreifen mußte, weil stets genügend materielle Sicherheit vorhanden war, jetzt mit einer nahezu blindwütigen Leidenschaft die gnadenlose Ordnung des Geldes, die Aufteilung der Menschen in Besitzende und

Besitzlose bekämpfte. Es war ein Rückfall in die begnadete Zeit des frühen Christentums, den er instinktiv unternahm, es war diese Ahnung vom Menschen, auch vom erniedrigten und elenden, als dem einzigen wahren Ebenbild Gottes, was ihn über den frommen Anlaß seines christlichen Lebens hinaus zum unverlierbaren Ruhm der Altäre aufsteigen ließ.

War Franz ein Revolutionär? Das Zeitalter, in das er hineingeboren wurde, produzierte Rebellen jeder Qualität und aus jedem Anlaß. Aber sein Rebellentum hatte mit der Liebe zum Menschen zu tun, und das unterschied und unterscheidet ihn bis heute von allen anderen Wortführern eines tätigen Christentums. Jener Anfang im Gefängnis von Perugia, als er zum erstenmal ahnte, daß das Leben unter Umständen mehr sein kann als ein vergnüglicher Spaziergang durchs Licht des Glückes und des Egoismus, war ein erster Schritt auf diesem langen Weg, der im Grunde zwar nie von Assisi und der umbrischen Landschaft fortführte, der aber doch alles das mit einschloß, was des Lebens Süßigkeit und Schmerz ausmacht. Die Stadt selbst spielte dabei natürlich eine bedeutende Rolle. Und manchmal, wenn ich mich dem Abhang nähere, auf dem sich dieses scheinbar planlos hingestellte Mauerwerk mit seinen überraschenden Farbnuancen zwischen Hellrosa und Dunkelgrau erhebt, glaube ich zu wissen, welche Kraft und welches Gefühl der Sicherheit sich aus dieser Stadt auf Giovanni »Francesco« Bernardone übertragen hatte. Namen wie San Damiano, Portiunkula oder der Monte Subiaso können dabei nur Wegweiser sein, die auf den besonderen Zauber Assisis aufmerksam machen und auf das Geheimnis, das sich dahinter verbirgt. Man kann diese Stationen mühelos an einem einzigen Vormittag aufsuchen und besichtigen. Man kann aber auch, stelle ich mir vor, ein Leben damit zubringen, über den Charakter und die Leistung des Mannes nachzudenken, der aus diesen Stationen, ja aus Assisi ein maßstabgetreues Spiegelbild unserer Wirklichkeit machte. Das Erstaunliche daran ist nur, daß sich seit bald achthundert Jahren an der Schärfe und am Wahrheitsgehalt dieses Spiegels nichts geändert hat.

Loreto

Die Kuppel der Basilika von Loreto, wie sie aus der Ebene emporsteigt... dieses Bild geht durch alle meine Erinnerungen, seit Jahren schon und mit unverminderter Eindringlichkeit, mit einer Heftigkeit, die beinahe an Leidenschaft grenzt, ein Bild wie aus einem Traum, den man immer wieder träumt und dessen Inhalte sich unverlierbar im Gedächtnis eingraben, obgleich die Details verschwommen bleiben, die Inhalte der Träume stets ungenau sind. Was ist das für ein Bild? Ein angeschwollener Ballon über der hügeligen Landschaft südlich von Ancona? Ein türkisfarbener oder goldstrotzender Vollmond, bei dem ich irritiert die Farben verwechsle, weil ich nie genau weiß, an welche Grundierung ich mich zurückerinnern muß, ans zarte Rosa am späten Nachmittag, wenn die Sonne mit einer letzten halbherzigen Umarmung noch einmal nach dieser Kuppel zu greifen versucht, ans stahlfarbene Leuchten am frühen Morgen, wenn hinter der Krümmung des nächsten Hügels oder draußen über dem offenen Meer ein Feuerball explodiert? An das vergoldete Auftrumpfen um die Mittagszeit? Nein, ich kann wirklich nicht mit Bestimmtheit sagen, welche Farbe durch meine Erinnerung schwimmt, denn während ich noch an diese strahlende und selbstsichere Architektur denke, fallen mir schon wieder andere Bilder ein, denen ich unter dieser Kuppel begegnet bin, Bilder von zweifelhaftem Wert, die ein zwiespältiges Gefühl hervorrufen, voll resignierender Melancholie und einen Geschmack hinterlassend, der bitter ist.

Was aber unverändert bleibt, ist die Erinnerung an die emporgewölbte Kuppel, die oberhalb einer Reihe von Bastionen schwebt, eine geblähte Wolke, die über das Land hinwegfliegt, ein Tropfen dunkelfarbener Flüssigkeit, der über Loreto hinwegstürmt, ein Meisterwerk, das einem begnadeten Glasbläser aus dem Mund geflossen zu sein scheint, während die dicken Mauern darunter uns daran erinnern sollen, daß die Chiesa della Casa Santa, wie die Basilika von Loreto offiziell heißt, immer schon gefährdet war, immer Piraten und marodierende Armeen angezogen hat und immer Plünderern ausgesetzt gewesen ist, die den unermeßlichen Kirchenschatz, den spendenfreudige Katholiken aus aller Welt angehäuft haben, alle paar Generationen drastisch verringerten.

Einmal, vor Jahren, schrieb ich, während ich noch mit dem Engel kämpfte, der meine Skepsis vertreiben wollte, daß es wohl nur ein Zufall sei, wenn Loreto in einem lehmfarbenen, zartgrünen und erdbraunen Amphitheater liege, auf dessen hügeligen Rängen nachdenkliche Heilige kauern, die ebenso nachdenklich wie gewissenhaft das Zeremoniell in diesem weltberühmten Wallfahrtsort betrachten. Und weil mir das noch nicht genügte, weil ich darauf versessen war, den Engel abzuschütteln, der mich peinigte, fügte ich auch noch hinzu, daß man als aufgeklärter Mensch des 20. Jahrhunderts nicht unbedingt an diese alten Geschichten zu glauben braucht, in denen hinter den grünen Hügeln und weißsandigen Tälern der Marken immer noch Zeichen und Wunder geschehen und Gott sich gelegentlich in einem staubigen Dornbusch verbirgt, den die heiße adriatische Sonne in Brand gesteckt hat.

Was für törichte Fehler man doch macht, wenn man nicht weiß oder sich weigert, daran zu glauben, daß die Wunder immer nur in einem selbst entstehen! Wie einfältig ich war, als ich meinte, Loreto mit ein paar Worten abtun zu können, in denen der Vorwurf mitschwingt, daß sich ausgerechnet hier über die naive Frömmigkeit der Pilger längst schon ein purpurfarbener Mantel des Hochmuts gelegt habe!

Mir fällt ein anderes Bild ein, das ich aus Loreto mitgebracht habe, jetzt erst, vor wenigen Tagen, mitten im zögernden Frühling, der in diesem Jahr verspätet in die Marken kam. Ich war eigentlich unterwegs nach Assisi, fuhr aber die paar Kilometer von der Abzweigung der Staatsstraße, die über Iesi und Fabriano nach Umbrien führt, weiter nach Süden, über Ancona hinaus und an Osimo vorbei, wo einer der seltsamsten Heiligen der Kirchengeschichte begraben liegt, der einfältige Franziskanermönch Giuseppe da Copertino, der fliegen konnte, wenn ihn die Macht der religiösen Inspiration überkam. Er war ein gleichermaßen skurriler und genialer Analphabet aus dem tiefen Süden, den nur die Flucht in den Schutz eines einflußreichen Ordens davor bewahrte, als Ketzer vor den Richtern der Inquisition erscheinen zu müssen. Er war ein frommer Mann, der das Unbegreifliche, das mit ihm geschah, wenn er sich vor Äbten, Herzögen, Staatsräten flügelschlagend in die Luft erhob, mit Gleichmut und Demut ertrug. Vielleicht wäre er auf den Jahrmärkten seiner Heimat eine Attraktion gewesen, wenn da nicht dieser sonderbare Umstand gewesen wäre, daß ihn erst die Kraft seines Gebetes in die Höhe erhob. Sein Grab in der Krypta der Franziskanerkirche von Osimo wird jedenfalls immer noch von Gläubigen aufgesucht, die etwas von seiner frommen Magie für sich gewinnen wollen.

Da also fuhr ich vorbei. Und auch an Castelfidardo, das wie Osimo oder Loreto auf einem schön gerundeten Hügel liegt und wo am 18. September 1860 die Truppen des jungen italienischen Königreiches eine desolate und schlechtgeführte Armee des Kirchenstaates besiegten, was die militärische Voraussetzung dafür war, daß schließlich auch die Region der Marken, die bis dahin päpstlich war, endlich zu Italien kam. Lediglich Loreto selbst blieb von dieser historischen Heimkehr ausgeschlossen. Es ist immer noch kirchlicher Besitz, gehört nach wie vor zum Hoheitsgebiet des Vatikans.

Ich fuhr nach Loreto. Ich hatte keinen Anlaß dafür, wußte keinen überzeugenden Grund, der mich diesen Umweg machen ließ. Ich war vielleicht nur neugierig, wieder einmal die Kuppel, diesen tropfenförmigen Ballon über den Hügeln und über der Ebene tanzen zu sehen, über Landschaft voll verwischter Farben und Konturen, die unter einer rasch verlöschenden Abendsonne für einige Augenblicke lang etwas Dramatisches besitzt und dann aussieht wie ein . . . nein, nicht wie ein kunstvoll geschminkter Leichnam, sondern wie ein Gemälde von Canaletto, in das jetzt ein anderer Meister robuste Farben schmierte, bis das Original unkenntlich wurde. Mit jedem Schritt, mit jedem Kilometer, den ich mich näherte, begann das altgewohnte Spiel von neuem. Zuerst die Kuppel, der dicke Ballon, der an seinen Halteseilen zerrt und unter der tiefstehenden Sonne funkelt. Dann die bauchigen Rundungen der Bastionen, die etwas ungemein Anmutiges, ja Weibliches besitzen. Und zuletzt das ziegelrote Gerippe der Mauern, die an sich rostbraun bis lehmfarben sind und die aus dem flockigen Grün des Lorbeerhügels wachsen, den früher einmal, als es noch keine Autobahn und asphaltierte Zufahrtsstraßen gab, die Pilger nach ihrer langen Anreise als letzte Hürde vor ihrem ersehnten Ziel überwinden mußten, betend und singend, die vorgeschriebenen Kreuzwegstationen entlangkeuchend und stets so erschöpft, daß ihnen das Glück, endlich nach Loreto gekommen zu sein, erst viel später, erst in der Kirche und vor der Casa Santa bewußt wurde.

Ich freilich umrundete in meinem Wagen mühelos diesen Hügel, fuhr rasch über die Landstraßen unten in der Ebene, hielt immer wieder einmal an und blickte hinauf, wo sich die untergehende Sonne in den Fensterscheiben spiegelte, sah im Hintergrund den Abendhimmel erröten und vom Osten, vom Meer herein eine dicke dunkle Wolkenwand auftauchen. Ich spielte mit der Möglichkeit, hinaufzufahren und für eine halbe Stunde in die pompöse Kirche zu gehen, die sich über dem rußgeschwärzten Haus der Muttergottes erhebt, die Kapellen der einzelnen Nationen abzuschreiten, wobei ich fast sicher sein konnte, vor der deutschen Kapelle einer Pilgergruppe zu begegnen. Aber es wäre auch möglich, einen der Pilger zu sehen, die manchmal tagelang, nächtelang im Gestühl der Kirche bleiben, hartnäckig, inbrünstig, besessen vom Glauben, besessen von der Idee, daß der Aufenthalt in diesen riesigen Kirchenschiffen ihnen helfen werde, über alle Schwierigkeiten des Lebens hinwegzukommen, es wäre möglich, ihn zu sehen, wie er mitten in der Kirche kniet, während ihm ein Pater den Segen erteilt, denn in Loreto kann man diese alte und schöne Handlung öfter als anderswo miterleben. Ich spielte mit dem Gedanken, es diesen Pilgern gleichzutun, es auch einmal zu versuchen, mich fortzuwerfen an Gott, wie es mir vor Jahren ein junger Priester hier in Loreto erklärte, nachdem ihm klargeworden war, daß der Engel noch immer nicht meine Skepsis besiegt hatte. Aber jetzt war ich bereit, diesmal war ich nahe daran, mich fortzuwerfen an Gott. Und während ich hinauffuhr zur Wallfahrtskirche, spürte ich die Erleichterung darüber, daß ich mich entschlossen hatte, diesen entscheidenden Umweg auf mich zu nehmen.

Aber dann kam es ganz anders. Ich verlor plötzlich den Mut. Oder ich erinnerte mich an meine Verpflichtungen, fühlte den kühlen Abendwind durch die geöffneten Fenster meines Wagens, dachte an die Wegstrecke, die ich noch zurücklegen mußte, wenn ich – wie verabredet – an diesem Abend nach Assisi kommen wollte. Vielleicht fröstelte es mich auch, wie ich da im Schatten der großen Festungsmauer stand und sah, daß dieser Schatten länger und dicker wurde, daß er Balkenkreuze schlug und die leeren Gassen und Plätze, durch die ich gekommen war, lautlos unter sich begrub. Ich stand da und blickte mich um und senkte den Kopf, und plötzlich tauchten aus dem diffusen Dunkel zu meiner Rechten ein paar Nonnen auf und huschten an mir vorüber, drei oder vier Nonnen, die über das Pflaster zu schweben schienen, während zur gleichen Zeit irgendwo eine Glocke heftig zu lärmen anfing und ich mir einbildete, den duftenden Lorbeer, den ich von meinem Standplatz aus nicht sehen konnte, intensiv zu riechen. Ich erinnerte mich an vergangene Aufenthalte in Loreto, ich dachte zurück an diese Augenblicke, als ich in einem anderen Jahr im Vorfrühling über diesen Hügel gekommen war, ich überlegte mir den Namen des Weinhändlers unter den Kolonnaden auf dem Platz vor der Kirche und ich sah das Gesicht eines Priesters vor mir, wie er im Beichtstuhl kauerte, nachdem er gerade eingeschlafen war und nun mit geöffnetem Mund und leicht verrutscht und zerknittert in den Schlaf aller Gerechten einzutauchen begann. Viele Bilder drängten sich mir auf, die wartende Menge der Pilger vor der Casa Santa und die erdrückende Dunkelheit im Hintergrund des riesigen Kirchenschiffes oder der besonnte Hügel von Recanati, der Nachbarstadt, mit den schweigsamen Gassen und alten Palästen, wo die Geschichte von Loreto im Spätherbst des Jahres 1291 oder auch 1294 – die Angaben darüber differieren – ihren italienischen Anfang genommen hatte und ein halbes Jahrtausend später Giacomo Leopardi, Italiens kränklichster Pessimist und genialster Poet, geboren wurde oder Benjamino Gigli, der Sänger des Belcanto, zur Welt kam. Und alle diese Bilder und Erinnerungen fielen auf mich herab wie die Sterntaler im Märchen. Sie erdrückten mich fast, schlugen auf mich ein: die feierlichen Prozessionen im Mai, wenn der Platz vor der Basilika schwarz vor Menschen ist, die Tragbahren mit den Kranken, das lärmende Gedränge vor den Verkaufsbuden mit ihren farbenprächtigen Devotionalien und der rasche Umsatz beim Weinhändler unter den Kolonnaden, während ganze Kompanien schwarzberockter Priester, braungewandeter Mönche durch Loreto schwärmen und den alten Wallfahrtsort zu einer Enklave des allerkonservativsten und frömmsten Katholizismus machen.

Jetzt aber, an diesem Abend im Frühling, war hier alles totenstill. Die Nonnen waren verschwunden. Das Glockengeläute hatte aufgehört. Und als ich meinen Wagen wieder anstartete, dröhnte der Lärm des Motors viel zu laut durch die leeren Gassen. Ich legte den ersten Gang ein und fuhr ruckartig los. Zwei Stunden später war ich in Assisi.

Aber Loreto ist nicht so einfach zu umgehen. Immerhin ist es neben und mit Assisi, Padua, Monte Sant'Angelo eines der populärsten katholischen Heiligtümer Italiens und zweifellos gemeinsam mit Lourdes und Fatima der berühmteste Marienwallfahrtsort der Welt. Dabei ist Loreto, was kaum bekannt sein dürfte, rund zweihundert Jahre später als das britische Walsingham entstanden, das tatsächlich eine der frühesten Gnadenstätten der Muttergottes war und wo bereits um das Jahr 1061 eine Lady namens Richeldis ihre legendäre Vision von der Jungfrau Maria hatte, die gleichsam der Ursprung war für eine Pilgerstätte, die im Mittelalter neben Santiago de Compostela, Jerusalem und in gewisser Hinsicht auch Rom zu den bedeutendsten Zentren der katholischen Welt gehörte, vielleicht nur noch übertroffen vom Heiligtum des Erzengels Michael auf dem Gargano, diesem an politischer Bedeutung aber zumindest gleichgestellt. Denn bis ins späte Mittelalter hinein pilgerten fast alle englischen Könige nach Walsingham, und noch Heinrich VIII., der Blaubart, wanderte barfuß zum Heiligtum, um auf diese Weise für die Geburt seines Sohnes zu danken. Das war im Jahre 1511. Später dann sorgte er dafür, daß die Abtei geschlossen wurde und die Pilgerbewegung nach Walsingham unterblieb. Das heilige Haus selbst brannte ab, Cromwell vernichtete 1538 den Rest.

Die Entstehungsgeschichte Loretos, die also rund zweihundert Jahre nach der Vision von Walsingham begann, verlief allerdings etwas anders und gleichsam dramatischer oder eigentlich inhaltsreicher. Denn während in Walsingham Lady Richeldis nach ihrer visionären Erscheinung nichts anderes zu tun hatte, als dafür zu sorgen, daß zu Ehren der Jungfrau Maria ein Haus errichtet wurde, ereignete sich hier im Süden des Kontinents Rätselhaftes und auch Widerspruchsvolles. Es geschah um die Zeit, als sich der Verlust Palästinas an den Islam endgültig abzuzeichnen begann, als eines Tages einige Engel das Wohnhaus der Muttergottes aus dem palästinensischen Erdreich zu sich emporhoben und es im raschen Flug über Zypern, Griechenland und den Balkan bis in die Nähe der heutigen Stadt Rijeka im kroatischen Küstenland trugen, wo sie es sorgfältig wieder abstellten. Das alles soll sich übrigens in der Nacht auf den 10. Mai 1291 abgespielt haben, denn natürlich hatte dieser ungewöhnliche Umzug Aufmerksamkeit erregt. Jedenfalls meldeten sich bald etliche Augenzeugen, die nähere Einzelheiten über diese mysteriöse Sache berichteten. Diese Augenzeugenberichte haben freilich im Verlauf der Jahrhunderte soviel Patina angesetzt, sind solchen Ausschmückungen und Veränderungen unterworfen gewesen, daß es sich heute kaum noch lohnt, sie nachzuerzählen. Sie verschwanden mit der Zeit gleichsam in lokalen Legenden, gingen auf in den Erzählungen des Volkes, völlig entfremdet und unkenntlich geworden, während andererseits eine Kirche im Stadtteil Irsat oberhalb des alten Stadtkerns von Rijeka – also dem ehemaligen Fiume – immer noch an diese wunderliche Geschichte erinnert.

Aber bevor man sich nun in jener Zeit noch näher und genauer mit Engelsflug und Hausversetzung beschäftigen konnte, geschah bereits ein zweites Wunder, das wiederum von zahlreichen Augenzeugen bestätigt wurde. Diesmal flog das Haus quer über die Adria hinüber nach Italien, landete am Rand der Stadt Recanati im Garten eines ungleichen Brüderpaares, das sich bald wütend in den Haaren lag, und zwar wegen der Teilung der vielen Spenden, die von den rasch herbeigeeilten Pilgern an der Schwelle des heiligen Hauses hinterlegt wurden.

Einschieben müßte ich an dieser Stelle vielleicht die Geschichte von der angeblich allerersten Landung des Hauses auf italienischem Boden, die gleichsam bei Recanati stattgefunden haben soll und zwar noch vor dem Wunder im Garten der beiden habgierigen Brüder. Aber Gesindel oder auch Piraten, die übers Meer gekommen waren, sollen die Würde des Hauses entehrt haben, so daß sich die Engel gezwungen sahen, das Haus um ein paar Meilen zu verrücken. Eine historische Bestätigung für diese interessante Version gibt es allerdings nicht. Ebenso wird man mich persönlich davon dispensieren müssen, daß ich die angeblichen Augenzeugen dieses Engelsfluges zitiere oder gar an ihre Zeugenschaft glaube. Solche Wunder wie der Flug eines heiligen Hauses über Länder und Meere hinweg geschehen in der Regel nicht vor Publikum . . .

Bleiben wir bei den Brüdern von Recanati. Sie sollen Antici geheißen haben. Angeblich kann man auch heute noch die Stelle sehen, wo sie damals ihr Haus hatten, in dessen Garten das Marienhaus landete. Ich bin in diesem Fall freilich gleichfalls etwas skeptisch, denn mir wurde in den letzten

Jahren mindestens ein halbes Dutzend Grundstücke vorgeführt, auf denen das heilige Haus der Muttergottes gestanden sein soll. Und jeder patriotische Besserwisser, jeder eifrige Cicerone, der mich mit geheimnisvollem Flüstern führte, beschwor natürlich die Echtheit seines Platzes und verleumdete mit südländischem Temperament die anderen Plätze als Ausgeburten der Phantasie und Eitelkeit. Gerade deshalb scheint mir an dieser geheimnisvollen Sache nur etwas ganz gewiß zu sein, nämlich der Streit, der zwischen den Brüdern Antici ausbrach, als sie erst einmal gesehen hatten, daß die Spendenfreudigkeit der christlichen Bevölkerung keine Grenzen kannte.

Es kam so, wie es vorhersehbar war. Noch einmal erschienen die unermüdlichen Engel, noch einmal zerrten sie das Haus von seinen Fundamenten los, noch einmal erhoben sie sich damit in die Luft ... aber wahrscheinlich waren sie es jetzt doch schon ein wenig müde, immerzu mit einem palästinensischen Wohnhaus durch den Himmel fliegen zu müssen. Und so begnügten sie sich mit einem kurzen Flug, mit einem Hopser oder Hüpfer sozusagen, und stellten das Haus bereits auf dem nächstgelegenen Hügel ab. Und das war dann endlich der Hügel von Loreto.

Übrigens gibt es in diesem Zusammenhang – wie ich schon andeutete – einen Widerspruch im Datum, an welchem diese Geschichte passiert sein soll. Oder sagen wir, die offiziellen Versionen stimmen nicht überein. Denn einmal heißt es, daß sieben Monate nach dem 10. Mai 1291 das Haus von Kroatien nach Recanati geflogen sei. Und dann wieder gibt es eine Meinung, die davon ausgeht, daß der historische Flug über die Adria am 10. Dezember 1294 stattgefunden habe. Nun, eines zumindest ist unbestreitbar: Seit den zwanziger Jahren des 20. Jahrhunderts ist die Madonna von Loreto die Schutzpatronin der Piloten und Ballonfahrer.

Aber die abenteuerlichste oder auch ergreifendste Entstehungsgeschichte eines Wallfahrtsplatzes erklärt natürlich noch nicht die Anziehungskraft dieses Platzes für die Gläubigen über viele Generationen hinweg. Loreto ist eine der volkstümlichsten, meistbesuchten Pilgerstätten der katholischen Welt. Das steht außer Zweifel. Aber warum, aus welchem überschaubaren Anlaß kam es dazu? Ich sagte schon, daß ich oft – und zwar seit meiner Kindheit – nach Loreto gekommen bin, manchmal nur zerstreut und sogar mürrisch, gelegentlich auch skeptisch, weil mir dieser Engelsflug, dieser komplizierte Transport eines Hauses durch die Luft nicht unbedingt einleuchten wollte, und manchmal auch bewegt, ja erschüttert von den fundamentalen Beweisen des Glaubens, die ich auf diesem schönen grünen Lorbeerhügel in den Marken erlebte. Irgendwann einmal, nachdem ich in Erfahrung gebracht hatte, daß jene häufig zitierte wissenschaftliche Untersuchung des Mörtels, des Steins, mit dem die Casa Santa errichtet worden war und die von den leidenschaftlichen Verfechtern der Legende den Skeptikern als eine Art moralisches Dokument entgegengehalten wird, daß also diese Untersuchung tatsächlich ein unantastbares Ergebnis gebracht hatte, nämlich den Nachweis, daß es sich um denselben Mörtel, den gleichen Stein handelt, wie er im palästinensischen Nazareth seit Jahrtausenden zum Hausbau verwendet wird, irgendwann nach dieser Erfahrung dachte ich mir, daß es doch durchaus vorstellbar sein müßte, eine bauchige Galeere unten an der Küste anlegen zu sehen, den Laderaum gefüllt mit Baumaterialien aus dem heiligen Land . . . und sich jetzt auszumalen, wie der fromme Pilger, der vom Heiligen Land heimgekehrt ist mit dieser an sich recht profanen Ladung, voll Eifer darangeht, ein Haus zu errichten, das in jeder Hinsicht dem Haus Marias gleicht, und zwar jenem Haus, darin sie geboren worden war und wo der Engel Gabriel ihr später die Verkündung brachte. Denn wäre eine solche Arbeit, eine solche Rekonstruktion nicht gottgefällig? Noch dazu, wenn man dafür die mitgebrachten Materialien von den Originalschauplätzen verwendet?

Wozu also der Engelsflug? Wozu diese ständige und äußerst umständliche Übersiedlung? Wozu die Anstrengung, in geheimnisvollen Gleichnissen denken zu müssen, da die historische Wahrheit möglicherweise viel einfacher ist? Ich bin jedenfalls bereit, mir das alles viel einfacher und auch einleuchtender vorzustellen, obgleich ich natürlich zugeben muß, daß die Geschichte mit den Engeln, die das Haus mehrmals durch die Luft tragen, auch ihren Reiz hat.

Ich fuhr übrigens, als ich mit diesem Text hier noch beschäftigt war, als mich wieder die Kuppel irritierte, die durch meine Gedanken flog, und dieses Mysterium faszinierte, das ich nur widerwillig begreifen wollte, ich fuhr also noch einmal in die Marken, nahm noch einmal den Weg über das unglückliche Friaul, durch das reiche und kraftvolle Venetien, das noch im Untergang diesen Geruch derber Aristokratie verströmt, der einen begierig macht, die Geschichte dieser Landschaft genauer zu erfahren, ich fuhr wieder über die uralte Pilgerstraße der Deutschen und Skandinavier, der heutigen Strada Romea, der ehemaligen Via Popilia oder Pappelstraße, die über Pomposa, die prachtvolle Abtei aus dem 6. Jahrhundert, in der die musikalische Tonleiter erfunden wurde, nach Ravenna und weiter nach Rimini geht, ich fuhr durch die blühenden Marken, über die ein eisiger Schneewind blies, weil der Winter ganz überraschend noch einmal zurückgekehrt war, und ununterbrochen überlegte ich mir, was mich eigentlich zu dieser Rückkehr nach Loreto trieb, was mich zwang, so verrückt oder auch nur so voll schlechten Gewissens zu sein, um für eine einzige Stunde, für einen kurzen halben Nachmittag lang, den ich fröstelnd und verunsichert in einer dunklen Riesenkirche verbringen würde, fast anderthalbtausend Kilometer zu fahren. Aber ich fuhr wie ein Defraudant, der sich auf der Flucht befindet, wie ein arbeitsloser Gaukler durch dieses unruhige Italien, durch diesen verspäteten Winter, bis ich endlich wieder die türkisfarbene Kuppel, den dicken Ballon, den dunkelfarbigen Tropfen am Horizont auftauchen sah und wußte, daß ich jetzt vielleicht eine Antwort auf einige meiner Fragen erhalten würde.

Der Sturm belagerte den Lorbeerhügel. Trotzdem drängten sich auch an diesem gewöhnlichen Wochentag Ende April zahllose Besucher auf dem weiten Vorplatz, unter den Kolonnaden oder vor dem Muttergottesbrunnen, dessen Wasser vom Eiswind in dünnen Fontänen über den weiten Platz getrieben wurde. Im Laden des Weinhändlers hockten einige vermummte Männer und blickten mit alten Augen durch die schmutzigen Fensterscheiben. Draußen balgten sich italienische Schulkinder, die auf ihren Einlaß in die Kirche warten mußten, weil ja eine italienische, spanische und deutsche Pilgergruppe vor den Toren der Basilika stand und den kunsthistorischen Erläuterungen ihrer Reiseführer lauschte. Das dauerte eine ganze Weile. Dann erst durften die Kinder in die Kirche. Und weil sie zu klein waren, um ihre Finger in das hohe Weihwasserbecken zu tauchen, und weil sie alle plötzlich den unstillbaren Drang nach einer Handvoll Weihwasser empfanden, hüpften sie wie eine Schar wildgewordener Springböcke an dem Weihwasserbecken empor, das ein Kunstwerk ist, aber bei dessen Herstellung man leider auf die Benützung durch Kinder völlig vergessen hatte. Und so kam es, daß ich an diesem Nachmittag in der Basilika von Loreto unversehens schwer zu arbeiten begann. Denn zuerst hob ich ein paar der Kinder bis zum glatten Marmorrand des Beckens empor, wo sie endlich ihre Finger ins geweihte Wasser tauchen konnten. Dann zerrten und zupften mich die anderen Buben, weil auch sie in die Höhe gehoben werden wollten. Und es dauerte nicht lange, bis ich als eine Art Hutschenschleuderer von Loreto an die dreißig bis vierzig Schulkinder hochhob, damit sie sich und zwangsläufig auch mich mit dem Weihwasser benetzen ... oder eigentlich überschütten konnten. Ich war hinterher jedenfalls angefeuchtet wie ein begossener Pudel.

Auch ein ganz anderes Erlebnis, das ich an diesem Nachmittag im April in der großen Wallfahrtskirche von Loreto hatte, entsprach nicht ganz dem herkömmlichen Ablauf einer Pilgerfahrt. Es war ein junges Ehepaar, das dafür verantwortlich war, kleingewachsene Bauern aus dem Süden, aus Apulien vielleicht oder sogar aus Kalabrien, die eine Kindertragtasche bei sich hatten, in der ein Säugling friedlich schlief. Ich wurde auf das Paar aufmerksam, weil der olivfarbene Teint ihrer Haut, ihre etwas unorthodoxe Kleidung mit den obstinaten Farben beim Mann und dem traurigen Schwarz bei der Frau ein Signal waren, weil sie auffällig wirkten und weil man solchen Paaren eigentlich nur noch im tiefen Süden begegnet, im Hinterland der volkreichen Städte, während sie hier mitten unter den Reisegruppen und Schulkindern wie Geschöpfe von einem anderen Stern aussahen. Ich wurde neugierig und folgte ihnen. Bald gab es für mich keinen Zweifel mehr, daß es sich hier um Pilger im alten historischen Sinne dieses Wortes handelte, die irgendeines Gelübdes wegen nach Loreto gekommen waren. Sie waren fremdartig, klein und zierlich, und die Tragtasche, die der Mann ein wenig unbeholfen trug, wirkte in seinen Händen fast exotisch und auf jeden Fall unangebracht, so daß ich am liebsten zu ihnen getreten wäre, um ihnen beizustehen. Es dauerte auch einige Zeit, in der sie beinahe ratlos durch das große Kirchenschiff mit seinen zahlreichen Seitenkapellen wanderten, bis sie die

Casa Santa entdeckten, das heilige Haus der Muttergottes mit seinem rußgeschwärzten Innern, was mit dem verheerenden Brand zusammenhängt, der 1921 die ganze Altarausstattung vernichtet hatte. Hier stellten sie ihre Tragtasche mit dem Säugling ab, und sanken mit einer gemeinsamen, übereinstimmenden Bewegung in die Knie, die dunklen Gesichter in den Händen verborgen und auf eine Weise betend, die völlig anders, leidenschaftlicher oder auch selbstvergessener war als die der meisten anderen Besucher in der Casa Santa.

Später sah ich die beiden Pilger aus dem Süden noch einmal. Wieder knieten sie. Diesmal mitten im Kirchenschiff, jetzt freilich vor einem der zahlreichen Fratres, die wie Wachsoldaten Gottes durch die Kirche schlendern und alles in einem sind, Beichtväter, Messenleser, Prediger, Kunstführer, Aufsichtsorgane. Und die beiden jungen Leute empfingen mit gesenkten Köpfen den Segen dieses Paters, während das Kind in der Tragtasche plötzlich mit kräftiger Stimme zu schreien anfing. Und nun konnte ich mir auch vorstellen, was dieses Paar aus seinem heimatlichen Dorf irgendwo im Süden der Halbinsel nach Loreto gebracht hatte, denn jetzt sah ich auch das Kind in der Tasche. Es war ein ungemein kräftiger Bursche, ein Ausbund von Gesundheit und strotzender Kraft mit einem gewaltigen Schädel, der in diesem Augenblick zu einer einzigen furchterregenden Grimasse verzerrt war, weil der kleine Kerl wahrscheinlich Hunger hatte und dieses peinigende Gefühl in die Welt hinausschrie. Es mußte eine schwierige Geburt gewesen sein, stellte ich mir vor, diesen kleinen Riesen auf die Welt zu bringen, noch dazu, wenn man die zarte Frau sah, die selber noch fast ein Kind war. Und mir fiel ein, daß in vielen Teilen Italiens der alte Brauch noch üblich ist, einer werdenden Mutter, bei der man eine schwere Geburt befürchtet, ein Seidenband, das aus Loreto kommen muß, auf den Leib zu legen. Angeblich hilft diese Geste in neun von zehn Fällen. Und sie schien auch hier geholfen zu haben, wie ich dem glückstrahlenden Gesicht der jungen Mutter entnahm, mit dem sie sich über ihr brüllendes Kind beugte, nachdem der Pater seinen Segen beendet hatte. Sie nahm den Säugling aus seinem schaukelnden Bett, ging einige Schritte zur Seite – das alles spielte sich hinter der Casa Santa ab, und zwar auf der Höhe der polnischen Kapelle – und reichte ihm dann mit einer unsagbar stolzen und rührenden Gebärde die Brust. Der Vater stand währenddessen vor der leeren Tragtasche und blickte mit unschuldigen Augen um sich.

Dieses Paar bildete einen außerordentlichen Kontrast zu den übrigen Besuchern der Basilika. Es war die Welt des einfachen, fast naiven Glaubens, die hier wirksam wurde. Aber die Sicherheit, die von den beiden jungen Leuten ausging, diese unnachahmliche Würde, begleitet von einer Anmut, die etwas Geschmeidiges besaß, war ungemein tröstlich. Im Gegensatz dazu erinnere ich mich an die Pilgergruppe aus Deutschland, die in der sogenannten deutschen Kapelle den Worten einer Vorbeterin andachtsvoll lauschte. Es waren hauptsächlich Frauen, und auf ihren Gesichtern lag viel Resignation und Bitterkeit. Es hatte den Anschein, als ob diese Frauen noch nicht das entscheidende Stadium einer jeden Wallfahrt erreicht hätten, in welchem der Glaube oder die Hoffnung oder einfach ein tiefes und warmes Gefühl alle Frustrationen hinwegschwemmt oder zumindest für ein paar wichtige Augenblicke beseitigt. Ich blickte auf diese trostlosen Gesichter, auf die verkniffenen Münder und müden Augen, und ich begann mir vorzustellen, wieviel Enttäuschung und persönliche Niederlagen sich hinter dem jeweiligen Entschluß dieser Frauen, eine Pilgerfahrt nach Loreto zu unternehmen, tatsächlich verbergen mußten.

Zur gleichen Zeit gab es natürlich auch noch die unvermeidlichen kunstinteressierten Besucher, wobei es diesmal die italienische und die spanische Reisegruppe waren, die von ihren Reiseführern mit Jahreszahlen und einer Fülle mehr oder minder wichtiger Fakten überschüttet wurden. Dabei durfte nie der Hinweis darauf fehlen, daß die dekorative Marmorverkleidung aus dem 16. Jahrhundert, die das heilige Haus inmitten der Kirche schmückt, auf einen Entwurf des großen Baumeisters Bramante zurückgeht, was allerdings nicht mit Sicherheit verifizierbar ist. Das wundertätige Gnadenbild selbst stammt aus den zwanziger Jahren dieses Jahrhunderts, weil ja das berühmte Original durch den Brand zerstört worden ist. Die Statue ist aus Zedernholz, schwarz bemalt und hat allem Anschein nach nichts von der Faszination eingebüßt, die das verlorengegangene Original besessen haben muß. Was freilich sowohl der spanische als auch der italienische Reiseführer seinen Schutzbefohlenen verschwieg, war der simple Umstand, daß dieses Original aus dem 14. Jahrhundert stammt, also erst nachträglich in die Casa Santa gebracht worden ist, sofern man der erstaunlichen Geschichte vom Engelsflug Glauben schenkt und nicht doch davon ausgeht, daß irgendein besonders frommer und ehrgeiziger Pilger sich in Palästina das Baumaterial für eine Kapelle geholt hatte, um dann auf heimatlichem Boden eine möglichst getreue Nachbildung dessen zu erhalten, was er sich unter dem Haus der Muttergottes vorgestellt hatte.

Die anderen Anekdoten und Hinweise, die immer berichtet werden, gebe ich mit der Einschränkung weiter, daß man daran glauben kann, ohne daß man ein gottloser Sünder zu sein braucht, wenn man nicht daran denkt, sich solche Legenden anzuhören. Demnach gibt es in der Casa Santa einen Herd oder eigentlich eine offene Feuerstelle, vor der schon Petrus gepredigt haben soll, während die Madonnenstatue – vergessen wir nicht, daß sie aus den zwanziger Jahren unseres Jahrhunderts stammt – noch vom Evangelisten Lukas herrühren soll. Authentischer scheint mir da schon die Anekdote zu sein, die es über eine kleine schwarze Eisenkugel gibt, die vorne neben dem Altar des Marienhauses aufgehängt ist. Sie soll dem Papst Julius II. dicht am Kopf vorbeigeflogen sein, ohne ihm ein Haar gekrümmt zu haben.

Aber das alles ist wohl nur von sekundärer Bedeutung. Und als ich zurückfuhr in meine Heimat, da überlegte ich mir lange Zeit, was eigentlich den besonderen Reiz Loretos ausmacht. Oder weshalb man stets von neuem bereit ist, die eigenartigen Regeln dieses Wallfahrtsplatzes zu akzeptieren. Denn schließlich ist es nicht gerade alltäglich, daß man mit fliegenden Engeln konfrontiert wird und an die Wahrhaftigkeit und auch an die spirituelle Ausstrahlung eines Bauwerkes glauben soll, das bestenfalls fünf- oder sechshundert, aber keinesfalls zweitausend Jahre alt sein kann. Nun, ich habe keine befriedigende Antwort. Ich kann nur für mich sprechen. Und ich bin bereit, mit gewissen Einschränkungen an diese sagenhafte Geschichte zu glauben. Ich bin deshalb dazu bereit, weil ich irgendeine dieser metaphysischen Wahrheiten, irgendeinen dieser Fingerzeige dahinter vermute, ohne die unser Leben arm und bitter wäre.

Gargano

Jeder von uns, ob wir nun Christen, Zweifler oder nur Opfer einer unmenschlichen Geschichte sind, jeder von uns Katholiken, denen manchmal nur noch der Taufschein die Zugehörigkeit zur Religion bestätigt, jeder von uns unglücklichen Menschen, die wir davon träumen, an etwas so inständig und selbstverständlich glauben zu können, daß alle Probleme leicht und alle Gefahren gegenstandslos werden, trägt irgendeine Erinnerung aus seiner Kindheit mit sich, die tief in seinem Inneren Zeugnis davon ablegt, daß er am Anfang seines Lebens beeindruckbar war durch das Unerhörte und Wunderbare. Und daß er dieses Unerhörte und Wunderbare auch tatsächlich erkannte.

Ich erinnere mich an eine Amme namens Angelina, die mir unter der kräftigen Mithilfe ihres Mannes, eines schnauzbärtigen ehemaligen Carabinieriwachtmeisters, der jetzt als Chauffeur meines Vaters seinen Dienst versah, das Tor aufstieß zu den geheimnisvollen Ereignissen des italienischen Südens. Sie redete von den Hexen und ihren Zauberkunststücken, die im Hinterland von Salerno, wo ich zeitweise aufwuchs, und hier vor allem in der Provinz Benevent als etwas ganz Selbstverständliches, aus dem Alltag nicht Hinwegzuleugnendes angesehen wurden. Ihr Mann wiederum erzählte von den unbarmherzigen und eitlen Mafiosi, wie sie in Palermo den Sarkophag der heiligen Rosalia durch die festlich geschmückten Straßen der Stadt trugen, während ihnen der Stolz darüber, der Kirche auf so sichtbare Weise dienen zu dürfen, deutlich ins Gesicht geschrieben stand. Es war eine unbegreifliche Welt, deren spröder Schatten wie ein nachdrückliches Gewicht auf meine kindliche Phantasie fiel, die sich, meiner doppelbödigen Herkunft genau entsprechend, mit germanischen Götter- und Heldensagen und süditalienischen Dämonen beschäftigte. Ich lernte frühzeitig, wie man den bösen Blick eines heimtückischen Neapolitaners bannt oder eine Hexe aus der Gegend von Benevent oder Avellino auch unter einer harmlosen Verkleidung erkennt. Und ich lernte oder begann wenigstens ahnungsvoll zu begreifen, daß dieses katholische Ritual, dem mich meine Familie aussetzte und das sich immer in dunklen Kirchen zwischen Weihwasser, flüsternden Priestern und starren Statuen abspielte, noch viel tiefer in meine Wirklichkeit reichte, als ich das lange Zeit angenommen hatte. Sizilianische Mörder als Handlanger der Kirche? Ehrbare, hochangesehene und fast bigotte Damen der süditalienischen Gesellschaft, denen man sich bei den offiziellen Anlässen nur auf Zehenspitzen zu nähern wagte, als kichernde Hexen, die ein engmaschiges und undurchdringliches Netz aus Beschwörung, Heimtücke und geifernder Wut über uns Kinder warfen? Wie war das alles möglich? Und wie hielten die Menschen, die ich damals kannte und liebte, das alles bloß mit der Wirklichkeit vereinbar, wie schafften sie es, daß sie mit Dämonen und Zauberern, Heiligen und Mördern sozusagen unter einer Decke steckten? Es waren Fragen, die mich verwirrten. Und auf die ich eigentlich bis heute keine vernünftige Antwort gefunden habe.

Eines Tages nahm mich der ehemalige Carabinieriwachtmeister, der vor Jahren schon seinen Beruf, seinen Namen und vielleicht auch ein wenig sein Aussehen hatte verändern müssen, weil er in seiner Eigenschaft als Polizist – und gebürtiger Norditaliener – auf Sizilien gewisse Dinge ins Rollen gebracht hatte, eines Tages also nahm er mich zur Seite und begann mit dem langatmigen Versuch, mir einerseits alle Hexen und andererseits alle Priester auszureden. Ich verdächtigte ihn sofort der Komplizenschaft mit meinem Vater, wobei ich mir auch darüber keine Illusionen machte, daß die Vertreibung der Priester aus meiner Phantasie seiner, des Wachtmeisters, höchstpersönlicher Vorstellungskraft entsprach. Mein Vater war ein frommer Mann, obgleich ich erst viel später dahinterkam, daß seine Frömmigkeit einen handfesten politischen Hintergrund besaß.

Ob ich mir schon einmal Gedanken darüber gemacht hätte, fragte der Wachtmeister, daß weder Hexen noch Priester von Gott kämen, sondern daß es da noch etwas anderes, Bedeutsameres geben müßte? Ich glaube, ich zuckte nur ahnungslos die Schultern. Ich wußte gar nichts. In der Welt, in der ich damals lebte, waren alle Grenzen sehr eng, waren die Möglichkeiten für einen Ausbruch ins Irrationale nur minimal, vielleicht gerade weil dieses Irrationale etwas völlig Selbstverständliches, Alltägliches geworden war.

Gut, nickte er, sehr gut! Und wenn ich das heute so formuliere, so ist es natürlich die Erinnerung, die mir auch einen elenden Streich spielen kann, wenn ich jetzt sage, daß seine Augen zu leuchten begannen und sein Gesicht den geheimnisvollen Ausdruck eines schnauzbärtigen Katers annahm, der sich den süßen Rahm von den Barthaaren schleckt. Gut, sehr gut, wiederholte er, was im Italienischen eine ganz andere, leidenschaftlichere Bedeutung hat als im Deutschen. Und unvermittelt fing er damit an, mir von einem gewaltigen Engel zu erzählen, der auf der anderen Seite Italiens, und zwar drüben auf dem Vorgebirge des Gargano, vor langer Zeit einmal gelandet sei und das Natterngezücht der falschen Götter und heidnischen Schurken, die eine schlechte Religion verkündeten, zertreten habe. Sein Name sei Michael gewesen. Und manchmal, wenn die Zeiten ungünstig sind, wenn eine besondere Gefahr den Menschen droht, die an ihn glauben, wenn Krieg, Hunger, Seuchen oder Gottlosigkeit über die Menschheit kommen, dann erhebe sich dieser Michael wieder aus seiner geheimnisvollen Höhle . . .

Es war wahrscheinlich eine ebenso verwirrende wie eigenwillige Interpretation der Michaelslegende, die mir da vor rund vierzig Jahren in einer süditalienischen Hafenstadt recht umständlich und freilich auch ausführlich erzählt wurde. Aber sie erreichte es, daß meine Neugier erwachte und ich künftighin alle Heiligen, mit denen ich mehr oder minder zwangsläufig in Berührung kam, stets nur mit diesem Engel verglich. Die armen Heiligen! Sie konnten nichts dafür, daß ich sie teils geringschätzig, teils gleichgültig mit meinen monotonen Gebeten belästigte, während ich in Wahrheit an einen Engel dachte, der durch meine Träume flog. Es konnte natürlich auch nicht ausbleiben, daß ich meinen Vater bestürmte, zu dieser sagenhaften Höhle zu fahren, wobei ich davon ausging, daß ich möglicherweise eine reale Spur des Engels entdeckte, die allen anderen Pilgern entgangen war. Aber die politische Situation in Italien und einschneidende Veränderungen in meinem Leben verhinderten letztlich eine solche Reise. Es dauerte dann rund zwanzig Jahre, bis ich zum erstenmal in die Nähe des Gargano mit dem Dorf Monte Sant'Angelo kam. Und es verging noch einmal mehr als ein Jahrzehnt, bis ich allmählich die ganze Geschichte erfuhr, also auch diejenigen Passagen der Michaelslegende, die man sich in Italien entweder gar nicht oder nur hinter vorgehaltener Hand erzählt. Aber da war es für mich fast schon zu spät, da war ich längst damit beschäftigt, mir einen modischen Atheismus einzubilden oder mich sogar als Agnostiker aufzuspielen und alles in Frage zu stellen, was mich bis dahin ein halbes Leben lang beschäftigt und beunruhigt hatte. Ein Engel, der das Schicksal Europas mitbestimmt haben sollte ... ich lächelte über diese skurrile Idee. Ich lächelte auch über die Unruhe in mir, über dieses Gefühl von Furcht, das vielleicht mehr ein instinktives Gefühl der Ehrfurcht war und das ich, weil ich mir nicht anders zu helfen wußte, mit dummem Aberglauben verwechselte.

Eines freilich läßt sich nicht bestreiten. Und das ist der Umstand, daß ich länger und intensiver als viele meiner Generation über diesen Engel nachzudenken gezwungen war. Es war daher auch nur selbstverständlich, daß ich immer wieder Material über diese Legende sammelte und mit wachsender Neugier und Ungeduld alle Veröffentlichungen studierte, die über das Heiligtum am Promontorio del Gargano erreichbar waren. Auch meine Besuche in Monte Sant'Angelo, wie das Dorf auf der felsigen Anhöhe oberhalb Manfredonias heißt, von wo aus man einen atemberaubenden Fernblick über Apulien und die Adria hat, wechseltem zwischen dem Nachgeben einer heftigen Neugier und dem Bemühen, mich selbst als andachtsvollen Pilger zu begreifen, wobei ich heute davon ausgehe, daß ich mir das alles wohl nur einredete. In Wahrheit war ich verunsichert, war mein Blick verstellt für das Wesentliche, und ich bin mir nicht einmal sicher, ob ich jetzt schon von mir behaupten darf, das Geheimnis dieser Höhle, über die sich eine der seltsamsten und wohl auch unheimlichsten Kirchen der Christenheit erhebt, wirklich entziffert zu haben. Als ich zuletzt in Monte Sant'Angelo war, an einem kalten Apriltag, an dem auf den höchsten Erhebungen des Gargano sogar etwas bläßlicher Schnee lag und der Wind, der vom Meer über die kahlen Hänge und Hochebenen blies, eisig und schneidend war, da flüchtete ich schon nach wenigen Augenblicken hinüber nach San Giovanni Rotondo und in die stille Abgeschiedenheit der Krypta der Franziskanerkirche, wo der legendäre Pater Pio begraben liegt. Nein, es war nie besonders einfach für mich, mit Sant'Angelo und dem Mysterium des Erzengels Michael fertig zu werden.

Dabei geschah stets etwas Merkwürdiges, wenn ich die vielen Treppen hinabstieg in die Tiefe dieser Kirche, die ich als eine Art verwittertes Schutzdach für die dunkle und feuchte Höhle in Erinnerung habe. Ich begann mich nämlich mit jedem Schritt, den ich machte, heimischer zu fühlen – was nichts daran änderte, daß ich gelegentlich vorzeitig die Flucht ergriff –, ich empfand mein Hinabgleiten in die modrige Dämmerung als eine Heimkehr, wobei ich allerdings nicht sagen kann, wohin ich heimkehrte, ob in die Erinnerungen aus meiner Kindheit oder in das wohltuende Gefühl einer vollkommenen Geborgenheit. Hatte es etwas mit meiner Ehrfurcht vor der Wirksamkeit aller Geschichte zu tun? Oder daß ich hier in diesem uralten Höhlenheiligtum stärker als anderswo die Übereinstimmung von Geschichte und Mythos empfand?

Es war jedenfalls viel, was auf mich einstürmte. Wobei das alles nur Vermutungen sind, denn noch während meiner ersten Besuche in Monte Sant'Angelo hatte ich keine Ahnung, daß die Verehrung des Engels eine Erbschaft aus dem Judentum sei, ein chaldäischer Kult mit mythischen Wurzeln, dessen Verlebendigung dann im byzantinischen Orient stattfand, und zwar schon im Zeitalter Konstantins. Erst verhältnismäßig spät entdeckte ich bei Ferdinand Gregorovius, dessen Arbeiten ich unendlich viel verdanke, eine Definition der Engelserscheinungen, die mir auf eine selbstverständliche Weise einleuchtete. Denn es sind ja, wie Gregorovius das nannte, wirklich alle Mythologien von solchen Engelserscheinungen erfüllt. Und tatsächlich erscheinen Götter und gottähnliche Wesen, »Verderben oder Heil bringend«, in allen alten Religionen, angefangen bei Homer und im Alten wie im Neuen Testament. Gregorovius meinte auch, daß die Einbildung »ein dichterischer Trieb in der Religion sei und als mythenbildende Kraft heute noch so fortwirke wie in den Urzeiten am Sinai, in Memphis, in Dodona und Delphi und am römischen Palatin. Luftgebilde der Phantasie verdichteten sich an irgendeinem örtlichen Vorgange zu wirklichen Kultusgestalten, und so und nicht anders sind die meisten Tempel und Orakel im Altertum, so endlich auch zahllose Heiligtümer der christlichen Kirche entstanden«.

Aber ich wußte am Anfang meiner Pilgerfahrten zum Gargano von solchen Überlegungen nicht sehr viel, ich wurde erst viel später mit Gregorovius vertraut, als ich bereits längst schon diese eine Höhle als etwas Feierliches, Geheimnisvolles und zugleich auch Tröstliches begriff, als etwas, das auf recht seltsame Weise nach Heimat schmeckte oder wie ein wohltuendes Asyl war, wobei ich diesen Begriff hier endlich einmal ohne jeden bitteren Beigeschmack aussprechen kann. Michael, der chaldäische Engel, den die Byzantiner als christlichen Engel entdeckten und feierten und der im oströmischen Reich lange vor Rom in Mode kam, dem man im Umkreis von Konstantinopel fünfzehn byzantinische Basiliken weihte und dessen Erscheinung mindestens ein Jahrhundert vor seinem ersten Auftreten auf europäischem Boden in Kleinasien verbürgt ist, Michael war für mich ein Beweis dafür, daß auch die katholische Kirche frühzeitig imstande war, das uralte Anlehnungsbedürfnis der Menschen in mehr als einer Hinsicht zu befriedigen, unsere Sehnsucht nach Sicherheit und Obdach sowohl im spirituellen als auch in einem durchaus realistischen Sinne zu stillen.

Ich erlebte vor einigen Jahren einmal, wie eine Frau, deren Mann gerade gestorben war, kreischend und voll leidenschaftlicher, entfesselter Verzweiflung in die Höhlenkirche eindrang, wie sie unter den Augen der teils ratlosen und teils gleichgültigen Mönche über den feuchten Fußboden kroch und Verwünschungen, Bitten, Gebete und verworrene Flüche ausstieß, alles in einem irren Crescendo und mit einer Stimme, die nichts Menschliches mehr besaß. Das Sickerwasser, das an diesem Tag besonders stark von den nackten Felswänden troff – es hatte vorher tagelang geregnet –, durchnäßte ihre Kleider. Ihr Haar hatte sich aufgelöst. Die Frau gebärdete sich wie eine Wahnsinnige, wobei ich mir nicht sicher bin, wie weit sie sich bewußt in diesen entrückten Zustand hineinsteigerte ... aber nach einer Viertelstunde, nach dreißig Minuten, währenddessen sie sowohl von den Mönchen, die solche Auftritte wohl gewohnt sind, als auch von ihren Begleitern völlig in Ruhe gelassen worden war, beruhigte sie sich wieder. Und stieß dann einen letzten seufzenden Satz aus, für dessen Wahrheit ich mich verbürge, weil ich in diesem Augenblick unmittelbar hinter der Frau stand, die ja auf allen vieren bis zum Altar vorgekrochen war. Jetzt sagte sie: Schönster Engel, du hast mir geholfen, ich danke dir! Sie sagte es mit normaler Stimme, sie erhob sich, setzte sich in eine Betbank und begann lautlos zu beten.

Es ist natürlich ungemein schwierig, die Selbstverständlichkeit solcher Vorgänge darzustellen und gleichzeitig zu verdeutlichen, mit welcher Intensität süditalienische Bauern, Landarbeiter, Fischer, aber auch kleine Geschäftsleute – etwa Schmuggler aus Manfredonia oder Zöllner aus Foggia – und sogar Studenten den Umgang mit dem Symbol Michael praktizieren. Für diese Menschen bereitet es keine Schwierigkeiten, einen Engel, also etwas Metaphysisches, als eine Art Stellvertreter Gottes zu betrachten, weil sie eine andere, sinnlichere Beziehung zu allen metaphysischen Dingen haben. Gott und seine Heiligen oder auch seine Engel ... das hat im Lebenslauf dieser Menschen aus dem tiefen Süden einen festumrissenen und zugleich selbstverständlichen Stellenwert für das praktische Leben. Es ist ja auch kein Zufall, daß die internationale europäische Pilgerbewegung, die nach meinen Erfahrungen gegenwärtig deutlich zunimmt, gerade das Höhlenheiligtum des Erzengels bei aller feststellbaren Steigerung an Zuwachsraten der Pilger etwas ausläßt, wobei mir besonders aufgefallen ist, daß vor allem Deutsche, aber auch Angelsachsen nach dem benachbarten San Giovanni Rotondo zum Grab des Padre Pio kommen, der zu seinen Lebzeiten von seinen zahllosen Anhängern buchstäblich als Heiliger verehrt wurde und der zweifellos eine der interessantesten Persönlichkeiten der zeitgenössischen Kirchengeschichte ist. Ihm erweisen auch heute noch ausländische Pilgergruppen ihre Reverenz. Monte Sant'Angelo hingegen, das ärmliche Schwalbennest auf den kalkigen Felsen des Gargano, das so viele Jahrhunderte durch seine religiöse Ausstrahlung auch ein Zentrum für die Entwicklung der abendländischen Geschichte war, wird immer stärker zum lokalen Pilgerplatz, zur Heimstätte der Süditaliener, die sich ihren Glauben an die Existenz eines Erzengels auch durch ein immer stärkeres Aufkommen liberaler Tendenzen nicht nehmen lassen.

Und noch etwas kommt dazu, eine Entwicklung, die mich ein wenig mit Argwohn oder Furcht erfüllt, weil ich schon längst nicht mehr so vermessen bin, alle instinktiven Erfahrungen des Volkes geringschätzig abzutun. Es existiert nämlich eine Überlieferung, die nicht nur mündlich, sondern auch literarisch nachweisbar ist und die davon ausgeht, daß immer dann, wenn Gefahr im Verzuge ist, wenn Seuchen, Katastrophen jeder Art oder ein Krieg sich am Horizont abzuzeichnen beginnen, die Menschen in wachsender Zahl nach Monte

Sant'Angelo kommen. Ich war in den vergangenen Jahren einige Male in diesem Pilgerdorf. Und jedesmal schien mir die Zahl der Pilger und die Intensität ihrer Glaubensbereitschaft zugenommen zu haben, wobei man sich das einmal vorstellen muß, wie es wirklich aussieht, wenn die schmalen altersgrauen Gassen und winzigen Plätze dieses Dorfes von parkenden Autobussen und fließenden, drängenden Menschenmassen hoffnungslos überfüllt sind und zugleich Tausende in die Tiefe der Höhlenkirche strömen, ein unaufhörlicher Zug betender, schwatzender, lärmender oder singender Menschen, während unten im verhältnismäßig kleinen und verwinkelten Kirchenschiff, das aus dem Urgestein herauszuwachsen scheint, pausenlos Messen gelesen werden, während zugleich ein ständiges Kommen und Gehen herrscht und immer wieder diese unbegreiflichen Ekstasen passieren, die einem Mitteleuropäer unheimlich sind. Es ist hier jedenfalls, so glaube ich, eine Entwicklung zu beobachten, die zu einiger Sorge oder wenigstens zur Nachdenklichkeit Anlaß gibt, soferne man dieser alten Überlieferung glaubt, daß der Instinkt der Menschen sie nahezu zwingt, das Höhlenheiligtum des Erzengels immer dann aufzusuchen, wenn irgendeine Bedrohung ihrer Existenz vorstellbar wird. Es gibt sogar statistisches Material über diese merkwürdige Bewegung. Demnach nahm vor den beiden letzten Weltkriegen aber auch vor der letzten großen Cholera-Epidemie in Süditalien oder vor dem Ausbruch der Pest im Jahre 1656 die Zahl der Wallfahrer jedesmal deutlich zu.

Aber ich erwähnte schon vor Jahren, daß man nicht als falscher Prophet auftreten sollte, sondern stets nur erzählen dürfte, was sich tatsächlich zugetragen hätte! Und in diesem Fall kann man ohne weiteres feststellen, daß diese Höhle zu den ältesten der Menschheit überhaupt zählt. Denn bereits 1929 und dann wieder während des letzten Krieges sowie in den Jahren danach haben planmäßige archäologische Untersuchungen in der Höhle selbst ergeben, daß hier schon der vorgeschichtliche Mensch mehr als nur einen primitiven Unterschlupf gesucht und gefunden hatte. Tierknochen, prähistorische Werkzeuge und Alltagsgeräte und zudem eine Überlieferung, die sich erstaunlicherweise quer durch die Jahrtausende unverändert erhalten hatte, bestätigen die Annahme, daß es sich hier wirklich um eine Orakelstätte aus homerischer Zeit gehandelt hatte. So gut wie zweifelsfrei ist ja der Nachweis dafür gelungen, daß sich auf dem Promontorio del Gargano – und zwar in dieser Höhle, die jetzt schon seit bald anderthalb Jahrtausenden ein christliches Symbol darstellt – griechische Opferstätten und Tempel befunden haben. Der Geschichtsschreiber Strabo erzählt von zwei Heiligtümern, eines einem Sohn des unsterblichen Äskulap verpflichtet, das andere für Kalchas gedacht, dem die antiken Pilger, die hier Heilung von ihren physischen und psychischen Gebrechen suchten und die aus dem ganzen hellenistischen Raum kamen, geweihte Widder opferten, auf deren säuberlich abgelösten Fellen der hilfesuchende Pilger dann eine Nacht lang verbringen mußte, um überhaupt eines Orakels würdig zu sein. Soweit man das heute mit Sicherheit sagen kann, mußten es pechschwarze Widder sein, die man opferte, und das Blut der Opfertiere mußte mit dem Leib des antiken Pilgers in Berührung kommen. Es ist ja auch nachgewiesen worden, daß noch zur Zeit der ostgotischen Invasion in Italien solche heidnischen Bräuche hier auf dem Gargano geübt wurden, was den berühmten Gotenkönig Theoderich, der zu Ravenna residierte und einem strengen Arianismus verpflichtet war, zu scharfen Gegenmaßnahmen zwang. Möglicherweise verbargen sich hinter gewissen blutrünstigen Opferriten auch politische Absichten, was im weiteren Verlauf in der Biographie dieser einmaligen Kultstätte ja immer deutlicher zum Ausdruck kommen sollte. Es wäre schließlich nicht das erstemal gewesen, daß religiöse und politische Motive eng miteinander verbunden sind.

Der Beginn des christlichen Zeitalters auf dem Monte Gargano läßt sich freilich nicht mit absoluter Sicherheit feststellen, zumindest in der Weise nicht, was das genaue Datum und auch gewisse legendäre Einzelheiten in der Entstehungsgeschichte selbst betrifft. Jedenfalls war der Gläubige des Mittelalters jahrhundertelang davon überzeugt, daß irgendwann in den neunziger Jahren des 5. Jahrhunderts – als wichtigstes Datum betrachtete man schließlich den 4. Mai 490 – der Erzengel Michael von Kleinasien herübergeflogen sei nach Süditalien, um hier die letzten Überreste heidnischer Götterverehrung zu zerstören. Im Mai dieses Jahres 490 – andere Quellen sprechen vom Jahre 493 – scheint es sich dann ja auch zugetragen zu haben, daß Hirten, die am damals noch dichtbewaldeten

Gargano einen entlaufenen Stier suchten, diese ungewöhnlichen Erlebnisse hatten, aus denen allmählich der christliche Mythos entstand, der heute noch wirksam ist.

Man muß nur einige Fakten genauer betrachten, um den tiefen Symbolgehalt und zugleich auch die reale Bedeutung dieser Legende besser zu verstehen. Der Name des Mannes, dem jener Stier gehörte, der entlaufen war, lautete Garganus. Er lebte in Sipontum, einer uralten Stadt unten an der Küste, deren kärgliche Überreste heute kaum noch zugänglich sind, wenn man von zwei sehenswerten Kirchen absieht, San Leonardo und Santa Maria, die vor allem zur Zeit der christlichen Kreuzzüge große Bedeutung erlangten. Zugleich aber charakterisiert dieses Motiv vom verlorengegangenen Stier die Zerstörung ältester asiatischer Stierkulte, die von Persien und Kleinasien über Griechenland natürlich auch nach Italien gelangt waren. Und was den fliegenden Engel angeht, der flügelrauschend und in seiner ganzen prachtvollen, unbesiegbaren Herrlichkeit vom Himmel herabfiel und diesen heidnischen Stierkult vernichtete, um an seine Stelle die Verehrung des Heilands zu setzen, so sollte man sich in die Phantasie der spätantiken Menschen hineinzuversetzen versuchen, die ja eine vernünftige Erklärung brauchten für das Phänomen einer radikalen Umkehrung ihrer religiösen Gewohnheiten. Und was ist überzeugender oder stärker gewesen, um die blutigen Opferriten und Stierkulte einer vorgeschichtlichen und auch großgriechischen Vergangenheit abzulösen, als eine strahlende Lichtgestalt, ein Engel mit dem Flammenschwert, der das rasch entflammbare Temperament der Menschen in dieser Region zugleich entzückt und überzeugt hatte?

Eine andere Sache war freilich die politische Entwicklung, die dann daraus resultierte und mit der wahrscheinlich niemand gerechnet hatte. Aber wie so oft in der Geschichte der Menschheit geschah es wohl auch hier, daß sich eine Legende, die zu einem ganz bestimmten Zweck entstanden war, später selbständig machte und neue, zukunftweisende Möglichkeiten eröffnete und dabei eine völlig eigenständige politische Wirksamkeit erreichte.

Es begann also mit der Suche nach einem entlaufenen Stier. Endlich entdeckte ihn einer der Hirten vor dem Eingang zu einer Höhle. Zornig über das störrische Tier schoß er einen Pfeil ab. Aber der Pfeil prallte von der Haut des Stieres zurück und flog dem Schützen ins Auge. Man brachte nun den Verwundeten rasch hinab ins Tal. Der Stier selbst verschwand wieder. In Sipontum gab es zu dieser Zeit einen klugen, nachdenklichen Bischof namens Laurentius, dem dieser unerhörte Vorfall, von dem er natürlich erfahren hatte, keine Ruhe ließ. Tage-, nächtelang meditierte er, bat er Gott um ein Zeichen, bis ihm schließlich der Erzengel Michael in einer Vision erschien und ihn wissen ließ, daß die Höhle oben auf dem Berg, vor deren Eingang sich das rätselhafte Ereignis mit dem abgeprallten und zurückgeschnellten Pfeil ereignet hatte, unter seinem, des Engels, Schutz stehe und also sein Heiligtum sei. Nun pilgerte Laurentius mit einigen tapferen und gläubigen Bürgern der Stadt, die zu diesem Zeitpunkt ja noch keineswegs zur Gänze christlich orientiert war, hinauf auf den Berg. Die frommen Männer vernahmen aus der Tiefe der Erde, wie sie später übereinstimmend berichteten, ein seltsames Stimmengewirr, und niemand von ihnen wagte es vorerst, in die heilige Höhle hinabzusteigen.

Die eigentliche Inbesitznahme dieser Höhle für die Christenheit ereignete sich erst ein paar Jahre später. Und der unmittelbare Anlaß dafür war, wenn wir den historischen Quellen folgen, ebenso düster wie symptomatisch für die Geschichte dieses Schauplatzes. Denn eine der vielen Entscheidungsschlachten, die es damals zwischen Ostgoten, einheimischer Bevölkerung und den Invasionstruppen aus Byzanz gab und von denen man nie genau wußte, welche Kettenreaktion sie auslösen oder welches neue Zeitalter sie einleiten würden, in einer dieser Schlachten also siegten die Bürger von Sipontum mit Hilfe des Erzengels über ein ostgotisches Heer. Und das war der Anlaß dafür, daß Laurentius nochmals auf den Berg stieg und die heilige Höhle aufsuchte, um ein Dankgebet zu sprechen. Dabei fand er im Felsgestein die leuchtende Fußspur des Engels.

Fortan vermischte sich das politische mit dem religiösen, das ideologische mit dem metaphysischen Moment, wenn wieder einmal – was jetzt häufig der Fall war – die sozusagen außerirdische Wirksamkeit des Erzengels für recht handfeste irdische Absichten beansprucht wurde. Denn spätestens seit seiner dritten Erscheinung, die wahrscheinlich am 29. September 493 stattfand und die wiederum in einem visionären Dialog zwischen dem Engel und dem Bischof von Sipontum ihren Höhepunkt hatte, wobei der Engel dem Bischof mitteilte, daß eine besondere Weihe der Kirche, die man über dem Höhlenheiligtum errichten müßte, nicht notwendig sei, weil schon er, der Engel, sie geweiht hätte, – spätestens seit diesem entscheidenden Tag also, an dem der Bischof mit seinen treuesten Anhängern endlich in die Tiefe hinabstieg und zu seinem Erstaunen sah, daß es tatsächlich bereits drei Altäre gab, »zwei gegen Mittag gerichtet, einen aber gegen Sonnenaufgang«, wie die zeitgenössischen Chronisten eifrig berichteten, spätestens seit damals geschah nichts mehr auf Europas Schlachtfeldern, auf den europäischen Fürstenhöfen und auch auf den kärglichen Burgen, in denen freilich die Machtpolitik jener Tage entschieden wurde, ohne daß nicht der Erzengel in irgendeiner Form als eine Art himmlischer Entscheidungsträger anwesend gewesen wäre. Er wurde, was man heute gerne vergißt, in den nachfolgenden Jahrhunderten gleichsam zum Anlaß oder zum spirituellen Inhalt aller Politik. Wer sich auf ihn berief, konnte mehr oder minder gefahrlos ganze Reiche erobern oder fremde Völker unterwerfen. Und jeder Sieg, der erfochten wurde, ging letztlich auf seine magische Hilfe zurück. Die Normannen kamen seinetwegen nach Süditalien, woraus dann bekanntlich eines der interessantesten, am besten organisierten und freilich auch widersprüchlichsten Herrschaftsgebiete eines fremden Volkes auf mediterranem Boden entstand. Die Ostgoten verherrlichten diesen Engel auf eine Weise, die an altgermanische Götterverehrung erinnerte. Die Langobarden blieben so hartnäckig auf seiner Spur, daß sie bis nach Süditalien vordrangen und dort ihre kurzlebigen Herzogtümer errichteten. Der Stauferkaiser Friedrich II. verherrlichte den chaldäischen Engel der Juden als den germanischen Erzengel schlechthin. Und die vereinigten europäischen Armeen kämpften während der entscheidenden Schlacht auf dem Lechfeld unter ihren Fahnen, die ein kalligraphisches Porträt des Engels zeigten, gegen die überlegenen Magyaren, die keinen solchen Engel zur Verfügung hatten und die Schlacht auf peinliche Weise verloren. Ein neunzehnjähriger Kaiser aus Deutschland, es war Otto III., war barfuß von Rom unterwegs, um über Benevent und den apulischen Tavoliere auf den Engelsberg Gargano zu gelangen. Und ein anderer Kaiser, Heinrich II., ließ sich sogar eine Nacht lang unten in der Tiefe der Höhle einschließen, weil er, wie man behauptete, diesem ganzen verdächtigen Spuk endlich ein Ende bereiten wollte. Andere Quellen versichern, daß er lediglich mit dem Erzengel über wichtige politische Geschäfte verhandeln wollte. So naiv war man damals ... oder auch so raffiniert, daß man Überirdisches in seine Geschäfte mit einbezog, was für das abergläubische Volk natürlich stets ein Anlaß zur Bewunderung und zum ehrfürchtigen Staunen war. Dieser Kaiser hatte freilich wenig Glück mit seinem Ausflug in die Tiefe. Denn als er am anderen Morgen wieder ans Tageslicht trat, hinkte er. Er selbst schwieg sich vorsichtig darüber aus, was ihm in der Engelsgrotte wirklich widerfahren war. Aber daß er für sein künftiges Leben gezeichnet war, konnte niemand mehr verleugnen.

Es waren nicht nur die Kaiser und Fürsten, nicht nur die abenteuerlustigen Langobarden und Normannen, die einen Engel als Vorwand brauchten für ihren Einfall in Süditalien, nicht nur Deutsche und Skandinavier oder Angelsachsen, die jetzt das ganze Mittelalter hindurch nach Monte Sant'Angelo strömten, wie die Franzosen und Süddeutschen nach Santiago de Compostela pilgerten. Dabei war Monte Sant'Angelo, das rund um die Höhle entstanden war, im Gegensatz zum reichen und vornehmen spanischen Pilgerplatz Santiago ein Dorf, das verzweifelt um seine Existenz kämpfte und immer noch Schwierigkeiten mit dem Überleben hat. Man braucht sich nur einmal die Menschen dort anzusehen, die Landarbeiter, Bettler und Schmuggler, die meist arbeitslosen Pendler nach Manfredonia, Foggia oder Bari, damit man begreift, daß hier die alltägliche Not genauso bedrückend und allgegenwärtig ist wie in vielen anderen süditalienischen Dörfern. Dabei wurde das Michaelheiligtum sehr rasch eine Stätte der frommen Begegnung für das einfache Volk aus dem Süden, das nie knausrig oder gar geizig ist, wenn es seine Heiligen aufsucht. Übrigens spielte der Umstand eine gewisse Rolle, daß es in den Jahrhunderten nach der Entstehung dieses Heiligtums immer wieder Nachrichten gab, die von einem Auftauchen des Erzengels in fremden Ländern und an entfernten Plätzen berichteten. Anfangs waren es Langobarden und Normannen, die diese Symbolfigur nahezu ausschließlich für sich beanspruchen wollten, was dann fast zwangsläufig eine heftige Gegenreaktion bei den Italienern auslöste. Man dachte gar nicht daran, sich diese strahlende und übermächtige

Lichtgestalt von fremden Völkern wieder entreißen zu lassen. Und die Folge war, daß jetzt, vereinfachend gesagt, Deutsche, Angelsachsen und Südländer darin wetteiferten, sich den Engel geneigt zu machen. Das nahm gelegentlich kuriose Formen an, kam aber letztlich der Verwalterin des Heiligtums zugute, der Kirche und den Mönchen. Selbstverständlich war es auch für viele Heilige eine schöne Pflicht, nach Monte Sant'Angelo zu kommen. Franz von Assisi, Katherina von Siena, Thomas von Aquin oder der heilige Bernhard befanden sich darunter, wie man das heute noch von den Gedenktafeln in der Höhlenkirche ablesen kann.

Es krochen also tausend Jahre lang und länger die Pilgerzüge den steilen felsigen Berg hinan – unterhalb des Felsens von Monte Sant'Angelo gibt es ein schmales, düsteres Tal, das seit den Anfängen der Pilgerbewegung »Valle d'Inferno« heißt –, und ein Jahrtausend lang drückten die Menschen ihre Fußspuren in die unterirdischen Felsstufen ein, um der Fußspur des Erzengels ähnlich zu sein. Auch die Wissenschaft nahm sich frühzeitig dieser wohl ältesten europäischen Pilgerstätte an. So existiert aus der karolingischen Zeit, also etwa seit dem 8. Jahrhundert, eine Statistik dieser Pilgerfahrt. Andererseits gehörte es für die Kreuzfahrer ins Heilige Land, und zwar sowohl für die Ritter und Soldaten als auch für die frommen Pilger, zur unabdingbaren Pflicht, sich in den Kirchen von Sipontum und oben auf dem heiligen Berg den Segen Gottes und seines Erzengels zu erbitten, bevor sie sich in Sipontum oder Brindisi einschifften nach Palästina. Wunder haben stattgefunden, die freilich nur zögernd von der Kirche bestätigt werden, die aber im Volk selbst die Bedeutung dieses Platzes noch erhöhen. Und wenn man sehr genau nachforscht in den Aufzeichnungen und mündlichen Überlieferungen, dann stößt man auf ältestes, heute längst schon wieder verschollenes Brauchtum, das zweifelsfrei bis in antike und damit heidnische Zeiten zurückreicht. So zum Beispiel gibt es eine Grotte im Kirchenschiff, das sich ja aus dem Felsen emporhebt, und bis ins frühe 18. Jahrhundert krochen die fanatischen Pilger durch diesen schmalen Schlauch, wobei sie eine mittelalterliche Statue des Erzengels küßten.

Ich war oftmals in Monte Sant'Angelo, und ich konnte stets die gleiche Feststellung machen, daß sich die italienischen Pilger kaum sonderlich viel um irgendwelche historische Tatsachen kümmern. Ihnen ist es auch ziemlich gleichgültig, daß dieser unsichtbare, aber allgegenwärtige Erzengel den sie mit hysterischer und verzückter Frömmigkeit verehren, vor langer Zeit einmal ein jüdischer Engel gewesen ist. Manchmal habe ich sogar den Verdacht, daß sie gar nicht ihn anbeten, von dem sie ja ganz genau wissen, daß es ihn in einer persönlichen oder auch nur personifizierten Form nicht gibt, sondern sie verehren auf dem Gargano in den Statuen, im Marmor und im Alabaster und in den vorgeschriebenen Ritualen im Grunde immer nur sich selbst. Ich habe vor Jahren schon davon gesprochen, daß das italienische Volk – oder, um genauer zu sein, die Süditaliener – in Monte Sant'Angelo den Erzengel tatsächlich als einen Spiegel betrachtet, vor dem man sich kokettierend, aber auch voll Mitgefühl und religiöser Leidenschaft in die eigene metaphysische Physiognomie versenkt. Es ist das ja nichts anderes als ein weiterer Akt südländischer Selbstdarstellung, der manchmal mit opernhafter Theatralik und manchmal nur mit einem Lächeln im Gesicht inszeniert wird. Die Figuranten dieser Darstellung sind die Priester, die Devotionalienhändler und Marktlieferanten, die Blumenverkäufer und Polizisten, aber auch die unvermeidlichen Bettler, kleinen Taschendiebe und Schmuggler, die den Pilgern jene zollfreien Zigaretten verkaufen, die unten an der Küste an Land gebracht werden. Und wenn ich vor Jahren bereits meinte, daß die Süditaliener, die nach Monte Sant'Angelo kommen, um einem Erzengel ihre Aufwartung zu machen, auch die seidige Haut des Himmels anbeten und verehren, auch die grauen, verwitterten Steine der Kirche meinen, wenn sie voll fröhlicher, lärmender Andacht ihre Wünsche und Hoffnungen aufsagen, dann trifft das auch heute noch zu. Dieser Wallfahrtsplatz, der ein halbes Jahrtausend lang den Mächtigen und Gestaltern der europäischen Politik so unendlich bedeutungsvoll war, daß sie durch ihn, durch den Engel sogar zu Reichsgründungen angeregt wurden, ist heute ein Schauplatz für die Selbstdarstellung süditalienischer Mentalität und süditalienischen Charakters. Leib an Leib gedrängt, Wolken von Schweiß, die über den erschöpften und zugleich strahlenden Gesichtern flocken, das ohrenbetäubende Geschrei der Menge, wenn sie in die Tiefe stürmt, dem mythischen Heiligtum entgegen, von dem sie sich Erbarmen, Wunder und Liebe erwartet, die ekstatische

Litanei der Gesänge ... kann man ein solches Schauspiel nicht überall im Mittelmeerraum genießen, und zwar seit Jahrtausenden schon, seit die Menschen begriffen haben, daß es Kräfte gibt, Götter, Geister, die stärker sind als das hilflose Individuum, denen man sich beugen oder die man auf irgendeine Weise für sich gewinnen muß!

Ich habe mich stets schwergetan, in Monte Sant'Angelo meine Fassung zu bewahren und in die vielen Fragen, die meinen Glauben betreffen, etwas Ordnung zu bringen. Vielleicht liebe ich deshalb diesen Wallfahrtsplatz so sehr, weil er so viele Möglichkeiten offenhält. Glaube, Liebe, Hoffnung, diese Grundlagen unserer Existenz, und das Mythenbildende, das unsere Phantasie bewegt, gehören hier zu den Selbstverständlichkeiten einer Pilgerfahrt, die uns etappenweise und zur gleichen Zeit in unsere eigene Geschichte zurückführt und uns die Möglichkeiten der Zukunft weissagt. Immer noch, auch heute noch, weht ein anderer Wind über den Promontorio del Gargano, ein scharfer und schneidender Wind, aus dem heraus man gelegentlich das Flügelrauschen eines Engels hören kann. In der Tiefe schimmert das Meer, kobaltblau und aquamarin oder mit einer grünen Haut bedeckt, die an die Patina alten Kupfers erinnert. Davor die verschütteten Überreste von Sipontum, der uralten Kreuzfahrerstadt, und die blendendweiße Silhouette von Manfredonia, dieser letzten Erinnerung an das staufische Zeitalter. Am Berg duftet der gelbe Ginster, glänzen die stacheligen Häute der Indischen Feigen und produziert sich der rote Mohn im grünen Feld mit den lilafarbenen wilden Schwertlilien. Das Leben kann manchmal schön sein. Auch und gerade an einem Platz, an dem wir die Hoffnung auf das Wunder, das unser Leben kostbar machen wird, niemals aufzugeben brauchen.

Namenregister

Ortsregister

Bildquellennachweis

Humbert Fink, Maria Saal 1, 3, 4, 6, 8, 12, 14a, 14b, 15, 16, 17, 18, 22, 23, 24, 30, 31, 32
Fotoarchiv Hirmer, München 2
Laenderpress, Düsseldorf 25, 28a
Foto Löbl-Schreyer, Bad Tölz 5
Leonard von Matt, Buochs 7, 10, 11, 13, 19, 26, 27
Bildagentur Mauritius, Mittenwald 9 (Foto Nägele), 20 (Foto Hasche), 21 (Foto W. Fischer), 29 (Foto Rossenbach)